깊은 여행

흔들의자에

앉아

세상을

만나는

즐거움

깊은 여행

토니 히스 지음 | 김양희 옮김

21세기북스

긴 풀 두 포기가 한 시내에서 물을 마셨네.

한 포기는 속이 비었고, 한 포기는 사탕수수라네.

– 잘랄루딘 루미

바닷속에는 비할 수 없이 풍요로운 자원이 있다.

그러나 안전하기를 원한다면 해변으로 가라.

– 시라즈의 사디

CONTNETS

1장

깊은 여행

내가 집을 떠난 것은 겨우 몇 분이었다. 그것도 겨우 청구서 두어 장을 우편으로 보내고 동네 베이글 가게에서 아이스커피를 사기 위해 잠시 나간 길이었다. 그날은 매해 숱하게 펼쳐지는 여느 날같이 지극히 평범한 날이었다. 그런데 뭔가 달랐다. 더 이상 예전과 같은 모습이 아니었다. 등 뒤에서 문이 채 닫히기도 전에, 익숙했던 세상이 갑자기 '미답未踏의 경지'처럼 보였다. 그때 느꼈던 그 예기치 않은 감각을 설명하기에는 그 표현이 가장 적합하다. '신선하다' 혹은 '새롭다' 같은 느낌도 있었지만 그런 느낌들은 내가 받은 인상의 일부였을 뿐이다. 그때 내 눈앞에 펼쳐진 풍경들, 길 건너 건물들에 햇빛이 특이하게 비치는 모습이라든가, 머리 위 하늘에 구불구불 떠 있는 구름이라든가, 길을 걸어가는 사람들이 만들어내는 장면들에서 전에는 전혀 보이지 않았던 새로운 면이 있기는 했다.

그러나 가장 많이 변한 것은 언제나 그대로였던 익숙한 사물들이었다. 모양이나 색깔이 바뀌었다는 것이 아니라, 뭔가 분명한 목적을 지닌 채 나를 손짓하며 부르는 것 같았다. 그리고 전에는 신경 쓰지 않았던 세세한 부분들이 또렷해지면서 반짝반짝 빛을 내는 것처럼 보였다. 사물 하나하나가 자기만의 이야기를 가지고 존재하는 듯했고, 나아가 시공간을 초월하여 집적되고 분류되고 다듬어지고 뻗어 나간 지성을 이용해 사람들이 오랫동안 많은 관심을 기울여 생각해 왔던 것들을 대표하는 것처럼 보였다.

예를 들면 길모퉁이에 있는 우편함이 그랬다. 나는 뉴욕 그리니치빌리지에 살고 있다. 이곳에서 생애 대부분을 살아오다시피 했는데, 이 우편함은 내 기억 속에 늘 그곳에 있었던 물건이었다. 튼튼해 보이지만 낡고 호감이 가지 않는 구식의 푸른색 우편함은 마치 폐물처럼도 보일 듯하다. 아래쪽은 각이 지고 위쪽은 둥근 모양으로 되어 있는데, 열고 닫을 때면 삐걱거리는 손잡이를 마음을 단단히 먹고 당겨 내려야 한다. 나는 이 우편함을 자주 사용하곤 했지만 자세하게 살펴본 적은 한 번도 없었다. 글쎄……, 뭐라고 해야 할까? 자세히 살펴볼 필요가 없었던 걸까? 아니면 살펴볼 만한 가치가 없었던 걸까? 그도 아니면 살펴보고 싶었던 적이 없었던 걸까? 살펴보고 싶었던 적이 없다는 게 그중 가까운 표현일 것 같다. 하지만 사물이 새롭게 보였던 그 순간에는 달랐다. 나는 완전히 깨어 있었고 사방팔방으로 빈틈없이 주의를 기울이고 있었다. 자각과 주의력이 강화되고 새롭게 배치되어 더 많은 것을 알고 싶어 몸이 달아올랐다.

그뿐만이 아니었다. 우편함은 여전히 생명 없는 물건 그대로였지만 그 순간에는 갑자기 내 쪽으로 주의를 기울이며 특별한 파장으로 말을 걸어오는 것 같았다. 맞는 말인지는 모르겠지만, 내가 우편함을 바라보면서 그 목소리에 귀를 기울이자 우편함도 나만큼이나 몸이 달아올라 있었으며 자신의 역할과 목적, 그리고 가치를 당당히 알리게 되어 기쁘다고 말하는 듯했다.

우편함의 역할과 목적은 우리가 잘 알고 있는 그것만이 아니었다. 우편함은 발송 준비가 된 편지들을 비바람과 도둑을 피해 몇 시간 동안 보관할 수 있도록 만들어진, 몇십 cm^3밖에 되지 않는 공공의 공간이다. 또한 편지와 소포들을 부지런히 세계 곳곳에 보내는 수백만 노동자들의 에너지의 흐름에서 가장 끄트머리에 있는 것이 바로 이 우편함이다. 그리고 일단 뭔가를 넣으면 되돌려 받을 길이 없기 때문에 돌이킬 수 없는 장소이기도 하다.

이렇게 주변의 세계에 매료된 탓에, 나는 10분이면 베이글 가게에 가서 아이스커피를 사고 돌아올 수 있었지만 더 늦어지고 말았다. 하지만 나는 그전보다 더욱 풍요롭고 생기에 넘쳤으며 다음에 나갈 때는 좀 더 충분히 준비할 수 있을 것 같았다. 그리고 며칠이 지난 뒤에도 그때의 느낌과 생각을 곱씹곤 했다.

하지만 이 짧은 여행에서 가장 특별한 부분은 특별한 일이 하나도 일어나지 않았다는 점이다. 나의 손이 미치지 않는, 뭔가 마술적이고 신비로운 일은 전혀 없었다. '마술적'이라는 말이 흔히 우리의 착각을 끌어내거나 속이는 일을 뜻한다면 말이다. 그날 이후, 나는 유명하거나 유명하지 않은 여행자들이 가까운 곳이나 먼 곳 혹은 이국적인 장소를 여행하면서 그런 생각의 전환을 맞은 경험들을 살펴보았다. 그러면서 많은 것을 얻은 여행과 그저 어느 곳에 갔다가 돌아왔을 뿐인 통상적인 여행 사이에 차이점이 있다는 것을 깨달았다. 사람들은 기억에 남는 여행을 하는 동안에는 도중의 어딘가에서 마음의 또 다른 부분으로 들어가며, 고유한 흥미와 관심사와 방법론의 영역을 의식하기 시작한다. 그리고 마음이 이런 방식으로 움직이면 여행의 경험도 바뀐다.

그런 마음 상태의 전환은 외부의 사물들이 어쩐지 다르게 보인다거나, 왠지 그날이 더 활기차고 희망으로 가득한 느낌이 든다든가 하는 것을 빼면 거의 자동적으로 우연처럼 일어난다. 또한 자신의 내면에서 특별한 뭔가가 일어났다는 것을 알아채지 못한 채로 일어나곤 한다. 그러나 우리는 그런 마음의 변화를 여러 가지 방식으로 교묘하게 불러낼 수도 있다. 예를 들어 도로나 열차 선로, 탈것과 통행로를 만드는 이들이 자기가 하는 일의 성격을 알고 만든다면, 사람들은 여행하는 과정에서 그런 마음의 변화를 경험할 것이다. 또 그동안 이상하게도 무시되어 온, 차별적이고 다차원적이며 타고난 능력인 이런 의식과 접촉하는 방법을 알아내면 언제라도 그렇게 할 수 있다. 어려운 말처럼 보이지만, 의식과 접촉하는 것은 그전의 경험을 재개하는 것과 유사하기 때문에 어렵지 않다. 그리고 우리는 그런 모험을 할 채비가 충분히 되어 있을 정도로 성숙한 존재다.

이 책은 바로 그 선천적인 능력에 대해 쓴 책이다. 어딘가로 이동하거나 여행을 함으로써 이런 능력이 얼마나 자주 자연적으로 활성화되는지, 그 용도는 무엇인지, 일상생활에서 이 능력을 배로 발휘할 수 있는 방법은 무엇인지, 우리가 그런 능력을 지녀서 행운인 이유가 무엇인지, 이 능력이 대체 어디서 왔는지에 대해 이야기할 것이다.

가끔씩 나는 수십억 여행자들이 날마다 세계 곳곳에서, 우주라는 목적지를 향해 지구 밖 여행을 떠나는 모습을 상상해 보곤 한다. 현실화되기에는 아직은 야심 차 보이는 장면이다. 언제쯤일지, 누구의 생애쯤에서일지 모를 그 시점에는 돌아다닌다는 단순한 행위와 사실을 삶의 가장 만족스러운 부분으로서 즐기고, 음미하고, 소중히 여길 것이다. 사람들은 마치 식사와 수면과 우정이 그렇듯, 여행도 필요하고 보람 있고 가치 있는 행위임을 알고 기대할 것이다. 또한 그저 평범하게 돌아다니기만 해도 마음과 감각들을 충분히 관여시키는 계기가 마련되기에 다양함과 새로움과 기쁨을 찾기 위해, 또 예기치 못한 아이디어를 떠올리거나 생각을 마무리하기 위해 자주 돌아다닐 것이다. 그때의 운송 수단들은 아마 지금의 자동차, 비행기, 기차, 그리고 아직 발명되지 않은 많은 탈것들이 섞여 있는, 약간은 익숙한 모습일 것이다. 그 과정에서 사람들은 이런 탈것들과 수많은 도로들을 삶의 동반자이자 일과 생활의 핵심으로 여길 것이다. 결국, 미래의 그들도 우리의 신체가 이동 중일 때는 우리의 정신도 움직인다고 생각할 것이다. 하나는 다른 하나를 일깨우는 법이다.

여행이 '전인全人적 체험', 즉 '내부적 여행'과 '외부적 여행'이 불가분의 관계를 이루는 행동과 경험의 연속체로 인식된다면 '지속 가능성'이라는 다소 애매한 개념은 새롭게 재구성될 것이다. 예를 들어 오늘날의 교통수단이 에너지를 낭비하고 비용이 과도하게 들 뿐만 아니라 지구에 유독 물질을 보태고 대기에 온실가스를 뿜어낸다는 사실은 많은 사람들이 잘 알고 있다. 또한 사용자가 많은 교통수단들이 대개 시간을 낭비하게 만든다는 점도 잘 알고 있다. 그런데 이 부분에서 사람들이 혼동하는 점이 있다. 사람들은 휴가 때나 휴양지에 있을 때를 제외하고는 이동하는 데 소비하는 시간이 매우 부담스럽고 때로는 목표를 지연시키지만 필요하기 때문에 참고 견뎌야 할 힘든 것이라고 생각한다.

여기서 '이동하는 데 소비하는 시간'은 우리의 무의식에 '이동하는 데 낭비하는 시간'이라는 뜻으로 각인된다. 즉, 우리의 소중하고 유한한 시간 중에서 빼어 할당한 것이며, 마지못해 내놓는 유감스러운 비용인 것이다. 여기에는 견뎌내야 하고, 뭔가 모욕적이고, 돌이키지 못한다는 상실감을 안겨 주는 불쾌한 과정이라는 생각이 담겨 있다. 이는 여행을 '손실'이나 '비효율', 또는 기껏해야 중간 단계로서 본질적인 가치가 없는 '파생 수요', 연기된 쾌락, 존재에 부과되는 특별 요금이나 세금, 문명을 위해 지불하는 대가의 일부로 여긴다는 것이다. 마치 디즈니 월드에서 놀이 기구를 타기 전에 줄 서는 곳에서 시간을 낭비하는 느낌이다. 멀어서 보이지도 않는, 10분짜리 짜릿함을 즐길 수 있는 롤러코스터를 타기 위해 줄줄이 서 있는 사람들 속에서 한 시간 넘게 기다리다가 발을 질질 끌며 앞으로 움직여야 하는 그런 느낌인 것이다.

오늘날 여행에서 느끼는 비참함, 좌절, 실망 등은 이런 왜곡된 생각의 결과이며 여행의 본질이 아니다. 최악의 경우는 여행과 수화물의 이동을 동일시하는 '소포 이론Parcel Theory'에 빠진다. 때때로 한여름의 뜨거운 열기가 치미는 러시아워에 뉴욕 지하철 승강장에 서 있노라면 자신을 학대하고 방치하고 있다는 생각마저 들 지경이다. 이동에 대해 사람들의 반응을 보는 관점은 이렇게 음울하게 고정되고 축소되어 있다.

이런 관점에서는 너그러이 보는 경우에조차도 인간의 마음을 하늘 높이 날지 못하는 새 정도로만 취급한다.

이 기괴하고도 해묵은 오해가 녹을 때 비로소 여행의 문제를 수정하는 일이 새롭고 선명해지며, 더 큰 목적으로 향할 수 있다. 여행을 전인적인 체험으로 표현하는 것은 교통 시스템이 우리의 두뇌와 건강을 위해 무엇을 할 수 있는지를 생각하고, 훨씬 적은 에너지를 쓸 수 있는 방법과 환경에 오염을 덜 끼치는 방법을 생각함을 의미한다. 교통수단이 변화를 거듭하면서 '기계'는 늘 '생물'을 존중하고 지지할 것이다. 즉, 우리 안에 살아 있는 약동하는 마음은 사전에 결정되어 있고 시계같이 규칙적인 반응을 보이는 것들과는 다르게 취급될 것이다. 그리고 엔지니어, 과학자, 디자이너, 설계자들의 분야뿐만 아니라 우리가 일반적인 관심사로 공유하는 실용적인 지식에 대해 더욱 포괄적으로 사고하게 될 것이다. 이는 우리가 모든 지혜를 동원해 21세기를 상처 없이 살기 위한 노력으로서 미래에는 더욱 유용하게 여겨질 것이다.

여행에 대해 글을 쓴 작가들은 'travel(여행)'이라는 단어의 원형인 고대 프랑스어 'travaillier'가 toil(올가미), trouble(골칫거리), torment(고뇌) 같은 거친 뜻만 있다는 데 주목했다. 또한 더 오래된 라틴어로서 말뚝 세 개가 묶인 로마의 고문 도구 이름인 '트리팔리움tripalium'에서 이 말이 유래되었다고도 한다. 매일 1억 명 가까이 되는 사람들이 이동하는 현대의 여행에는 이민자와 난민들의 이동 같은 특수하고 고통스러운 상황들도 포함되어 있다. 이들 대다수는 단지 목숨을 잃을까 봐 비자발적으로 이동하는 경우인데, 사실은 평범한 여행에도 그와 같은 두려움이 있다. 21세기를 맞이한 첫해인 2001년부터 9·11 테러가 일어나는 바람에 우리는 자동차뿐만 아니라 여객기도 폭탄으로 사용될 수 있다는 것을 깨닫게 되면서 여행에 대한 두려움을 안게 됐다. 이런 두려움은 시간이 지나면서 더러는 희미해지기도 하지만 마음의 동요는 결코 진정되지 않는다. 조그만 먹구름이나 옅은 안개 자락이 거리의 풍경과 눈에 띄는 건물들에 그림자를 드리우다가 순식간에 시야를 흐리듯이, 신문 헤드라인에 별다른 것이 없어도 우리는 어느새 그 느낌이 엄습하는 듯 여겨지는 때가 있다.

이런 현실은 여행에 대한 인식을 바로잡을 필요성을 더해 준다. 여행은 이미 인정받고 있는 장점이 꽤 많다. 상품과 식량을 곳곳으로 옮겨 주고 아이디어와 기술 혁신을 전파하며, 결코 만나지 못했을지 모르는 사람들을 한자리에 모아 주고 인류의 발길이 닿는 공간을 넓혀 준다. 또한 여행은 우리의 시야를 넓혀 주고 마음의 가장 내밀한 차원을 복원시키면서 정신의 날개를 들어 올리는 발사대이자 투석기다. 이와 같이 생각을 전환하면 여행은 언제나 접할 수 있는 일종의 기회가 되어 우리는 일상적으로 여행을 찾고 반기고 의지하게 될 것이다.

'이동하는 사람들'에 대해 더 많이 이해할 날이 다가오고 있다. 다만 그러기까지는 한 세대나 그 이상이 걸릴 수도 있고, 시민운동에서 보이는 지도력이 필요할 수도 있다. 우리는 여느 세대와 마찬가지로 지금부터 그때가 올 때까지의 '그사이'에 살고 있다. 이 시간을 단축시키려면 무엇을 해야 할까? 미국의 건국 이념이 깃든 언어 중에 '행복의 추구'라는 표현은 아직 존재하지 않는 무엇을 위해 노력하는 것을 강조한다. 이는 현재와 미래를 공동의 경계가 없는 멀리 떨어진 영역으로 나누는 것처럼 보인다. 그러나 때로 현재는 겉보기보다 더 구멍이 많아서 우리들의 한가운데에 미래의 전초 기지가 있기도 하며 앞뒤로 이어지는 통로들이 있기도 하다.

역설적으로, 이런 통로들 중 하나는 과거의 유산이며 우리의 천부적인 자질의 일부이기에 일부러 찾을 필요 없는, 이미 실현된 것이기도 하다. 과거에는 그것이 지금보다 더 잘 알려져 있었는지도 모르지만, 지금도 이 통로는 금세 열려서 활용되고 정기적으로 사용될 준비가 되어 있다. 그리고 그것은 여행자들의 엘릭시르elixir(고대 연금술사들이 구하던 불사의 영약 또는 연금술-옮긴이)가 되기도 한다. 우리가 이 특별한 '그사이'를 서서히 나아가는 지금은 대개 개인별로 그 통로를 경험할 수 있다.

이동하는 데 드는 시간의 본질을 변화시키는 것으로 누구나 할 수 있는 구체적인 일이 하나 있다. 여행을 하는 동안 '깊은 여행'을 시도하고, 점점 더 그 비율을 늘려 나가는 것이다. 깊은 여행이란 오래되고 선천적이며 입장을 바꿔 돌아보게 하는, 깨어 있는 의식의 변종을 가리키는 말이다. 이는 일부러 부르거나 선택하지 않았는데도 우리가 움직이며 돌아다닐 때마다 자기의 이용 가능성을 알리고 준비 태세를 취한다.

깊은 여행은 고유의 독특한 맛이 있다. 그 맛을 좋아하는 사람들은 더 많이 맛볼 길을 찾곤 한다. 깊은 여행은 우리도 모르는 사이에 우리를 찾아와 놀라게 하기도 하지만, 우리가 찾아내고 선택하고 연습하고 기억하면 언제든 다시 맛볼 수 있다.

이런 색다른 방식의 깨어 있음과 친숙해지는 데서 우리는 무엇을 얻을 수 있을까? 글쎄, 그 절반이라도 말할 수 있는 사람은 아마 아무도 없을 것이다. 하지만 나는 집 근처의 거리같이 오랫동안 익숙한 길을 걸었을 때 사방이 새로운 정보들로 가득 찬 느낌을 받으면서 왜 전에는 그렇게 느껴지지 않았는지 의아했고, 바로 이런 효과를 깊은 여행에서 얻을 수 있다는 사실을 깨달았다고는 말할 수 있다.

어느 봄날 아침에 경험한 일이다. 나는 아들을 학교에 데려다 준 후 별 생각 없이 이스트 16가를 걸어 집으로 가는 중이었다. 맨해튼에 있는 유니언 스퀘어 파크 근처의 조용한 주택가로 접어들자 사람들이 눈을 휘둥그렇게 뜨고 한 아파트의 화재 대피용 비상계단을 올려다보고 있었다. 푸른색과 흰색 깃털들이 천천히 떠돌며 골목으로 날려 내려왔다. 절벽에서 서식하며 조류 사육자들에게 '자유의 화신'으로 알려진 송골매 한 마리가 비둘기를 움켜잡고 뜯어 먹는 중이었다. 매서운 검은 눈에 회청색 등과 줄무늬 배가 특징인 송골매들은 먹이를 덮칠 때 시속 300km 이상 날 수 있다. 보통은 까마귀 크기인데 이놈은 엄청나게 컸다.

비상계단 위로는 좀 전에 봤던 것처럼 하얀 뭉게구름과 연푸른색 하늘이 보였다. 시선을 아래로 내리자 골목길의 콘크리트 포장과 도로의 아스팔트가 눈에 들어왔다. 불현듯 이것이 도시를 덮고 있는 얇고 한시적인 피복물이 아니라, 마치 마지막 빙하가 사라진 후부터 계속 있어 왔던 흙과 자갈들을 가리는 작은 깔개나 피크닉 담요 같은 비현실적인 존재로 보였다. 갑자기 송골매의 시간인 다른 '지금', 말하자면 1만 년 이상 방해받지 않은 후빙기後氷期의 '현재'로 연결되는 듯했다.

이 경험 후 나는 좀 더 많은 것을 배우고 싶어져서 『H_2O: 고원에서 대양까지H₂O: Highlands to Ocean』를 3년에 걸쳐 쓰게 됐다. 이 책은 뉴욕의 도시 지역과 물가 풍경, 물에 침식된 자연경관에서 발견한 조상들의 유산이 가진 힘을 보여 준다. 애팔래치아 산맥에서 대서양까지 세 개 주를 가로지르며 자연 그대로 남아 있는 이 지역은 특정한 이름이 없었기에 'H_2O 지역'이라는 이름으로 불린다. 400년 동안 성장과 진화를 거듭한 탓에 자연의 모습은 숨겨져 있긴 해도 아직도 풍요롭고 넉넉해서 여기서 사는 사람들은 모두 거리 이름을 딴 주소와 H_2O 주소를 둘 다 가지고 있다.

물론 제2차 세계대전 이후 DDT를 살포한 탓에 H_2O 지역에 살던 송골매들은 거의 모습을 감추다시피 했지만 멸종 위기에 놓인 동물을 보호하는 포획 번식 프로그램(생물의 개체 수를 늘리기 위해 포획해서 번식시킨 후 다시 야생에 풀어 놓는 프로그램-옮긴이) 덕분에 되돌아왔다. 맨해튼에는 먹이 삼을 비둘기도 얼마든지 있어 송골매들은 이제 맨해튼의 마천루들에 둥지를 틀고 있다. 내가 아파트에서 본 송골매는 아마도 23가에 있는 높이가 200m도 넘는 메트라이프 타워 꼭대기 근처에 서식하는 것 같았다. 그 새가 잡아먹은 비둘기는 아마 유니언 스퀘어에서 왔을 것이다.

한편 깊은 여행은 권태를 없애 줄 뿐만 아니라 인생을 송두리째 바꾸는 경험이 될 때도 있다. 깊은 여행으로 자연스럽게 넘어가는 일을 처음에는 혼란스러워 하는 사람들도 있다. 그 이유는 깊은 여행이 노트북에서 눈을 들어 창밖의 풍경을 바라보는 것처럼 마음속에서 차선을 변경하거나 초점을 재조정하는 일이긴 해도, 불쑥 경계를 넘어버리는 것과 더 유사한 갑작스러운 효과를 주기 때문이다. 마치 한국의 한가운데를 가로지르는 38선같이 급격한 측면이 있다.

또한 깊은 여행은 그처럼 급격하고 즉각적이면서도 그 자체로 익숙해질 수 있는 부분도 있다. 깊은 여행으로 미끄러져 들어가는 것을 중무장된 국경선이기도 한 비무장지대를 건너는 것과 비교해 보자. 둘 사이의 가장 뚜렷한 차이는 일단 깊은 여행을 시작해도 '그곳'의 분자 하나 변하지 않는다는 점이다. 도시 외곽에서 벗어나 참나무 숲으로 들어가지도 않았고 공장에서 호랑이 굴로 들어가거나 평범한 곳에서 비범한 곳으로 들어가지도 않았다. 잠시 전에 교외를 걷고 있었다면 지금도 여전히 그곳에 있을 것이다. 즉, 여기서 말하는 변화는 전부 내면적인 것이다.

하지만 더 자세히 검토해 보기 전까지는 그 너머의 세계가 순식간에 재배열되었다고 생각하게 된다. 당신은 거의 감지하지 못할 정도로 행동했지만 뭔가 굉장하고 유용한 일이 일어났다고 느낄 수 있다. 그 변화는 정말 당신을 위한 것이지만 또한 당신이 스스로에게 준 선물이기도 하다. 굳이 블라인드를 올리거나 문을 열 필요도 없다. 그런 것들은 처음부터 거기 없었기 때문이다. 단지 감각적으로 느껴지는 것들을 제한하거나 약화시키거나 무미건조하게 만들거나 가치를 떨어뜨리는 정신적 여과 장치를 당분간 한쪽으로 밀어 놓으면 된다.

그 모든 것과 함께 또 하나의 감각이 더 있다. 이는 급격하고 갑작스러운 변화처럼 당신을 이질적이거나 생소한 곳으로 이끌기보다는 언제나 그곳에 있었지만 손대지 않았거나 딱히 기억하지 못했던 것에 다시 접근할 수 있도록 해 준다. 마치 뭔가를 재개하거나 복귀하는 느낌이다. 오랫동안 부재중이었어도 일단 다시 나타나면 너무도 익숙한 어떤 것의 실마리와 다시 접촉하고 붙잡는 것이다.

비유는 이 정도가 전부다. 깊은 여행은 비 온 후의 햇살같이 세부적인 것들을 밝게 드러내 주지만 어떻게 보면 은은한 달빛과 좀 더 닮아 있다. 앞으로 무엇이 가능할지와 다음에 무슨 일이 일어날지에 대한 감각을 바꿔 주기 때문이다. 예상하지 못한 것, 좀처럼 생각해 보지 못한 것들이 당신의 손끝에 있다. 그래서 꿈꾸는 중임을 알면서도 꿈을 꾸는 상태인 자각몽과 비슷한 데가 있다.

자각몽에 대해 30년 동안 연구해 온 정신생리학자 스티븐 라버지Stephen LaBerge는 꿈이 우리가 세상에 대해 품고 있는 생각들과 세상이 어떻게 돌아가고 무슨 의미를 담고 있는지에 대한 우리의 가정들을 과장해서 보여 준다고 말했다. 우리는 평범한 꿈을 꿀 때는 그런 가정들을 잊어버리고 우리의 안전을 걱정하며 현실의 물리법칙이 아직도 적용되는 것처럼 행동한다. 하지만 자각몽인 상태에서는 불현듯, 그리고 아무런 위협이나 위험 없이 그런 가정들에 도전할 기회를 갖는다. 그 가정들이 만들어진 것일 뿐 실제가 아니라는 것을 기억하면서, 하늘을 날아다니거나 낯선 이에게 갑자기 특별한 선물을 요청하는 등 어떤 방법으로든 그 가정들을 무시할 수 있다. 여기서 우리가 친숙하다고 생각했던 것들(외부에서 일어나는 사건들에 근거한 감각들)은 실제로는 익숙하지 않은 것(내부에 저장된 기억에서 나온 정신적인 이미지)이라는 사실이 드러난다. 신나고도 기운을 북돋워 주는 일이다.

한편 우리는 자각몽을 꿀 때 여전히 졸리고 꿈을 꾸는 상태이면서도 마치 깨어났다는 느낌을 받는다. 그런데 깊은 여행은 이미 활짝 깨어 있는 상태에서 더욱더 깨어나는 느낌을 준다. 익숙한 것들이 낯설어지는 것은 같지만 그것이 비현실적이기 때문은 아니다. 오히려 반대로, 어떤 면에서는 새로운 물질과 내용을 취하는 것과 같고 들을 만한 이야깃거리를 훨씬 더 많이 가진 것과 같다. 마치 사랑에 빠진 사람이 전에 없이 얼굴에 빛이 나는 것과 거의 비슷하다. 그래서 보이는 것이 의심스럽기보다는, 현재 있는 것보다 훨씬 더 많은 특성들과 가능성들을 취하게 되어 더 이상 그것을 당연하게 받아들일 수 없게 된다. 그리고 이미 알려진 것들, 이미 들은 이야기들은 이제 금방 만난 것들과 아직 발견되지 않은 것들 때문에 광채를 잃는다. 이럴 때 우리는 평범한 가정들에 대해 의심을 품게 된다. 깊은 여행이 가져온 것들 앞에서는 변함없이 굳건하고 믿을 만했던 이전의 인상이 묘하게도 부적절해 보이고 변화가 없으며, 불안정하고 얄팍하고 조야하여 버려도 되는 것처럼 보인다.

깊은 여행은 하나의 주제로서는 아직 연구가 부족한 상태다. 하지만 뜻대로 꿀 수 없는 자각몽과는 달리, 깊은 여행은 그저 스쳐가듯 경험한다고 해도 거의 모든 사람들이 현실에서 종종 행하는 것이기 때문에 이에 대한 지식이 더 빨리 축적되고 더욱 친근해져야 한다. 물론 깊은 여행이 현재 자각몽처럼 주목을 받으며 면밀히 연구되려면 아마도 한 세대는 더 지나야 할 것이다. 여행자들과 훈련된 연구자들, 교통 전문가들이 내놓는 수백만 건의 기록들이 그런 가능성을 보여 주고 있기는 하다.

누군가가 깊은 여행에 대해 말한 것을 평가하거나 검증하는 일은 비교적 간단하다. 사람들은 그저 여기저기 자유로운 환경에서 우연히 혹은 선택해서 깊은 여행을 경험하기 때문에 반복 실험 같은 것이 필요하지도 않다. 또한 미국 동남부 지역의 숲이 우거진 저지대 늪에서 흰부리 딱따구리의 생존 가능성을 알아보기 위한 연구처럼 사진과 녹음이 완비된 확인 관찰이 필요하지도 않다. 우연히 깊은 여행을 한 기록이라면 어떤 것이라도 좋다. 이를 기록한 사람이 경험한 감각과 당신이 여행했던 기억을 대조하여 그것이 비슷한 맛인지, 즉 '같은 빛을 발하는지'를 살펴볼 수 있으면 된다.

이런 초기 단계에서도 '깊은 여행으로 자진해서 날아드는 경우는 없다!'라는 첫 번째 법칙을 정할 수 있다. 또한 우리는 깊은 여행이 그렇게도 큰 영향을 주는 이유가 무엇인지, 상호 연관된 이유들 몇 가지에 충분히 동의할 정도로는 알고 있을 것이다. 깊은 여행은 완성된 한 개의 꾸러미로 우리에게 다가오지만 실은 여러 가지 양상을 보인다. 심리학자와 인지과학자들은 정교함과 민감함을 갖춘 인간의 감각이 우리를 둘러싼 에너지 중 겨우 1조 분의 1 정도의 정신적 이미지에만 반응하며 또 그만큼만 떠올릴 수 있다고 말한다. 하지만 우리가 깊은 여행을 하기 위해 마음의 초점을 맞출 때 얼마나 에너지가 드는지 계산해 본 사람은 없다. 아마 그것은 1조 분의 2로 뛰어오르지도 않고, 그럴 수도 없을 것이다. 그러나 우리는 깊은 여행을 할 때 우리에게 제공되는 정보가 두 배, 세 배 늘어나는 것을 분명히 느낀다. 추측건대 우리가 주변에 세상에 대한 내부 자각의 강도를 늘리고 보강하기 때문에 그런 것 같다.

이 때문에 우리는 주위의 사물과 사람들에 대해 아직도 더 많은 것을 발견하기를 기대하며, 보다 색다른 이해까지도 얻기를 기대한다. 이런 개방성은 전방위적으로 꽤나 고르게 분포되어, 우리가 멋지다고 생각하던 것은 물론 예전에는 단조롭거나 사소하다고 생각했던 대상과 주제에도 고루 영향을 미친다. 우리는 의도하지 않은 채로 확실성이 더 적은 다른 정신적 자세를 택하는 것이다. 우리 앞에 있는 것이 중요하고 존중할 만한지 생각하면서 자신이 틀렸다는 것을 인정하는 자세, 더 많은 것을 받아들이려는 바람, 아직도 배울 것이 있다는 느낌들이 슬며시 다가온다. 이런 태도는 흔히 '겸손함'이라는 이름으로 불린다. 즉, 사람이나 사물, 장소, 그리고 세상의 모든 면에 대해 우리가 아는 것은 아직도 부족하며 완벽하지 않다고 생각하는 태도다.

이 책은 이처럼 새로이 균형을 잡은 자각, 즉 깊은 여행을 통해 '세 배로 늘어난 세계'에 대한 소개이자 서문이며, 이 색다른 길을 탐구하는 여행 안내서다. 소유주 확인서나 '평생 보장' 같은 것은 없다. 사람들이 스스로 재보증하고 승인할 수 있는 것이기 때문이다. 이 책은 오래되고 고유한 인간의 재능, 무시되었지만 아직도 멀쩡한 그 재능에 대해 현대적인 권리를 다시 주장한다. 이미 늘 우리 것이었던 것에 대해 안내를 받는다는 것이 헷갈리거나 모순적으로 들린다면, 이 책을 힌트나 프롬프트(대사 일러 주기) 혹은 메모지나 메모용 냉장고 자석 같다고 생각해도 된다. 천릿길도 한 걸음부터 시작해야 한다는 말이 있지만, 깊은 여행에 체류하는 것은 한 걸음 내딛기보다 더욱 겸허하게 시작해야 한다. 겉으로 드러나는 것 없이 마음속에서 한 발짝 비켜서는 일이 출발점이다.

현재 당면한 여러 문제 중 하나는, 깊은 여행이 그저 때때로 우연히

마구잡이로 일어나는 탓에 많은 사람들이 이미 잘 알고 있으면서도 자기가 깊은 여행을 찾는 게 아니라 그 반대의 경우로 정리하고 만다는 것이다. 사람들은 깊은 여행을 호기심과 우연의 산물로 여긴다. 자신이 선택한 것이 아니며, 직접 관리할 만한 주제가 아니라는 것이다. 또한 신뢰할 수 없고 덧없이 스쳐 가는 것이어서 결국에는 실망을 줄지도 모른다고 생각한다. 깊은 여행을 알고 여러 번 경험해 본 사람들조차도 이를 미리 계획하고 조심스럽게 준비해야 하는 특별한 상황에서 얻을 수 있는 보너스로 여기기도 한다. 가령 뉴햄프셔의 워싱턴 산에서 구식 톱니 궤도 열차를 타고 아래쪽 선로에서 소용돌이치는 짙은 안개에서 빠져나와 정상 근처의 세찬 바람 속으로 들어가거나, 페루 산꼭대기에 있는 잉카의 요새 마추픽추의 산장에서 동이 트기 전에 잠에서 깨어나는 것 같은 특별한 상황 말이다.

여행하는 도중에 얻는 뜻밖의 발견이나 불로소득 같은 것으로 깊은 여행의 범위를 넓히면, 사람들은 그것이 오랫동안 친숙했던 것임을 인정하고 여행의 세세한 부분을 다 잊은 후에도 남아 있는 기억으로서 깊은 여행을 쉽게 떠올린다. 깊은 여행은 대개 이런 식으로 소개되고 받아들여진다. 아마도 어떤 장소에 갔다가 오는 데 그치지 않고 기분을 전환하게 되는 그런 순간을 우리 모두가 이따금씩 가볍게 경험하기 때문이리라. 그런데 그 순간 뭔가가 변화한다. 그래서 우리는 원래의 목적지로 가면서도 동시에 낯선 방향으로 빗나가는 것 같고, 곧바로 그 너머로 이끌려 가거나 떠밀려 가는 것을 깨닫는다. 그리고 결국 도착하는 곳은……. 그곳을 설명하기에 적당한 말은 아직 고르지 못했는데, 어쨌든 그곳은 조금 전만 해도 존재하지 않았던 어느 역의 승강장

과도 같다. 그러나 일단 도착하면 지극히 단순하고 견고해 보이는 승강장이다.

'움직이는 승강장.' 이 정도면 적당한 표현일 것 같다. '마법의 융단'이라는 말도 어울릴 것 같지만 찾고 싶어 하는 순간에도 진짜로 실현되지 않으리라는 것을 빤히 알기 때문에 포기하겠다. 아무튼 일단 그 승강장에 도착하면 우리는 평소의 생각 흐름에서 풀려 동요하게 된다. 다음에 무슨 일이 일어날지 확신하지 못하는 것이다. 어떻든 우리는 문턱을 넘었고 지평선은 멀어졌다. 나는 무심결에 깊은 여행과 조우한 사람들이 남긴 기록들을 비교하면서, 여행 중 이렇게 내부에서 동요하는 순간이 특별히 정해진 것은 아니라는 사실을 알았다. 어떤 사람에게 들은 이야기인데, 그는 집을 떠난 지 오랜 시간이 지난 후 비행기를 탔다고 한다. 비행기는 연착을 한 데다 비좁았고 승객들로 꽉 차 있었다. 그는 비행기가 하강을 시작할 때 창밖을 보다가 아래쪽에서 기체를 다른 방향으로 끌고 있는 듯한 뭔가를 보고는 그날의 관심사가 바뀌었다고 했다. 그는 배가 지나간 자리를 따라가는 알락돌고래같이 아래쪽 지면을 스치듯 가로질러 휙휙 질주하는 검은 얼룩 같은 비행기의 그림자를 보았던 것이다.

깊은 여행을 더 많이 경험한 사람들은 어느 시점에서 다른 마음 상태에 사로잡힐 가능성을 키우는 특정한 경로나 방법을 떠올리기에 이르렀다. 그들은 이 지식을 공유할 때도 있고, 송어가 회귀해 오는 강 속의 깊고 잔잔한 지점을 발견한 플라이 낚시꾼처럼 자기만 알고 있을 때도 있다. 나 같은 경우는 자라면서 기차 여행을 좋아하게 되었는데, 그 이유는 아주 평범한 여행이라도 목적지에 도착하는 것과 함께 기분까지 고양되는 일석이조의 효과가 있었기 때문이다. 아마 독자들에게도 깊은 여행으로 들어가는 자신만의 방법이 있을 것이다.

내가 깊은 여행이 얼마나 접근하기 쉽고 그 방법이 풍성할 수 있는지 알기 전의 일이다. 기차 공급이 한정되어 있어 희귀하게 여겨졌던 당시에 뉴욕 주 올바니 북부의 암트랙(미국의 철도여객공사) 지선은 그래도 언제나 이용할 수 있었던 기차였다. 그 선로는 워낙 낙후되어 있었기 때문에 기차들은 두 역 사이의 구간을 평균 시속 40km에 조금 못 미치는 속도를 유지하며 달렸다. 분명 사람들 대부분이 타지 않을 것이고 언젠가는 아예 수요가 없어질 것 같은 교통수단이었다. 하지만 나는 그 기차를 떠올릴 때마다 언제나 특별한 디저트 같은 시간을 즐겼다고 생각한다.

어느 겨울날, 나는 전날 버몬트 주에서 회의를 마친 후 뉴욕으로 돌아가려고 아침 일찍 러틀랜드에서 기차를 탔다. 내가 타고 있던 식당 객차는 적어도 25년은 묵은 듯한 은색 원통형이었는데 작고 가느다란 창들이 나 있었다. 이 기차와 암트랙에서 운행한 다른 '암플릿' 기차들의 디자인은 차체가 둥글어서 승객들은 '담배 튜브' 또는 통조림에 빗대어 '암캔'이라고 부르면서 비웃곤 했다. 사람들이 기차를 타게 하려면 날개 없는 비행기에 탄다고 생각하도록 속이는 방법밖에 없다고 생각했던, 영락하고 의기소침했던 1960년대 미국의 풍경이었다.

그날 아침 낡은 암캔은 펄펄 끓을 정도로 난방이 잘되어 있었고 좌석은 대부분 비어 있었지만 깨끗했다. 좌석 위의 독서등 스위치와 좌석 등받이 조절 버튼도 무리 없이 작동했다. 식당 칸 카운터에는 물건들이 빼곡히 차 있었고, 직원이 커피를 내리고 있었다. 두 명의 차장은 느긋하고 친절해 보였다. 하지만 나는 주위를 둘러보며 암트랙 단골 승객이면 오른 즉시 하는 일을 했다. 앞으로 일어날 수 있는 여러 가지 일을 머릿속에서 엄격히 점검하는 일이다. 긍정적인 면이 부정적인 면보다 훨씬 많았다.

몇 분 후 러틀랜드 역 뒤쪽의 눈 쌓인 뒤뜰이 지나가고 띄엄띄엄 숲들이 보였다. 기차는 속도 제한이 있는 지역을 좌우로 조용히 흔들리면서 달렸다. 덕분에 숲들은 거의 우아하다 할 정도로 느리게 지나쳐 갔다. 산업혁명 후 2세기 동안 속도는 진보의 척도로 여겨졌기에 사람들은 시속 50km 정도는 굼뜨고 꾸물거리는 속도로 지루하고 시시하다고 생각하게 됐다. 하지만 그 속도는 사실 역마차를 대신해 기차가 첨단 기술의 고속 여행 수단으로 등장했던 1830년대에는 승객들이 겁을 내면서도 신나 하던 바로 그 속도다. 우리 내부에는 몇 가지 계산자가 작동한다. 인간이나 말의 다리를 놀려 얻는 속도에서 일단 해방되면 우리가 얼마나 빨리 갈 수 있어야 하느냐에 대한 기대치를 계속 올려 가며 눈금을 재조정한다. 그러면서 롤러코스터를 탈 때를 제외하고는, 덩치 큰 차량에 깊숙이 앉아 차가 실제로 만들어내는 속도를 느끼지 못한 채 속도가 얼마나 빠르다고 '느껴야 하느냐'에 대해서만 검토한다.

식당 객차에서는 대화를 나누는 사람도 없어서 우연히 엿듣거나 무시해버릴 만한 소리도 없었다. 잠시 낮잠을 자기에는 딱 알맞은 시간이었을 것이다. 그런데 갑자기 뜬금없이 온몸이 어두운 물밑에서 햇빛 속으로 튀어 오르는 듯 부양하는 느낌이 밀려들었다. 그전에는 한두 가지 생각에 머무르던 머릿속에 온갖 생각들이 밀려들면서 공중을 떠도는 것 같았다. 생각은 여전히 덜거덕거리며 나아가는 기차를 앞질러 달려가는가 하면, 기차가 넓고 야트막한 골짜기를 건너가는 동안에는 휙 날아가 금방 내 오른쪽에 나타나 줄지어 선 눈 덮인 야산 뒤를 가르며 나아가곤 했다. 나는 무엇을 할지 생각도 않고 무작정 서류 가방에서 공책을 꺼내 기차의 속도와 생각의 속도에 대해 메모를 했다. 나는 분명 몇 분 전보다 훨씬 더 각성되어 있었다. 갑자기 한 세계에서 다른 세계로 들어선 상태에서는, 속도와 같이 사람들이 일반적으로 무시하는 조건이 강하게 부각된다는 사실을 모호하게나마 알게 된 것이다. 나는 나의 이런 상태를 깨닫고는 깜짝 놀랐다.

불쾌하지는 않았으며 무슨 일이 일어나는지도 알 수 있었다. 내 주의력은 더 민감해졌다. 주위를 더 꼼꼼하게 둘러보면서 쉽게 닿을 수 있는 좁은 '여기', 그리고 식당 칸 안의 '여기'는 당연히 변하지 않았다는 사실을 깨달았다. 난방의 열기로 후텁지근한 것은 여전했다. 갓 내린 커피의 향기도 마찬가지였고 기포 고무로 된 의자 등받이의 어깨 부분 뼈대가 3~4cm 아래에 있어 별로 편하지 않다는 것도 여전했다. 그러나 여느 여행에서처럼 이 한정된 '여기'는 우리가 출발하면서부터 닻을 올린 상태가 되었고, 어느 순간에든 쉽사리 위치를 명시할 수 없는 상태가 되었다. 다른 여행객들처럼 나도 내가 정확히 어디 있는지 더는 알지 못했다. 그것도 몇 분 동안이나.

다른 점은 지금은 내가 그것에 대해 생각하고 있다는 것이다. 당시 나는 다음 순간, 혹은 그다음 순간 무슨 일이 일어날지 정확히 알지 못하며 확신하지 못한다는 것을 이해했다. 그 순간 그런 이해는 필연적이었다. 그런데 이 확실하게 알지 못한다는 것은 깨어 있든, 잠을 자든, 움직이고 있든, 쉬고 있든 살아가면서 모두가 빈번하게 맞이하는 상황이다. 사실은 그것에 대해 생각하지 않는 편이 훨씬 쉽다. 특히 우리가 움직이지 않고 한자리에 가만히 있을 때, 창밖의 더 넓은 '여기'가 일반적으로 움직이지 않거나 변하지 않는 것 같을 때, 혹은 팔이 닿는 가까운 거리에 있는 '여기'만큼이나 느리게 변화되는 것 같을 때는 그런 것을 생각할 필요도 없다고 여기는 것이 훨씬 쉽다. 그러나 일단 이렇게 깊은 여행을 하게 되면 우리 자신을 포함해서 많은 것들이 일시적인 것이라는 깨달음 혹은 현실감각이 무시하거나 비껴갈 수 없이 마음의 전면에 자리를 잡는다.

동시에 또 다른 여행자의 자각도 생겨난다. 예를 들어 기차나 다른 교통수단들을 이용할 때, 심지어 9·11 테러 이후 남부 버몬트를 느릿느릿 달리는 구식 암트랙 노선을 이용할 때도 여행자는 안정감, 도착 가능성, 전통적인 배려 등으로 기차가 균형을 잡아주는 느낌을 받는다. 여행자는 다음에 무슨 일이 일어날지, 자기가 있는 곳이 어디인지 알 길이 없으므로 당분간 자기가 할 일은 아무것도 없다고 안심하게 된다. 철로의 용도는 여행자의 마음을 앞으로 움직이게 하는 것이 아니라 여행자의 몸을 안전하게, 비교적 편안하게 앞으로 이동시키는 과정에 있다. '없는 것보다 나은' 절반에 지나지 않는 환경이지만 마음이 조금씩 입질할 수 있는 먹이 역할은 한다. 여행자의 마음은 속박에서 풀려나 모든 가능성이 열려 있기 때문에 느긋하게 보호받는 상태에서 어떤 주제든 마음껏 탐구할 수 있다.

나는 적어도 몇몇 사람들에게는 이 마음의 변화 과정이 꽤나 흔해빠진 일이라는 것을 깨달았다. 예를 들어 뉴욕의 환경 친화 건축가인 힐러리 브라운Hillary Brown은 환경을 오염시키지 않고 작업 환경이 건강한 건물을 설계하는 일을 하는데, 내가 러틀랜드 여행에 대해 이야기하자 자기의 여행 경험을 적은 메모를 보내 주겠다고 했다. 다음은 며칠 후 그녀가 보내온 이메일 내용이다.

생각하는 시간.

묘하게도 나는 기차나 버스를 이용해 장거리 여행을 할 때 정신적으로 가장 생산적인 시간을 보내곤 한다. 나는 빠르게 지나쳐 가는 풍경을 보며 막간의 휴식을 즐긴다. 그러노라면 대담한 생각들이 잇달아 떠오르는 데 필요한 고립된 공간과 정지된 시간이 마련된다. 이는 음악에 빠져드는 것과도 닮았다. 음악은 고유한 속도를 타고 마음을 들뜨게 하고 감정을 밀어붙인다. 속도감이 마음을 달리도록 부추기고, 눈은 시시각각 속도를 내며 지나쳐 가는 물체들에 고정되어 그 물체들에 대한 새로운 이해가 구체화된다. 느낌이 간간이 무중력 상태로 이끌려 부드럽게 안긴다. 마음은 자유로워지고, 눈은 통찰력을 얻으려고 움직이는 지평선을 훑어본다. 생각이 더없이 대담해진다. 몸과 마음이 모두 새로운 영역으로 향하는 터널이 된다.

'생각하는 시간'의 중요성은 현대 과학의 비약적 발전의 역사에서도 나타난다. 1972년의 한 버스 여행은 피부색이 다른 인간들 사이에 커다란 유전적 차이가 있다는 대중적 견해가 옳지 않다는 사실을 입증하는 데 중요한 역할을 했다. 당시 시카고 대학교에서 학생을 가르치던 저명한 진화생물학자인 리처드 르원틴Richard Lewontin(1966년 겔 전기영동 기법으로 유사 단백질을 분리하여 집단 내에서의 유전적 다양성을 최초로 확인했다. 이 기여로 집단유전학 연구는 큰 전환을 맞이했다–옮긴이)은 전공 논문 마감을 앞두고 있었다. "당시 인디애나 주 블루밍턴으로 장시간 버스를 탈 일이 있었다. 나는 기차나 버스를 타고 여행을 할 때 논문을 쓰는 버릇이 있었는데 그때는 이 논문을 쓰는 일이 중요했다." 그는 버스 안에서 인간 혈액형 집단에 대한 권위 있는 교과서 한 권과 유전적 다양성을 계산하는 데 쓰이는 수학 공식표를 가지고 분석을 시작했다. 그가 버스 여행을 하면서 도출해낸 결론은 '인종'이라는 개념에 생물학적 지위나 등급이 없다는 것을 보여 주었고, 이 사실은 그 후 여러 차례에 걸쳐 확인되었다. 실제로 같은 피부색을 가진 사람들 사이의 유전적 다양성은 아프리카와 유럽, 혹은 북아메리카와 중국같이 먼 지역 사람들 사이의 다양성보다 10배는 더 크다.

과학 분야에서 가장 잘 알려진 '생각하는 시간' 여행의 에피소드는 아마도 2차선 고속도로를 달리던 어느 혼다 시빅에서 일어난 일일 것이다. 생화학자인 캐리 멀리스Kary Mullis는 1983년 봄 어느 금요일 밤에 자동차를 타고 샌프란시스코에서 약 2km가 안 되는 북쪽의 삼나무 숲을 통과하며 북쪽으로 달렸다. 그는 운전하는 몇 시간 동안 DNA를 수십억 개로 복제할 수 있는 기술인 중합효소 연쇄반응Polymerase Chain Reaction(DNA의 일부를 복제, 증폭시키는 분자생물학 기술–옮긴이), 즉 PCR 기법을 고안해냈고 그 공로로 노벨 화학상을 수상하기도 했다.

1993년 스톡홀름에서 열린 노벨상 수상자 연설에서 멀리스는 스웨덴 왕과 하객들이 지켜보는 가운데 10년 전 PCR 기법을 고안해냈던 그날의 이야기를 자세히 들려주었다. "나는 운전할 때면 생각하는 일에 집중한다. 그날 밤도 산속을 운전해 가는데 꽃이 만발한 캘리포니아 마로니에 줄기들이 도로 위에 드리워져 있었다. 대기는 습하면서도 시원했으며 마로니에 꽃의 자극적인 향기로 가득 차 있었다." 그러다 아이디어들이 별안간 두서없이 터져 나와 그는 차를 세우고 "유레카!"를 무려 세 번이나 외쳤다고 했다. 몇 가지 계산을 하려고 도중에 한 번, 여행이 끝날 무렵 한 번 차를 세웠다. 그리고 마지막으로 한 번 더 세웠다. "나는 다시 차를 세웠다. 그러고는 '천둥의 신 토르여!'라고 외쳤다. 번개를 맞은 듯 단번에 DNA 화학에서 가장 골치 아픈 문제를 풀었기 때문이다."

정기적인 평일 교통수단 패턴에 대한 대부분의 통계는 여행하는 시간이 사람들의 마음에 불러올 수 있는 소중하고 폭넓은 느낌을 본격적으로 다루지 않는다. 하지만 대강의 계산만으로도 우리가 매일 겪는 많은 일의 성패에 대한 훌륭한 생각을 얻을 수 있다. ABC 뉴스와 《타임》, 《워싱턴 포스트》가 2005년에 공동 조사한 '차로 이동하는 나라, 미국의 내부를 보다' 자료를 보면 미국의 성인 2억 2000만 명이 매일 한 시간 반 정도 차를 운전한다고 나와 있다. 이 숫자는 앞으로 휘발유가 갤런당 4달러 이상일 나라의 여행 습관에 맞춰 조정될 필요가 있겠지만 현재로서는 매일 일어나는 자료를 수집한 것으로 보인다.

차에서 지내는 이 한 시간 반의 절반을 넘는 약 49분만이 일터에 갔다가 오는 데 필요하고, 나머지는 자잘한 용무나 잡무를 보거나 가까운 곳을 다녀오는 일에 사용된다. 집에 자녀가 있는 사람들은 아이를 학교에 데려다 주거나 데려오는 일에 약 15분 정도를 더 쓰면서 더 오래

운전한다. 미 통계국은 자체적으로 실시한 연간 미국 사회 조사에서 그 같은 일일 통근 자료를 보고 사람들의 마음속에 그 자료를 각인시키는 방법을 찾아냈다. 바로 그 자료를 1년 중의 한 부분으로 제시하는 것이다. 미 통계국은 1년 동안 사람들이 직장을 오가는 운전 시간을 합한 후 1년간 사용하는 휴가 기간과 비교했다. 결과는 5 대 2 비율이었다. 대부분의 미국인들이 연간 유급 휴가로 2주일을 얻는데, 직장에 출퇴근하는 데는 주당 노동 시간의 5주일분에 해당하는 시간을 쓰기 때문이다.

매일 도로에서 보내는 이 한 시간 반을 평가하고 측정하는 데는 다른 방법도 있다. 이를테면 하루에 이 정도 시간 동안 운전을 하는 바로 그 2억 2000만 명이 밤에 평균 8시간을 자는 것(가정)과 비교해 볼 수도 있다. 이는 여행 시간을 우리가 깨어 있는 시간의 중요한 요소로 생각하게 해 준다. 미국인의 90%에 해당하는 여론 조사 응답자들은 깨어 있는 시간의 약 10분의 1을 이동하는 데 쓰고 있었다(더 정확하게 하면 상황에 따라서 9.4~10.8%를 쓴다).

미국인이 어떻게, 왜 이런 상황에 처하게 되었는지는 잠시 제쳐 두자. 우리가 어떻게 직장과 집, 학교와 가게를 약 30분 거리에 두게 되었는지, 한 장소에서 다른 장소로 가는 데 운전이 유일한 방법이 된 이유가 무엇인지 같은 문제는 제쳐 두자. 어떤 사람들은 우리가 하루 동안 시간을 보내는 여러 장소들 사이의 거리가 늘어나는 것을 교통 센터의 '코끼리'라고 말한다. 여기서 코끼리란 공동체의 번영에 위협이 되는 존재를 뜻하는 비유적 표현이다(쉽게 보이는데도 편의를 위해 무시하는 문제를 뜻한다–옮긴이). 미국인들은 제2차 세계대전이 끝난 후 60년 동안 성장을 계속해 오면서 이 코끼리의 경고를 무시하고 회피해 왔다. 그러나 그러면서 두 번째 코끼리 혹은 매머드가 첫 번째 코끼리 옆에 나란히 서 있는 것조차 보지 못했을지 모른다. 이 두 번째 코끼리는 우리의 건강과 행복에 관련된 보이지 않는 코끼리로, 우리의 마음을 움직이거나 멈추는 등 끊임없이 마음의 활동을 촉진시키게끔 여행이 제공하는 기회들을 뜻한다.

ABC 뉴스, 《타임》, 《워싱턴 포스트》의 합동 여론 조사에 따르면 미국인 운전자들은 도로에 있는 동안 매우 복합적인 반응을 보인다. 약 4분의 3이 도로에 있을 때 '독립적인 느낌을 갖는다'고 대답했으며 약 3분의 2는 가끔씩 '좌절감을 느낀다'고 답했다. 그런데 48%는 종종 '느긋한 기분을 느낀다'고 답했고, 43%는 가끔 '화가 난다'고 답했다.

샌프란시스코 만 지역에 살고 있는 사람들의 여행 행태를 자세히 들여다본 2001년도의 한 조사에서도, 사람들은 멍한 느낌을 받는다는 대답을 포함해 앞서 여론 조사와 똑같이 복합적인 감정을 느낀다고 답했다. 그러나 운전자든 비 운전자든, 여론 조사의 상세한 질문 사항에 대답한 캘리포니아의 인구 3분의 2 이상이 '여행의 유일한 장점은 목적지에 도달하는 것'이라는 생각에 동의하지 않았다. 약 3분의 1이 안 되는 사람들이 실제로 매일매일의 여행을 좋아한다고 답했으며, 그 외 대다수는 이동하는 시간에 대해 '좋지도 싫지도 않은 중립적인' 경험이라고 답했다. 정리하면, 약 절반의 사람들이 '목적지에 가는 일이 즐겁다'고 생각한다. 그리고 절반 이상의 사람들은 '이동하는 시간은 일반적으로 시간 낭비다'라는 삭막하기 짝이 없는 문항에 동의한다고도, 아니라고도 말할 수 없는 중립적인 의견을 보였다.

여기서 '낭비된 시간'은 누리지 못한 시간이나 망친 시간, 혹은 가치가 훼손되거나 부정된 시간, 도난당했거나 새어 나간 시간, 생애의 장부에서 공제된 시간처럼 느껴진다. 하지만 위 통계 결과와 같이 하루에 한 시간 반(미국인들이 깨어 있는 시간의 10%)을 여행에 쓴다고 볼 때, '여행하는 시간은 결코 시간 낭비가 아니다'라는 생각으로 하루에 이 정도 시간이 이동 전후에 일어난 일과 똑같이 소중하다고 느낀다면 우리는 이 시간을 되찾고 복구함으로써 깨어 있는 시간을 효율적으로 재배치하고 그 시간이 더 오래 지속되도록 노력할 것이다. 그리고 이동에 드는 시간을 줄이거나 그 시간 동안 덜 허둥댈 것이다. 이렇게 되면 우리가 달력으로 세는 나이가 얼마나 되든지 달력으로는 헤아릴 수 없는 무엇인가를, 즉 우리의 '유효한 수명'을 늘릴 수 있을 것이다. 현재의 이동 시간이 유지된다면 약 10% 정도는 늘어날 것 같다.

생명 연장의 다른 형태를 안다는 것은 우리가 교통 센터의 코끼리 두 마리 모두에 올라타 지평선 너머로 떠오른 목적지를 향해 나란히 갈 수 있도록 도와준다. 이렇게 코끼리를 통제하려는 사람들, 매일 오가는 집과 직장과 학교와 가게의 거리를 줄이는 데 흥미가 있는 사람들은 도로에서 연소되는 휘발유, 도로에 뿌려지는 오염 물질과 콘크리트의 양을 줄이고 이동 시간을 줄이는 데 주안점을 둔다. 그리고 움직임과 움직이는 상태의 마음을 연결시키고 익숙한 일과에서도 깊은 여행의 기회를 발견한 사람들은 이동하는 시간이 얼마나 되든지 이를 중요하게 여기고 지킴으로써 인간이 지닌 가능성을 보호하려는 욕구를 느낀다. 이처럼 지구상에 인간의 발자국을 줄이는 일(탄소 발자국. 요즘 경제학자들이 토지, 대기, 물에 대한 인간의 영향을 설명하는 표현), 밖으로 뻗어 가는 지역사회를 활기차게 하는 일, 그리고 여행이 인간의 마음에 남기는 인상을 널리 알리고 탐구하는 일 등 필요하리라 예상되는 모든 것에는 이미 공통되는 지점이 있다.

1970년대 세계은행의 유동성 연구자인 바코브 자하비Vacov Zahavi가 밝혀낸 '여행 시간 예산Travel Time Budget'이라는 개념은 흥미로우면서도 논쟁의 소지가 있다. 이 개념은 교통수단과 관련해 선구적인 글을 쓴 오스트레일리아의 피터 뉴먼Peter Newman과 제프 켄워시Jeff Kenworthy가 나중에 요약, 설명했다. "모든 사회에서 개인은 일과 시간의 약 한 시간 정도를 필수적인 이동에 소요되는 것으로 할당한다. 여행 시간 예산이라는 개념은 네덜란드처럼 자전거를 타고 다니든, 싱가포르처럼 대중교통 수단 이용이 우세하든, 미국과 오스트레일리아의 도시들처럼 자가용 이용이 우세하든 모든 도시에 적용되는 것이다." 결과적으로 "도시는 늘 한 시간 거리의 공간이 될 것"이다.

다른 연구자들도 수 세기를 되돌아볼 때 부차적인 변화는 있을지언정 동일한 시간 유사성이 존재한다는 사실을 발견했다. 이는 전 세계의 이동성 패턴을 연구하는 독일의 베르너 브뢰그Werner Brög가 "역사적인 맥락에서 지난 600년 동안 직업상 여행에 걸리는 평균 이동 시간은 변함이 없었다"고 발표한 데서도 알 수 있다. 미국의 저명한 지리학자 윌리엄 L. 개리슨William L. Garrison에 따르면, 정복왕 윌리엄(윌리엄 1세)의 명으로 1086년 집계된 영국 최초의 대규모 인구 조사인 둠즈데이북에서도 집에서 떨어진 곳에서 일하는 사람들은 들판이나 목장에 도착하기까지 약 20분이 소요됐다는 자료가 있다. 또 이탈리아의 물리학자 체사레 마르케티Cesare Marchetti도 이동 시간이 오스트레일리아에서 잠비아까지 전 세계적으로 한결같다고 말했다. 그 역시 과거를 더 깊이 들여다보면서 "흥미롭게도 5000년 전에도 여행 시간 예산은 여전히 한 시간 정도였다"고 언급했다.

여행 시간 예산에 대한 계산이 틀렸다고 생각하는 사람도 있으므로, 위의 자료가 유효하다는 가정 하에 우리는 여행 시간을 완전히 새롭게 전망할 수 있다. 우리는 그것을 '정착성Sedentism'이 지속적으로 나타나는 현상으로 생각해야만 할지도 모른다. 정착성이란 인류가 자리를 잡고 한곳에 머무르거나, 매일 날이 저물면 같은 곳으로 돌아가는 것을 설명하기 위해 인류학자들이 사용하는 단어다.

인류는 1만~1만 1000년 전 작물을 재배하는 방법을 배우면서 최초로 한곳에 머무르는 것이 가능해지고 또 필요해졌다. 그러나 1950~1960년대 이스라엘과 시리아에서 발굴 작업을 한 결과 나투프 문화(중석기 문화가 최초로 발견된 이스라엘의 슈크바 동굴 유적이 있는 와디 엔 나투프Waid en Natuf 계곡에서 유래한 명칭이다. 나투프 시대의 생활은 주로 수렵·어로·식물 채집 등에 의존하고 있었다지만 적게나마 동물의 가축화와 식물을 재배했던 증거가 보인다. 준準 정착 생활이다-옮긴이)가 발견되어 당대의 관심을 끌고 있다. 1만 3500년에서 1만 4500년 전 사이, 지중해 연안의 숲이 우거진 야산에 살던 이 수렵인들과 북쪽과 동쪽의 유프라테스 강 유역 초원지대에 살던 집단들은 2만 년 전 마지막 최대 빙하기(지구 역사상 빙하가 최대로 덮여 있었을 때이며 이때 빙하는 지표의 약 35%를 덮고 있었다-옮긴이) 이후의 첫 1000년간 싹텄던 자연환경에서 이득을 보았고 그 자리에서 방랑을 멈추고 정착했다.

그들은 자리를 잡은 후 마을을 건설하고 사냥과 채집을 계속했다.

숲에서는 도토리, 피스타치오, 아몬드를 채집할 수 있었고 가젤을 사냥할 수 있었으며 곡물, 완두, 렌즈콩 등이 자라는 '넓은 정원'이 있어서 돌낫으로 수확할 수 있었다. 또한 최초의 반려 동물이자 조력자인 '길들인 개'까지 있었다. 영국의 고고학자 스티븐 미슨Steven Mithen은 빙하가 녹고 도시가 건설되기까지 기나긴 시기에 대한 시적 저서 『빙하기 이후: 기원전 2만~5000년 세계 인류의 역사After the Ice: A Global Human History, 20,000–5,000』에서 그 변화 과정을 이렇게 묘사했다. "여기 수렵인들은 최대 빙하기가 오기 훨씬 전에 수천 년간 존재했던 가장 매력적인 환경 조건을 즐겼다. 동물과 식물들이 이렇게 풍부하고 다양하며 이를 수렵하고 채집하는 일이 당연하게 여겨진 시대는 없었다. … 350만 년 전 인류가 아프리카 사바나에서 출현한 이후 최초로 인간은 방랑의 생활 방식을 포기하게 됐다."

하지만 미슨은 그들이 왜 그렇게 하기를 원했는지는 확실히 알지 못했다. "그들은 왜 한마을 안에서 다른 사람들과 영구적으로 이웃이 되어 사회적 긴장을 감수하려고 했을까? 한곳에 정착해서 사는 데 따르는 폐기물, 쓰레기, 건강 문제에 왜 스스로 노출되려 했을까? 자기 마을 근처의 동물과 식물이 고갈될 위험을 무릅쓴 이유가 무엇일까?" 연구 결과 나투프 인이 한곳에 머물게 된 이유에는 인구 과잉, 건강 문제, 이웃 집단들과 벌이는 소소한 분쟁 같은 외부적 압력은 없었다. 미슨은 나투프의 한 마을을 발굴한 프랑스의 고고학자 프랑수아 발라François Valla의 길잡이를 참고하여 그 압력이 내부적이었을 가능성이 크다고 생각한다. 발라에 따르면 인류의 정착 생활은 생기에 찬 삶을 누리기 위한 어떤 꿈이나 무의식적 충동, 노력 혹은 임시방편적인 전략의 결과로서 정착기 이전 사람들이 주기적으로 모여 살면서 '단순하게 떠올린' 것이었는지도 모른다. 발라는 자신의 추측이 저명한 프랑스의 사회학자 마르셀 모스Marcel Mauss의 인상적인 저작에 근거했음을 밝혔다. 모스는 지금으로부터 100년 전 북극 지방 수렵인들과 함께 살면서, 그들이 주기적으로 모여서 살 때는 "열성적인 공동체적 삶을 살며 잔치와 종교 의식, 지적인 토론, 질탕한 섹스 등을 즐겼고, 모여 살지 않는 나머지 기간에는 다소 권태롭게 지냈다"는 것을 알아냈다.

아마도 대륙을 가로질러 끊임없이 이동하던 시기의 인류는 빈번히 만나지 않았을 것이고, 이동을 멈춘 후 정착의 전성기에 이르러서는 만나는 일정을 따로 정할 것 없이 늘 안정적으로 만났을 것이다. 주위 환경이 풍요로워지면서 그들의 내부 환경도 더욱 풍성해졌을 것이다.

나투프 인의 마을은 오래 지속되지는 못했다. 그들은 영거 드라이아스기Younger Dryas(약 1만 2800년에서 1만 1500년 전에 발생했던 급속한 한랭기. 드라이아스, 즉 담자리꽃은 빙하가 후퇴하면 가장 먼저 나타나는 식물로 지구가 더워지면서 고산지대로 물러나는데 이 시기에 갑자기 번성한 데서 붙여진 이름이다. 소빙하기, 소한랭기라고도 부른다—옮긴이)라는 빙하기가 갑자기 닥쳐와 1500년간 지속되는 바람에 소멸했다. 나투프 인을 한곳에 머물 게 해준 에덴동산 같은 풍요로움은 사라졌고 더욱 심해진 추위로 마을에 집중된 생활은 자취를 감추었다. 이들을 비롯한 동부 지중해 연안 야산의 사람들은 방랑 생활을 재개했다.

우리가 아는 더 따뜻한 세상, 우리가 아는 계절과 모습을 가진 세계는 1만 1000년 전에 나타났으며, 지질학자들은 '완전한 현세'라는 뜻으로 '완신세完新世, Holocene Epoch(홀로세, 충적세라고도 하며 제4기를 구성하는 2개의 세世 중 보다 젊은 시기다. 완신세는 지구 역사상 가장 최근의 시기로, 마지막 빙하기 이후로 1만여 년 전부터 현재에 이르며 비교적 온난한 기후 조건이 특징이다. 이 시기에 인류는 구석기 시대에서 지금의 문명을 만들어냈다–옮긴이)' 라고 부른다. 이 시기를 '긴 여름'이라고 부르는 인류학자도 있다. 비교적 안정된 기후 때문에 사람들은 따뜻하고 풍요로운 봄과 급격히 돌아오는 겨울을 잊어버렸다. 완신세가 되면서 다시 마을들이 나타났다. 그러나 예전처럼 늘 풍요롭지는 않고 특정한 철에만 가끔 풍요를 누릴 수 있는 새로운 환경에 적응하면서 농부들이 마을 인구의 주를 이루었다. 자연에서 생계를 꾸려가는 농부들은 들판을 오가는 시간을 배분했으며 작물을 심고 거두는 가차 없는 연간 일정에 매이게 됐다.

이런 배경을 유념하면 매일의 여행 시간 예산을 계속 정하는 일의 목적과 기능을 여러 방법으로 설명하는 것이 가능해진다. 우선 '승리자의 관점'이라고 불리는 방법을 통해 살펴보자. 이 관점은 정착민 여러 세대가 새로운 상황을 이해하고 인정하도록 돕기 위해 나중에 만들어진, 다소 자기만족적이며 아직도 유력한 해석들을 합친 것이다. 이 공식화된 관점에서 보면 끝없는 방랑은 수백만 년 전 인류 출현 이전의 다양한 조상들이 직립 생활을 한 이후로 줄곧 견뎌내야 했던 상황이었다. 사람들은 영구적인 정착 생활을 시작하면서 방랑이라는 짐을 마침내 내려놓았을 것이다. 물론 아직도 정착 생활을 유지하고 방랑의 재개를 방지하기 위해 매일 한 시간 정도라도 단편적인 자투리 여행을 용인하고 있기는 하지만 말이다.

한편 앞서 언급한 캘리포니아 만 지역 조사 같은 이동 행태 연구들에 따르면 사람들은 수천 년 동안 매일 밤 돌아갈 고정된 거처가 있었음에도 불구하고 매일 일정량의 여행에 대한 억누를 수 없는 갈망을 마음에 간직하고 있었다. 이는 조사 보고서에 "관찰되지 않은 희망 이동성 수준"이라고 표현되어 있다. 여기서 "관찰되지 않은"이라는 표현을 통해 조사 보고서가 명백한 부분만 밝히기를 고집했음을 알 수 있다. 설문에 답한 캘리포니아 만 지역 사람들 중 수백 명이 이상적이라고 보는 평균 편도 통근 시간은 16분 남짓이었다. 왕복 시간으로 따지면 대체로 한 시간짜리 여행 시간에서 적어도 30분 정도는 그대로 간직하고 싶어 했다는 뜻이다. 약 3%의 소수만이 편도 '0~2분이 걸리는 통근 시간'을 원했고, 거의 반수가 최소한 왕복 40분 걸리는 편을 원했다.

프랑수아 발라의 말이 옳다면, 그리고 고정된 장소에 머묾으로써 정신생활의 속도와 집중도를 증가시키기 위해 방랑을 포기했다면, 우리가 지난 1만 1000년 동안 여행에 대한 욕구를 지녀 온 사실은 어떻게 설명할 것인가? 정착 생활을 하게 되면서 끊임없이 제한하고 등한시했는데도 여행에 대한 강한 충동이 남아 있는 것을 어떻게 해명할 것인가? 이는 방랑을 지속하는 상태가 아닐 때도, 여행이 우리의 마음을 새로운 방향으로 이끄는 고유하고 탁월하면서도 높이 평가되는 능력으로 작용하기 때문이 아닐까 싶다.

캘리포니아 만 이동 행태 조사의 공동 편찬자인 퍼트리샤 L. 모크태리언Patricia L. Mokhtarian은 교통공학의 선구자이기도 하다. 캘리포니아 대학교 데이비스 교통연구소의 교수인 그녀는 여행 행동을 연구하는

데 30년 이상을 쏟았다. 그녀는 연구 시간의 많은 부분을 여행에 대한 편견에 맞서는 데 할애했다. 그 편견이란 여행은 '불편을 야기하는 것', '나쁜 것'에 지나지 않고 오직 필요할 때만 취하는 행동이며 시간을 허비하고 싶지 않은 하찮은 행위이지만 더 큰 목적을 위해 희생해야 하는 것으로 보는 견해이다.

지금도 모크태리언은 여러 편의 논문을 쓰면서 그 싸움을 계속하고 있다. 그녀의 한 학술 논문은 "교통 분야가 과학적 탐구 영역이 된 이후로 '여행은 파생된 수요'라는 신조가 의문 없이 받아들여지고 있다"는 말로 시작한다. 두 번째 논문은 이런 관점이 팽배한 현상으로 논점을 넓혀 그 결과를 밝힌다. "여행이 '파생된 수요'라는 말, 즉 여행은 그 자체로서는 추구되지 않으며 다만 다른 장소에서 원하는 행동을 하기 위한 수단일 뿐임을 뜻하는 이 진부한 문구는 교통계획, 교통공학, 교통경제학과 관련된 모든 교과서에서 나타난다. 그래서 우리가 교통계획과 정책 수립에 전문적으로 접근하는 데 수십 년 동안 큰 영향을 주고 있다."

그처럼 여행이 견뎌내야 할 '나쁜 것', 마지못해 지불하는 비용으로 간주되는 상황에서 여행을 개선한다는 것은 여행을 축소시키고, 짧은 여행을 더 짧게 해서 이동할 필요를 줄이는 일이 된다. 예를 들어 모크태리언이 말했듯이 새 고속도로 건설을 계획할 때 "제안된 개선안으로 얻을 수 있는 가장 큰 이득은 이동 시간의 절약에 따른 금전적 이득이다." 이는 대부분의 교통공학자들이 새로운 도로를 자랑스럽게 설계하고 건설하면서 마음속 한구석에는 자신이 여행을 쫓아내는 사업에서 일하고 있다고 생각한다는 뜻이기도 하다.

모크태리언은 이동성에 대한 태도라는 주제로 그동안 모은 여론 조사 자료와, 여행에 대한 부정적인 면이 커질 때조차도 긍정적인 면들이 되풀이해서 나타나고 결코 소멸되지 않는 현상을 보면 사람들이 태어날 때부터 여행에 대한 욕구를 가지고 있다고 생각한다. 이는 그녀의 동료들이 쓰는 언어로 번역하면 "여행은 내재적으로 긍정적인 효용이 있다"는 점을 입증한다. 그녀는 상황이 어떻든 간에 사람들은 오로지 '돌아다니기 위해' 돌아다녔다는 실례를 발견했다. 이는 그녀의 표현대로 '과잉 여행'의 형태를 취할 때가 더러 있다. 즉, 경치를 보기 위해서나 미지의 지역을 답사하기 위해, 혹은 편히 쉬거나 그저 재미로, 아니면 익숙한 목적지로 가는 길에서 갑자기 새로운 길을 택하거나 일부러 길을 벗어나거나, 혹은 주변 환경을 더 많이 경험하기 위해 목적지를 지나쳐 더 멀리 가거나 해서 일부러 필요 이상으로 오래 끄는 여행을 의미한다.

모크태리언은 행동 이전에 일어나는 정량화하기 힘든 주안점의 변화, 즉 풍경에 색채와 깊이를 더해 주거나 평소 익숙한 장소에서 놓친 부분이 많음을 알고는 그곳을 탐구하게 하는 주의력의 변화를 기록하지 않았다. 대신 '여행을 발생시키는 사람들의 행동들'을 측정했다. 즉, 그녀는 사람들이 여행으로 연결되는 (관찰 가능한) 행동을 하게 만드는 보이지 않는 내적인 행동들에는 초점을 맞추지 않았다. 그녀는 이를 이름 붙여 논의하지는 않았지만 깊은 여행이 나타나는지를 알려 주는 훌륭하고도 간단한 '리트머스 실험'을 제안했다. 그녀의 표현에 따르면 이는 영화 〈스타트랙〉에서 승무원들끼리 "스카티, 나를 전송해 줘"(《스타트랙》에서 단골로 쓰인 물질 전송 방식. 스카티는 우주선 엔터프라이즈 호의 승무원 중 한 사람이다-옮긴이)와 같은 '순간 이동 테스트'다. 모크태리언은 사람들에게 "만일 손가락을 맞부딪치거나 눈을 깜박여서 즉시 원하는 목적지로 몸이 전송될 수 있다면 그렇게 하겠는가?"라는 질문을 던졌다.

모크태리언은 사람들이 즐길 만하다고 생각하는 짧은 여행에서도 변별력이 나타나기 때문에 이런 순간 이동 테스트가 필요하다고 본다. 사람들이 여행을 하면서 느끼는 일부 즐거움은 여행 자체에서 직접 온다기보다는 다른 원인에서 오는 특별한 정취가 있다. 한 예로, 한 여성 응답자가 휴가 여행을 '좋아한다'고 기록했다면, 이는 그녀가 복잡하고 시끄러운 비행기를 15시간이나 타고, 바가지요금에 입에 맞지도 않는 음식을 먹으며 불편한 공항에서 6시간을 기다리고, 도시의 러시아워에 3시간이나 걸려 이동하는 점을 일컫는 것이 아니다. 이는 후광 효과 Halo Effect(하나의 탁월한 특질 때문에 전체의 가치를 과대평가하는 효과-옮긴이)가 작용해 목적지의 긍정적인 매력과 그곳에 이르기 위한 여행을 혼동한 것일 가능성이 크다.

모크태리언은 "사람들은 여행에 대한 호감을 표하면서 여행하는 동안 스스로 관리할 수 있는 활동의 효용성을 어느 정도 고려한다. 일부의 경우, 그것은 사실 '반反활동'이다"라고 말했다. 그녀는 휴대전화로 통화하거나 문자를 보내는 일, 독서를 하거나 라디오 토크쇼를 듣는 일, 아이팟으로 음악을 듣거나 테이프에 녹음된 책을 듣거나 텔레비전 또는 비디오를 보는 등의 반활동이 매우 중요하다고 생각한다. "'카쿤 현상Carcooning(car와 cocoon의 합성어로 통근 시간이 길어지고, 차 안에서 보내는 시간과 처리할 일들이 많아지면서 자동차가 사람을 감싸는 고치가 되어 가는 현상을 말한다-옮긴이)'은 반활동의 증가를 보여 주는 한 가지 예로, 이에 따라 개인의 차는 세상에서 도피할 수 있는 이동하는 은신처로서 여행자의 안락함에 맞춰 제작된다."

이는 여행의 특징 중에서도 매우 유용한 것이다. 첫 번째 상황은 '이미 거기 가 있는 여행'이라고 부를 수 있는 것으로, 이 경우 사람들은 마음속으로는 이미 시계를 미래의 시간대로 맞춰 놓고 주위에 이미 노출된 것들 혹은 여행 도중 일어날 수 있는 것들보다는 미래의 어느 시점에 일어날 수 있는 것에 더욱 강한 매력을 느낀다. 1945년 개봉된 영국 영화 〈내가 가는 곳은 어디인가!〉는 순전히 누군가 엄청난 행운을 맞이할 가능성이 있다는 데 기초한 영화다. 영화에서 스물다섯 살 먹은 고집쟁이 영국 아가씨는 돌이킬 수 없는 '이미 거기 가 있는 여행'의 과정에서 빗나가게 된다.

SF 작가인 할란 엘리슨Harlan Ellison은 문학에 단 두 가지 플롯만 있다고 말했다. 즉, '한 사람이 여행을 간다'와 '이방인이 동네에 온다'는 두 가지 플롯이다. 〈내가 가는 곳은 어디인가!〉는 사랑에 빠지지 않으려 애쓰게 된 주인공의 여행 이야기를 하기 위해 이 두 가지 플롯을 모두 사용한다. 여주인공인 조앤 웹스터는 전혀 관심 없었던 부자 노인과 결혼하려고 결심하고 맨체스터에서 스코틀랜드 북서쪽 헤브리디스 제도에 있는 조그만 섬인 킬로란으로 가는 중이다. 하지만 사흘 동안 강풍이 부는 바람에 목적지에서 30분 거리에 있는 멀 섬에서 오도 가도 못하게 된다. 폭풍이 수그러들 즈음 조앤은 시나리오 작가인 에머릭 프레스버거Emeric Pressburger의 표현대로, "삶이 바뀌어 더 이상 킬로란 섬으로 가고 싶은 마음이 없어졌다."

매순간의 일정을 짜서 타이핑을 해 둔 그녀의 여행 안내서는 바람에 날려 바다에 빠져버렸다. 대신 모래사장과 해안가에 서식하는 회색바다표범, 황야에서 풀을 뜯는 양떼, 하늘을 날아다니는 250종의 새들로 유명한 멀 섬에서의 소소한 삶이 그녀의 마음에 박혔다. 그녀는 회색바다표범이 우는 소리를 듣고, 섬사람들이 벌이는 유쾌한 춤판에 끼어드는가 하면 자신에게 반한 젊은 남자도 만난다. 처음에 가정했던 것들이 모두 갈가리 찢기고 날아가 버린 채 멀 섬에 고립되어 결국에는 목표한 일을 이루지 못했지만, 나흘 후 그녀는 망했다고 생각했던 자기의 삶이 오히려 구조를 받았으며 아슬아슬한 순간에 자신이 스스로를 보호했다는 사실을 깨닫게 된다. 모크태리언의 순간 이동 버튼을 사용했다면 이 여행은 도저히 불가능했을 것이었다.

기쁨을 주지 못하는 여행에서 다른 종류의 즐거움을 누릴 수 있는 카쿤 현상은 어떻게 보면 때 이른 도착이라기보다는 미뤄진 출발이라고 보는 편이 더 맞다. 즉, '아예 떠나지 않은 여행' 혹은 '아직 여기 있는 여행'이라고 부를 수 있다. 모크태리언의 견해에 따르면, 이는 우리가 한곳에 머물러 있을 때 방해받지 않고 하던 일을 계속한다는 문제와 우리를 감싸고 있는 차량이 얼마나 투명하고 숨 쉬기에 알맞은지의 문제다. 즉, 차량이 우리 앞에 펼쳐지는 경치를 얼마나 보여 주거나 강화해 주는지, 혹은 얼마나 걸러 주거나 감춰 주는지의 문제다.

한 세대 전, 미국의 인류학자 에드워드 T. 홀Edward T. Hall은 차를 타고 지나가다가 기분 좋은 사람들이 가득 탄 차가 도로 위 구름 위에 떠 있는 장면이 실린 어느 미국 잡지 광고를 보고 그 평온한 광경에 사로잡혔다. 그 후 그는 『숨겨진 차원』이란 책에서 현대 미국의 차는 사용자들에게 '진정한 감각의 박탈'을 강요한다고 썼다. 이 책은 사람들이

"부드러운 스프링, 부드러운 쿠션, 부드러운 타이어, 파워스티어링, 단조롭고 매끄러운 포장도로 덕분에 땅에 대해 실제와는 다른 경험을 하기" 때문에 아직은 위험해 보이는 차라는 공간을 사용하는 데 대한 내용을 다루고 있다.

모크태리언은 여행을 즐긴다고 말한 사람들 중에서 떠나온 곳의 일에 신경 쓰는 '아직 여기 있는 여행자들'과, 여행을 떠나기 전에 하던 일이나 전화 걸기, 아이팟 듣기 등 여행하지 않을 때 할 수 있는 일에 주의를 기울이는 사람들은 가능하기만 하다면 순간 이동을 선택할 것이라고 말한다. 또한 예측하는 데 관심이 있고 생각이 앞질러 가 있어서 벌써 미래를 맛보는 사람들인 '이미 거기 가 있는 여행자들'은 늘 목적지로 바로 전송되기를 바랄 것이라 말한다. 물론 여행의 이 상태에서 저 상태로 왔다 갔다 하거나, 양쪽 상태 중 하나 혹은 양쪽 모두에서 깊은 여행으로 왔다 갔다 하는 여행자들도 있을 것이다. 하지만 처음부터 여행 자체를 위한 계획을 가지고 시작했든, 도중에 여행에 열중하느라 뒤에 남겨 두거나 아직 도달하지 못한 것에 신경을 쓰지 않게 됐든 깊은 여행을 하는 사람들은 여행을 계속하는 편을 더 좋아할 것이다. 그리고 그들은 손이 닿는 곳에 '빨리 가기' 버튼이 있더라도 결코 그 여행의 기회를 놓치지 않으려 할 것이다.

2장

좁은 통로 너머

갑자기 깊은 여행이 모습을 드러낼 때면 또 다른 피부로 뛰어드는 느낌이 든다. 마치 언제라도 바깥의 껍질을 벗어버리거나 녹아내리게 해서 좀 더 투명하고 유연하고 민감한 반응을 보일 수 있고, 가리는 것 없이 바로 맞닿은 세상에 대해 덜 방어적이거나 무관심한 채로 있어도 될 듯한 느낌이다. 우리가 벽이나 열린 문에 대한 감각들을 이미 부여받았고 달리 개선할 필요도 없다는 사실을 아는 것은 대단한 깨달음이다. 게다가 우리는 이런 변화를 위해 실제로 피부나 껍질을 벗어 던지는 것 같은 성가시거나 무리한 일을 하지 않아도 된다.

〈내가 가는 곳은 어디인가!〉의 여주인공 조앤 웹스터가 멀 섬의 무지개를 보고 바다표범의 울음소리를 듣는 일을 피하지 못한 것처럼, 때로 깊은 여행은 우리에게 필연적으로 다가올 때도 있다. 혹은 뚜렷한 이유 없이 찾아올 때도 있다. 그런 일이 생겼을 때 우리가 하는 일, 우리에게 이뤄진 일은 무엇일까? 권총의 방아쇠나 컴퓨터의 시프트키,

출입구 같은 심리 기제는 우리 안의 어디에 있으며, 또 무엇일까?

처음 이것에 대해 고민하게 되었을 때, 나는 활자로 된 것에서는 이런 질문을 전혀 보지 못했고 이 주제에 대해 정보가 별로 많지 않다고 생각했다. 그러던 어느 날, 이미 정독을 했거나 읽고 나서 실망했던 책들을 다시 읽어야 한다는 사실을 문득 깨달았다. 그 책들에 나타난 좀 더 차별화되고 간접적인 언어에 관심을 기울여야 할 것 같았다. 단어들이 불러일으키는 감정과 감각의 순서를 되짚어 보면 마음에 새기고 이해하고 판독할 수 있는 은유와 상징들 속에 미세한 기분이나 자각의 변화에 대한 세심한 관찰이 나타나 있었다.

이렇게 바깥에 드러난 진짜 사건들은 내부의 사건들이 어떤 경로를 걸었는지에 대한 힌트를 줄 수 있다. 아마 이것이 책을 읽을 때 특정한 여행의 장면들이 왜 그렇게도 시선을 붙잡는지를 설명해 주는 이유일 것이다. 그런 장면들은 서로 겹치는 두 개의 여행을 통찰력 있게 묘사한 것처럼 보인다. 당신은 물속에서 옆으로 누워 모잽이헤엄을 치면서 한 눈은 공기를 통해, 다른 한 눈은 물속을 통해 바깥세상을 본 경험이 있는가?

90여 년 전 스코틀랜드의 한 여류 작가가 아프가니스탄에 대해 쓴 베스트셀러이자 아직도 출판되고 있는 『카이버 고개에서 치러진 나의 결혼My Khyber Marriage』이라는 책에 이와 관련된 멋진 구절이 있다. 나는 이 책에서 주인공이 천신만고 끝에 새로운 땅에 도착하는 장면을 세세하게 볼 수 있었다. 나는 이 책이 깊은 여행으로 가는 입구에 도착해서 통과하는 일에 대한 흔치 않은 이야기를 담고 있다고 생각한다.

책에는 실존 인물인 모락 머리 압둘라Morag Murray Abdullah가 스코틀랜드 수도 에든버러에서 아프간 부족장의 아들을 만나 진정한 사랑을 느끼는 장면이 나온다. 그녀는 영국령 인도를 떠난다는 것은 독살을 당하거나 노예로 팔려 가는 것이나 마찬가지라는 친구들의 만류에도 불구하고 그와 함께 그의 부모 집으로 간다. 그 집은 힌두쿠시 산맥의 카이버 고개(파키스탄과 아프가니스탄을 잇는 페샤와르 서쪽의 주요 산길) 바로 너머에 있는 일종의 '임자 없는 땅'에 있었다.

이틀간 휴식한 후 우리는 페샤와르를 떠나 카이버 고개를 통과하는 길로 향했다. 200~300m 높이의 커다란 바위들, 우뚝 솟은 거석들이 겹겹이 있어서 여행자들은 묘한 두려움을 느끼게 된다. 어떤 곳은 고갯길이 워낙 좁아서 낙타 네 마리가 나란히 걸을 수 없을 정도다. 실제 접경 지역에는 '임자 없는 땅'으로 들어가는 좁은 통로가 있다. 그 좁은 통로는 대수롭지 않아 보인다. 세상에서 가장 덜 알려져 있고 가장 특별한 곳, 인도 땅도 아니고 아프간 땅도 아닌 기다란 지형으로 향하는 관문이기에 규모가 크고 상징적인 면이 있을 줄 알았다. 그 땅에는 충성을 바칠 군주는 없었지만 부족장의 지휘를 받는 씨족들이 작은 총구멍이 나 있는 요새에 살면서 늘 무장을 하고 옆구리에 총을 둔 채 잠을 잤다.

나는 시시한 좁은 통로를 통해 이 수수께끼 같은 땅으로 들어갔다. 고백하자면, 멀리 에든버러에서 들었던 이야기가 조금은 진실이라는 느낌이 들었다. 나는 그 모든 것이 놀라워서 몇 초 동안 가만히 서 있었다. 이게 꿈일까? 잠에서 깨어나면 도로 에든버러인 것은 아닐까? 나는 고향 사람들과 연결된 곳으로는 마지막인, 외떨어진 땅을 뒤돌아보았다. 상황이 불리해져도 다시 돌아갈 길이 없으리라는 것을 깨달았다. 나는 그 순간 누구든 그 언덕 너머에 있는 것들을 대면하는 데 자신이 없다면 이 일을 겪지 않기를 바랐다.

남편이 내 기분을 알아차린 것 같았다. 그가 말했다. "우리 조상의 땅에 온 걸 환영해."

그렇다. 대단한 무엇이 아닌 시시한 좁은 통로가 수수께끼의 땅으로 안내한다. 뭔가 화려하거나 신나는 것을 찾지 마라. 단순함을 유지하라.

그 후 나는 여러 여행 관련 서적에서 비슷한 단서를 찾아내기 시작했다. 여행서 저자들이 우리 안에 있는 '제2의 여행자', 즉 깊은 여행을 하는 자와 접촉한 것을 자각하지 못했을 수도 있으므로 그 단서는 정보의 형태가 아닐 것이다. 실제로 그 책들 속에 있는 단서들은 여러 수준으로 울림을 주는 묘사들이었다. 내가 특별히 관심이 갔던 이야기는 일정에서 벗어난 여행들, 둘러 가게 되었거나 지름길을 택했거나 간선도로에서 뜻밖에 옆길로 샜다든지 하는 이야기들, 혹은 원래의 여행 목적에서 빗나갔거나 매력적이지도 않고 특별한 것이 없어 보이는 오솔길로 빠져든 이야기들이었다.

있을 성싶지 않은 경로를 통해 얻은 경험은 우리가 깊은 여행으로 들어가는 것을 깨닫기도 전에 우리의 '제2의 여행자'가 활동하고 있다는 의견에 힘을 보태 준다. 아마도 우리가 사용할 수 있는 '제2의 탈것'이 늘 출발할 준비가 되어 있기 때문에 우리는 거의 멈추는 일 없이 바로 깊은 여행으로 뛰어들 수 있는 것 같다. 그리고 특별히 모든 쉼터와 문에는 거기에서부터 이어지는 길이 적어도 둘은 있는 것 같다.

모락 머리 압둘라보다 몇 세대 전에 아프가니스탄을 방문했던 여행자 루이스 팔머Louis Palmer가 쓴 글을 보면 길에서 만난 사람들의 안내를 받아 생각지도 못한 곳이나 있을 성싶지 않은 장소들을 방문했던 이야기가 자주 나온다. 그가 쓴 『아프가니스탄에서의 모험Adventures in Afghanistan』은 소련군이 철수했지만 그 지역의 공산주의 정부는 몰락하기 전인 1990년대 초를 배경으로 하고 있다. 팔머는 아프가니스탄 저항군에게 물자를 공급하기 위해 파견된 일행에 합류했는데, 어느 날 그는 수 세기 전 몽고의 학살 이후 인적이 끊긴 황량한 동북부 아프가니스탄 지역에 숨어 있는 어떤 성에 가게 되었다.

그 성으로 가는 길은 순탄치 않았고 시간도 많이 걸렸으며 익숙지 않은 여러 길을 지나야 했다. 먼저 그는 "광산의 수갱같이 거꾸로 곤두박질치는 땅속으로 들어가는 길"을 통과했다. 오른쪽으로 한 번 틀자 "아주 좁고 얕은 계곡 같은 바닥에 돗자리 같은 지붕이 있는 곳이 나왔다. 우리가 천천히 운전해 가는 동안 그곳에서 빛이 체크무늬로 내리비추었다. 마치 바다 밑에 있는 것 같았다." 그 길을 5m 정도 걸어간 후에는 다음과 같이 묘사한 길이 나왔다. "우리는 커다랗고 평평하며 광활한 장소에 이르렀다. 우리 앞에는 버려진 듯한 작은 탑이 붙어 있는 담벼락이 있었고 손을 넣은 외투와 빨간 장화 차림에 텁수룩한 털모자를 쓴 평범한 외모의 현지 사람들이 무너져 가는 입구에 서 있었다."

안마당을 건너가자 또다시 오른쪽으로 도는 굽이가 있었다고 팔머는 회상했다. "거기, 내 바로 앞에 기름을 먹인 커다란 올리브 나무 문이 열려 있었고 문과 그 너머의 타일을 붙여 놓은 곳에도 커다란 철제 장식이 되어 있었다. 타일이 깔린 곳이 개울의 바닥인지 모르겠지만 아무튼 물이 흐르는 수로의 바닥이었기에 우리는 신을 벗어야 했다. 내

차례가 되어 바닥을 디디자 타일의 무늬가 물고기와 꽃을 닮은 게 보였다. 이후 우리는 어떤 통로에 이르렀는데 백단향을 뿌렸는지 주변에 향기가 감돌았다." 그곳에서부터는 다음과 같이 묘사된다. "타지마할의 건축이 생각나는 아름다운 방들이 이어져 있었고 대리석 계단 몇 개를 올라가자 대리석 기둥들로 둘러싸이고 바닥에는 멋진 카펫이 깔린 높고 통풍이 잘되는 큰 방이 나타났다."

두 번째 모험에서 팔머는 7세기에 이 나라를 침략했던 전사들을 선조로 두었으며 지금은 치유 능력이 있는 샘을 지키면서 외떨어진 작은 골짜기에 숨어 살고 있는 아랍인 일행에게 초대됐다. 그는 이번에는 카불 북쪽의 "멋진 고속도로를 따라 거침없이 달려서" 안내인 한 명과 만나고는 고속도로를 벗어났다. 그 후 "주기적으로 비가 내리면 물이 붇지만 지금은 말라버린 강바닥을 따라가면 2km 안 되어 숲이 우거져 있는 곳이 보인다. 그곳으로 안내인과 함께 가는데 숲 바로 앞에서 동굴인지 터널인지가 뚫려 있는 게 보였다"고 한다. 그의 글은 다음과 같이 이어진다.

> 헤드램프를 켜고 보니 우리는 양쪽에 거석들이 늘어서 있는 너비 4~5m의 통로를 통해 아래로 비탈진 길을 내려가는 중이었다. 가끔씩 희미하게 라이플을 들고 경비하는 사람들이 보였다. 먼 옛날이야기에 나오는 도둑의 소굴로 들어가는 듯, 그 모든 것이 참으로 불길하게 느껴졌다.
>
> 모퉁이를 돌자, 느닷없이 대낮같이 밝고 양옆에 개울이 흐르며 높은 절벽과 포플러 나무가 가득 서 있는 계곡이 나타났고 돌로 만든 네모진 건물들이 드문드문 보였다. 정말 놀라운 광경이었다. 아마 비밀스러운 장소였을 것이다. 그곳에는 사람들이 걸어 다니고 있었는데 대부분이 수많은 노

점에서 팔고 있는 물건들을 구경하고 있었다. 염소와 양, 닭, 당나귀들이 주인도 없는 양 여기저기 어슬렁거리며 돌아다녔다.

불현듯 나는 무서워지기 시작했다. 아마도 어둠과 밝음, 불확실성과 지금 내 앞에 펼쳐진 너무도 평범한 모습이 대비된 때문인 듯했다.

무서움이 좀 잦아들자 팔머는 이 작은 계곡에서 자기가 환영받고 있다는 사실을 알아차렸다. 거기서 그는 사흘을 지냈는데 이틀 동안은 광천수가 솟는 샘에서 물을 마셨다. 그 물은 "살짝 쇠 맛이 났지만 아주 신선한 맛"이었다. 그는 그곳을 떠나기 전에 지난 5년 동안 앓고 있던 류머티즘의 통증이 사라졌다는 사실을 깨달았다.

돌이켜 보면, 여행의 전 과정이 그와 같은 미지의 입구에서 깊은 여행으로 이행하는 비유로 보일 때가 더러 있다. 뉴욕 퀸스 칼리지의 사회학자 마틴 핸론Martin Hanlon은 주간고속도로가 미국의 도시들에 미치는 영향을 연구했는데, 그는 1970년의 기차 여행에서 받은 인상을 수십 년 동안 마음에 담아 두고 있었다. 어느 날 그가 이 이야기를 하기에 나는 그에게 글로 써 달라고 부탁했다.

오래전 나와 아내는 케냐의 나이로비에서 일하고 있었다. 우리는 오지에서 더 직접적인 활동을 하는 자원봉사자들을 관리하는 일을 했다. 첫 휴가를 맞아 우리는 인도양에 면해 있고 케냐의 역사적인 항구 도시이며 500km가량 떨어진 몸바사를 방문하기로 했다. 차를 렌트하는 일은 주머니 사정상 생각할 수도 없었지만 서비스 자체도 믿을 수 없었다. 사람들 대부분은 '마타투스'라는 이름의 푸조 스테이션 왜건을 이용했지만 운전사가 미친 듯이 차를 빨리 모는 데다 역겨울 정도로 사람을 많이 태우기 때문에 우리는 나이로비–몸바사 간 기차를 이용하기로 했다.
기차는 해 지기 직전 나이로비 중앙역을 출발했다. 나이로비는 적도 바로 남쪽에 있어서 1년 내내 7시에 저녁이 시작된다. 우리는 마호가니와 황동으로 장식된 2등석 칸막이 객실에 자리를 잡았다. 사자들의 위협을 받으며 건설됐던 철도(식인 사자 두 마리가 1898년 12월 케냐와 우간다 간 철도 건설 인부들의 목숨을 앗아 갔다–옮긴이)와 마찬가지로 기차 역시 안락하고 낡은 식민지 시대의 유산이었다. 객실에는 도자기로 된 세면대와 접이식 간이 식탁이 있었다. 여행은 12시간가량 걸렸다.
우리는 아침 일찍 일어나 눈부시게 아름다운 광경을 보았다. 와캄바 족의 마을이었다. 남쪽에는 꼭대기에 눈이 덮인 킬리만자로 산이 있었고 아카시아 숲에서 기린들이 먹이를 뜯고 있었다. 차보 국립공원의 완만한 평원에 떼 지어 있는 코끼리들도 보였다. 문을 노크하는 소리가 들리더니 모닝티가 배달됐다. 나이로비 고원의 상쾌한 공기 속에서 여행이 시작됐다. 우리는 창을 열고 따뜻하고 촉촉한 케냐 해안의 공기를 느꼈다. 멋지기 짝이 없었다.

고향 사람들을 뒤로하고 낙타 세 마리만 나란히 설 수 있는 길로 나서는 것, 무늬가 있는 타일 위를 흐르는 얕은 물을 건너는 것, 주기적으로만 물이 흐를 뿐 말라버린 강바닥을 따라가는 것, 한때 식인 사자들의 습격을 받던 길을 따라 한밤중에 기차를 타고 가는 것, 그리고 이렇게 함으로써 늘 예상치 못했던 곳에 도착하고 '저 언덕 너머에 있는 것에 자신 있게' 대면하는 느낌을 갖는 것, '아름다운 방이 이어지고' 치유의 물을 먹거나 진기한 풍경에 창문을 열고는 '멋지기 짝이 없었다'고 말하게 되는 것. 나는 여기에 몇 가지 단서가 있다고 생각한다. 한쪽에는 우리가 깊은 여행의 출발점으로 가기 위해 해야 할 것이 무엇인지 구체적으로 짚어 주는 지침, 말하자면 도착점에 도달하는 방법에 대한 조언이 있다. 그리고 좁은 통로 너머에 있는 것이 무엇인지에 대한 묘사가 시작된다.

중요한 것부터 먼저 다루자. 우리는 깊은 여행의 즐거움을 기다리기보다는 그것을 불러오거나 자유자재로 찾아가는 방법을 발견할 수 있다. 예를 들어 '멋지기 짝이 없었다', '그 모든 것에 대한 놀라움으로 몇 초간 서 있었다', 그리고 '말라버린 강바닥을 따라 걸었다'는 구절 세 개를 한데 모으면 그들이 느낀 '경이로움'에 함께 놀라게 된다. 아이들은 지니고 있지만 어른이 되면 말라버리는 이 경이로움이란 감정에 대해 유명한 말들이 있다. 데카르트는 "열정들 중 최초의 것"이라고 했고, 플라톤은 "철학에 이르는 유일한 출발점"이라고 찬양했다. 미국의 시인이자 사상가인 랠프 왈도 에머슨Ralph Waldo Emerson은 경이로움은 다른 열정으로 이어진다면서 이렇게 말했다. "사람들은 경이로움을 느끼기 좋아한다. 그것은 과학의 씨앗이다."

그러면 어떻게 경이로움의 맛을 따로 분리하거나 증폭시킬 수 있을까? 한 친구가 그 주제와 관련해 레이첼 카슨Rachel Carson이 쓴 소책자 『센스 오브 원더』를 보고는 의견을 말한 바 있다. 현대 환경보존주의의 창시자로 당대의 존경을 받는 카슨은 짧은 생애에 네 권의 책을 남겼다. 세 권은 DDT와 기타 살충제의 위험을 다룬 유명한 베스트셀러 『침묵의 봄』과 바다에 대한 책들이고 『센스 오브 원더』는 원래 어떤 잡지에 올린 '아이가 경이로움을 느끼도록 도우라Help Your Child to Wonder'는 제목의 기사였는데 저자 사후에 책으로 출판됐다.

카슨은 경이로움이란 감정이 사멸하기 쉬우며 나이가 들면 너무도 쉽게 없어지는 것이라는 절망적인 전제에 동의한다.

> 아이의 세계는 신선하고 새로우며 아름답고 경이로움과 흥분으로 가득하다. 하지만 애석하게도 현실적인 시야를 지닌 우리들은 아름다운 것과 경외감을 자아내는 것을 알아보는 참다운 본능이 희미해지고, 심지어는 어른이 되기 전에 사라져버리기도 한다. 만일 모든 아이의 세례식을 주관한다는 착한 요정에게 영향력을 미칠 수 있다면, 나는 나이 들어서 느낄 권태와 환멸감, 인위적인 것에 대한 헛된 몰입, 우리의 힘의 원천에서 소원해지는 것에 대한 확실한 방어 수단으로서 전 생애 동안 지속되는 경이로움에 대한 감각을 아이들에게 선물로 주라고 부탁할 것이다.

이 책이 말하는 희망은 바라지 못할 희망에 가깝다. 카슨은 아이들이 하늘 높이 머무르도록 부모들이 실제로 가르칠 수 있고, 그 과정에서 부모들 자신이 잃었을지도 모르는 능력을 되찾을 수 있다고 생각한다. 카슨은 경이로움에 대한 감각이 자연 세계에 집중되기만 하면 그런 회복력을 구제하고 되찾을 수 있다고 주장한다. "아이가 요정에게서 그런 선물을 받지 않고도 타고난 경이로움에 대한 감각을 생생하게 유지하려면 그 감각을 서로 나누고 우리가 사는 세상의 즐거움과 신나는 것과 신비를 재발견하면서 우정을 다질 어른이 적어도 한 명은 있어야 한다."

그 책에는 재미있는 부분이 많은데 그중에 그녀가 생후 20개월 된 조카의 아들에게 그와 같은 선물을 한 이야기가 있다. 폭풍이 몰아치던 어느 가을날, 카슨은 조카의 아기를 담요에 싸서 메인 주의 해변으로 데리고 갔다. "멀리 우리 시선이 미치지 않는 가장자리에 커다란 파도들이 갑자기 밀려와서는 희끄무레하게 솟아올라 우르르 소리를 내더니 우리 쪽으로 큼직한 포말 덩어리들을 날려 보냈다. 우리는 너무도 즐거워 소리 내 웃었다. 아기는 대양의 신 오케아노스의 난동을 생애 최초로 접한 것이었지만 나는 반평생 바다를 흥미롭게 생각하고 사랑했던 사람이었다. 그러나 우리 둘 다 천둥같이 소리를 내는 넓은 바다와 사나운 밤의 날씨가 주는 분위기에 등골이 짜릿한 느낌을 받았다."

『센스 오브 원더』에는 소홀히 방치된 자연에 대한 나직한 비탄과 집 밖을 걸으면서 떠오른 생각들, 어느 여름날 밤 남부의 메인 주에서 본 별들에 대한 이야기들도 있다. "만일 이 장면이 한 세기에 한 번, 혹은 한 세대에 한 번만 볼 수 있는 것이라면 이 조그맣게 튀어나온 해안에는 구경꾼들이 밀어닥칠 것이다. 그러나 이런 밤은 어느 해에든 수없이 볼 수 있다. 작은 시골집에도 불빛이 밝게 켜져 있을 것이며 그 안에 사는 사람들은 아마 하늘에 있는 아름다움은 안중에도 없을 것이다. 그들은 매일 밤 그 별들을 볼 수 있는 탓에 오히려 별들을 볼 수 없을지도 모른다."

여기에 내가 찾던 입구가 있었다. 별들의 가치가 줄어들었다거나 별들의 수가 줄어서 별을 보지 못한다는 말이 아니다. 당연함이 희귀함을 이겼다는 것이 핵심이다. 마음의 강바닥에서 말라버리고 사라져버린 것은 주의 집중이다. 뭔가가 당연하게 느껴지면 그것을 흉내 낸 모조품에서도 만족을 느낄 수 있다. 이는 '그것' 몇 개를 '무엇' 하나와 혼동하는 문제다. 별들이 거기 있을 것이며, 별들이 거기 있다고 해서 당장 위협이 되지 않는다는 것을 반복된 경험을 통해 믿을 수 있기에 우리는 별들이 무엇인지 안다고 생각한다. 그래서 별에는 주의를 기울이지 않고 다른 데 신경을 쓴다. 별들에 대해 상당히 많이 아는 사람들도 있고 거의 모르는 것이나 진배없는 사람들도 있다. 더 알아낼 것은 늘 있는 법이다. 그러나 변치 않고 무해해 보이는 것들에 주의를 기울이지 않는 것이 습관화되면 지식과 무지 모두를 무차별하게 생각해버릴 수 있다. "아, 그래, 별"이라고 한마디 거들 수 있는 무엇으로.

루이스 팔머가 걸었던, 엄청나게 크고 아름다운 방들로 가는 길에 깔려 있었던 타일은 물고기와 꽃 모양으로 장식되어 있었다. '이게 뭔지 모르겠군' 하고 쉽사리 넘어갈 수도 있는 것들이었다. 하지만 간단한 것이라도 하나의 깨달음으로 되새김하면 바로 깊은 여행으로 들어갈 수 있고, 이를 '경이로움 유발'이라고 부를 수 있다. 이는 거리의 우체통같이 우리가 돌아다니면서 많이 봤는데도 정확히 무엇인지 모르겠다고 속으로 말하게 되는 것 같은 사소한 것들이다. 혹은 우리가 아직 발견하지 못한 부분이 많은 경우도 포함된다. 이에 궁금증이 들면 다시 주의력이 커지면서 세상이 활짝 열리고, 무한히 많은 '아직 모르는 것'과 '아직도 탐구할 것'들이 돌아와서 손짓하며 우리를 부른다. 심지어 드물게 접촉했고 오래 부재중인 것 같은데도 경이로움은 소멸되지 않는다. 경이로움은 한 번의 생각에도 항상 새롭게 모습을 나타낼 정도로 가까이에 있다.

다윈에게서 '유례없는 관찰자'라는 찬사를 받았던 현대 곤충학의 아버지 장-앙리 카시미르 파브르Jean-Henri Casimir Fabre의 생애는 경이로움에 대한 에머슨의 관찰을 과학으로 확장시킨 좋은 사례다. 1915년 91세로 사망한 파브르는 36년 동안 소유했던 약 1만 m^2의 '하찮은' 프로방스 땅을 걸어 다니면서 사물들을 확대경으로 들여다보는 중에 꿀벌, 말벌, 딱정벌레, 메뚜기, 귀뚜라미에 대해 당시로서는 매우 선구적이었던 수많은 사실을 발견했다.

나는 미국 에세이 작가인 에드먼드 풀러Edmund Fuller가 이 멋진 노인에 대해 쓴 짧은 평론을 '경이로움'이란 제목의 작은 스크랩북에 25년 동안 간직해 왔다. 풀러는 어느 5월의 하루 동안 파브르의 작은 정원을 거닐어 보고는, 파브르가 그의 넓은 들판에 있는 '실험실'에 대해 쓴 글을 인용했다. "나는 울타리로 막은 내 땅을 짧게 짧게 한 바퀴씩 거듭해서 돌았다. 여기서 멈추고 저기서 멈추곤 했다. 참을성 있게 질문을 하다 보면, 긴 시간을 두고 자투리 대답 몇이 돌아왔다. 엉겅퀴와 말벌과 꿀벌들이 좋아하는 조그만 땅뙈기……. 아, 그리 넓지는 않은, 버려지고 햇볕에 바짝 마른 그런 불모지 한 뙈기……. 이게 내가 원하던 것이다. 나는 관찰하고, 실험하고, 사실들이 스스로 말하도록 놔둔다."

이에 풀러는 다음과 같이 썼다. "파브르의 최고의 도구는 시간과 인내심이었다. 힘들었던 시기에 그는 10권의 곤충기 중 제3권을 마무리하면서 '곤충들이여, 너희들을 연구하면서 나는 극심한 시련을 견뎌낼 수 있었다. 나는 오늘 너희들에게 작별을 고한다. … 내가 다시 너희들과 이야기할 수 있을까?'라고 썼다. 그리고 그는 다시, 또다시 그렇게 했다."

어느 날 나는 뉴욕 메트로폴리탄 미술관에서 일하는 오랜 친구에게 깊은 여행으로 들어가는 '경이로움의 다리'에 대해 말한 적이 있다. 그러자 그 친구는 이렇게 말했다. "사실 그것보다 더 쉬운 길이 있다네. 자네가 깊은 여행이라고 부르는 것은 어떤 기억을 불러오는데, 그것에 마음을 연다고 해도 자네는 그것으로 무엇을 할지, 어떤 일을 겪을지는 모르지. 하지만 자네가 아무것도 몰랐을 때, 그리고 어디에 있는지조차 몰랐을 때는 어떤가? 내 생각으로는 그런 때야말로 모든 이가 깊은 여행으로 향하도록 내던져지는 순간, 균형이 깨지는 순간인 것 같네. 자네는 속도를 늦추기도 하고 완전히 멈춰버릴지도 모르네. 그러고는 길을 잃는 거지. 곧 나아갈 길을 찾아야 하기에 자네는 오감을 활짝 열고 당분간 모든 것과 모든 사람에게서 정보를 찾으려고 하겠지. 그러나 내가 말하고자 하는 건 길을 잃는 것이 아니네. 내가 사용한 개념 뒤에 있는 상황을 이야기하는 거라네."

또, 친구는 "나는 그걸 '바르샤바 유도법Warsaw Induction'이라고 부르는데, 자네는 주위를 둘러보기만 하면 된다네"라고 말했다. 우리는 메디슨 가의 북적이는 한 커피숍에서 샌드위치를 먹는 중이었다. 친구가 다시 말을 이었다.

"그러고는 혼잣말을 하는 거지. '우리가 지금 뉴욕이 아닌 바르샤바에서 점심을 먹는 중이라면 무엇이 내 눈에 띌 것이며, 더 알고 싶은 것은 무엇이고, 무엇을 멋지다고 생각하게 될까?' 아까 내가 '바르샤바'라고 했지만 그저 내가 가 본 적이 없는 곳을 떠올려 봤을 뿐이네. 자네가 바르샤바에 가 본 적이 있다면 카이로나 케이프타운이나 울란바토르를 생각해도 되네. 그런데 갑자기 자네가 보고 있는 게 오랫동안 거기 있었는지, 아니면 금방 거기 놓인 것인지 알 길이 없는 거지. 또, 지금 일어나고 있는 일이 늘 일어나는 일인지, 아니면 새로 일어나는 일인지도 알 수 없지. 자네 주위의 모든 것이 내부에 질문을 하나씩 가지고 있고, 해답은 자네가 바르샤바에 어떻게 적응하느냐뿐만 아니라 어디에서든 자네의 삶을 어떻게 살아갈 것인가에 대한, 뭔가 특이하고 예외적인 것인지도 모르네. 만일 그런 경우라면 자네는 나중에야 알게 되겠지만……. 우리 뒤쪽에 있는 벽에는 왜 나폴리 만의 사진이 있나? 왜 우리가 자리에 앉기도 전에 테이블에는 피클 그릇이 차려져 있는 건가? 이곳이 이렇게 시끌벅적한 이유는 점심 식사가 하루 중 중요한 의식이기 때문인가? 아니면 그저 밖에 나와 있는 시간 중에서 원상 복귀할 궤도의 다른 한끝에 있는 집과 가장 멀리 떨어진 순간을 나타내느라 가장 시끄러운 것인가? 바르샤바 놀이를 하는 데는 두어 가지 방법이 있다는 걸 말해주겠네. '바르샤바 생활'에서는 폴란드어를 쓴다고 가정해 보세. 자네가 뉴욕에 있다면 옆 테이블에 있는 사람들의 대화를 알아듣고는 거기가 어딘지, 무슨 일이 일어나는지와 관련된 정보를 더 얻을 수 있지. 하지만 바르샤바 한복판에 있다면 자네는 폴란드어를 모르기 때문에 우연히 들리는 말들은 무시하고 그저 쏘아보는 눈길이나 미소나 찡그림 같은 표정, 손짓이나 어조에만 의지해서 안내를 받으려고 하겠지."

내 친구가 지적한 것 하나는 깊은 여행이 필수적일 때 우리가 싸울 것

이냐 도망칠 것이냐 외에 세 번째 선택권, 즉 잠시 똑바로 버티게 해 줄 일종의 자동 안전 설비나 비상시 조작 기능 역할을 하는 순간이 있다는 것이었다. 그것은 우리가 어떤 행동을 취하기 전에 제정신을 차리고, 상황을 정리하고, 할 수 있는 것이 무엇인지 알아내고, 선택을 재평가하도록 도와준다. 그런 상황에서 깊은 여행의 의무적인 개입은 우리가 움직이는 상태가 아닌데도 그것이 마음에서 항상 활동적인 상태, 최소한 대기하고 있는 상태라는 것을 알려 주는 또 다른 모습이다.

이런 맥락에서 다른 징후들도 있다. 깊은 여행이 그냥 당신에게 몰래 다가오거나 불쑥 나타나는 때들이 그렇다. 내가 처음으로 깊은 여행에 대해 더 배우고 싶어졌을 때 나는 깊은 여행으로 들어가기 힘든 여행이라는 게 있는지 보려고 지극히 별 볼 일 없는 짧은 여행들에 대해 메모하기 시작했다. 정기 검진을 위해 지하철을 탄다거나 버스를 타고 치과에 가는 등 여행 자체가 목적이 아니거나 별로 내키지 않는 곳으로 가는 자질구레한 일들이었다. 나중에 나는 그 메모를 보고는 메모 대부분이 내가 무심결에 다른 곳으로 관심을 옮겼다고 말했을 만한 순간에 적은 것들이며, 이 '여분의 짧은 접촉'에 패턴이 있다는 것을 알고는 깜짝 놀랐다. 그 현상은 예기치 못한 것들, 흔치 않게 만나는 것, 설명하기 어렵거나 범주에 넣지 못할 것들이 스스로 모습을 드러낸 순간마다 나타나는 것 같았다.

한 예로 지하철을 탔을 때의 경험을 소개하겠다. 뉴욕의 지하철 노선에서는 시내 노선과 급행 노선이 서로 평행으로 달리는 곳이 많다. 만일 당신이 시내 노선을 타고 있다면 보통 급행 노선 열차가 굉음을 내며 흐릿한 모습으로 추월해 가는 것을 볼 것이다. 그러나 가끔씩 러시아워에 여러 노선들이 정체되어 좀 더 혼란한 상황이 벌어지면서, 급행 노선 열차가 역과 역 사이에서 천천히 가다가 시내 노선과 같은 속도를 내는 바람에 시내 노선 전동차와 나란히 달리는 경우가 있다.

오늘날 뉴욕의 지하철은 커다란 유리창이 양쪽에 있어도 대부분 깜깜한 어둠만 보인다. 지하철 터널 안의 공간이 매우 좁기 때문에 나란히 달리는 두 열차의 간격은 겨우 몇십 cm밖에 되지 않는다. 만일 당신이 왼쪽의 창가 좌석에 앉는다면(급행 노선일 경우 시내 노선이 보이는 쪽의 좌석에 앉는다면), 그리고 옆에 있는 급행 노선의 열차가 마침 당신이 탄 시내 노선과 속도가 같다면 당신은 어둠 속을 달리는 경주에 참가했다기보다는 두 열차가 완전히 움직임을 멈추고 가만히 서 있다고 느낄 것이다.

이 가상의 정지 상태는 때때로, 그리고 꽤나 제멋대로 상황을 정리해서 당신은 급행열차의 오른쪽 창가 좌석에 앉아 있는 누군가와 이웃하게 된다. 당신에게는 생면부지의 사람이며 몇 초만 지나면 다시는 보지 못할 사람이다. 하지만 그 사람이 갑자기 당신과 너무도 가까운 곳에 있어서 당신은 그 사람과 넓은 벤치에 같이 앉아 있다고 상상할 수도 있고, 마음만 먹으면 서로 창문을 열고 몸을 내밀어 손을 잡을 정도라고 생각할 수도 있다. 당신과 그는 일이 어떻게 돼서 상대방이 오늘 이 장소에 있게 됐을까 같은 생각을 할 만한 시간이 있다. 그리고 곧 시내 노선이 다음 역에 정차하려고 속도를 늦추고, 급행열차는 속도 변화 없이 그대로 달려 가버린다.

이런 사소해 보이는 짧은 여행들이 쌓이면서 그럭저럭 기억에 남는 장면들을 만든다. 나는 비록 우리들 대부분이 나중에 회상하면서 알게 된다고 해도 대부분의 시간 동안에는 깊은 여행에 빠졌다 나왔다 한다는 것을 확신하게 되었다. 우리는 그 시간에 자신이 한 것이라곤 책을 보다가 지하철 창문 밖을 내다본다든지, 가까이에 있는 사람들의 대화를 우연히 듣는다든지 하는 평범한 '행동'을 계속한 것뿐이라고 생각하기 쉽다. 하지만 무엇인가가 우리의 마음을 가볍게 흔들어, 우리가 이동할 때마다 고유의 관점을 지닌 모종의 조직된 정신적 활동을 활성시킨다. 그것은 우리가 생각하는 것보다 더 의식意識에 가깝다. 그렇지 않다면 그렇게 어느 때든 몸을 굽혀서 우리의 손을 잡을 수는 없기 때문이다.

여행을 하고 대화를 좀 나누고, 상담도 하고 책도 읽고 비디오도 보다 보면, 깊은 여행의 요소들에 좀 더 뚜렷하게 초점을 맞추고 그것에 이름을 붙이는 데 대한 아이디어를 얻을 수 있다. 이는 깊은 여행에 도달했을 때, 혹은 깊은 여행이 당신에게 다가오고 당신이 이를 재조직해 거기에 이르렀을 때, 아니면 깊은 여행이 즉시 나타나 스스로를 보여 줄 때 그렇다는 말이다. 또 다른 방법으로, 더욱 철저하게 탐구해서 깊은 여행이 세상을 다르게 만나는 방법인 이유가 무엇인지 좀 더 정확하게 알아볼 수도 있다. 그 외에도 이 선천적인 능력이 애초에 어디에서 오는지 몇 가지 생각들이 떠오를 수도 있다. 나는 여행자와 동식물학자들의 책, 그리고 몇몇 소설과 시에서 예상치 못한 정보를 뽑아내다가 '비스듬히' 읽는 방법도 있다는 것을 깨달았다.

첫 번째 해결 방법은 존 나체즈Jon Natchez라는 친구 덕분에 찾을 수 있었다. 그는 내가 친구들에게 추천받아서 잔뜩 쌓아 놓은 여행 책들을 소화하는 데 도움을 주었다. 작가이자 여러 악기를 다루는 음악가인 그는 전 세계 순회공연을 다니기도 하는데, 최근에는 브루클린의 밴드 베이루트Beirut와 함께 활동하고 있다. 어느 날 나는 나체즈가 영국계 아프가니스탄 인인 타히르 샤Tahir Shah의 『깃털이 지나간 자국: 페루의 조인鳥人들을 찾아서Trail of Feathers: In Search of the Bird-men of Peru』 한 페이지를 모서리를 접어 표시하는 것을 보았다. 샤는 400세가 됐다는 유령 같은 스페인 사람을 우연히 만나 잉카 인들이 기계 장치도 없이 "새처럼 정글 위를 날아다녔다"는 말을 듣고 페루의 마추픽추에서 아마존 강의 한 지류까지 여행을 했다. 나체즈가 표시해 놓은 문단은 샤가 처음으로 제트 여객기를 타고 페루의 정글 위를 직접 날았을 때 생각한 부분이었다.

> 이키토스Iquitos(페루 동북부의 아마존 강 상류에 면한 항구 도시—옮긴이)는 로레토 주의 주도이며 페루에서 가장 큰 도시다. 독일 정도 크기인 로레토 주에서 유일한 도시이기도 하다. 비행기는 리마에서 동북쪽을 향해 아술 산맥의 뾰족뾰족한 산맥과 불모지인 고원들을 가르며 날아간다. 다시 창문을 내다보면 산맥은 녹색 카펫 같은 숲에 가려 보이지 않는다. 약 6000m 상공인데도 그 어마어마한 넓이에 매료되지 않을 수 없다. 나무 수백만 그루가 이음매도 없는 하나의 덮개를 이루며 이어지고, 강들은 거대한 뱀처럼 동서로 기어가며 초승달 모양의 호수를 감돌아 구부러진다. 그 모든 것이 수많은 녹색의 농담을 이루며 생생한 활력을 내뿜는다.

나체즈는 내게 이렇게 말했다. "나는 그저 아주 명확한 어떤 점이 눈에 띄었을 뿐이라네. 바로 여행기에서는 '묘사'가 매우 큰 부분을 차지한다는 점이지. 이 책에는 강한 인상을 주는 부분들이 워낙 많아서 일일이 표시하기도 힘들었다네. 각 단락이 흥미를 자아내는 풍부한 표현들로 세세한 부분을 길게 묘사하고 있지. 전에는 이런 점이 눈에 띄지 않았어. 그 이유는 여행 이야기가 우리의 눈과 귀가 되어 모든 것을 설명해 주고 우리가 간접적으로 여행을 경험하도록 해 주길 기대했기 때문이야. 그게 우리가 여행기를 읽는 이유이기도 하지."

이 말을 시작으로 토론이 벌어졌다. 그런 묘사들이 보다 확연히 눈에 들어오자 우리는 이 정확하고 강렬하고 다채롭고 울림이 있는 묘사들을 좀 더 자세히 검토했다. 그런 표현은 과연 어디에서 비롯되며, 어떻게 우리에게 그렇게 풍성하게 전달되는 것일까?

나는 늘 직감적으로 추측하곤 하지만, 이번에도 여행서 작가들의 관찰 지향적 접근이 외부에 초점을 맞춘 것이라면 다른 무엇 역시 표면 바로 밑에서나 다른 수준에서 반드시 작용해야 한다고 생각했다. 그리고 작가들이 이 점을 자문자답한 적이 있을지 궁금했다. 사실 수 세대에 걸쳐 많은 작가들이 경험한 모든 무지갯빛 경치와 소리들을 담은 여행 책들은 그들의 마음속에서 여행 자체가 이미 고양된 인지와 자각을 일으켰다는 사실이 반영된 것으로 읽힐 수 있다. 이는 그들이 한 일에서 무엇을 제거하려는 것이 아니다. 그러나 그들이 그저 여행과 장소에 대한 사실과 짐작만을 전해 주는 경우는 드물다. 그들은 깊은 여행이라는 투명한 렌즈로 세상을 직접 들여다보면서 알게 된, 더 빛나는 정보를 우리를 위해 기록한다.

나는 작가들 일부는 깊은 여행에 대해 놀라울 정도로 정직한 발언을 하지만, 여행하면서 알아낸 숱한 정보를 전달하는 데 힘쓰는 탓에 자기가 무엇을 하려는지 잘 알지 못한다고 지적했다. 그러자 나체즈가 말했다. "상관없어. 그들이 렌즈 안을 들여다보는 데만 몰두한다고 해도 우리는 그들의 책을 통해 그 렌즈 자체를 좀 더 꼼꼼히 살펴볼 수 있다네."

바로 이것이 깊은 여행의 구조와 그것이 마음의 내용들을 어떻게 조직화하는지에 대한 한 가지 단서다. 나는 런던에 있던 타히르 샤에게 이메일을 보내 그가 여행하는 동안 마음속에서 변화하는 것에 관심을 가져 본 적이 있는지, 있다면 얼마나 많은 관심을 기울였는지 물어보았다. 그는 내 질문에 상당한 관심이 있었던 듯했다. 답신에서 그는 여행에 나서는 이유가 자기의 인지를 다시 조율하기 위함이었다고 했다. "제게는 여행 자체가 동기입니다. 그렇습니다. 저는 솔로몬의 금광, 사라진 도시, 혹은 페루의 새 인간을 찾는다는 식으로 높은 목표를 정하지만 이런 목표들은 그저 촉매일 뿐입니다. 발견해내는 것 자체에는 사실 거의 의미가 없습니다. 그 경험에 의미를 부여하는 것은 여행 그 자체입니다."

샤는 여행이 사람에게 해 주는 게 있다고 했다. "여행은 당신을 평소의 습관과 환경에서 떼어내 당신의 마음의 캔버스를 깨끗이 지웁니다. 그리고 그런 상태에서 마음의 캔버스에 부딪치는 모든 것을 흡수하게 해 줍니다." 그는 여행이 색다른 경험을 찾는 것이라기보다는 오히려 자기 안의 새롭게 쇄신된 무엇을 만나게 해 준다는 점을 깨달았다고 말했다.

여행하는 동안 사람은 계속 수많은 경험을 하게 됩니다. 마치 정상적인 시간보다 더 확장된 초超시간hypertime(상상을 초월한 빠르기로 움직여 주변의 사물을 마치 정지한 것처럼 만드는 것—옮긴이) 속에서 관찰하는 것과 같습니다. 한 예로 제가 런던의 카페에 며칠 동안 앉아만 있다면 별로 얻는 게 없을 겁니다. 하지만 자리에서 일어나 새로운 지역에서 여행을 시작하면 바로 수많은 경험을 맞닥뜨리겠죠. 저는 여기에 몇 가지 이유가 있다는 것을 깨달았습니다. 첫째는 우리가 평소 주변의 환경에는 '눈멀어' 있다는 겁니다. 둘째는 간단히 계산해 보면 알 수 있는 것으로, 한 방향으로 움직이는 사람은 한자리에 머무를 때보다 더 많은 사람과 사물을 만난다는 것입니다.

여행 작가들을 저울 같은 것에 비유해 본다면, 샤처럼 체계적이고 깊은 여행에 대한 자신의 접근 방법에 대해 잘 알고 있는 작가들이 한쪽 끝에 있고, 역사상 가장 유명한 여행가일 마르코 폴로 같은 작가들이 다른 쪽 끝에 있을 것이다.

샤의 책들은 깊은 여행에 워낙 푹 빠져 있어서 그가 우연히 만난 사람들이 마치 일부러 그를 찾은 것처럼 보일 때도 있다. 그렇게 만난 사람들 모두가 새로운 상태를 파고들고 그것을 더 잘 이용하는 방법에 대해 지침을 주었기 때문이다. 『깃털이 지나간 자국』을 보면 우림 지역에서 샤를 안내한 미국인 가이드는 "정글 바닥을 부드럽게 밟으며 지나간 사람은 마치 막 눈가리개를 벗은 듯 빠짐없이 살펴본다. 그의 폐는 청결함을 호흡하고 그의 마음은 옳고 그른 것에 연마되어 있다"고 말한다. 인도가 배경인 『마법사의 제자Sorcerer's Apprentice』에서는 한 마술사가 샤에게 "한 눈은 세부적인 것을 살피고 다른 한 눈으로는 전체 그림을 보라"고 가르친다. 캘커타에서 만난 은퇴한 교사는 샤에게 도시를 좀 더 분명하게 보는 법을 배워야 한다고 말한다. "여기서 좀 더 지내보면 처음에는 엉망진창으로 보이던 것들이 꽤나 질서 정연한 모습을 드러낸다. 캘커타에는 여러 시스템들을 정비하는 방법이 있다. 시스템들이 발전할수록 사람들에게 안정을 제공한다. 더 큰 그림에 마음을 열어라. 1~2분 동안 유심히 보면 그 시스템들이 사방에서 눈에 들어올 것이다."

한편 지금 봐도 놀라울 정도로 눈부신 모험을 했던 마르코 폴로는 중세의 가장 훌륭한 관찰자였으며, 그의 생애는 마치 깊은 여행의 확장된 비유처럼 보인다. 말이 나온 김에 마르코 폴로가 이런 종류의 연구에서 헤아릴 수 없이 숱한 놀라움을 독자들에게 보여 주었다는 이야기부터 시작하겠다. 나는 전 세계적으로 명성을 얻은 『마르코 폴로의 동방견문록』(이하 『동방견문록』)을 읽으면서, 그가 세계를 돌아다니며 경험했던 이야기들을 거치적거리는 것 하나 없이 몇 시간 동안 읽어 갈 수 있다는 데 꽤나 놀랐다. 그를 존경한 포스코 마라이니Fosco Maraini가 규정했듯이 그의 책은 "아시아에 관한 모든 책 중에서도 가장 탁월한" 책이었다. 나는 그의 책이 "렌즈를 통해 본 화려한 풍경"이라고 생각한다. 그가 모은 경이로운 일들의 목록은 매혹적이기 그지없다. 20세기 초의 중세 연구가 아일린 파워Eileen Power는 『동방견문록』이 유럽인들의 시야를 일거에 두 배 이상으로 키웠기 때문에 "아시아를 발견한 것과도 같은 작품"이라고 평했다.

중국 상두上都(네이멍구자치구 남부에 있는 현-옮긴이)에 있는 쿠빌라이

칸의 여름 궁전과 숲과 정원, 대리석 궁전과 대나무 정자, 그리고 마술사들과 암말 사육장들에 대한 자세한 묘사는 동방의 풍요로움에 대한 강한 인상을 남겼다. 500년 후 약물 치료를 위해 아편을 복용하고 꿈을 꾼 영국 시인 새뮤얼 테일러 콜리지Samuel Taylor Coleridge는 "쿠블라 칸(쿠빌라이 칸)은 상두에 장대한 환락궁을 지으라고 명했다"라는 시 구절을 쓰기도 했다.

그러나 폴로의 원래 글은 파워가 요약한 것보다 훨씬 더 밋밋하다. 마치 그가 타임머신을 타고 미래로 와서 엽서 쓰는 법을 발명한 것은 아닐까 싶을 정도로 간단하고 요약적이다. 예를 들어 19세기에 번역된 그의 책 중에서 '위대한 칸의 사람됨에 대하여'라는 제목의 장章은 이렇게 시작한다. "이름이 쿠빌라이인 왕 중의 왕 위대한 칸의 모습은 이러하다. 그는 키가 크지도 작지도 않은 좋은 몸매에 팔다리도 아주 균형 잡혀 있다. 피부는 흰 편에 붉은 기가 감돌고 눈은 검고 또렷하며 코는 모양이 좋고 자리를 잘 잡았다." 다른 장에서는 유럽인 최초로 야크(티베트 고원지대에 사는 털이 긴 소―옮긴이)를 본 경험에 대해 이렇게 소개했다. "그 나라에는 소의 일종인 야생동물이 있다. 코끼리만큼 크고 멋진 동물인데 등만 빼고는 족히 네 뼘은 될 만한 길고 텁수룩한 털로 덮여 있다. 가죽이 검은색과 흰색으로 얼룩덜룩한데 정말 놀라울 정도로 멋진 동물이다."

이탈리아의 유명한 모험가이자 인류학자, 사진작가, 등산가이며 제2차 세계대전 전에 티베트와 일본을 여행했던 포스코 마라이니는 『동방견문록』에 대해 "배율 높은 광각 렌즈로 광대한 조망을 사심 없이 거리를 두고 보고 있다"고 평했다. 그는 이런 관점이 "폴로의 개성을 다소 포착하기 어렵게 만드는" 관점임을 인정한다. 『동방견문록』은 출간되자마자 엄청난 성공을 거두었지만 독자들은 폴로가 원래 지은 '세계에 대한 서술Divasament dou monde'이라는 제목을 버리고 곧 폴로의 별명인 '일 밀리오네Il Millione('100만'이라는 뜻으로 폴로가 이야기를 할 때마다 이 단어를 자주 썼기 때문에 붙여진 별명이다–옮긴이)'라고 부르기 시작했다. 마라이니는 그 이유가 "폴로가 몽골 제국에서 본 수백만 가지를 일일이 다 설명하려는 의도를 보여서"였다고 한다.

학자들은 폴로의 기록이 정확한지를 놓고 치열한 논쟁을 벌였다. 이 논쟁은 최근에 합의가 이루어져, 폴로가 본 것과 들은 것 모두를 충실히 글로 옮겼지만 그가 들은 것들 중에 더러 부정확한 것이 있다는 쪽으로 의견이 모아졌다. 폴로는 세상의 다른 한쪽 끝에서 말과 낙타를 타고, 혹은 배를 타고 보낸 25년 동안 떠올랐던 수많은 생각들, 마음속에 있던 100만 가지 이야기들을 결코 종이에 적어 두지 않았다. 그렇기 때문에 흡인력 강한 동방의 풍요와 우화를 처음으로 목격했음에도 생각보다는 실망스럽고 감질나는 이야기를 남겼다.

우리는 그 이유를 알지 못한다. 아마 폴로는 자기의 무덤덤한 어조가 그 엄청난 이야기를 더 믿음직하게 만들 것이라고 생각했는지도 모른다. 위험할 정도로 완고한 중세의 세계에서는 자신의 의견이나 사실을 숨기는 것이 스스로를 보호하는 행동이었는지도 모른다. 폴로가 전한 소식은 이단의 것은 아니라고 해도 선동적인 것으로 여겨졌을 수 있다. 기독교 세계의 어느 국가보다 더 강력하고 기술적으로 발전해 있었던 한 제국의 중심을 꿰뚫었으니 말이다. 그래서 당대의 독자들은 그러지 못했겠지만, 오늘날 그의 책을 읽는 우리는 그가 세부적인 부분을 검토하는 데는 두 눈을 다 썼지만 전체 그림을 옮기는 데는 그 어느 눈도 쓰지 않았다는 것을 알 수 있다. 폴로는 독자들의 눈을 '저 밖의 곳'에, 즉 타히르 샤가 말했던 촉매 혹은 여행의 핑계에 단단히 고정시키면서, 무지개 같은 멀고도 아름다운 곳에서 발견한 금 항아리들만 소개했다. 그리고 무지개 자체나 항아리 안에 있는 빛나는 황금은 보여 주지 않았다.

내가 가지고 있는 여행 책들은 샤나 폴로의 책과 별로 비슷하지 않다. 나는 이 책들을 통해 깊은 여행이라는 렌즈의 모양과 효과에 대해, 그리고 사람들이 그 렌즈를 통해 들어가거나 나오면서 느끼는 깊은 여행의 구조와 내용에 대해 더러는 날카롭고 대다수는 가벼워 보이는 다양한 통찰력들을 발견했다. 뉴욕의 내 아파트 근처에는 보물 창고와도 같은 도서관이 있다. 그리니치빌리지의 워싱턴 스퀘어 공원에 있는 뉴욕 대학교의 엘머 홈스 봅스트 도서관인데 330만 권의 장서를 소장하고 있다. 나는 그곳에서 여행에 대해 좀 더 많은 요령과 생각할 만한 논평 몇 가지를 얻을 수 있는 시집과 수필집 몇 권을 골랐다. 그중 하나가 플로리다 국제대학교 역사학과 교수인 에릭 J. 리드Eric J. Leed의 『여행자의 마음: 길가메시에서 세계 관광여행까지The Mind of the Traveler: From Gilgamesh to Global Tourism』라는 책으로, 여러 가지 새로운 방향을 생각해 보는 데 도움이 되었다.

나는 깊은 여행에 대한 참고 서적들을 분류하면서 되풀이되는 패턴이나 알아볼 수 있는 범주의 윤곽을 암시하는 공통점 혹은 비슷한 발견들이 있는지 찾아보았다. 여행자들이나 작가들은 모두 어떤 식으로든 타고난 열정적 능력을 활용하고 있었다. 그 능력은 사람들이 다 타고나는 것으로 처음 여행할 때 혼란스러운 것이 있어도 그런 것 때문에 발견을 멈추지 않도록 해 준다. 물론 그 혼란의 주범은 여행을 시작하게 한 다양하면서도 상반된 수백 가지 의도와 목표들이다. 그래서 나는 메모를 하면서, 샤의 표현을 빌리면 촉매 작용을 하는 것들과 각각의 여행에서 생기는 상황들은 그냥 지나쳐버렸다. 탐험가들은 주로 정복이나 재물, 지식에 관심을 쏟는 반면, 사업차 여행하는 사람들과 즐거움을 추구하는 사람들, 언론인들은 이야기를 찾는다. 그리고 학생들은 주로 돈 한 푼 없이 걸어서 여행하는 것을 즐긴다. 여행기를 쓴 사람들 사이에 가끔 십수 세기의 시차가 있기는 해도 대부분 그와 같은 선명한 흐름이 보인다.

다시 말하지만, 제일 먼저 봐야 할 분명한 것이 있다. 우리가 가지고 있는 글로 쓰인 여행 책들은 '정착해 사는 사람들의 기록'이라는 점이다. 글을 쓰는 능력은 인류가 한곳에 정착한 후에야 개발된 것이기 때문이다. 정착해 사는 사람들이 곧 인구의 대부분을 차지하게 되었기에, 그 이후의 여행은 대부분 정착한 사람들이 하는 일이었다. 해도에 실리지 않은 바다들을 발견하는 여행들, 유럽 대륙을 횡단하는 18세기 젊은 신사들과 그들의 가이드들, 오늘날 연수나 체험을 위해 휴학하고 여행을 떠나는 학생들(독일의 대학생들은 '유랑하는 해'라고 부르는 기간을 보내며 대학원을 연기한다) 등 우리는 여행서 안에 들어 있는 여행의 다양성에 감탄한다. 하지만 여행 이야기들은 사실은 정착한 사람들의 활동을 더 집중적으로 반영한 것이다. 읽고 쓰는 능력은 주로 정착 생활을 하는 공동체에 국한되어 있기 때문이다. 글을 읽고 쓰는 능력과 그 능력으로 만들어낸 책들은 완신세에 인류가 재정비되는 특별한 맥락 안에서 나타났기 때문에, 인류의 규모가 커지면서 책이 널리 보급되었지만 여행 기록들은 다소 엄격하게 규정되고 제한될 수밖에 없었다.

완신세의 여행이 부딪치는 일반적인 물리적 한계와 여기에 따르는 가정 몇 가지에 대한 새로운 관점이 있다. 이는 앞서 이야기한 '아직 여기 있는 여행'과 '이미 거기 가 있는 여행'이 만들어내는 정신적 초점에 대한 퍼트리샤 모크태리언의 아이디어와 비슷하다. 후빙기에 이루어진 대부분의 여행은 물리적, 지리적인 면에서 '여기서 여기로' 혹은 '여기서 거기로, 거기서 여기로'의 여행과, 흔하지는 않지만 '나갔다가 돌아오는' 여행으로 인식될 수 있다.

처음 언급한 '여기서 여기로'의 여행이란 한 지역 안의 여행, 기반을 둔 집단 안 또는 그 집단에서 가까운 곳에 머무는 여행이며 결과적으로 낯선 상황을 많이 만나지는 않게 된다. 그보다 더 긴 여행은 어떤 고정된 장소에 있는 집단을 뒤로하고 떠나면서 시작된다. 그런 여행은 이전에 확립되고 공유되던 길을 따라 나가면서 제2의 집단, 혹은 몇 단계를 계속 밟으며 일정한 순서로 새로운 집단에 도착하면 일시적으로 끝이 난다. 그래서 여행자는 다른 사람들의 '여기'인 '거기'서 쉬게 된다. 뿌리를 뽑아서 옮겨 심지 않는 한 그런 여행들의 궁극적 목표는 처음의 '여기'로 되돌아오는 것이 된다. 여기서 '뿌리'는 오래된 비유로서 식물처럼 뿌리를 내리는 것이 인간의 생존에 필수적이라는 사실을 암시한다고 볼 수 있다.

한편 '나갔다가 돌아오는' 여행은 일시적으로 '여기'와 '거기'를 모두 뒤에 남겨 두고 구체적인 '여기'를 떠나서 미지의 영역으로 간다. 그곳에 알려지지 않았거나 접촉이 없었던 인간 집단이 살고 있고 완신세보다 더 이전에 나타났던 자연경관 혹은 삶의 형태가 있다고 해도 정착자의 기준으로는 여전히 '거기가 없는' 지역으로 가는 것이다. 최초로 미국 서부를 조직적으로 탐험한 메리웨더 루이스와 윌리엄 클라크의 탐험대(루이스와 클라크는 1804년 7월 제퍼슨 대통령의 명령으로 탐험대를 조직해서 미국 최초로 대륙을 횡단하고 탐험했다-옮긴이)를 떠올려 보라. 이들은 미주리 강을 거슬러 올라 로키 산맥을 넘어 이듬해에 태평양 해안에 도착했다. 클라크는 일기에 "바다가 보인다! 아, 기쁘다!"라고 썼다.

미국의 지질학자이자 인종학자인 존 웨슬리 파월John Wesley Powell은 1869년 일행 아홉 명과 보트 네 척으로 콜로라도 강의 급류로 내려가 1600m 깊이의 그랜드 캐니언의 대협곡 바닥에서 탐험을 강행했다. 오늘날 많은 정부들이 자연보호 지역과 국립공원으로 지정한 장소들도 어느 정도는 '거기가 없는' 곳에 닿을 가능성을 만들어 준다. 그리고 '나갔다가 돌아오는' 여행은 '여기서 거기로, 거기서 여기로' 여행과 마찬가지로 율리시스처럼 여행자가 집으로 되돌아오는 것으로 끝이 난다.

점점 그 수가 줄어들고 있는 유목민들만이 이런 여행 규칙에서 벗어나 있다. 세상에 있는 수많은 '여기들'과 정착자들이 만들어낸 또 다른 발명품인 '여기들' 사이의 고정된 경로들은 완신세 동안 많은 여행자들을 끌어당기는 자석 역할을 했는데, 이는 인류가 계속 증가하는데도 여행이 매우 낮은 비율을 차지하는 데 그치는 이유를 설명해 준다. 그리고 정착자들이 갖는 여행에 대한 기대라는 영역에서는 다른 종류의 견인력이 작용한다. 자석은 사람을 현재의 장소에서 끌어낼 수 있지만

‘여기들’은 일종의 중력 우물gravity well(중력의 힘이 매우 센 곳—옮긴이), 억제력, 기본 위치, 반드시 극복하고 무시해야 하는 관성으로 작용한다. 사람들은 여행을 하려면 그전과 도중에 가외의 노력을 해야 하고, 아무리 긴 여행이라도 끝날 것이며, 돌아온다는 것은 일상을 다시 시작하고 맥락을 되찾음을 의미한다고 생각한다. 즉, 여행하지 않는 상태가 ‘정상’이라는 것이다.

그런데 어떤 사람들은 이런 관성을 무시하고 이것저것 섞인 새로운 여행을 시도하기도 하며, 그런 범주를 뭉개기도 한다. 바로 집에서 일터, 즉 ‘여기서 여기’로 출퇴근하는 데 매일 두세 시간을 소비하는 장거리 통근자들이다. 이 여행은 ‘여기서 거기로, 거기서 여기로’의 좀 짧은 여행만큼이나 시간이 걸린다. 아마 그들에게는 모크태리언의 ‘여전히 여기 있는’ 여행이 길에서 허비하는 시간을 더 줄여 주고 견디게 해 주는 전략이 될 것이다. 비행기를 자주 이용하는 사람들은 공항 라운지가 뒤에 두고 온 도시들보다 더 현실적인 곳이 되는데 사실 그들에게는 정반대의 문제가 있다. 그들은 오래전 미국의 시인 거트루드 스타인Gertrude Stein이 말한 ‘그곳에 거기가 없다’는 불확실한 상태에서 고립된 느낌을 받게 된다. 그러나 이 비교적 새로운 여행자들조차도 뭐랄까, 정착자적 피부라 할 만한 것에 갇혀 있는 것 같다. 그들은 여행에 뭔가 대담하거나 예외적이거나 성질에 맞지 않는 것, 뭔가 심란한 것이 있다는 생각에 빠져 있다.

그런 점들 때문에 완신세 동안 지속된 깊은 여행에 더욱 주목하게 된다. 이는 결코 소멸되거나 한도가 정해지거나 방향이 바뀌거나 접촉이 끊어지지 않는 소중한 능력이다. 끊임없이 풍요롭고 언제든 깊은 여행을 할 수 있다는 것은 오늘날의 여행자들 또한 마음속에서 늘 제3의 견인력에 반응하고 있다는 점을 시사한다. 나투프 문화 권위자인 프랑수아 발라가 추측한 것처럼 사람들이 집중되고 활발한 삶을 살기 위해 한 곳에 머무르게 된 것이 맞는다면, 이 근접한 조우는 저절로 일어난 것이 아니라 우리가 여전히 도달하려 하는 국면이다. 그래서 오늘날에도 깊은 여행은 이 다른 종류의 '거기 없음'으로 통하는 길이 될 수 있다.

나는 타히르 샤가 말한 초시간이라는 개념, 즉 단순히 움직이는 상태와 마음이 다시 적응하는 동안 이탈하는 것을 알아차리지 못하는 버릇 사이에 거의 자동적인 연결 고리가 있을 수 있다는 생각에서 출발했다. 주의력은 새로운 임무를 맡아 급작스럽게 밀려드는 새로운 인상들을 받아들이고 소화, 흡수한다. 이런 연관성은 추적하기가 매우 쉬운 것으로 입증됐는데, 여행 해설자인 에릭 리드는 싱클레어 루이스Sinclair Lewis(미국의 소설가이자 사회비평가. 1930년 미국인으로서는 처음으로 노벨 문학상을 받았다. 은퇴한 거물급 사업가와 그 아내의 유럽 여행을 다룬『도즈워스Dodsworth』는 부유한 미국인 부부의 결혼 생활을 통해 미국과 유럽의 가치관을 보여 주었다-옮긴이)가 1929년 발표한 소설『도즈워스』에서 그런 연관성을 요약한 단락 하나를 예로 들어 설명했다.『도즈워스』의 주인공 새뮤얼 도즈워스는 중년에 접어들어 자동차 공장을 매각하자마자 처음으로 아내와 함께 유럽 여행을 떠난다. 대서양에 이르자 그는 원양 정기선에서 다음과 같은 사실을 깨달았다.

여행의 축복 가운데 하나인 민감해진 감각 덕분에, 일주일 동안 집이 되었던 이 배가 몇 년간 지냈던 원래 집의 방들보다 더욱 친숙하게 느껴진다. 관찰력이 더욱 민감해지면서 구명정에 점점이 묻은 그을음 하나하나, 끽연실에 있는 의자 하나하나, 식당에 있는 통로를 따라 놓인 테이블 하나하나가 눈길을 끌고 기억에 남는다.

다른 작가들의 책에서도 여행을 시작하면서 세심한 관찰력을 회복한 사례들을 발견할 수 있다. 우리는 여행을 통해 원치 않던 생각과 두고 온 소유물들을 잊어버리고 정신과 육체가 자유로워진다. 이는 처음에는 다소 단순하게 '여기'를 기반으로 한 생각에서 벗어나는 것으로 보이는데, 단순히 떠남으로써 번거로운 걱정거리를 벗어던질 수 있다는 것을 깨달은 결과다. 걱정거리들은 잘 움직이지 않고 그것들이 생긴 장소에 붙어 있기 때문이다. 여러 곳에 기록되어 있는 이런 통찰은 19세기 탁월한 아프리카 탐험가인 헨리 모턴 스탠리 경Sir Henry Morton Stanley(영국의 탐험가이자 언론인으로 아프리카 탐험과 데이비드 리빙스턴을 발견한 것으로 유명하다-옮긴이)의 글에서도 나타난다.

스탠리가 1871년 《뉴욕 헤럴드 트리뷴New York Herald Tribune》에 보낸 기사에는 출발했을 당시 그의 해맑은 모습을 엿볼 수 있다.

진지한 기사를 쓰기에는 가슴이 지나치게 빨리 두근거리는 것 같았다. 하지만 어쩔 도리가 없었다. 오랫동안 여행을 했는데도 여전히 젊음의 열정이 불타올랐고 맥박은 건강하게 고동쳤다. 나는 걱정거리들은 두고 왔다. 사실은 그것 때문에 두 달 이상 시달렸었다. … 비옥한 카사바Cassava(원뿔 혹은 원통형 모양의 열대 지방 식물로 뿌리를 먹으며 작은 것은 고구마와 비슷하다-옮긴이) 밭, 열대 지방의 무성한 식물들, 아름답고도 신기한 나무와 꽃들, 작물과 약초들을 보고, 댕기물떼새(갈매기의 일종-옮긴이)와 귀뚜라미의 울음소리, 쉭쉭 소리를 내는 곤충들의 노래를 듣노라면 다정한 기운이 나를 감싸는 듯 느껴진다. 모두가 내게 "드디어 출발했구나"라고 속삭이는 것 같다.

계관시인인 워즈워스의 뒤를 잇는 영예를 거절한 영국의 시인 새뮤얼 로저스Samuel Rogers는 1814년 여동생과 함께 스위스와 이탈리아로 향하는 여행길에 올랐을 때 마음에 그와 같은 변화가 오는 것을 경험했다. 로저스는 「이탈리아: 시Italy: A Poem」에서 다음과 같이 썼다.

선원들이 닻을 끌어 올리고 배가 출항하자 적어도 잠시 동안은 온갖 노고가 끝났다. 해묵은 걱정거리들은 오래된 장소에 주렁주렁 달려 있었고, 우리가 이를 벗어나 한 발짝씩 앞으로 나아갈 때마다 아무리 하찮은 광경이라도 재미있고 관심이 갔다. 모든 것이 새롭고 생소했다. 우리는 모든 것을 잊고는 다시 어린아이로 돌아간 기분이 되었다.

토마스 만Thomas Mann은 제1차 세계대전이 발발하기 바로 전 해의 풍경과 유럽에서 벌어지려는 변화를 그린 소설 『마魔의 산』의 서두에서 이렇게 말한다.

공간은 시간과 마찬가지로 변화를 일으키며, 어떤 면에서는 시간을 훨씬 능가하는 변화를 일으킨다. 공간도 시간과 마찬가지로 망각을 낳지만, 공간은 인간을 여러 관계로부터 떼어내서 원래 그대로의 자유로운 상태로 옮겨 놓음으로써 망각을 일으킨다. 그렇다. 공간은 고루한 사람이나 속물조차도 순식간에 방랑자로 만들어버릴 수 있다. 시간은 망각의 강에서 온 물이라고 하지만, 여행 중의 낯선 공기도 그와 비슷한 음료다. 그런데 그 효력은 시간만큼 철저하지는 못해도 더 신속하게 나타난다.

이 소설의 주인공인 '평범한 청년' 한스 카스토르프는 그와 거의 비슷한 경험을 했다. 고향과 미지의 땅 사이에서 배회하는 카스토르프는 여름을 맞아 고산지대의 요양소에 입원한 사촌을 문병하러 독일의 해안에 있는 '평지'인 고향을 떠나 협궤열차를 타고 스위스의 알프스로 간다. 앞의 로저스와 달리 카스토르프는 갑자기 자유가 밀어닥치자 놀라워한다.

그는 이번 여행을 특별히 중요하게 여기지 않았고, 깊이 몰두할 생각도 없었다. 오히려 곧 끝날 여행이기에 빨리 끝내버리고자 했다. 그래서 여행을 떠날 때의 모습 그대로 되돌아와 잠시 접어 둔 일상생활을 다시 시작하리라 결심했다. 하지만 지금은 잔뜩 주의를 기울여야 하고 가볍게 보아서는 안 될 상황이라고 생각했다.

이 소설에서 가장 얄궂은 부분은 카스토르프가 3주짜리 여행을 계획했다가 병에 걸리는 바람에 요양소에서 7년을 보내게 된 것이다. 그가 고향으로 돌아왔을 무렵에는 그 자신도, 고향의 사람들도 예전과는 다른 사람들이 되어 있었다.

일부 여행자들에게는 '여기'와 여기를 둘러싼 생각에서 벗어나는 것이 스스로 추구하든 우연히 그렇게 되든 상관없이 어려운 일이다. 평범한 일상을 완전히 떨쳐버리려면 먼저 연속되는 '여기 같은 거기들'을 통과해야만 한다. 1830년대에 영국의 법정변호사이자 여행 작가인 알렉산더 킹레이크Alexander Kinglake는 바로 '여기 같은' 비눗방울, 즉 친구 한 명과 하인 한 명, 통역사 한 명과 그 외 몇 명으로 구성된 작은 일행이라는 비눗방울에 둘러싸여 보호를 받으며 중동으로 떠났다. 서유럽과 중부 유럽을 통과하고, 런던의 동남부에서 2km 떨어진 곳에서 도나우 강으로 흘러들기 직전의 사바 강(유고슬라비아 서북부에서 동쪽으로 흘러 베오그라드에서 도나우 강과 합류한다－옮긴이)에 이를 때까지도 그는 여행이 정말로 시작된 것 같은 기분을 느끼지 못했다.

킹레이크가 노를 저어 건넜던 지점의 사바 강은 오늘날 세르비아의 수도인 베오그라드와 이웃한 두 지역 사이에 있다. 비록 포탄의 착탄 거리보다 짧은 거리이지만 킹레이크에게는 "50개의 넓은 지역들 사이에 나 있는 좁은 길" 같았다. 당시 사바 강은 국경과 종교적인 경계선 역할을 했을 뿐 아니라 공중위생의 방벽으로서 검역관들이 엄중하게 순찰하는 곳이기도 했다. 한쪽에는 헝가리와 기독교 국가들이 있었고, 다른 한쪽에는 오스만 제국과 이슬람 국가들이 있었는데, 그곳에는 흑사병이 돈다고 여겨졌다.

킹레이크가 1844년에 펴낸 『에오텐Eothen』('에오텐'은 그리스어로 '동쪽으로부터'라는 뜻이다)은 재치 있고 절묘한 문체와 여행에서 겪는 어려움을 가볍게 묘사하고 있어 아직도 출판되어 높은 평가를 받고 있다. 여행기를 쓰고 가르치기도 하는 미국의 수필가 가이 레서Guy Lesser는『에오텐』이 거의 200년에 가까운 전통을 지닌, 매력적이고도 적당히 오만한 특징을 갖는 영국 공립학교 스타일의 여행기 작법을 보이는 최초의 책이라고 말한다. 확실히, 킹레이크를 감싸던 비눗방울은 그가 터키, 시리아, 팔레스타인, 키프로스, 이집트를 두루 여행하는 동안에도 말짱하게 남아 있었다. 케임브리지 대학교의 역사학자 F. A. 커크패트릭F. A. Kirkpatrick이 지적했듯이 "그는 멈추는 곳마다 짐을 풀었고 텐트에는 책과 지도, 향기로운 차들이 차려졌다." 그러나 킹레이크가 자신의 책에 가장 생생하게 기록한 것은 사바 강을 건넌 후부터 느껴졌던, 때때로 어찌할 바 모를 듯한 기분에 대한 것이었다. 그것은 그의 자만심과 적당히 몸에 붙은 속물근성을 꿰뚫었다.

나는 셈린Semlin(지금은 '제문zemun'으로 불리며 사바 강의 북쪽 제방에 있다—옮긴이)에서 여전히 익숙한 삶의 장면과 소리에 둘러싸여 있었다. 분주한 세상의 소음은 여전히 짜증났지만 힘을 북돋워 주었다. 베일을 쓰지 않은 여자들의 얼굴들은 한낮의 햇빛을 받아 반짝였다. 남쪽으로 눈길을 돌릴 때마다 도나우 강 계곡 위로 준엄하게 솟아 있는 오스만 제국의 요새, 유서 깊은 베오그라드가 눈에 들어왔다. 말하자면 나는 육로로 닿을 수 있는 유럽의 끝자락에 와 있는 것이며 이제 동방의 화려함과 황폐함을 목격할 것이다…….

우리는 곧 강의 남쪽 제방 근처에 이르렀지만 위쪽의 제방 벽에서는 아무런 소리도 들려오지 않았고 살아 있는 것이라고는 눈에 띄지 않았다.

샛문에서 사람들이 나왔다. 불멸의 영혼을 지닌, 그리고 추론의 능력이 있을 법한 존재들이었다. 그러나 내게 중요한 점은 그들이 진짜 터번을 단단히 둘렀다는 사실이었다. 그들은 우리 배가 향하는 방향으로 가는 중이었다. 강 연안에 이르러 배에서 내렸을 때, 나는 내가 아시아 남자들에게 둘러싸여 있다는 사실을 깨달았다.

시가지의 이슬람교도 구역은 외지고 황량했다……. 인적이 있기를 바라면서 구두 굽 소리로 잠자는 사람을 깨우기라도 하듯 좀 더 힘주어 땅을 디뎌 본다. 그러나 동방의 도시답게, 바스러져 가루가 되는 흙은 밟아 봤자 아무 소리도 나지 않았고 정적은 여전히 나를 따라왔다. 거듭해서 터번을 두른 남자들을 마주쳤다. 그 얼굴들은 나를 반기지도 않고, 궁금해하지도 화를 내지도 깔보지도 않는다. 그저 12월에 내리는 눈을 보듯이 그렇게 심드렁하게 볼 뿐이다. 헤아릴 수도 없고 불편한 신의 섭리처럼 뭔가 나중에 드러날 선한 목적을 위해 '때에 맞게' 내려오는 그런 것을 보듯.

킹레이크는 여행 끝에 어떤 지점을 넘어서서는 더 이상 지나치는 사람들의 표정을 읽을 수 없고 그들이 무슨 생각을 하며 어떤 기분인지 알지 못하는 지경에 이르렀다. 만일 등한시했던 정보들이 다시 나타나 당신을 끌어당기고 맞이하면서 환영받는 느낌을 주는 것이 '깊은 여행의 입문'이 갖는 특징이라면, 사람들, 관습, 풍경 등 주위 환경의 '여기다움'이 줄어들어 결국 사라지고 말 때는 앞으로 나아가는 일이 다소 불편하고 불안해질 것이다. 어떤 이들에게는 충격적인 일이고, 또 어떤 이들에게는 그저 적응할 일이기도 하다. 그것은 마치 또 다른 경계선을 넘거나, 경계층 혹은 대류권계면(권계면이라고도 하는데 대류권과 성층권의 경계면을 말하며 온도 감소율이 심하다-옮긴이)에 가까운 얇은 공기층을 통과하는 것과 같다. 우리가 '중간 단계의 깊은 여행'이라고 부르는 것은 바로 이 '여행의 중지' 반대쪽에서 시작된다.

이탈리아의 시인이자 소설가인 체사레 파베제Cesare Pavese는 제2차 세계대전 동안 독일 병사들을 피하기 위해 야산으로 비행했다. 그는 '여행을 중지'하기가 너무도 힘들었다. "여행은 잔인한 행위였다. 여행자들은 싫어도 낯선 이들을 믿어야 하고, 집과 친구들이 주는 친숙한 위안은 찾을 생각을 말아야 한다. 여행자는 늘 당황하게 된다. 공기, 잠, 꿈, 바다, 하늘처럼 항구적 경향이 있거나 그러리라 상상하는 본질적인 것 외에 당신의 것은 아무것도 없다."

이런 잔인함은 단지 서곡일 뿐일까? 이는 노벨상 문학상 수상자이자 알제리 출신의 프랑스 인이었던 알베르 카뮈의 신념이기도 하다. 파베제와 동시대인이었던 카뮈는 스물두 살 때부터 썼던 『작가수첩』(카뮈가 1935년부터 죽는 날까지 총 7권의 노트에 기록한 내용. 작품을 구상하면서 떠올린 단상과 창작 계획, 초안과 독서 메모 등으로 구성되어 있다-옮긴이)에 "여행에 가치를 부여하는 것은 두려움이다"라고 썼다. 에릭 리드는 카뮈의 글에서 다음 부분을 인용했다.

> 어떤 특정한 순간, 가령 고국에서 멀리 떨어져 있을 때, 우리는 어렴풋한 두려움이 엄습하면서 오래된 습관의 보호를 받는 곳으로 돌아가고자 하는 본능적인 욕망을 느낀다. 이것은 여행의 유익함 중에서도 가장 눈에 띈다. 그 순간 우리는 들떠 있지만 구멍도 많아서 아주 미약하게 건드리는 것만으로도 우리의 존재의 깊이에 전율하게 된다. … 이 때문에 우리는 쾌락을 위해 여행한다고 말해서는 안 된다. 여행에는 즐거움이라곤 없다.

> 나는 여행을 정신적인 시험의 기회로 본다. … 쾌락은 유희와 같은 방법으로 우리를 스스로에게서 떠나게 하고(파스칼의 표현을 빌리면 우리를 신에게서 멀어지게 한다), 보다 크고 진지한 과학처럼 우리가 스스로에게 돌아오게 한다.

이 모든 것에는 정도와 단계와 변동이 있으며, 가끔씩 출발점과의 물리적인 거리가 결정적인 요소가 아닐 때가 있다. 더욱 근본적인 것은 깊은 여행으로 나아가면서 어떤 지점, 혹은 카뮈의 표현대로 '어떤 특정한 순간'에 자신에게 더욱 솔직해진다는 점이다. 여기에 이르면 사람들은 세상을 좀 더 깊이 보려고 이용했던 바로 그 깊은 여행의 렌즈에 두 번째 기능, 말하자면 똑같이 불시에 내면을 더 깊이 들여다보게 만드는 후진 기어 같은 기능이 있다는 점을 알아차린다. 자각이 이 방향으로 향하면 '주목하지 않음'의 켜가 한 겹 벗겨져 나가고 내면의 눈앞에 다른 여러 것들이 마치 투스텝을 밟듯이 하나가 다른 하나에 바싹 붙어 나타난다. 더 자세히 살펴보면 우리가 누구인지, 우리가 아는 것은 무엇인지, 그것이 어디서 왔는지에 대한 확고한 감각과, 우리의 하루를 안내해 주는 내적 나침반에 의지하는 태도가 흔들리고 흐릿해지고 위축된다.

그리하여 그런 감각과 태도는 보편적인 길 찾기로서의 쓸모가 없어지면서 더 이상 우리를 보호해 주지 못하는 낡은 습관들이 되기 시작한다. 이를 그대로 맞대면하면 기대, 소망, 교훈들, 육감, 어림잡아 추측한 것들이 이상하고 느슨하게, 줏대 없이 변하기 쉽게 배열된 것처럼 보인다. 우리가 생각했던 것처럼 정성 들여 모아 놓은 정밀한 도구들이 아니며, 가지런하다기보다는 뒤죽박죽으로 나열되어 있다. 일종의 정신적 외피나 딱딱한 껍질 같다. 그래도 그것은 또 다른 피부가 아닐까? 혹은 더 깊은 곳에 있는 피부는 아닐까? 아마도 빛이 제대로 비춰지기 전의 불투명한 벽 같은 스크린 혹은 무대 배경용 천에 가까울 것이다. 이런 가정들에서 그리 멀리 떨어지지 않은 곳에서 그것들을 볼 수 있으면, 혹은 그것들이 녹아버리거나 말끔하게 걷히고 나면 우리는 훨씬 더 깊이 숨겨져 있지만 더 이상 가려지지 않은 우리 자신의 모습을 만날 수 있다.

느낄 수는 있지만 보이지는 않는 내면의 나침반이 작동을 멈추고 더 이상 방향을 제시하지 않는다면 어떻게 될까? 이와 비슷한 상황을 생각해 보자. 우리 주변의 세상에 조용히 스며들어 우리가 당연한 것으로 받아들이는 외부의 힘이 당장 사라진다면, 우리는 한동안 평소 의지했던 신호와 버팀목 없이 알아서 헤쳐 나가야 한다. 2003년에 있었던 '대정전'이 그런 예다. 미국 동북부의 8개 주와 캐나다 온타리오 지방에서 정전이 되면서 5000만 명이나 되는 미국인들은 졸지에 깊은 여행을 하게 됐다.

뉴욕도 그 영향을 받아 내가 살고 있는 아파트 역시 깜깜해졌다. 정전이 일어났을 때 나는 집에 있었는데, 5분이 지나서야 나의 '여기' 절반가량이 당분간 사라졌다는 사실을 깨달았다. 8월 중순이었고 오후 4시 11분이었다. 컴퓨터 모니터가 작동을 멈추었고 동시에 에어컨도 꺼졌다. 디지털시계가 4시 12분을 찍지 못하는 것을 보고 창밖을 내다보자 길모퉁이에 있는 신호등이 꺼지는 것이 보였다. 우리 아파트만 정전이 된 것은 아님을 확인했다. 그 시점에서 지상 통신선에 연결된 전화는 아직 작동했다. 당시 열두 살이던 아들은 링컨 센터 근처에서 댄스 수업을 받는 중이었다. 나는 댄스 교습소에 전화를 걸어 어떻게 되었는지 물었다. 전화를 받은 사람은 그곳 역시 정전인데 아이들은 모두 교습소를 빠져나와 인도에 나와 있으며, 교사 한 명이 부모들이 올 때까지 아이들과 함께 있을 거라고 전해 주었다.

낡은 트랜지스터라디오에서 도시 전체가 정전이 되었고 지하철을 이용할 수 없다는 사실을 알려 주었다. 언제 전기가 다시 들어올지에 대한 정보는 없었다. 나와 아내는 서둘러 아이를 데리러 가고 싶었다. 당연히 걸어가야 하겠지만 아이를 데리러 가는 일이 보통 때의 허드렛일과 다르게 생각된 것은 우리가 뉴욕에서는 한 번도 느껴보지 못했던 어떤 충동 때문이었다. 바로 해가 지기 전에 아들을 데리고 집에 돌아오고 싶다는 충동이었다. 바깥은 섭씨 32°가 넘는 날씨인지라 우리는 배낭에 비상식량 조금과 물 몇 병을 넣고는, 시간이 빠듯할 거라고 생각하면서 걷기 시작했다. 태양은 아직 꽤 높은 곳에 떠 있었다. 우리는 그리니치빌리지에서 링컨 센터까지 왕복 10km도 넘는 길을 걸어야 했다. 적어도 세 시간은 걸어야 할 것 같았다.

우리는 이 비상 상황을 '대체 동력'으로 전환함으로써 대처했다. 즉, 익숙한 사고 패턴을 다른 것으로 대체했다는 뜻이다. 우리는 일상적인 뉴욕에서의 일과를 해 질 무렵 숲 속으로 떠나는 소풍처럼 처리했다. 우리는 밖으로 나가 사람들의 물결에 합류했다. 그러면서 뉴요커들이 평소에 의지하는 규칙이 꽤 오랜 시간 멈추었다는 것을 깨달았다. 가령 우리가 해변에 갔을 때, 경사가 완만한 해변이라도 수영을 하러 바다로 걸어 들어가면 상황은 곧바로 변한다. 처음에는 자잘한 파도 위로 발을 옮기면서 짠물의 차가움을 느낀다. 그러나 곧 발이 더 이상 바닥에 닿지 않는 순간이 오는데, 그 지점에서 우리는 온전히 바다로 들어가고 바다가 주도권을 잡게 된다.

사실 거리에 나섰을 때 별로 무섭지 않았기 때문에 이 일을 크게 떠벌리고 싶지는 않다. 바깥의 광경이나 소리들이 평소와는 엄청나게 달랐다. 시계가 계속 4시 11분에 멈춰 있는 동안 안팎이 뒤집힌 것 같은 분위기였다. 그래서 건물 자체가 아니라 건물들 사이의 공간, 텅 비고 이제는 아무 관련 없어진 무표정한 구조물들이 벽처럼 둘러싸고 있는, 지붕 없는 공간이 도시의 분위기를 주도했다. 바깥은 평소보다 더 조용했다. 거리에 널려 있는 수만 대의 에어컨들이 평소 얼마나 귀에 거슬리는 굉음을 내고 있었는지 실감할 수 있었다. 그러나 사람들은 이 정전 사태가 곧 끝나리라 보고 상대적으로 별로 대단치 않은 위기로 여기는 듯했다.

우리 부부는 걸어서 집으로 돌아가는 인파의 물결에 휩싸였다. 몇몇은 라디오를 켜 놓고 창문을 내린 자동차들 주위에 무리를 이루고 서 있기도 했다. 사람들은 거리 한가운데로 쏟아져 나와 차 주위를 돌아다녔고 차들은 사람보다 더 느린 속도로 기어가듯 전진했다. 이 사태가 테러리스트의 소행이나 9·11 같은 것은 아니라는 뉴스가 방송됐다. 단지 사고일 뿐이며 누가 공격한 것이 아니었다. 나중에 조사 결과로 밝혀졌듯이, 뉴욕에서 서쪽으로 700km 정도 떨어진 오하이오에서 나뭇가지가 전선을 건드리면서 기계들이 단계적으로 고장을 일으킨 탓이었다. 결국 미국 역사상 가장 대규모로 발생한 2003년의 정전을 겪은 사람들은 체사레 파베제의 말처럼 그저 "당황했을" 뿐이었다. 또한 집으로 돌아가던 뉴요커들에게는 안정된 삶을 유지해 주는 특정한 '여기'에 근거한 리듬이 극히 미미하게 흐트러졌을 뿐이었다. 8월이었고 1년 중 비교적 느슨한 때였기 때문이다. 또, 시계가 멈춘 때는 퇴근 시간이 한 시간도 안 남은 때였고, 주말이 가까운 목요일이었던 것도 그 이유였다.

나는 길어져 가는 건물 그림자를 계속 힐긋거렸고, 길모퉁이를 돌면서 언뜻언뜻 해가 보일 때마다 그 위치를 가늠해 보곤 했다. 거리를 지날 때마다 아들을 만나 함께 집으로 걸어가는 일이 전에는 한 번도 해 보지 못한 일처럼 느껴졌다. 타는 듯한 오렌지색 구름 사이로 보이는 눈부신 석양은 내 기억의 어느 때보다 더욱 밝게 불타올랐고, 생각보다 훨씬 더 오래 서쪽 하늘의 절반을 채우고 있었다. 밤이 되어도 거리나 건물들의 불빛이 위로 반사되어 밤하늘을 삼키거나 둥근 돔처럼 만드는 현상은 없었다. 이렇게 밤하늘이 밝아지는 현상은 빛 공해, 빛나는 안개, 영원한 달빛 등으로 불리기도 하는데, 아주 강력한 옥외 광원이 지상을 벗어나 하늘에 빛을 뿌리기 때문에 생긴다. 함부로 뿌려진 빛이 대기 중의 미세한 먼지 입자에 반사되면서 보이기는 해도 그 너머는 보이지 않는 빛나는 안개의 밤하늘을 만들어내는 것이다.

밤하늘이 밝아지는 현상은 최근 조명 비용이 물만큼이나 저렴해진 풍요의 시대에 나타난 것으로, 사람들이 하늘을 보고 느끼는 마음에 변화를 일으켰다. 1950년대에 레이첼 카슨은 밤하늘이 경이롭다는 글을 썼지만 그녀의 이웃들은 워낙 흔한 광경이라서 볼 생각을 하지 않았다. 지금은 보고 말고 할 선택의 여지가 대부분 사라졌다. 2007년 미국 국립공원 관리청에서 인터넷에 올린 글에는 "미국인 3분의 2가 자기 집 뒤뜰에서 더 이상 은하수를 볼 수 없다"는 내용이 있다.

이제 깊은 여행으로 들어가는 오래된 관문은 무력해졌고, 우리는 더 이상 우리의 집 밖에서 이 집이 서 있는 지구를 형성했던 은하와 연결되지 못하게 되었다. 만일 고대의 정착자들이 보이지 않는 피부를 우리에게 주었다면, 그래서 우리가 제자리에 머무는 것이 더 좋다고 생각하여 여행이 내키지 않게 됐다면, 정착자들이 만들어낸 빛 공해 때문에 밝아진 밤하늘은 (주목을 받지 못한다고 해도) 이런 마음속의 거부감을 분명 더 강화시킬 것이다.

밝아진 밤하늘은 분홍색을 띤 회색으로 대기를 불투명하게 하며, 깊은 여행이 외부로 미치는 힘의 가장 끝 부분을 렌즈 뚜껑마냥 막아버려 빛의 파동과 주의력을 다양한 '여기'라는 익숙한 분야로 반송해버린다. '저 너머'에 무엇이 있든지 그것은 짐작했던 것보다 더 음울하고 내용이 없으며 보람도 적을 것이다. 그래서 더욱 신경 쓸 필요가 없다는 뜻을 암시할 것이다. 1989년 샌프란시스코 남쪽에 있는 로마 프리에타에서 지진이 난 다음 날 밤 샌프란시스코의 상당 지역이 단전됐다. 당시 주민들은 911에 전화를 걸어 하늘에 가스 구름이 보인다고 신고했다. 사실 그들은 수년 만에 처음으로 은하수를 보았던 것이다.

밝아진 밤하늘은 석양의 지속 시간을 짧게 하지만 없애지는 않아서, 석양은 하늘이 보여 주는 것 중에서도 우리가 볼 수 있는 부분이며 우리의 내부에 경고 신호를 보내지 않는다. 정전이 아닐 때 대부분의 도시에서 해가 지는 모습은 방에 불을 켜기 전, 그리고 밝은 밤하늘이 하늘을 삼키기 전 창밖으로 언뜻 보이는 순간적인 동요일 뿐 다른 건 거의 없다. 이와는 대조적으로, 정전이 되었을 때는 하늘에서 천천히 서쪽으로 지는 해가 상당히 인상적이다. 이때는 한 시간 넘게 계속 해 지는 모습을 볼 수 있다. 해는 천천히 하늘에서 몸피를 줄여 가며 물러나면서도 더 직설적이고 뚜렷하게, 커다란 인내심을 가지고 이야기를 하는 것처럼 보인다.

나는 아이를 데리러 가면서 약 10분마다 내가 걸어가는 곳이 어디인지, 내가 무엇을 할 것인지 평소와는 전혀 다른 생각들을 떠올렸고 그것에 끊임없이 새로운 이름을 붙였다. 처음에는 그것이 마치 썩기 쉬운 별미, 천상의 것이면서도 가까이에 있어 여름의 끝 무렵 언덕의 블루베리나 식품점 카운터에서 녹고 있는 아이스크림처럼 얼른 달려가서 양동이에 가득 채우거나 배불리 먹어야 하는 것 같았다. 그러다 그것은 마치 구명 밧줄이나 심해 잠수부의 압축 공기 호스처럼 세상의 기운과 맛을 느끼게 하는 마지막 연결관 같은 것이 되었다. 그런 다음 그것은 나의 경쟁자가 되었다. 내 바로 뒤에서 쫓아와 나를 집으로 달려가게 하는 것, 내가 안전하려면 이겨야만 하는 대상이 되었다.

나는 지는 해가 내 곁에서 미끄러지듯 움직이는 동반자이며, 앞으로 벌어질 일을 위해 나를 준비시키고 내가 질문한다면 대답할 태세까지도 되어 있는 존재라고 생각하기 시작했다. “미리 예정된 지시가 없는 상태에서는 다른 스승을 찾아보라"는 교통공학자 한스 몬더만Hans Monderman의 조언, 그리고 여행자에게는 하늘과 영구적으로 지속되는 것만이 허용된다는 파베제의 말이 기억났다. 그 순간 서서히 지는 해를 여행 안내서처럼 읽을 수 있을 듯한 기분이 들었다. 밤을 좀 더 대등한 조건에서 맞이하는 방법을 알려 주는 매일매일의 취급 설명서처럼 말이다. 내가 이런 식으로 반응한 것은 아마도 이미 나의 내부에서 자동적으로 진행되는 그 어떤 사회적 규범보다도 더 오래된 뭔가가 있기 때문일 것이다.

내 눈은 희미해진 빛에 다시 적응하는 중이었다. 집 바깥에서는 아직 신참인 밝은 밤하늘이 그보다 먼저 나타난 대낮같이 밝은 집 안의 빛과 짝을 이루었다. 어두운 방에서 전등 스위치를 눌렀을 때 램프의 요정이 불러오는 빛보다 더 빠르게 밝은 빛이 쏟아지듯이, 전력이 공급되는 장소에서는 빛과 어둠이 급작스럽게 전환되기 때문에 우리는 빛을 양자택일해야 하는 것, 모 아니면 도, 흑과 백 식으로 극단적인 생각을 하게 된다. 이는 케빈 플라이 힐Kevin Fly Hill의 설명처럼 우리의 눈이 1분도 채 안 되는 시간에 밝음에 적응하기 때문이다. 하지만 오랫동안 밝은 빛에 노출되면 그 반대의 과정이 지체된다.

달리 말하면, 사람들은 밝은 상태에서 너무 오랫동안 노출된 다음에는 실제보다 어두운 상태를 더 많이 본다. 이는 유명한 초현실주의자가 1950년에 발표한 작품에 포착된 충격적인 역설이기도 하다. 포스터로도 자주 복제되는 그 그림은 바로 르네 마그리트René Magritte의 〈빛의 제국 II〉이다. 오래전 어느 날 나는 학교에서 단체로 뉴욕의 현대미술관에 갔다가 멋진 벨기에의 한 마을을 그린 이 그림이 '하도 이상해서' 걸음을 멈췄었다. 위쪽 반은 하늘이고 아래쪽 반은 작고 예쁜 집들이 있는 조용한 거리 일부를 그린 그림이다. 그런데 하늘은 연푸른색에 밝은 햇살을 담뿍 담은, 작은 뭉게구름들이 점점이 떠 있는 여름 오전의 하늘인 반면 아래쪽 거리는 한밤중이었다. 이 점만 빼면 사람들은 이 그림이 평온하고 고요하며 마음을 흩뜨리지 않고 만족을 준다고 생각할 것이다. 하지만 아래쪽 거리의 빛이라고는 커튼이 쳐진 창문 몇 개에서 새어 나오는 빛과 단 하나 서 있는 희미한 가로등 불빛뿐이어서 위쪽의 하늘과 같은 계절인지 아닌지도 잘 알 수 없다.

그 그림을 보노라면 눈을 두어 번 가늘게 뜨게 된다. 처음에는 하늘의 밝은 빛을 약하게 하려고, 그다음에는 가로등 불빛 너머에 무엇이 있는지 자세히 보려고 말이다. 하늘은 깊이를 모를 정도로 빛을 통과시키지만 그림자가 깔린 거리는 빛이 꿰뚫지 못하는 비협조적인 평평한 지면같이 보인다. 과연 저 집 안에 사람들이 있기나 한 걸까? 집과 집 사이, 그리고 집 뒤에는 나무들이 있지만 하늘을 배경으로 그 윤곽만 보여서 어떤 나무인지 알기 어렵다. 그 나무들이 뭔가를 숨기고 있을까? 아마 아닐 것이다. 이곳에 위협적으로 보이는 것은 없다. 하지만 그것도 알 수 없는 노릇이다. 어둠은 완고하다. 거리는 밤을 맞아 스스로를 닫았다. 당신은 이 도시에 너무 늦게 도착했기에 사바 강을 건넜던 알렉산더 킹레이크처럼 어떤 상황인지 알 수 없다. 낡은 정보는 시시하고 새로운 정보는 얻을 수 없다. 이것이 이 비범한 그림이 가진 슬픔이다. 당신은 이방인이며 어찌 되든 새벽이 올 때까지 머물러야만 한다. 당신에게서 몇 걸음 앞에 있는 도로와 당신의 사이는 당신과 저 먼 하늘과의 사이보다 더 멀다.

정전이 된 상태에서 밤이 오자 뉴욕 도심의 거리는 마그리트의 그림처럼 두 개 층으로 나뉘어 하늘은 밝고 거리는 빠르게 어두워졌다. 내가 지나쳐 온, 넉넉히 한 세기는 묵은 듯한 15~20층짜리 덩치 큰 빌딩들은 전기가 다시 들어와서 건물 안팎을 밝히고 엘리베이터를 작동시킬 때까지는 상상하기 어려운 상태로 있을 것이다. 그리고 그 덩치에 걸맞게 정오를 제외한 낮에도 바깥의 도로에 깊고 어두운 그림자들을 드리울 것이다. 나는 집을 향해 남쪽으로 방향을 틀고 나서 이런 우울한 생각들을 되풀이했다. 해가 지는 데 대해 여러 번 생각을 바꾸던 처음 30분 동안, 어둠은 점점 많은 것들을 삼키고 있었다. 아마도 마그리트의 그림이 내게 필요한 정보를 없애버린 탓이겠지만, 어둠은 내가 사는 도시에서 나를 이방인으로 만들어버렸다.

인적이 드문, 석양빛과 가끔 지나가는 자동차의 헤드라이트와 미등의 빛 말고는 빛이 없는 거리를 걸으며 마침내 나는 깨달았다. 밝은 빛이 연장되는 환경에서 사는 탓에 내 마음속에 그려진 모습처럼, 어둠은 변하지 않고 이질적이며 출입 금지된 영역이 아니었다. 사실 어둠이 주위에 깔려도 우리는 나아갈 수 있다. 그러나 밝은 밤하늘과 대낮같이 밝은 빛이 어둠을 막아 온 것이다. 이런 식으로 보면 석양에는 1000가지나 되는 색의 농담이 있고 그 각각이 고유의 느낌과 풍취가 있을 것이다. 나는 밝음에 둘러싸인 채, 밤을 경험하는 능력이 이미 나의 것이며 모든 사람과 공유하는 것이고 모닥불을 켜는 동력보다 더 오래된 것이라는 사실을 잊어버리고 있었다. 그저 점점 어두워지는 데 서서히 적응해 나갔을 뿐이었다. 어둠에 적응할 때마다 인간의 눈은 순간적인 적응에 갇혀 있지 않고 어둠의 왕국에서 우리의 시민권을 완전히 회복시키는 암순응暗順應, 즉 '어둠에 적응하기'라는 더 오래되고 복잡한 과정으로 전진한다.

우리와 접촉이 끊긴 것은 별만이 아니다. 우리는 밤의 땅 또한 방치했다. 시야의 절반만 사용하면서 바깥으로 나가려면 우리에게 고유한 어둠을 탐지하는 능력이 있다는 것을 기억하기보다는 전등을 가지고 나가야 하고 빛을 지키는 사람들이 있는 장소에 가야 한다고 생각했다. 나는 다시 시야를 조정해서 정전이 된 거리를 걸었다. 그러자 눈앞에 인상적인 장면이 펼쳐졌다. 아직도 열심히 일하는 사람들이 있었던 것이다. 심야에도 문을 연 슈퍼마켓 주인과 야간 경비원들이었다. 그들은 낡은 고층 건물 밖과 열린 정문 앞에 서 있거나 접이의자에 앉아서 숙달된 눈으로 거리를 주시하고 있었다. 건물 관리인들과 청소부들 등 도시의 건물들을 새롭게 하고 또 다른 날을 준비하는 사람들이 밤마다 만드는 힘의 장場이 느껴지는 순간이었다.

다음 날 뉴욕의 아침 공기는 그 어느 날보다도 깨끗했다. 미국 동북부와 캐나다의 100곳도 넘는 발전소가 가동되지 못했던 덕분이다. 우리 건물에 있는 슈퍼마켓은 점심 때 뒤뜰에 그릴을 설치하고 원하는 사람에게 나눠 주려고 햄버거를 구웠다. 햄버거를 먹는 도중에 느닷없이 커다랗게 윙윙거리는 소리가 들려왔다. 집집마다 에어컨들이 다시 가

동된 것이다. 2003년의 대정전은 끝났다. 신호등, 밝은 밤하늘, 밤에도 대낮같이 밝은 옥내의 빛 등 정상 상황에 제공되던 '외부의 나침반'들이 되돌아왔다. 몇 가지 이유에서 타히르 샤가 보낸 이메일의 글 한 줄이 머릿속에 떠올랐다. "길고 힘든 여행을 해 온 사람이면 누구나 떠나는 사람과 되돌아온 사람이 같지 않다는 사실을 알게 된다. 당신은 바뀐 상태에서 돌아온다."

나는 뒤뜰에 앉아 있는 동안 내게도 바뀐 것이 있을지, 모든 것이 예전과 똑같을지 궁금했다. 아마도 불공평하고 엉뚱한 질문일 것이다. 나는 모험 비슷한 것을 했지만 오래 떠나 있었던 것도 아니고, 비자발적이고 아주 지엽적이었던 그 여행 동안 꽤나 편하게 보냈기 때문이다. 그래도 혹시 차이가 있었는지, 수정같이 맑은 산꼭대기의 공기 같은 대기를 지닌, 다시는 가 볼 수 없는 한순간의 도시였던 어둡고 조용한 뉴욕에서 뭔가를 얻어 오기는 한 것인지 궁금했다. 몇 년이 지난 지금, 나는 그렇다고 대답할 수 있다. 나는 그날 한 번 이상 도시의 튼튼한 기반과 접촉했다는 느낌을 아직도 간직하고 있다. 자동차를 타지 않고 걸어가면서, 햇빛이 희미해지는 속에서 천천히 이동한 단순한 행동 덕분에 나는 나 자신의 낯선 구석들을 들여다볼 기회를 얻었다. 지금도 높은 건물들을 지나치노라면 정전 덕분에 뉴욕의 밤을 지키는 관리인들이 마치 아틀라스처럼 어깨로 도시를 떠받치는 모습을 보았던 기억이 떠오른다.

3장

제2의 도약

이미 깨어 있는 상태에서 더욱 깨어나게 해 주는 깊은 여행은 고유의 통로, 흐름의 패턴, 고유한 형태와 순서와 단계, 그리고 일련의 지표들을 지니고 있다. 그것은 우리 안에 있는 '제2의 여행자'로서, 나는 그것을 '제2의 운송 수단'이라 부른다. 그것은 또한 '그림자 여행'으로 설명할 수도 있다. 즉, 다른 추진체로 움직이며 평행으로 미치는 힘으로서, 해안선을 따라 난 철로 옆에서 빠르게 달리는 것처럼 보이는 돛배나 미래의 고속도로 위에 떠 있을지 모르는 소형 우주선처럼 일단 여행이 시작되면 어쨌든 곁에 머물면서 그림자처럼 우리의 동작과 보조를 맞추는 것이다.

움직임과 장면의 전환과 인지를 가속하는 것으로 이 평행 여행을 시작할 수 있다면, 자각을 빠르게 재조정해서 더 포괄적으로 만드는 것, 즉 주의를 기울이지 않는 태도에서 벗어나는 것은 단지 첫 번째 결과이며 새로운 회복의 시작 단계일 뿐이다. 이때 주의의 초점을 좁히면서 얻어지는 확실성과 잘 읽히는 정보들은 무시할 수 있는 능력은 사라진다. 그리고 '제1의 중력', 즉 마음이 이미 알고 있는 것에 묶여 있을 때 작용하는 안정에 대한 인력은 더 이상 작용하지 않는다.

깊은 여행으로 들어가는 대다수 시도는 그쯤에서 그친다. 그 이상은 오직 '제2의 중력'을 떠난 후에야 가능하다. 자신과 세계에 대한, 관찰되는 것들과 관찰하는 사람들에 대한 모든 범위의 가정과 생각의 범주가 부적절해지고 더 이상 적용되지 않으며 다 써버린 추진 로켓처럼 떨어져 나갈 때다. 이때 좀 더 강력한 내부의 나침반 바늘이 흔들린다. 우리가 꼼꼼하게 구상한 줄거리, 우리가 아는 것은 무엇이며 어떻게 그것을 알게 됐는지 써 놓은 요약문은 침묵을 강요당한다.

그래서 깊은 여행의 '그림자 여행'은 대부분 여행자의 마음 상태는 무시하면서 거의 모두 호弧의 형태를 취한다. 즉, 하나의 고정된 출발점에서 솟아올라 그 점을 뒤로하고 마침내 두 번째 도착점에 미끄러져 내리는 형태다. 예를 들어 '아직 여기 있는' 여행처럼 마음 상태에 따라 평탄하게 만들 수 있는 형태라고 해도 호를 그리는 것은 마찬가지이며 여전히 같은 형태로 인식될 수 있다.

한편 깊은 여행 속에서 이동하는 것은 또 다른 문제다. 이는 언제나 첫 번째 호에서 시작해서 주위에 대한 무관심이 사라지자마자 첫 번째 호 위로 솟아오른 두 번째 곡선으로 상승한다. 그 결과 생기는 곡선 궤적은 건축가들의 표현을 빌리면 '세 개의 꽃잎 곡선이 만나는 아치', 좀 더 일상적인 표현으로는 세 잎 클로버처럼 보이는 아치 형태를 띤다. 그러나 더 높은 위치에 있는 두 번째 곡선은 더 멀리 곡선을 그리기 위한 예비 단계일 뿐이다. 추측이 사라지면서 여행자는 거기서 또 다른 만곡부로 도약한다. 그 만곡부는 연속적인 것이어서, 심지어는 이륙에서 착륙까지 구불구불하게 서로 연결된 반원들이 다엽多葉 모양 혹은 가리비 껍질 모양의 호를 만들어낸다.

현대 여행 작가들의 생각을 살펴보면 깊은 여행 안의 이 '두 번째 도약'을 설명하기 위해 각기 다른 표현들을 쓰고 있음을 볼 수 있다. 하지만 그것이 그들의 주요 관심사라는 것은 공통적이다. 어떤 이들은 두 번째 도약이라는 말 대신 '관광객 대 여행자'라는 표현을 쓰기도 한다. 피코 아이어Pico Iyer의 예를 살펴보자. 그는 많은 책을 쓴 베스트셀러 작가이자 소설가에 전직 해외특파원이기도 하다. 그가 미국의 인터넷 신문 살롱닷컴Salon.com에 기고한 '우리가 여행하는 이유Why We Travel'라는 제목의 글에는 다음과 같은 내용이 있다. "요즘에는 '관광객'과 '여행자'를 구별하는 게 유행이지만, 아마도 진정한 차이는 추측을 집에 두고 떠나는 사람과 그러지 않는 사람 사이에 있을 것이다. 우리가 길에서 배우는 첫 번째 교훈은, 좋아하든 좋아하지 않든 우리가 보편적이라고 생각하는 것들이 얼마나 일시적이고 편협한가 하는 것이다."

타히르 샤도 같은 말을 사용하면서 독자들이 고정관념을 버리고 두 번째 도약을 시도하기를 당부했다. "패키지 관광객들은 여행자가 아니다. 관광객들은 흔히 오해한다. 그렇다, 그들은 땅을 밟고 지나가지만 아무것도 보지 못하고 경험이라 할 만한 것도 거의 하지 않는다. 나는 그런 사람들이 어느 곳의 길모퉁이에 앉아 주변을 구경하면서 시간과 돈을 써 봤으면 한다. 그런 용기를 낸다면 아마 1000배는 보상받을 것이다."

두 번째 도약에서는 쉽게 설명할 길이 사라지고 '보편적'이라 짐작했던 것들은 아이어의 말처럼 기대에 미치지 못하는 데다 적용되지도 않는다. 마음은 카뮈의 표현대로 "들떠 있지만 또한 구멍도 많아져서" 평소 믿을 만하다고 여겨졌던 것들, 남들이 정해 주고 붙여 주어 지독히 불쾌해 했던 '가짜 자신'이나 '더 작아진 자신', 혹은 '단편적인 자신'이 떨어져 나가는 것을 느끼게 된다. 이 조각들을 털어내 버리면 그 자리를 차지하는 것은 대체 무엇일까? 반쯤 기억나지만 버린 지 오래인 것? 혹은 아직도 날것 그대로이거나 부분적으로만 되어 있는 것? 아니면 전에는 결코 만나지 못한 그런 것? 어쩌면 두 번째 호가 시작되어도 아직 보이지 않는 것인데 이렇게 이름을 붙이려는 행위 자체가 너무 앞서 가는 것은 아닐까?

피코 아이어는 깊은 여행에 대한 수많은 통찰이 돋보이는 글「우리가 여행하는 이유」에서 자기의 개성을 내던져버리는 것을 칭찬했다. "외국에 나가면 우리는 사회적 지위와 직장에서 놀라울 정도로 자유로워진다. 윌리엄 해즐릿William Hazlitt이 말했듯이 외국에서 우리는 그저 '응접실에 있는 익명의 신사'이며 사람들은 우리에게 이름이나 꼬리표를 붙이지 못한다. 이렇게 원래의 이름표에서 자유로워지기 때문에 우리는 자신의 좀 더 본질적인 부분과 접촉할 기회를 갖는다. 이것이 우리가 집 밖에 있을 때 활기를 느끼는 이유를 설명해 주는지도 모른다."

아이어는 이름을 붙이는 것과 분류하고 정리하는 것, 그리고 스테레오 타입이 되는 일을 다른 사람들보다 더 예민하게 보는 것 같다. "나는 인도인 부모의 아들로 영국에서 태어나서 일곱 살 때 미국으로 옮겨 왔다. 누구도 나를 인도인이라 할 수도 없고, 미국인이나 영국인이라고도 할 수 없었다. 다시 말해 나는 태어나면서부터 여행자였고, 사탕 가게에 가는 일조차도 내 부모나 나와 같은 생김새인 사람은 아무도 없는 낯선 세상을 여행하는 것 같았다."

아이어가 언급한 윌리엄 해즐릿은 영국의 수필가로서 새뮤얼 로저스와 동시대인이었고 워즈워스와 콜리지와도 알고 지냈다. 해즐릿이 1822년에 쓴 「여행에 대해On Going a Journey」라는 글에 아이어의 눈길을 끈 구절이 있었는데, 바로 시골 여인숙의 객실에서 혼자 식사하는 즐거움에 대한 것이었다.

> 여인숙에서 익명으로 지내면 '이름이라는 부담을 털어버린 자기 자신의 주인'이라는 특권을 얻을 수 있다. 아! 송아지나 어린 양의 흉선으로 만든 얇고 부드러운 스위트 브레드 요리 하나를 우주에 적용하기 위해, 그리고 그날 저녁의 행운만을 빌기 위해, 더 이상 갈채를 구하거나 경멸을 받지 않고 타인에게는 그저 '응접실의 신사'라는 익명으로만 알려지기 위해 세상과 여론의 제약을 털어내고, 끈질기고 괴롭고 영구히 지속되는 개인의 정체성을 자연에 맡기고 모든 관계에서 벗어난 그 순간의 창조물이 되는 기쁨.

비록 오래전에 쓰여진 글이지만, 해즐릿은 여행의 초기 단계에서 익숙하고 견고한 자신에 대한 느낌을 벗겨내는 것이 평소 멀게 느껴지던 자신의 한 부분과 접촉을 재개하기 위한 첫걸음이라고 느꼈다. 그는 아이어보다 이를 더 강하게 느꼈던 것 같다. 사실 밖으로 나가는 것은 돌아오는 것이다. 그리고 포기하는 것은 회복시키는 행동이다. 다음은 해즐릿의 글이다.

> 우리는 주로 장애물과 불편함에서 벗어나려고 여행을 떠난다. 우리 자신에게서 떠나려고, 더 넓게는 다른 사람들을 떼어 놓으려고……. 내게는 머리 위에 맑고 푸른 하늘과 발밑에는 초록색 잔디와 앞에는 구부러진 길 하나가 필요하다. 그리고 저녁 식사를 하고 생각을 할 세 시간 정도가 필요하다! 이 외딴 황무지에서 놀이를 시작하지 못한다면 힘들 것이다. 나는 웃고 달리고 뛰어오르고 기쁨의 노래를 부른다. 저 멀리 뭉게구름이 피어오른 곳에서 나는 과거의 나로 뛰어들고, 그곳에서 태양빛에 그을린 인도인이 고향의 해변으로 밀어 줄 파도 속으로 곤두박질쳐 흥청망청 즐긴다. 곧 '가라앉은 난파선과 헤아릴 수 없이 수많은 보물들' 같은 잊은 지 오래된 일들이 내 눈앞에 잔뜩 나타난다. 나는 느끼고 생각하기 시작하며 다시 나 자신이 된다.

자기 자신을 버리는 일, 즉 '현 존재'의 면면들을 벗겨내거나 탈피하는 것은 개인적인 목표로서 모든 사람이 다 하는 것은 아니며 집중적인 노력이 필요할 수도 있는 과정이다. 타히르 샤의 『솔로몬 왕의 보고寶庫를 찾아서In Search of King Solomon's Mines』에는 잃어버린 금을 찾아 나선 길에 우연히 만난 에티오피아 인의 이야기가 나온다. 그 에티오피아 인은 샤에게 건강과 교육, 심지어는 그날 저녁 자기 접시에 음식이 차려질 것인가에 대한 확신마저도 자신의 마음 주위에 있는 '지방층'과 같다고 말해 준다. 그는 "당신은 비록 그 사실을 모르고 있을지 몰라도, 당신은 사람들이 선택권을 가진 나라에서 왔다"면서 에티오피아에서는 사람들이 아직 다른 미래를 허용하는 자각의 수준을 가질 수 없고, 대신 "1초, 1초, 1분, 1분, 한 시간, 한 시간 단위로 살다가 죽음을 맞는다"고 말해 준다. 의도적으로 여행의 불확실성으로 뛰어드는 일은 어떤 사람들에게는 상황을 정리하는 유일한 방법이다. 그래서 더 이상 선택의 문제가 아니게 된다. 그들은 자기의 정체성에 대한 표준적인 개념이 증발하거나 뒤에 남겨진 후에도 파악하기 어려운, 자기 자신의 순간적이고 은밀한 파편들에 더 가까이 다가가야 한다.

피코 아이어와 타히르 샤는 둘 다 성장 배경이 한곳에 고정되지 않았으며 그들의 말대로 "태어나면서부터 여행자"였다. 아이어는 영국계이자 인도계 미국인이었고, 샤는 영국계 아프간 인이었다. 그들은 당연히 이 주제도 다루었다. 아이어는 「우리가 여행하는 이유」에서 해즐릿과 비슷하게, "여행이 더 젊고 개방적인 자신에게 돌아가는 것"임을 깨달았다고 말한다. 그러나 성인으로서의 걱정과 심란함을 벗어버리는 데서 기쁨을 느꼈던 해즐릿과는 달리, 여행으로 젊어진 아이어는 스스로의 의지로 예전으로 돌아간 자신, 즉 "첫 번째 대상 행렬을 떠난" 자신을 보았다.

런던 근처의 시골에서 뛰어놀았던 해즐릿은 여행을 통해 자신이 여전히 뒤뜰에서 즐겁게 뛰어노는 아이와 같은 상황에 있으며 무엇을 기대할지를 알았고 호의적인 눈길이 자신을 지켜보고 있다는 것을 느꼈다. 하지만 아이어의 젊은 자아는 더 이상 이런 편안한 확신이 없었고 일반 성인들이 하는 것보다 더 열심히 일해야 했다. 아이어는 해즐릿과는 다른 과거의 끈을 집어 올려, 아이들이 중병에 걸리거나 학교에 처음 간 날 그러는 것처럼 공동체의 관습을 익혀야 하는 낯설고 애매한 상황에서 이용하는 조심성과 인내심, 더 큰 노력을 다시 발휘해야 했다. "여행을 하면 우리는 어릴 때처럼 이해하지 못하는 환경에 둘러싸인다. 특히 언어가 이 환경에 노출되는 것을 촉진한다. 우리는 프랑스에 가면 주로 프랑스어로 말을 하게 되는데, 이렇게 외국어로 말할 때는 대개 아이로 돌아간 기분을 느끼고 단순하고 공손한 태도를 취하게 된다. 나 역시 하노이에 가서 단순한 피진 영어를 쓰지 않을 때조차도 긍정적인 면에서 매우 단순해졌고, 말을 하면서 나 자신을 표현하기보다는 그저 제대로 말이 되는지에만 신경을 썼다."

그와 달리, 타히르 샤는 자기 마음의 낯선 부분들이 속도를 늘리고 곤란한 것을 다루고 자기를 안전하게 지키려고 활동할 때, 즉 그가 이전에 겪었던 어떤 일에서도 지침을 구하지 못할 때를 위해 각각의 여행 에피소드를 구석구석 훑어보는 것 같다. 그는 『솔로몬 왕의 보고를 찾아서』에서 다음과 같이 말했다. "당신을 시험하지 않는 한 여행은 아무 이득이 되지 못한다. 차라리 그냥 집에 머물면서 다른 사람들의 경험이 담긴 책을 읽는 게 낫다. 그러나 그것은 당신이 직접 곤경에서 벗어나는 것과는 다르다."

까다로운 상황에 닥치면 여러 가지 전략들이 떠오른다. 그러나 그런 순간에는 자신이 무엇을 배웠는지에 대한 피상적인 메모들만 내놓을 수 있다. 기록을 하려고 앉을 때쯤이면 밖으로 나타났던 자신은 이미 한 단계 거리가 멀어지고, 그 결과 그 메모의 독자 역시 간접적인 것, 다른 사람의 경험, 이미 원래 있었던 곳으로 물러난 무엇인가가 남겨 놓은 자취만을 읽게 된다. 샤는 이런 문제를 피하기 위해 그런 상황에서 떠올린 비약적이고 압축된 생각에 날카롭고 자극적인 정취를 섞은 몇 가지 힌트를 마치 속기하거나 생략한 것 같은 말들로 정리했다. 예를 들면 "평온함은 당신에게 시간을 주며, 당신이 해답들에게 시간을 주면 해답들이 스스로 나타난다", "궁지에 빠졌을 때는 … 예상 밖의 일을 하는 것이 가장 좋다" 같은 식이다.

틀에 박힌 자신이 사라진 후에도 남아 있는 가정 하나는, 여행을 통해 우리가 자신의 내면 안에 늘 있었던 무엇인가를 향해 나아가며 이미 우리가 소유한 무엇으로 훨씬 더 가까이 다가갈 수 있다는 것이다. 다시 아이어의 말을 빌리면, "우리가 우리의 외부에서 찾는 것은 우리의 내부에 있다." 아이어는 17세기의 저자이자 의사인 토머스 브라운 경Sir Tomas Browne의 글에서 똑같은 생각을 발견했다. 바로 "우리가 바깥에서 찾고 있는 경이로움은 우리 안에 있다. 우리 안에 아프리카와 아프리카의 불가사의가 있다"는 구절이다. 이를 통해 아이어는 다음과 같이 결론짓는다. "그러므로 여행은 한 번에 두 가지 방식으로 우리를 회전시킨다. 여행은 우리가 보통은 무시할 수도 있는 광경과 가치들과 사건들을 보여 준다. 하지만 다른 때였다면 쓸모없었을지 모를 우리 자신의 모든 부분 역시 더 깊이 보여 준다. 진정 낯선 장소로 여행을 하면 우리는 보통 때는 찾을 이유가 없는 기분과 상태와 숨겨진 마음속의 통로로 여행하기 때문이다."

아이어는 위대한 장-앙리 파브르의 선구적인 업적과 비슷한 연구 코스를 정해서 세심한 관찰을 수행했다. 그리고 발견한 것을 즉시 상세하게 기록함으로써 자신을 훈련시켰다. 그는 1970년대에 대학원에서 공부하면서 여름 방학이면 하버드 대학교 학생들이 만든 염가여행 안내서인 《렛츠 고Let's Go》의 필자로 일했다. 최근에는 '알뜰한 방랑자'로 불리는 온라인 여행 작가이자 『방랑하기: 세계 여행에 대한 흔치 않은 안내서Vagabonding: An Uncommon Guide to the Art of Long-Term World Travel』를 쓴 롤프 포츠Rolf Potts와 인터뷰하면서 "그 안내서를 쓰기 위해 90일 동안 80개 도시를 여행했다"고 말했다. 아이어는 여름 내내 여행했다. 그는 과거도 미래도 없는 곳에서 밤늦게까지 깨어 있었고 충동에 따라 살았으며 마치 사랑에 빠져 있을 때처럼 활짝 열려 있는 상태로 여행했다. 그리고 그렇게 깊은 여행을 하는 내내 기회만 있으면 빠른 속도로 글을 쓰곤 했다. "내 속에 넘쳐흐르는 경험과 인상과 느낌을 전부 붙잡기 위해 쓰고, 쓰고, 또 썼다." 그곳에서 그는 "어떤 곳이든 꿈과 같아서 아무리 피곤해도 즉시 기록하지 않으면 점점 희미해져 다시는 생각해낼 수 없다"는 것을 깨달았기 때문이다.

아이어가 「우리가 여행하는 이유」에서 밝혔다시피, 그가 이 시기에 배운 것은 "우리가 탐험하는 태평양은 언제나 우리 내부에 있는 망망한 대해이며, 북서의 횡단로는 우리가 마음속에서 횡단하는 출발점"이라는 점이었다. 몇십 년이 지나 이제 베테랑 여행가가 된 그는 이전에 내부에서 발견했던 것들과 관련이 있고 그것을 떠올리게 해 주는 장소들을 찾아 젊은 시절 여행했던 곳을 다시 찾아갔다. 그리고 그렇게 함으로써 자기 자신을 다시 만날 수 있었다. "나는 내 마음속의 달을 만났다. 그리고 드넓고 나무 한 그루 없는 곳의 고요함과 공허함 속에서, 그동안 잡담과 판에 박힌 생활에 묻혀버렸던 나 자신의 일부를 깨우기 위해 아이슬란드로 갔다."

여행기는 가끔 완전히 다른 것에 대한 견해를 전하기도 한다. 즉, 무뎌진 자신이 재생될 수 있는 태평양과 북극해의 저 너머나 그 사이, 혹은 아마 그 위나 그 아래에 결코 알지 못했던 자신과 만날 수 있는 상황이 있다는 것이다. 혹은 그 순간까지도 존재하지 않았던 자신을 만날 상황이 만들어지기도 한다. 이는 우리 내면의 '아프리카' 같은 것으로, 소용돌이치는 바다에서 방금 모습을 드러낸 것일 뿐이다. 그런 여행은 마음속에 어떤 호弧를 새길까? 그 호는 마지막에 다시 친숙한 곳으로 돌아오기는 하는 걸까?

때때로 이는 그저 순간적인 감각에 지나지 않지만 결코 잊히지 않는다. 에릭 리드는 미국의 작가 잭 케루악Jack Kerouac의 자전적 소설 『길 위에서』에서 거의 아무렇게나 말하듯 하는 부분을 골라냈다. 케루악이 스물다섯 살 때 아이오와 주 디모인의 호텔 방에서 깨어난 기억을 말하는 구절이었다.

> 나는 해가 붉게 떠오를 때 잠에서 깼다. 그 순간은 내 생애에서 아주 뚜렷이 구별되는 시간이었다. 또한 그 어느 때보다 이상하고 내가 누구인지 몰랐던 순간이었다. 나는 집에서 멀리 떠나 여행하느라 피곤한 상태였으며, 생전 처음 보는 싸구려 방 안에 있었다. … 금이 간 높은 천장을 바라보면서 15초라는 이상한 시간이 흐르는 동안 나는 정말 내가 누구인지 알 수 없었다. 무섭지는 않았다. 그저 나는 누군가 다른 사람, 낯선 사람이었으며 나의 전 생애는 마치 무엇인가에 홀린 삶, 유령의 삶과도 같았다.

그와 같은 가능성과 접촉하는 것에 대한 심란한 구절은 미국의 언론인 에밀리 한Emily Hahn이 펴낸 『내가 본 중국: 불완전한 자서전China to Me: A Partial Autobiography』의 중간에도 아무렇지 않게 쓰여 있다. 나는 이 책을 중년의 나이에 북극 탐험가가 된 친구로부터 선물 받았다. 『내가 본 중국』은 1944년 처음 출판되었을 때 사람들에게 커다란 충격을 안겨 주었고, 그 때문에 베스트셀러가 되었다. 나는 훨씬 나중에 에밀리 한과 같은 사무실에서 일하게 되면서 그녀를 알게 됐다. 당시 그녀는 나이가 꽤 많았고 등이 구부정한 모습으로 조용히 다녔는데, 가끔씩 강렬하고 확고한 눈빛으로 사람들을 바라볼 뿐 중국에서 보낸 시절을 잘 이야기하지 않았다.

한은 중국으로 가기 전 1920년대의 여성으로서는 특이하게 광산 기술자로 일했고, 당시 벨기에령 콩고에서 적십자 요원으로도 일했다. 그 후 1935년에 중국으로 갔다가 제2차 세계대전이 발발하는 바람에 발이 묶였다. 그녀는 중국에서 8년을 보내는 동안 국민당 당수인 장제스의 부인 쑹메이링과 친구가 되었으며, 중국인 시인과 함께 살았고 한동안 아편에 중독되기도 했다. 그리고 그녀의 책을 읽는 독자들이 특히 놀라는 부분이기도 한데, 당시 홍콩에서 영국 정보부를 관리했던 유부남 찰스 박서와 함께 살았다. 박서와 한은 나중에 결혼해서 뉴욕으로 왔으며 한은 1997년 92세를 일기로 사망했다.

한이 중국에서 깊은 여행의 순간을 경험한 곳이 몹시 동떨어진 환경으로 읽히기는 해도 그 경험 자체는 여전히 어떤 범주에 넣기 힘든, 확실치 않은 맥락을 묘사한다. 예를 들면 그녀가 쑹메이링 부인을 오후에 방문해 저녁까지 당시 임시 수도였던 충칭重慶에서 머물다가 쿨리 두 명이 운반하는 가마를 타고 귀가하던 중 어느 골짜기를 지났을 때의 이야기가 그렇다. 그녀는 "내가 왜 이 일을 굳이 이야기하려는지 잘 모르겠다. 일화로 소개할 만한 이야기가 아닌데도 그저 나 자신을 위해서 그날 밤 느낀 것을 떠올리고 싶을 뿐이다"라는 말로 이야기를 시작한다. 그러고는 중국에 있는 동안 중국과 "중국의 모든 냄새와 소음과 색채"가 자신에게 소중한 부분이 되어서 그 나라 어느 곳에 있든 밤에 깨어나면 금방 그곳이 어딘지 알 수 있었다고 말한다.

그날 밤 부인의 집에서 나온 후 가마를 타고 어두운 거리를 미끄러지듯 나아가는 순간은 특별했다. 왠지 쿨리들과 내가 또 다른 우주에서 새로운 사람들이 된 듯했다. 우리는 깊고 어두운 골짜기 바닥을 총총걸음으로 나아가고 있었다. 그날 오후 부인과 나눴던 이야기들, 우리가 함께 읽었던 시, 들판을 지날 때 내 목에 내리쬐던 햇빛, 그리고 그곳에서 들고 와 가마 뒤에 둔 꽃들 같은 즐거움은 이제 없었다. 그것들은 마치 책에서 읽은 것처럼 전부 내 마음속에 있었지만 그 이상은 아니었다. 내 전 생애가 바로 그랬다. 내가 읽고 있던 책 같았다는 말이다. 그 순간이 바로 그걸 입증했다. 한 번, 오직 한 번 처음으로 나는 책을 덮고 옆으로 치웠다. 나는 쿨리의 발이 길을 디딜 때마다 위아래로 흔들리고 덜컹거리는 가마 의자에 똑바로 앉았다. 이번에는 또 뭘 하나?

우리가 세상의 끝머리 같은 곳을 따라 다가가자 붉은 장밋빛 같은 것이 희미하게 보였다. 쿨리들이 어둠 속을 타박타박 걸어가자 그 빛은 더욱 밝아졌다. 나는 무슨 책을 읽고 있었는지, 책을 덮은 지금 내가 누구인지 완전히 잊어버렸고 신경도 쓰지 않았다. 나는 약간 호기심이 생겨 앞을 바라보았다. 우리가 그 빛에 가까워지면서 오르막길에 올라서자 어떤 마을이 나왔다. 늦은 시간이었다. 아무도 우리를 보러 길로 나오지 않았다. 우리는 흐릿하게 밝은 거리를 힘차게, 그러나 조용하게 흔들흔들 나아갔다. 그런데 갑자기 오른쪽 끝 언덕 너머에서 요란한 노랫소리가 들려왔다. 발성 영화('토키'라고도 한다—옮긴이)의 음악임이 분명했다. 충칭의 스튜디오에서 요즘 많이 만드는 영화 종류였다. 음악을 워낙 크게 틀어 놓아서 온천지에 소리가 울려 퍼졌다. 중국어 가사는 알아듣지 못했지만 음악은 서양의 왈츠 곡으로 잘 아는 것이었다. 그들은 그 노래를 천천히 읊조리듯 불렀다. 산과 산 사이에 있는 골짜기에서 밤에 듣는 노래는 기막히게 컸고 의미심장했다.

나는 다시 책을 펼쳤고, 이에 스스로 약간 놀랐지만 불쾌하지는 않았다. 아마 전과는 달랐을지도 모른다. 캄캄한 골짜기 아래에서 나는 다른 책을 펼쳐 다른 인간으로 등장했을 수 있었을지도 모르지만, 아니었다. 나는 여전히 에밀리 한인 채로 저녁에 가마를 타고 충칭의 집으로 가는 중이었다.

한은 잃어버린 자신을 되찾았다. 새로운 자신을 향해 마음을 열면 그것은 당신의 손에 벌새처럼 날아와 앉았다가 머물러 있거나 휙 날아가 버린다. 대체로 깊은 여행은 처음 모습을 보일 때는 아직 불완전한 자기 자신, 여행을 통해 만들어지고 다듬어지는 자신과 만날 가능성을 높인다.

여행을 '연마하는 과정'으로 보는 생각은 오래된 것으로, 여행 역사학자인 에릭 리드는 이를 3900년 전 처음 기록된 수메르의 여행 전설이자 영웅 전설인 「길가메시 서사시」(고대 메소포타미아의 서사시로 수메르 남부의 도시 국가 우루크의 전설적인 왕 길가메시를 노래했다-옮긴이) 혹은 「심연을 본 사람He Who Saw the Deep」(기원전 1300~1000년 전 신-레케-운니니라는 시인이 그때까지 전해지던 길가메시 전설을 하나의 서사시로 편집했다. 이 판본을 오늘날 표준판이라 하며 이 제목은 표준판의 첫 행을 딴 것이다-옮긴이)으로 연결시켰다. 「길가메시 서사시」는 자신의 도시국가 우루크를 떠나야 하는 젊은 왕에 대한 이야기다. 리드가 고쳐 쓴 이야기에서는 다음과 같이 표현되었다. "자기 나라에 있기에는 너무 강한 힘을 지녔던 길가메시는 노동, 병사 훈련, 여자들에 대한 과도한 관심을 줄이기 위해 여행을 떠난다."

> 자기 나라의 약탈자였던 그가 여행을 통해 '도시의 목자'로 변했다. 길가메시는 오디세이처럼 여행 도중에 반쪽이나 다름없던 절친한 친구와 가신을 잃었고 힘도 약해졌으며 야망도 사라졌다. 결국 그는 서쪽 먼 곳, 죽음과 영원한 생명의 땅인 세상의 끝으로 간다. 그러나 반드시 깨어 있어야 했던 밤에 잠들었던 탓에 그는 영생을 얻는 데 실패한다. 그리고 집으로 돌아가는 길에 위로 삼아 받은 불로초를 잃어버린다. 그러나 길가메시는 여행에서 원하던 바를 이루었다. 즉, 자기의 나라에 맞는 수준으로 쇠약해진 것이다. 그리고 지혜로워졌다. "그는 모든 것을 알고 있었고 세상의 곳곳을 알고 있었다. 왕은 지혜로웠고, 불가사의한 것들을 보았다. 비밀스러운 일들을 알게 된 그는 우리에게 홍수가 있기 전날의 이야기를 들려주었다. 왕은 머나먼 여행을 떠났다가 지치고 녹초가 된 채로 돌아와 그 모든 이야기를 돌에 새겼다."

여행이 자신을 연마하는 과정이라는 생각은 길가메시 이후 계속 회자되는 주제다. 중동 지방에서는 '미숙한 아이들은 어른이 되기 전에 여행을 많이 해야 한다'는 속담으로 충고한다. 지금으로부터 700년도 더 전이며, 길가메시 이야기가 최초로 돌이나 점토판에 새겨진 때로부터 3000년도 더 지난 후인 13세기에 아프가니스탄의 시인 잘랄루딘 루미Jalaludin Rumi(페르시아의 이슬람 신비주의 시인으로 수피즘의 창시자다. 그가 남긴 수천 편의 시는 중동 지역에서 수백 년 동안 널리 애송되었다. 루미는 페르시아 인으로, 이 책에는 아프가니스탄 인으로 되어 있지만 저자가 착각한 듯하다–옮긴이)는 이렇게 썼다.

고상한 진리가 우리를 위압한다
뜨거움과 차가움, 슬픔과 고통,
두려움과 부와 육체의 허약함
모두 합쳐서 우리 마음 가장 안쪽의 존재가
분명해지도록.

루미는 어린 시절 본의 아니게 여행자가 되었다. 마르코 폴로가 쿠빌라이 칸에게 환영을 받기 50년 전, 아프가니스탄 북부의 도시이며 '도시의 어머니'로 여겨졌던 발흐(고대 박트리아 왕국의 수도–옮긴이)가 칭기즈 칸이 이끄는 몽골 군대에 무너진 직후 루미와 그의 가족은 서쪽으로 도망갔다. 루미의 가족은 현재의 터키 지역에 정착했다. 가르치고 글 쓰는 일을 좋아했던 루미는 그곳의 왕이 되어 달라는 사람들의 요청을 거절했다. 그가 쓴 책 중에는 식탁에서의 담화를 쓴 『그 안에 있는 것이 그 안에 있다Fihi Ma Fihi』가 있고, 아직도 세계의 고전 반열에 오르는 책으로 완성하는 데만 43년이 걸렸으며 5만 행이 넘는 이야기와 시가 있는『내면적 의미의 대구對句 Mathnavi-i-Maanavi』가 있다.

코넬 대학교에서 후학을 양성하다가 1979년 사망한 미국의 심리학자 J. J. 깁슨J. J. Gibson의 시각학 연구를 통해 사람들이 어떻게 세상을 인지하는지 설명해 주는 새로운 방식이 떠오르기 시작했다. 깁슨의 제자이자 그를 숭배했던 미국의 과학철학자 에드워드 S. 리드Edward S. Reed는 이렇게 말했다. "그분은 종래의 방법을 뒤엎었다. 그랬다가 또다시 그 방법을 뒤엎기도 해서 이전에 발표했던 급진적인 발표를 더욱 급진적인 주장과 실험으로 무효화할 때가 잦았다." 리드 역시 뛰어난 사색가였는데, 깁슨의 주장에 더욱더 급진적인 주장을 추가한 책 세 권을 완성하고 2년 후인 1997년에 42세의 나이로 사망했다. 그는 1970년대의 대학에서 깁슨의 책을 읽으면서 몹시 놀랐고 그 후 약 1년을 깁슨의 이론을 배우는 데 보냈다고, 저서 세 권 중 마지막 권인『세상과 조우하다: 생태심리학에 관하여Encountering the World: Toward an Ecological Psychology』의 서문에서 말했다. 그리고 "그 말은 내가 심리학에 대해 안다고 생각했던 모든 것을 잊어버렸다는 뜻이었다"고 덧붙였다.

리드가 잊어버리는 데 1년이나 걸렸던 전통적인 서구 심리학의 중심에는 마음은 영향을 주어야 하는 무엇, 수용체이자 처리 장치라는 생각이 있다. 마음은 바깥세상에서 오는 수많은 자극에 반응하고, 또 그 자극들을 이해하려 노력한다. 그러나 생태심리학이라고도 불리는 깁슨의 관점에서는 주안점이 뒤바뀌어, 마음 자체가 적극적인 세력이 되어 세상이 기꺼이 제공하는 정보에 접근한다. 어떤 외부적인 동인이나 힘이 아닌 자각이 인간과 동물의 행동을 지배하는 중심 요인이 되는 것이다. 깁슨은 이 자각이 생물을 정의하는 형질 중 하나이며, 생물이 기능하고 번영하는 데 근본이 되는 선천적인 능력 혹은 속성이고, 우리와 무생물의 세계를 구별해 주는 한 자질이라고 생각한다. 리드는 깁슨에 대해 쓴 초기의 에세이에서 자각은 우리의 내면에 존재하기 때문에 이런 관점은 마음이 인간의 삶에서 차지하는 역할에 새로운 지위를 부여한다고 설명했다. 그러고는 다음과 같이 덧붙였다.

> 과학혁명의 결과로서 마음은 지난 수백 년 동안 이 우주 안에서 안식처를 찾지 못했다. 데카르트의 시대 이후로 마음은 두개골 영역에서도 가장 덜 이해된 영역으로 분류됐다. 뇌에 대해 더 많은 것이 알려질수록, 마음은 우울할 정도로 갑갑한 곳에 감춰져 있으며 한곳에서 다른 곳으로 피신하거나 비물질적인 존재에서 위안을 찾고 있음이 밝혀졌다. 그리고 마침내, 마음은 생태심리학과 함께 뇌의 복잡한 물질적인 관계의 곁자리가 아니라 주변 환경을 경험할 수 있고 그 안에서 적절하게 활동할 수 있는 능력이라는 정신적인 존재로 우리 안에서 제자리를 찾았다.

즉, 깁슨이 말했듯이 "당신의 머리 안에 무엇이 있는지 묻지 말고 당신의 머리가 무엇 안에 있는지 물으라"는 것이다.

깁슨은 '행동 유도성Affordance(깁슨은 1977년에 이 용어를 처음 사용했다. 그의 1979년 저서『시각 인지에 대한 생태학적 접근The Ecological Approach to Visual Perception』을 통해 알려진 이 용어는 어떤 행동을 유도한다는 뜻으로, 인간은 행동 유도성에 의해 사물을 어떻게 다루면 될 것인가에 관한 단서를 제공받는다-옮긴이)'이라는 개념을 제안한 것으로 가장 많이 알려져 있다. 리드가 평가하듯이 이 개념은 기본적인 통찰은 아주 간단하지만 전체적으로는 온전히 "파악하기가 극히 어려운" 개념이다. 이 개념에 따르면 세상은 마음을 받아들일 수 있는 구조를 가졌기에 이해할 수 있는 대상이다. 즉, 마음은 공간이나 시간 같은 추상적인 대상에 주목하는 것이 아니라, 자연환경에 지속되는 것들과 자주 변화를 겪는 다른 것들이 있다는 사실에 주목한다는 것이다. 마음은 지속과 변화의 상호 작용을 맥락과 배경으로 사용하면서 목적에 맞는 중요한 것들을 골라낼 수 있다. 여기에는 이용할 수 있기 때문에 접근하는 것들뿐만 아니라 이용하려면 어떻게 해야 하는지, 피해야 할 것들은 무엇인지에 대한 정보를 제공하기 때문에 접근하는 것들이 포함된다.

아마도 깊은 여행의 첫 번째 호弧가 눈길을 끄는 이유 중 하나는 첫 번째 도약이 행동 유도성의 두 번째 영역, 즉 우리가 다른 일에 열중하고 있을 때는 보이지 않는 그 영역을 우리에게 완전히 열어 주기 때문일 것이다. 이를테면 민들레같이 아주 단순하고 평범한 모양인 꽃들을 자외선 아래서 보면 모양이 바뀌고 새로운 목적을 드러내는 것과 같다. 그 모습은 그 꽃들의 꽃가루 전달자들이 늘 보는 모습이다. 우리 눈에는 그저 장식용으로만 보이는 꽃들이 새나 나비의 눈에는 서로 돋보이려고 화려하게 꽃을 피우는 것으로 보인다. 마치 비행장의 불빛처럼 땅 가까이에서 반짝이면서 공중에 떠 있는 물체를 아래쪽으로 이끌거나, 비행기가 착륙할 때 활주로의 이동 경로처럼 검은 선들로 유도하거나, 반짝이는 과녁의 중심이 있는 목표물처럼 파동을 보내거나, 뚜렷이 대비되는 형광 빛을 내서 자기 위치를 알리는 것이다.

또한 깁슨의 원리는 깊은 여행이 가리비 껍질 모양의 두 번째 호를 그리는 동안 나타나는 '새로운 자신'의 일부를 설명하는 데 이용될 수 있다. 깁슨의 묘사에 따르면 마음은 직접 행동 유도성을 탐지한다. 환경이 갑자기 새로운 가능성들로 가득 차 보인다면 그 자체가 마음의 낯선 측면, 평소에는 우리가 거의 접촉하지 않는 측면이 제 목소리를 찾고 귀 기울이게 하려는 징후가 될 수 있다. 결과적으로, 깁슨의 조언처럼 "당신의 머리가 무엇의 안에 있는지 묻는" 것이야말로 전에는 이용할 수 있는지도, 존재하는지도 몰랐던 잠재된 가능성들을 밝혀내는 우리의 특정한 부분을 알아내는 방법이 될 수 있다.

J. J. 깁슨이 사망한 후 에드워드 리드가 깨달은 깁슨 학파의 일부 통찰은 깊은 여행의 기초적인 과정을 이해하는 데 더욱더 도움이 될 것이다. 그 통찰들은 깊은 여행 안에서 일어나는 두 번째 도약이 가끔 왜 그렇게도 괴롭고 당황스러운지 설명해 주기 때문이다. 이는 여행의 호弧가 망가지는 것을 막기 위해 모종의 노력을 더 해야 할 것 같은 순간들이며, 조금 전에 무엇을 하고 있었든지 그저 이를 강화하는 것 말고도 무엇인가를 해야 하는 순간이기도 하다. 그렇지만 무엇을 해야 하는가? 리드는 카뮈가 느꼈던, 엄습하는 두려움 사이의 확실한 연결 고리를 느

졌다. 다시 말해 아이어가 어린 시절 이해하지 못하거나 이해받지 못했던 자신의 모습이 여행을 통해 다시 나타난 것, 그리고 힘과 동료와 야망을 모두 빼앗긴 후 길가메시가 견뎌내야 했던 기분 같은 것이다. 이것은 하나의 연결 고리를 이루며, 다시 나아갈 수 있는 방법이기도 하다.

깁슨이 개척했던 영역의 바로 너머에 있는 마음의 길을 찾는 탐험 여행을 담은 리드의 책 『세상과 조우하다』는 생태심리학자들이 물을 것 같은 질문들을 함으로써 이 문제를 해명한다. 리드는 초기 아동기의 양육 중 양식화되고 복잡하게 구조화된 부분에서 "마음의 일상생활"과 우리의 평범한 정신적 일상이 어떤 식으로 서서히 나타나는지 고찰했다. 그는 이 신중하게 유도된 학습망을 "인간의 발전을 이루는 강력한 힘"으로 본다. 그리고 이를 '장려奬勵된 행동의 장場'이라고 이름 지었다.

그가 조사한 바로는 유아, 소아, 학령기 아동 등 여러 연령대 아동들이 부모나 성인 보호자들과 상호 작용함으로써 점점 기술과 능력을 습득하게 되는('장려된 행동들') 아동 양육의 방법은 모든 나라에 잘 알려져 있고 모든 사람이 이 훈련 과정을 겪었다. 물론 어린 시절의 교육과 격려의 실제적인 결과가 문화에 따라 다르다는 것 역시 잘 알려져 있다. "어떤 아이들은 불쏘시개 줍는 방법을 배울 때, 어떤 아이들은 그림 그리는 법을 배울 것이다. 또 어떤 아이들은 머리에 물동이를 이고 나르는 법을 배울 때 어떤 아이들은 자전거 타기를 배울 것이다. 어떤 아이들은 조개 캐는 요령을 배울 때 어떤 아이들은 부엌에 얼씬거리지 말라는 교육을 받을 것이다."

그러나 이런 기초적인 부분이 확립되자 리드는 종래의 분석에서 방향을 바꾸었다. 깁슨 학파는 아동이 주위의 성인들에게서 얻는 가장 중요한 혜택은 전 생애에 걸쳐 그들에게 계속 영향을 미칠 행동 유도성을 인지하는 능력을 기르는 것이라고 본다. 리드는 이것이 수많은 세대들을 태어나게 하고 각 문화의 '장려된 행동의 장'을 끊임없이 고심해서 만들어내도록 하는 인간의 기본적인 욕구이며, 이런 장들이 인간 공동체 내에 보편적으로 존재하는 이유를 설명해 준다고 생각한다. 모든 아동은 어떤 물건을 보고는 그것이 앉을 수 있는 물건인지, 혹은 깁슨 학파의 언어로 표현하자면 그것이 앉을 기회를 부여하는지를 결정할 수 있어야 한다. 비슷하게, 모든 아동은 자기가 사용할 수 있는 물건이 넘어질지 아닐지를 알아야 한다. 비록 일부 아이들만 자전거의 균형을 잡는 데 관심이 있을지라도 말이다.

장려된 행동의 장은 어린아이들이 격려를 받고 반복하면서 터득하는 최초의 '앎'에서 어느 정도 이득을 얻도록 체계화된다고 리드는 설명한다. 아이들은 무엇을 어떻게 배울지 인지하기도 전에 무엇인가 배울 것이 있다는 생각을 한다. 리드는 이 재능이 "채워지지 않은 의미들"을 입수하는 능력이며, 아이를 돌보는 사람들이 이 재능을 찾아낸다고 말한다. "아이들은 특정한 상황의 특정한 의미들을 이해하기도 훨씬 전에 의미 있는 것에 대해 포괄적으로 추측한다. 넘어지지 않고 걷는 것이든, 얼굴 앞에 책을 들고 재잘거리는 것이든, 야구 방망이를 휘두르지만 공 근처에도 못 가든 간에 아이들이 서투른 방식으로 행동을 시작하면 보호자들은 이 순간이 의미를 '채워 넣기' 시작할 때라는 신호로 받아들인다. 보호자들은 대부분의 어른들이 아이에게 하듯이 의미를 설명하는 것이 아니라 아이들의 환경과 활동을 신중하게 조정하는 것으로 의미를 채워 넣는다."

장려된 행동의 장은 효능이 있고 영속적이며 그 유효 범위가 전 세계에 미친다. 또한 그 안에는 매력적인 순간들이 있고 모든 과정이 사랑으로 촉진되지만, 리드는 이것이 여러 면에서 거칠고 고르지 않은 분야이며 불완전한 결과를 초래하는 결함 많은 인간의 발전 도구라고 말한다. 그것은 모든 것을 포함하는가 하면 염두에 두지 않기도 하고, 거친가 하면 부드럽다. 그리고 우리의 시야에 맹점이 되어 우리가 능력과 약점을 모두 갖게 한다. 리드의 말을 빌리면 이렇다. "장려된 행동의 장은 다른 사람들이 아이들에게 권하는, 혹은 아이들을 위해 강조하는 모든 행동 유도성이 포함되어 있다. 반면 다른 사람들이 아이들에게는 금지한 행동 유도성들은 제외되어 있다." 그러므로 그것은 장려된 행동의 장이면서 동시에 강등되고 일그러지고 회피된 행동의 장이기도 하며 때로는 행동하지 않는 무위無爲의 장이기도 하다.

피코 아이어의 표현을 빌리면 깊은 여행은 "동시에 두 방향으로 우리를 회전시킨다." 깊은 여행은 우리가 잘 모르는 자기 자신을 보여 주고 내부로 향하는 시야와 외부 세상으로 향하는 시야를 모두 변화시키면서 "우리가 보통은 무시하고 넘어갈지도 모를 풍경과 가치를" 우리 앞에 두게 해 준다. 사람들이 몹시 매력적이라고 깨닫는 것이 실제로는 "반쯤은 외부를 향한" 시야라는 것이 리드의 장 이론Field Theory이지만, 많은 여행기들에서 풍성하고도 분명하게 나타나는 가장 매혹적인 부분은 크게 확장된 외부로 향한 시야인 경우가 많다. 즉, 새로운 장소에서 사람들이 우리는 할 줄 모르는 일을 하는 것을 볼 때 우리는 '광경'과 '가치'를 동시에 보는 것이다. 우리가 훈련받지 않은 행동 유도성이라는 뜻이다. 그러므로 우리가 이해하지 못하는 행동을 보는 것은 우리의 장려된 행동의 장에 구멍이 있다는 것을 깨닫는 길이다. 그리고 우리는 방금 확인한 한계의 너머로 옮겨 갈 기회를 갖게 된다.

영국의 시인 존 키츠John Keats가 런던의 집에 보낸 편지를 보면, 그는 스물두 살에 그렇게 반쯤 외부를 향한 목적을 위해 스코틀랜드로 떠났다. "이렇게 넉 달 동안이나 스코틀랜드 고지 지방을 도보로 여행할 생각을 말았어야 했지만 그래도 여행을 하면 경험을 더 많이 하고 편견을 씻을 기회가 되리라는 생각은 했다." 그는 그렇게 하면 시를 쓰는 힘도 강해질 것이라고 생각했다. 미국의 소설가이자 여행 작가인 폴 서루Paul Theroux는 1960년대에 대학을 졸업한 후 평화봉사단으로 아프리카 말라위에서 2년을 보낸 적이 있다. 몇십 년이 지나 그는 당시를 회상하다가 자신도 그와 비슷하게 힘이 강해진 것을 깨달았다. 1999년 그는 짧은 여행기 모음인 『신선한 공기 중독자Fresh Air Friend』에서 이렇게 말했다. "나는 여행자가 되었다. 내가 콜럼버스나 크루소처럼 선입견에 가득 차 있었던 것은 어쩔 수 없지만, 그런 생각은 바꿀 수 있다."

우리는 장려된 행동의 장 안에서 성장했다. 그 장은 아직은 우리가 지니고 다니는 또 다른 종류의 '여기'일 것이다. 깊은 여행을 통해 우리는 여기에 나 있는 구멍들을 보지만 쉽게 그것들을 버리지는 못한다. 어떤 여행기를 보아도, 사람들은 관습이나 생물, 예기치 못한 능력 등 낯선 행동 유도성과 맞닥뜨리면 처음에는 거의 반사적으로 미리 가지고 있는 생각을 고스란히 지키려는 모습을 보인다. 이탈리아의 역사학자 안토넬로 게르비Antonello Gerbi는 콜럼버스 이후 신세계를 찾았던 유럽 탐험가들에게 이런 경향이 있었다는 점에 주목했다. "보통 동물이나 식물 등 새로운 종을 보고 '유럽에 있는 것과 같다'거나 '스페인에 있는 것과 같다'고 말하는 것은, 그것을 이미 알고 있는 친숙한 세계의 것으로 전용하고, 고국의 기후에서 자라는 동물과 식물이 정상 상태, 전통성, 적합성을 갖는다고 인정하면서 자신의 정신적 범위 안에서 받아들인다는 뜻이다."

사람들이 여행 도중 당황하거나 포위됐다고 느낄 때, 내부의 나침반이 흔들리거나 깊은 여행의 두 번째 도약에 나타나는 반원으로 된 호들이 소용돌이처럼 빙빙 돌아 이미 그것을 지나쳐 가는 꾸준한 흐름에서 단절될 때, 마음은 묘하게 비슷한 종류의 실수를 하는 것 같다. 앞서 말한 '스페인에 있는 것과 같다'고 생각하는 경우는 새로운 의미를 찾을 수 없고 오로지 이미 제 것으로 흡수되어 이럭저럭 더 현실적인 의미만이 확대될 뿐이다. 그리고 '당황한' 경우는 모든 의미가 사라진 것 같은 느낌이 든다. 옛 의미는 희미해지고 새로운 의미는 아직 나타나지 않았기 때문이다. 두 경우 모두 마음이 과도하게 훈련됐다는 문제가 있다. 말하자면 어린 시절 장려된 행동의 장에 몰입한 나머지 이를 의미를 익히는 데 유일하게 믿을 만한 디딤돌로 생각하게 됐다는 것이다.

두 경우 모두 새로운 의미가 이미 존재하지만 당분간은 인정받지 못한다. 마음이 더 이상 필요치 않은 장려된 행동의 장 관점에 집착하고 있거나 그것의 부재에 매달리고 있기 때문이다. 알고 있던 것이 더 이상 지침을 주지 않는 것 같을 때 솟아나는 아픔과 상실감은 뒤처지거나 표류하고, 원천에서부터 끊기고 막혀 지침이 사라진 느낌이지만 실제로 일어나는 일은 사람들이 늘 동반하던 장의 궤도 너머로 이동했다는 것뿐이다. 그것도 여전히 그 세계이며 여전히 그 안에 사람들이 있다. 다만 새로운 의미가 나타날 때 그것을 강조해서 표시해 줄 알아볼 만한 발판이 없을 뿐이다. 어떤 의미가 처음 빛을 발하며 시야에 나타날 때부터 열심히 그 의미를 '채워 주려는' 호의적인 성인들이 여행자들의 주변에 더 이상 없는 것이다.

폴 서루는 『신선한 공기 중독자』에서 이 상황을 나름대로 통과하는 방법은 여행을 그 자체에 완전히 몰두하는 경험으로 받아들이는 것이라고 말한다. "여행하지 않는 사람들은 여행자들에게 위험하다고 경고하는 경우가 흔하고, 여행자들은 그런 두려움을 잊어버리려고 하지만……, 직접 알아내야 한다. 도약하라. 되도록 멀리 가라. 접촉을 하지 말라. 낯선 땅에서 이방인이 되고, 겸손함을 익혀라. 외국어를 배우고 사람들이 하는 말에 귀를 기울여라. 나는 혼자 여행하면서 내가 누구인지, 내가 무엇을 의미하는지 깨달았다. 사람들이 내게 작가가 되려면 무엇을 해야 하느냐고 물을 때 나는 책을 읽으라는 말은 좀처럼 하지 않는다. 대신 '작가가 되고 싶은가? 그러면 먼저 집을 떠나라'고 말한다."

그러나 모든 것을 집에 두고 떠나지 않아도 된다. 에드워드 리드는 인내심을 기르라고 조언한다. 그 채워지지 않은 의미를 기억하는 것은 여행 자체와 마찬가지로 도착지가 있는 호弧의 한 부분이다. 그 발판은 남은 부스러기 조각들로 다시 조립할 수 있다. 리드는 마음의 일상에 대한 장章의 거의 마지막에서 다음과 같이 말한다.

> 한 문화에서 온 사람은 다른 문화의 사람들을 이해하기가 힘들다는 생각은 인간의 학습, 특히 인간이 문화적 관습을 학습할 때 채워지지 않은 의미가 관여하는 역할을 무시하는 데서 비롯된다. 만일 내가 당신의 말과 몸

짓에 의미가 있다는 것을 모르는 상태에서 그 말과 몸짓을 듣고 본다면 나는 당신이 무슨 뜻을 전하려는지 결코 배우지 못할 것이다. 그러나 당신이 뭔가 의미 있는 행동을 한다는 사실을 내가 깨달을 수 있다면 나는 아이와 같은 자세로 당신이 내 행동과 이해를 촉진하도록 장려할 수 있다. 분명 이 일은 쉽지 않지만 불가능하지도 않다.

리드는 장려된 행동의 장을 사람들에게 소개할 때 이 위대한 교육 수단의 한계를 즉시 제기하면서, 이것을 이용하는 공동체가 무엇을 전달하든 "아이들에게 금지하는 행동 유도성을 배제해야만" 전달될 수 있다고 말했다. 나는 리드의 책을 다시 읽으면서 이 구절을 잘 알고 있었으면서도 다시 한 번 충격을 받았다. 사람들이 자신의 정신을 형성한 이 부분을 알게 되면 '그것을 가볍게 여기는' 법도 배울 수 있다는 생각이 처음으로 들었다. 깊은 여행이 하는 일을 알게 되는 것과 비슷하게, 그 행동의 장을 보고 또 그것을 통해서 보면 우리가 성장하는 동안 우리 내부에 살짝 들어왔을 것들과 그 장이 제공하는 나머지 것들, 그리고 더불어 흡수되었을 특정한 가정들과 태도들을 더 쉽게 볼 수 있음을 깨닫게 된다.

그 특정한 태도 중 하나는 처음 알게 되는 것의 중요성을 과장하고, 알게 될 모든 것 중에서 가장 가치가 크기 때문에 알게 된 것이라고 믿는 어린아이 같은 자연스러운 성향이다. 같은 논리로(혹은 논리의 결함 때문에), 장려가 금지된 것은 모르는 채로 두어야 하며 덜 중요하거나 혼란스럽거나 위험한 것으로 여겨진다. 이런 생각은 성인이 되면서 흔적들을 남긴다. 그중에는 알게 된 것은 알려지지 않은 것보다 믿을 수 있다는 생각, 그래서 지식의 등급에서 더 높은 위치를 차지하고, 알게 된 것이 만들어낸 중심부의 빛 웅덩이가 서서히 바깥으로 확산되듯 '알지 못한 것을 밀쳐내면서' 시험해 보는, 새로운 것을 발견해내는 과정이 있다.

그런데 역설적이게도, 사실은 그 반대가 진실에 가깝다. 루이스 토머스Lewis Thomas가 몇십 년 전 말했듯이, "20세기 과학의 가장 주목할 만한 성취는 인간의 무지를 발견한 것이다." 그는 『세포의 생애: 한 생물학자의 관찰 기록The Lives of a Cell: Notes of a Biology Watcher』이라는 과학 에세이를 펴냈다. 당시 뉴욕의 메모리얼 슬론 케터링 암센터의 총장이었던 토머스는 1981년 카네기 재단의 일반 학습 세미나에 초청되어 무지의 증가와 "알고 있는 것을 밀쳐내는 것"을 찬양했다. 토머스는 그 자리에 모인 교육자들에게 "우리는 전에 없이 자연과 우주, 그리고 무엇보다도 우리 자신에 대해 어리둥절함을 느끼며 살고 있습니다. 우리 종에게는 새로운 경험입니다"라고 말했다.

청중들이 이 말에 놀랐을까? 알려진 바는 없지만, 아무튼 토머스는 가차 없이 일반 교육에 대한 정의를 뒤집었다. "이제 우리는 인류 역사상 최초로 우리의 이해력 없음을 일별하고 있습니다." 이 말은 그가 발표한 수많은 에세이에서도 반복되는 주제로, 그 에세이 중 하나에서는 다음과 같이 밝히고 있다. "우리는 무지한 종이다. 지구에서는 신참이고 아직 어린애 같으며, 탐구에서도 여전히 초기 단계에 있다. 우리는 이해라는 것의 근처에도 가지 못했다." 나아가 그는 이렇게 말한다. "새롭고 놀라운 것을 배울 때마다 우리는 과거 우리가 틀렸다는 것을 깨달으면서 깜짝 놀라게 된다. 사실 우리가 새로운 사실을 발견할 때마다 옛것을 제거해야 하는 일이 필연적으로 따른다. 밝혀진 것처럼 우리는 원래 늘 잘못을 저지른다. 나는 생물학이나 의학 분야 중에서 우리가 진짜로 이해했다고 할 수 있는 분야는 하나도 없다고 생각한다. 살아 있는 생물, 특히 우리 인간에 대해 배우면 배울수록 생명은 더욱더 불가사의한 것으로 다가온다."

그로부터 25년 후 하버드 대학의 생물학 교수이자 저명한 저자인 E. O. 윌슨E. O. Wilson은 뉴욕 식물원에서 열린 강연에서 토머스의 주장을 그대로 되풀이했다. 18세기 스웨덴의 식물학자 카롤루스 린나이우스 Carolus Linnaeus(라틴어 이름인 칼 폰 린네로 더 많이 알려져 있다. 1735년 발표한 『자연의 체계Systema Naturae』에서 처음으로 식물과 동물을 체계 있게 분류했다-옮긴이) 기념 모임에서, 윌슨은 250년이 지난 지금 전 세계가 엄청난 발전을 이루었는데도 그 전체 과정은 10% 정도밖에 완성되지 않았다고 말했다. "말하자면 우리는 조금밖에 알려지지 않은 행성에 살고 있는 것입니다. 살아 있는 세계를 다룰 때 우리는 불확실함 속에서 무작정 맹목적인 비행을 하죠. 호수나 숲 같은 생태계를 보호하고 자연의 건강을 진단할 때, 우리의 처지는 장기의 10%만 아는 채로 환자를 치료하려는 의사와도 같습니다."

윌슨은 73세에 장-앙리 파브르를 기념하여 미지의 것이 가까이 있다는 것을 보여 주기 위해, 《뉴욕 타임스》 기자들을 매사추세츠 주 콩코드 너머 숲 속에 있는 헨리 데이비드 소로Henry David Thoreau의 작은 오두막이 있던 자리로 데리고 갔다. 기자의 글에 따르면 윌슨은 "월든 연못 근처에서 손과 무릎을 땅에 괴고 엎드린 채 아무렇게나 쌓인 부엽토를 긁어내고는, 반쯤은 앉고 반쯤은 기댄 자세로 부엽토와 흙 한줌을

들고 내밀었다. 그러고는 '이것이 야생이다'라고 말했다." 윌슨은 이렇게 야생의 세계로 들어오는 것을 '미시적 미학microesthetics' 혹은 사람의 시각 스케일을 조정하는 일이라고 설명했다. "우리는 이 땅을 2차원으로 보는데 그 이유는 우리가 고질라처럼 거대하기 때문이다. 몇 cm만 내려가 보면 각 mm마다 조건이 확확 바뀌는 3차원 세계에 이른다. 당신들이 보고 있는 이 부엽토층의 땅뙈기에도 육안으로 볼 수 있는 수만 가지 작은 생물들이 있다."

깊은 여행에서 미지의 것은 피할 수 없는 기본 상황이다. 이것은 즉각적으로 드러나는, 부정하지 못하는 것이며 우리와 제일 가까이 있는 먼지보다도 더 가까이에 있다. 마음의 눈앞에 그것이 다시 나타나면 우리는 그 안에서 농담과 명암의 전체적인 스펙트럼을 볼 수 있다. 우리 주위에 있는 조그만 땅뙈기에는 수많은, 아마도 1만 가지 정도의 추가적인 의미가 있을 수 있다. 빠르게 익힐 수 있는 것, 우리가 기다리면 충분히 이해되는 것, 일생 동안 공부한 후 알 수 있는 것, 여러 세대를 거치면서 공감하는 연구자들로 이루어진 후손들에게 서서히 모습을 보일지도 모르는 것 등 부분적으로 알려진 것과 영원히 사람들에게 알려지지 않을지도 모르는 것 사이에는 단단하고 고정된 경계가 더 이상 없는 것처럼 보인다.

나는 1988년 어느 신문에서 본 애틀랜타 동물원의 고릴라 '윌리 B'의 모습을 아직도 잊지 못한다. 윌리 B는 방금 열린 문 너머를 내다보며 중년에 맞이한 미지의 세계를 마주하고 있었다. 윌리 B의 뒤에는 다른 고릴라들과 함께 보도록 놓아 둔 텔레비전 한 대밖에 없는 텅 빈 콘크리트 방이 있었다. 윌리 B가 27년 동안 머물렀던 방이다. 그 앞에는

450만 달러를 들여 방금 완공한 포드 아프리카 우림(이 우림을 조성하기 위해 각 도시의 지지 단체와 민간인들의 기부가 이어졌는데, 그중 포드 사社에서 거액을 기부한 때문에 포드라는 이름이 붙었다–옮긴이)이 펼쳐져 있었다. 윌리 B가 아기 때 살았던 서아프리카 카메룬의 저지대 야산을 생각나게 하는 비옥한 야외 환경이었다. 윌리 B는 지금까지 살았던 익숙한 환경에서 영원히 떠나기 직전이었다. 그는 몹시 열망하면서도 마음이 찢어지는 듯한 슬픈 표정, 앞에 놓인 바깥세상이 끌리지만 여전히 과거의 빈약한 환경에 매달리는 듯한 표정을 지었다.

한때 세계에서 가장 외로운 고릴라로 불리던 윌리 B는 애틀랜타 동물원의 정책 전환 프로그램의 중심적인 존재였다. 애틀랜타 동물원이 미국에서 최악의 동물원이라고 알려진 후 신임 동물원장은 완전히 다른 고릴라 서식지, 즉 윌리 B의 새 집을 만드는 데 동물원의 땅 10%를 들였다. 당시 동물원 설계에서는 혁명적인 일이었다. 고릴라들이 야생의 행동 유도성을 회복할 수 있는 환경이었고 완전히 몸을 맡길 수 있는 지형이었다. 며칠이 지나자 윌리 B는 서서히 문 너머의 세계로 발을 디디며 다양하고 복잡한 세계를 탐험하기 시작했다. 손을 뻗어 낮게 늘어진 나뭇잎을 건드려 보기도 하고 새로 심은 풀을 발가락으로 툭 차 보기도 했다. 고릴라로서는 그런 일들이 늘 쉬운 것은 아니었다. 새 집으로 이사한 첫째 날, 윌리 B는 새로운 환경을 거부했다. 《보스턴 글로브Boston Globe》에 'Animal Beat(동물 구역)'라는 칼럼을 쓰는 비키 크로크Vicki Croke는 "그 덩치 큰 동물이 작은 빗방울을 맞고는 낯선 느낌에 놀라 안으로 들어가 버렸다"고 묘사했다.

광대한 미지의 세계가 지나치게 불편해질 때마다 우리는 미지를 인지하도록 만들어지지 않은 사고방식 안으로 피해 들어갈 수 있다. 또, 미지를 놓치지 않고 지켜보면서 기본적인 태도를 바꿔버린 사람들의 생각을 꾸준히 참고할 수도 있다. 토머스와 월슨, 소로는 우리가 미지를 인지하면서 한 것이란 그 존재를 느끼든 말든 우리를 둘러싼 실체와 접촉을 재개한 것뿐이라고 말했다. 또한 리드는 장려된 행동의 장이 반투과성을 지닌 생각의 막膜이며, 우리가 이미 알고 있는 행동 유도성에 우리가 영구히 규정되지 않는다고 했다. 우리는 떠 있거나 위에 있거나 제대로 된 방향으로 나아가기 위해 알고 있는 것, 즉 기지既知에 의지하거나 그것이 곧 나타나리라 생각하지 않아도 된다. 지속적으로 우리의 내면적인 균형을 깨고 우리를 쩔쩔매게 하는 것이 여행의 본질이라 하더라도, 우리는 수영 연습용 공기 주머니나 자전거의 보조바퀴 없이도 당분간은 미끄러져 나아가거나 비틀거리며 나아갈 수 있다.

4장

시간 감각

깊은 여행이 덜 복잡하고 덜 매력적이며 다시 균형을 잡아야 하는 경우가 별로 많지 않다면, 우리는 깊은 여행에 몰두할 때 시간이 작용하는 방식에서 나타나는 두드러진 차이에 더 빨리 주의를 기울일지도 모른다. 일단 이 시간의 변화에 관심을 가지게 되면, 이것이 우리가 인지를 확장하려고 애쓰는 일의 핵심임을 알게 되기 때문이다. 실제로, 시간의 변화는 깊은 여행이 가능하도록 초기에 재조율하는 행위를 일부하고 있다. 그리고 이는 효과를 발휘해 깊은 여행의 본질적인 동반자가 된다. 앞서 말한 대로, 깊은 여행이 세계의 강렬함과 다양함을 보여 주는 렌즈라면 여기에 동반되는 시간의 변화는 차별되면서도 보완적인 기능을 한다. 그리고 우리가 깊은 여행이 밝히는 생생함에 적응하여 충분히 그 변화를 이해하고 더 잘 이용하도록 도와준다. 다른 경우라면 겨우 한 번 보거나 일회성으로 그칠 것들이 탐구되고 음미되고 평가되며, 마음에 남아 지속적으로 영향을 미친다.

깊은 여행이 우리를 더 큰 '여기'로 데려갈 때마다 따르는 시간의 변화는 깊은 여행과 대등한 위치의 동료가 된다. 시간의 변화는 확장되고 더 길어진 '지금'처럼 느껴지는 것, 렌즈를 닦아 빛을 밝게 유지하고 셔터 속도를 조정하며 발견한 것에서 최대한 이익을 보도록 주의력을 북돋우는, 미묘하고도 유연한 힘의 영역으로 우리를 감싸서 여행을 유지시킨다.

본질적으로 이 새로운 '지금'은 더 지속되고 덜 찰나적인 '현재의 순간'이다. 그것은 시간의 속도를 재촉하기도 하고 늦추기도 한다. 이는 역설이 아닌 일치로서, 사물이 시간 안에서 더 빨리 움직이지만 조급하게 끝나지는 않는다는 것이다. 이 새로운 '지금'의 이중적 변화가 사건의 속도를 변화시키면서도 개방을 유지하는 것처럼 보일 때, 깊은 여행의 새로운 생각들을 그 자리에 붙잡는 토대가 마련되고 그 후 그것들을 함께 끼워 맞출 수 있는 맥락이 생긴다. 깊은 여행에서 시간은 얼마든지 늘릴 수 있는 순간이 된다. 그 순간은 풀려나오면서 흔히 그러듯 각 단편들로 해체되지 않고 완전히 현재 시제 안에서 자기를 계속 지켜나가는데, 그중에서도 상대적으로 작은 조각 하나만을 '현재'라고 부를 수 있다. 그나마도 빠져나가 광대한 '과거'의 영역에 달라붙기 전까지다.

시간은 가장 매력적이지만, 이상하게도 깊은 여행의 영역 중에서 가장 적게 탐구된 분야다. 우선 '깊은 여행 시간'이라는 말 자체가 자연스럽게 들리지 않는다. 이 책에 있는 많은 표현들에도 어색한 느낌이 있기는 하다. 어떤 자각의 초점이든 보다 친숙한 형태의 자각으로 평가할 때 그것이 체계화되는 방식이 낯설거나 의심쩍거나 자연스럽지 않은 것 같다는 점이 마음을 둘러보면서 생긴 한 가지 문제이기 때문이다. 시간에 대한 생각을 다룰 때는 단절감이 훨씬 더 커진다. 그 이유는 우리들 다수가 시간의 '표면적 기억cover memory'을 습득했기 때문이다. 즉, 우리는 '생체 시계biological clock'라는 이름을 붙인 반복되는 생체 리듬과, 지루할 때는 시간이 느려지지만 때때로 시간이 빨리 간다는 생각처럼 '널리 알려진 변화'를 제외하면 시간에 대해 별로 생각할 바가 없다고 여기는 버릇이 있다. 이렇게 매일 급격히 변화하는 두 부분은 한 덩어리로 뭉뚱그려져서 '누렸던 시간lived time'으로 분류되기도 한다. 또한 우리는 나이 들수록 세월이 훨씬 빠르게 가는 경향이 있다고 생각한다.

그 외의 시간은 과거일 뿐이다. 지나간 세월들이 계속 합류하는 애매하고 분명치 않은 사건들의 축적에 지나지 않는 것이다. 그래서 우리는 시간이 주의를 기울일 가치가 없다고 결정하고는 더 이상 거들떠보지 않으며 스스로에게 빈약한 보고서를 올린다. 그 보고의 요점은 시간이 실망스러울 뿐 아니라 주의를 산만하게 만든다는 것이다. 이런 시각에서 볼 때 시간은 일률적이고 타성적이며 추상적인 것으로 보인다. 여기가 아닌 저쪽에 있는 것, 말하자면 물러나는 과거처럼 당면한 관심사에서 벗어나는 것이다.

이는 시간을 한편으로는 포착하기 어렵고 공기처럼 말로 표현하기 어려운 것으로 만든다. 그리고 다른 한편으로는 굳이 화제로 꺼낼 만한 가치가 없는 기정사실의 일부, 3차원적인 삶에서 우리가 순응해야 하는 것, 희곡으로 치면 지문 같은 것으로 만든다. 심지어는 시간을 귀찮은 추가 요금이나 우리가 태어나면서부터 말려드는 기묘하고 변경 불가능한 환경, 이를테면 중력 같은 여분의 짐으로 만들기도 한다. 다만 시간은 중력과는 달리 우리를 지구에 단단히 묶어 놓거나 우주 항공기 정도나 돼야 떨쳐버릴 수 있는 견인력을 발휘하지는 않는다. 시간은 고유의 속도로 우리를 흘러 지나치면서 그 자취를 따르도록 우리를 천천히 끌어당긴다. 이런 식으로 요약하면, 시간은 분석을 거부하면서도 동시에 배경으로 사라져 길들이기는 어려워도 사용하기는 더 쉬워진다. 즉, 시간은 사용하는 동안에는 우리를 위해 무엇을 할 수 없고 하지도 않을 것으로서 한쪽에 제쳐 두어도 된다는 것이다. 그처럼 시간은 심각한 사유를 요구하지 않으며, 우리가 아무 유감없이 관심사에서 놓아버려도 되는 어중간한 존재다.

시간을 일상적인 측면에서 주목하는 것은 사실 매우 쉽다. 이 방법은 더욱 정확하고 힘차며 덜 흐릿한 '시간의 어휘'를 얻는 방법이며, 현재의 목적을 위해 깊은 여행에서 더욱더 많은 것을 얻는 데 도움을 준다. 설사 '주목하지 않음'이 우리가 알아채지 못하는 상태에서 어느 정도 조장된 삶의 영역이라고 해도, 자각이 평소 주안점을 두는 곳 바로 너머에는 친숙한 '시간 감각' 혹은 '눈에 띄는 시간의 표지標識'들이 재발견되고 재생되기 위해 기다리고 있다. 그렇기 때문에 우리가 그것들을 탐구하기 시작하면 누군가와 다시 사귀는 것 같은 느낌을 받는다. 좀 더 평범한 종류의 시간과 다시 친숙해지는 일은, 다른 것과 완전히 구별되고 몹시 이례적인 현재 감각인 '깊은 여행 시간'과 평범한 시간들을 따로 떼어 놓는다. 그리고 깊은 여행 시간은 깊은 여행을 체계화하는 데 도움이 된다. 이는 깊은 여행을 연장시키거나 불러올 수도 있다는 뜻이다. 그리고 훨씬 더 긴 기간 깊은 여행을 하게 해 주는 도관導管 역할을 하기도 한다.

우리가 시간 감각의 범위를 다시 조사하기 시작하면 다른 일도 일어난다. 여기서 '다시 조사한다'는 것은 잠시 그 시간 감각에 적응한다는 이야기일까? 아니면 맛을 보거나 치수가 맞는지 입어 보는 것과 더 비슷한 일일까? 우리는 충분히 사용하지 않은 역량을 되찾기 시작했다. 시간은 그저 우연히 있는 것이 아니다. 우리는 조용하게 시간의 활동에 개입할 수 있다. 적어도 깊은 여행 안에서 시간은 우리가 조종하고, 주도권을 잡고, 순응하고, 고치고, 연장하고, 새로운 모습으로 만들 수 있는 것이 된다.

그러나 이는 짧은 길의 저쪽 끝, 지엽적인 소풍, 여행 안의 여행에서 할 수 있는 일이다. 먼저 그곳에 간 다음에 우리의 특별한 능력으로서 깊은 여행 시간에 대해 이야기하도록 하겠다. 우선 (나를 포함해 많은 사람들이 품은 가정인) 시간에 대한 사람들의 자각은 장소에 대한 자각보다 다소 무디다는 가정 아래, 시간을 감지하는 측면들 중에서 더 일반적이지만 간과된 면들에 대한 기록들을 소개한다.

지금이야말로 시간에 대해 생각하기에 좋은 때다. 오늘날 우리는 이론물리학자들의 특화된 작업에서 직접 배울 수 있기 때문이다. 이론물리학자들은 최근 몇 년간 시간의 의미에 대해 집중적으로 고찰해 왔다. 그 주제에 대한 최근의 조사로서 캐나다의 과학 저술가 댄 포크Dan Falk의 『시간을 찾아서: 신기한 차원의 과학In Search of Time: The Science of a Curious Dimension』은 시간을 연구하는 책임을 어떤 학문이 맡고 있는지 분명히 밝혀지지 않았다는 점, 그리고 시간을 이해하려는 노력에는 물리학뿐 아니라 심리학, 언어학, 인류학, 신경과학, 인지과학, 그리고 당연하게도 철학도 관여되어 있다는 점을 지적했다. 그중에서 물리학자들이 대표로 선정된 것은 아니지만, 아무튼 그들은 시간에 대해 현재 가장 도발적인 논평을 내놓고 있다. 아마 그들의 학문이 시간의 개념에서 풀려날 필요가 있을지 어떨지 결정하기 위해 적극적으로 노력하기 때문일 것이다.

물론 물리학자들의 주요 관심사는 인류가 지금까지 밝히고자 노력해 온 우주 자체의 본질과 역사를 정확히 알리는 것이다. 하지만 깊은 여행 시간에 대한 더 큰 통찰을 찾는 사람들은 물리학자들의 이론적이고 난해한 토론에서 누출되는 이야기들, 그리고 대중적인 과학책들과 정기 간행물들에 기록된 이야기들을 통해 시간과 인간의 경험이 어떻게 맞물리는지에 대한 유용한 생각들을 얻을 수 있다. 물리학자들의 주된 쟁점 하나는 현재 진행 중인 실체의 본질에 대한 대화다. 뉴턴이 "절대적이고 순수한 수학적 시간"이야말로 우주의 근본적 속성이며 우주와 그 구조에 대한 해석을 구축하도록 해 준 체계라고 주장한 지 300여 년이 지난 후, 물리학자들은 더 이상 시간이 존재하는지의 여부조차도 확신하지 못하기에 이르렀다. 만일 시간이 존재한다고 해도 우주의 탄생 또는 탄생 순간부터 진행되어 온, 137억 년에 이르는 우주의 변화와 팽창의 전체 범위를 설명하는 데 시간이 필수적인지 아닌지에 대해서도 확신할 수 없다는 것이다.

이는 세계를 여행하는 사람들이 함께 연구해 봐야 할 문제다. 캐나다 온타리오 주 워털루에 있는 '이론물리학자들을 위한 경계연구소'(이 연구소는 학자들의 국제 공동체로서 설립 10년 만에 미국 프린스턴 고등연구소와 동등한 위치에 이르렀다)는 시간이란 정확히 무엇인지를 고찰하고, 점점 이 질문이 가장 중요한 질문이 되어 가는 현상을 숙고하기 위해 2008년에 고위급 회의를 개최했다. 양자물리학자이자 『이해되지 않는 13가지: 우리 시대의 가장 황당한 과학 미스터리13 Things That Don't Make Sense: The Most Baffling Scientific Mysteries of Our Time』의 저자 마이클 브룩스Michael Brooks가 언급했듯이, 당시 회의에서는 물리학자, 수학자, 철학자들이 "시간의 문제를 철저하게 열정적으로 토의"했다. 브룩스는 "관여된 모든 사람이 서로 다른 생각을 지닌 듯했다"고 기록했다. 그 회의에 대해 평가한 글은 《뉴 사이언티스트New Scientist》의 커버스토리로 실렸는데, 그 글에 따르면 옥스퍼드 대학교의 수학자 로저 펜로즈Roger Penrose는 시간이 "우주가 성숙하면서 불쑥 들어왔다가 소멸한다"는 의견을 제시했다. 그러나 피츠버그 대학교 철학과 교수인 존 노턴John Norton은 공간과 시간이 그 자체로서 존재하기조차 했는지, 혹 그것들이 브룩스가 말한 "편리한 환상"은 아닌지 하는 의구심을 나타냈다.

공간과 시간이 환상이라니, 무슨 뜻일까? 그리고 공간과 시간이 겨우 그림자에 지나지 않는 것으로서 전진하고 전개된다면 우리의 삶에 어떤 영향을 미칠까? 댄 포크는 『시간을 찾아서』에서 이런 문제들이 "참신하면서도 반反직관적인 사고방식"이라고 토로했다. 포크는 시간이 '출현으로서의 환상', 즉 선천적인 것은 아니지만 전반적으로 나타나거나 부분적으로 인간의 결함 있는 인지적 특성들을 뜻하는 더 잘 알려진 현상에 뿌리를 내리고 있다고 말했다. "물의 축축함에 대해 생각해 보라. … 우리는 이제 이 축축함이 수백만 개의 물 분자가 함께 모여 있을 때만 출현한다는 것을 안다. 개별적인 물 분자에는 그런 특성이 없다. 물체의 '단단함'도 비슷한 환상이다. 원자물리학은 암석이 대부분 빈 공간으로 되어 있다는 것을 보여 주었지만 우리는 원자의 핵 사이에 비어 있는 공간이 있다는 것을 깨닫지 못한다. 우리가 바위를 보거나 만지면 바위는 그저 바위처럼 '단단하다.'"

그러나 포크는 "만일 시간의 흐름이 환상이라면 그것은 이런 예들보다는 훨씬 심오할 것이다"라고 덧붙였다. "물리학자들은 시간이 빅뱅의 순간에 '출현했다'고 말할 것 같다. 그러나 그것은 물의 축축함이나 바위의 단단함보다는 훨씬 더 혼란스러울 것 같다. 시간에서 '흐름'을 찾는 것은 물에서 축축함을 찾는 것보다 더욱 골치 아플 것이다. 시간의 흐름이 없다면 우리에게 무엇이 남는가? 시간이 여전히 '시간'으로 인식될까?"

인간이 축축함을 느끼지 않고는 물을 만질 수 없다면, 혹은 단단함을 알지 못하고 돌을 집어 들 수 없다면 시간의 흐름에 대해서도 같은 원리를 적용할 수 있을까? 시간 역시 우리가 불가피하게 빠져 있는 환상일까? 아니면 우리는 어떻게든 시간의 망을 '꿰뚫어 볼' 수 있을까? 캘리포니아 대학교의 물리학 교수이자 우주학자인 제임스 하틀James Hartle은 시간의 환상은 생존을 장려하기 때문에 피할 수 없는 삶의 필요조건이며, 오래전에 뿌리 깊이 형성된 제약으로서 보존된다고 생각한다. 그리고《뉴 사이언티스트》의 또 다른 기사에 따르면 하틀은 오랫동안 시간에 대해 생각해 왔음에도 시간을 우주의 기본적인 구성 요소로 여겨야 하는지에 대해 여전히 확신을 갖지 못한다. 그의 말에 따르면 시간은 "공간에서 점진적으로 출현하는" 힘일 수도 있기 때문이다. 그러나 그는 인간 내부의 시간 감각은 훨씬 더 완벽하며 요지부동의 존재라고 말하곤 했다. 즉, 지구 역사상 초기에 또 달리 출현한 힘인 진화가 이 행성에 살고 있는 유기체들로 하여금 진화의 조직 논리와 구조의 일부로서 여러 장애들을 없애고 극복하는 주의력을 통해 매일의 사건들을 처리하도록 인도한다는 것이다. 그리고 그 주의력은 한 방향으로만 움직이고 되돌리기를 허용하지 않는 시간처럼 '느껴진다.'

인지과학, 수학, 공학, 진화생물학의 요소들을 결합한 하틀의 체계적 공식화에서 볼 때 유기체의 첫 번째 욕구는 생존을 연장하거나 단축할 수도 있는 것에 단번에 집중하는 것이다. 가장 기초적인 수준에서 이 빠르고 강한 반응성은 먹이를 얻는 것 같은 좋은 기회와, 포식자가 접근하는 것 같은 골치 아픈 문제들에 동등한 힘으로 작용하여 유기체가 효율적으로 행동하게 해 준다. 그러나 그것의 반응에 또 다른 켜를 쌓을 수 있다면 그 효율은 증가될 수 있다. 그래서 빠른 행동으로 이미 해결된 상황이(먹거나 도망가거나) 나중에 상황이 바뀐 후에까지 지속될 수 있다. 그래서 복습할 수 있고 임의로 불러낼 수 있으며 나중에 그것에서 배울 수 있다('갈색으로 변한 음식을 먹으면 아프다', '포식자 중에는 잘 뛰어오르지 못하는 놈들이 있다').

행동을 재고해 보는 이 힘은 수많은 유기체들이 서서히 사그라지는 주의력으로 작동되는, 질서 있지만 꽤나 경직된 내부의 가공 처리 경로를 발전시킨 후에만 얻어진다. 행동을 취한 후 그 행동에 대한 자각은 사라지지 않지만 대신 점점 더 묽어지고, 단계적으로 내려가며, 강도가 약해져서 마치 조광기를 조절해 어두워진 방처럼 된다.

이 체계가 효과를 발휘하면 경험들이 보존되고 사용 가능해지지만, 그 체계는 아마도 마침내는 비용이 될지도 모르는 결과를 낳는다. 우리는 어쨌든 탐지되지 않았던 일종의 편향偏向 때문에 이것을 저것으로 착각하는 것으로 끝난다. 이는 '강요된 모방imposed echo'이라 부를 수 있는 것, 안팎이 뒤집힌 형태를 취해서 우리가 가진 규칙과 순서를 우주의 본질적인 구조처럼 보이게 한다. 그런데 우리가 외부 세계에서 실제로 보는 것은 대신 들어선 허깨비다. 우리가 겪은 사건들을 우리 내부의 궤도에 진입시켜 완전히 달아나지 못하도록 우리가 사용하는 내부 메커니즘의 뒤틀린 반영이기도 하다.

우리가 인지하는 움직임은 실제이지만 그것은 세상에서 소용돌이치기보다는 우리의 마음속을 휩쓸고 지나간다. 흐르는 것은 시간이 아니다. 우리의 주의가 집중되다가 서서히 사건들을 놓아 주면서 흐르는 것이다. 우리는 모든 것을 여과 장치를 통해 해석하면서 일분일초까지 정밀하게 예정된 '시각표'를 구성한다. 역설적이게도 우리가 마음속에서 이미 하고 있는 것이 아닌 다른 것을 설명하기 위해 마음에서 뭔가를 한다는 뜻이다. 우리는 직선 모양으로 연속되는 서술에 사로잡혀 있으며 주위의 모든 곳에서 시간, 즉 끝나지 않는 '전'과 '후'의 연속을 본다고 확신하고 전진한다.

그것은 세대에서 세대를 거치며 지속되는 생각의 틀이다. 그것이 확고하고 오래가는 이유에 대해 하틀은 "'지금'이 있고 시간은 과거에서 현재를 거쳐 미래로 '흐른다'고 강하게 느끼는 우리의 감각이 생존 가치를 지니기 때문이다. 그럴듯한 설명이라곤 그것뿐이다"라고 말했다. 하틀은 유기체가 어떻게 우연히 시간을 떠올렸는지를 설명할 때 자각awareness이라는 말 대신 인간의 감정을 배제한 정보 이론(컴퓨터로 데이터를 수집, 분류, 축적, 검색하기 위한 수학적 이론—옮긴이)의 어휘를 빌려 왔다. 예를 들면 두뇌는 하틀에게는 'IGUS', 즉 정보를 수집하고 이용하는 시스템Information Gathering and Utilizing Systems이다. 포크가 설명했듯이 "하틀의 생각에 따르면 정보를 모으고 이용하는 존재는 어떤 것이든 처음에는 그 정보를 입력 레지스터(컴퓨터에서 레지스터는 마이크로프로세서의 일부분으로서 입력 장치로부터 데이터를 받아 프로그램의 지시에 의해 내부 기억 장소에 전달을 완료할 때까지 아주 적은 데이터를 잠시 저장할 수 있는 공간이다-옮긴이)에 보관하지만 곧 입력 영역의 공간을 확보하기 위해 그 정보를 메모리 레지스터로 옮긴다. 레지스터 간의 그런 정보 이동이 어쩐지 시간처럼 '느껴진다'는 것이다." 메모리 레지스터가 가득 차면 결국 정보는 이전의 경험들을 취합하는 환경의 단순한 모델인 스키마schema(데이터베이스의 조직이나 구조를 의미한다-옮긴이)로 이동할 것이다. 그리고 더 이상 짜내서 써먹지 못하게 되면 정보는 그냥 '버려진다.'

전파천문학자이자 《뉴 사이언티스트》 자문위원으로서 하틀을 인터뷰했던 마커스 초운Marcus Chown의 기록에 따르면 "이미지들이 지워지고 잊히기 전까지, 레지스터들 사이를 이동하는 것이 시간이 흐른다는 인상을 만들어낸다." 그러나 하틀의 모델에서 전체 과정을 통해 실제로 움직인 것은 시간이 아니라 우리의 주의력의 위치다. 우리는 처음에는 뭔가를 직접 처리하지만 다음에는 다른 것을 생각하며 이동하면서 앞서의 사건이나 사람 혹은 상황을 불러낼 준비를 한다. 더 나중에 주의를 집중할 대상이 몇 번 더 바뀐 후에는 얼굴, 맛, 마음에 간직할 만한 별난 버릇, 누구에게 들은 조언처럼 처음 접한 것의 일부를 보존하여 일반적으로 주목한 것으로 편입시키고 아마도 전에는 결코 관심 갖지 않았던 특이한 것들을 나란히 배열하거나, 아니면 완전히 지워서 더 이상 영향을 받지 않도록 한다.

최근 몇 년간 다른 사람들도 주의력의 내부 여행을 어렴풋이 감지했다. 미국의 시인 윌리엄 브롱크William Bronk는 주의력의 추이를 추적한 다음과 같은 구절을 남겼다. "현재의 상황은 현재의 삶을 반영한다. 현재가 지나가면 빛은 어두워지고 정지한다." 하틀이나 브롱크의 개념은 분명 일반적인 상황의 방향을 설명해 주는 듯하다. '시간의 흐름'은 많은 사건들을 쓸어 가서 계속 줄이고 멀어지게 하고 활기를 잃게 해서 점점 더 경계가 모호해지는 잔여물을 남긴다. 그러나 이것은 우리가 일으키고 직접 하는 일이지, 저절로 일어나거나 강제적으로 일어나는 것은 아니다. 우리는 '시간'을 창조해냄으로써 우리의 목적대로 세상을 해석하고 새로운 상황마다 가외의 자각을 하게 된다. 그것은 다음 단계가 있을 수 있다는 뜻이다. 이렇게 사건들을 과거, 현재, 미래로 나누면서 특정한 방법으로 시간과 세계를 바꿀 수 있다는 것을 알게 되면, 우리는 다른 변화도 일으킬 수 있다. 그 자체로서 강력한 '일정불변의 시간 흐름'은 아마도 더 큰 그림의 일부일 뿐, 우리가 사건들의 속도를 활용하고 유도하기 위해 내부에 지닌 한 가지 능력에 지나지 않을지도 모른다.

우리는 이미 일어난 사건들 중에 쓸려 나가기를 적극적으로 거부하는 사건들이 더러 있다는 것을 직감적으로 안다. 그 사건들은 지워지지 않고 계속 우리의 기억 속에 남아 있다. 마치 금방 일어난 일처럼 원래의 생생함을 그대로 간직하고 있다. 나는 2008년 12월 4일 내 아파트 근처의 저녁 하늘이 어땠는지 분명하게 기억하지 못한다. 달이 있었다는 것은 알지만 그게 전부다. 그러나 그로부터 사흘 전 밤하늘이 어땠는지는 변치 않는 정밀한 그림처럼 마음에 남아 있다. 그 이유는 12월 1일 해 질 무렵에 남쪽을 바라보고 있다가 특이한 장면을 보았기 때문이다.

2890년까지 정확히 계산된 천문학계의 예상에 따르면 내 생전에는 다시 보지 못할 장면, 적어도 그런 눈부신 방식으로는 보지 못할 장면을 나는 보았다. 그것은 스포트라이트를 받아 밝게 빛나는 워싱턴 광장의 대리석 아치 꼭대기에 거의 닿을 듯하면서도, 하늘에서 그것밖에 보이지 않을 정도로 훨씬 더 밝게 빛나는 별들이었다. 아주 밝은 별 세 개가 거꾸로 된 이등변 삼각형 모양으로 무리를 짓고 화살촉처럼 지구를 겨눈 채 시시각각 밝아지면서 서서히 공원의 서쪽 끝을 향해 아치 모양으로 움직이고 있었다. 별들의 정체는 아이들이 소원을 빌곤 하는 저녁별인 금성과 목성, 그리고 초승달이었다. 금성은 제일 밑에, 목성은 오른쪽 위에, 달은 왼쪽 위에 있었다. 두 행성의 궤도 선회와 달의 운행으로 그 셋이 근접하여 그날 밤 전 세계에서, 심지어 빛 공해가 있는 도시에서도 그 모습을 볼 수 있었던 것이다. 아마도 그렇게 가까이 모여 밝게 빛나는 장면은 40년 후인 2052년 11월 18일 밤에나 다시 볼 수 있을 것이다.

나는 디지털 카메라를 가지고 밖으로 나갔다. 두 행성과 달이 하늘에서 차지하는 부분은 그리 크지 않아서 내가 엄지를 뻗었을 때 가려지는 정도였다. 희게 타오르는 듯 눈길을 끄는 아름다운 광경이었고, 낮은 하늘에서 빛나는 천상의 티아라 같았다. 내가 감명을 받은 것은 그 광경이 아름다웠다거나 극히 희귀한 장면이어서가 아니었다. 하늘이 인간에게 미소 짓는다는 생각 때문도 아니었다. 두 개의 별과 초승달이 12월 1일 근접한 것은 내게 다른 면에서 좀처럼 없는 기회였다. 나는 워싱턴 광장 공원 건너편 골목에 서서 마치 하늘에 있는 빛의 삼각형이 다른 모양으로 배열될지 모른다는 느낌을 받았다.

하늘은 더 이상 평면 스크린이나 돔이 아니었다. 하늘은 활짝 열려 더욱 깊어졌으며, 그 경계도 사라졌다. 단순히 삼각형으로 보였던 별들은 하늘을 꿰뚫어 바깥으로 향하는 통로처럼 보였고 지구는 그 끄트머리에 있는 네 번째 좌표인 것 같았다. 좀 전에 삼각형을 이룬 선들은 재배열되고 확장되어 마치 엄청나게 긴 접이식 자를 벌린 것 같은 모양이 되었다. 자의 한쪽은 지구에서 달까지, 다른 쪽은 달과 금성까지, 또 다른 쪽은 금성에서 뻗어 나가 마침내 목성에 닿는 것 같았다. 초승달과 점 같은 두 행성은 오솔길 도중에 있는 길표지 같았고, 어둡고 깊은 바다에서 까닥거리는 부표들 같았다. 나는 움직이지 않은 채 그저 위를 한 번 쳐다보는 것만으로 내內 태양계의 전체 너비를 똑바로 일별하는 듯한 경험을 했다. 내 태양계는 목성 안쪽까지의 태양계를 말한다. 즉, 내가 본 것들과 수성, 화성, 화성의 달 두 개, 그리고 소행성대를 더한 것이다.

내가 어떻게 이런 새로운 시각을 갖게 됐는지는 잘 모르겠다. 하지만 기상학자이자 뉴욕의 헤이든 천문관의 객원 강사인 조 라오Joe Rao가 기고한 '월요일 밤의 멋진 하늘 무대Spectacular Sky Scene Monday Evening' 라는 행성의 근접에 대한 글을 인터넷에서 막 읽은 참이었다. 그 글에는 행성의 거리에 대한 언급이 있어서, 아마 마음속으로 그런 상상을 할 준비가 되어 있었던 것 같다. 라오가 계산한 것을 읽고 내 머릿속에 입력된 행성의 거리는 내가 느낄 수 있었던 것보다 훨씬 더 정확했지만, 지구에서 고작 38만 km 정도 떨어진 달은 잠깐이면 가는 가까운 첫 번째 간이역 같았다. 그다음 길표지인 빛과 빛 사이의 거리는 내 머리로는 비교 대상을 찾지 못할 만큼 멀리 떨어져 있었다. 라오에 따르면 달에서 금성까지의 거리는 약 1억 5000만 km이고, 거기서부터 목성까지의 거리는 약 7억 2000만 km다. 그 말은 이 특정한 선의 다른 쪽 끝은 약 8억 7000만 km 떨어져 있다는 뜻이다.

당신은 이것을 무엇이라고 부를 것인가? 나는 아직 그 이름을 짓지 못했다. 깊은 여행을 넘어 '심원한 여행'이라고 그때부터 생각하기는 했다. 지구가 느닷없이 더 작게 느껴졌다. 지구 역시 거대한 천체였지만 더 거대한 항로의 한쪽 끝에 있는 해안에 지나지 않았다. 나는 불현듯 중력이 빠져나갈지도 모른다는 생각이 들어, 발에 힘을 주고 길 위를 단단히 디뎠다. 그러나 그게 끝이 아니었다. 내가 꿰뚫어 볼 수 있었던 8억여 km의 직선, 그날 밤 우주를 관통하는 관管으로서 나의 망원경이 되어 주었던 그 선은 단지 일시적으로 정렬된 것이었다. 오래 지속될 수는 없었지만 한동안은, 그리고 그 순간만큼은 나는 그렇게 정렬한 지구를 포함한 행성 세 개와 달뿐만 아니라 그것들이 정렬된 것처럼 보이도록 자전하고 공전하는 움직임과도 연결되어 있었다.

나는 이런 움직임을 느꼈다기보다는 그 움직임에 참여하고 있는 듯한 감각을 느꼈다. 몸의 느낌에 관한 한 우리는 변함없는 속도보다는 가속하거나 감속하는 것 같은 운동의 변화에 반응한다. 비슷한 식으로, 우리는 가시광선이 단지 전자기파 스펙트럼의 작은 단편에 지나지 않음을 알며, 우리의 동작 탐지 기능도 겨우 대상이 나타내는 동작과 속도의 전체 범위에서 제한된 일부분만 집어낸다는 것도 안다.

그러나 나는 이번만은 하늘을 꿰뚫고 뻗어 나가는 통로에 가만히 서서 눈을 고정시키면서, 내가 움직이지 않는다고 느끼는 것이 또 다른 환상이라는 것을 이해하고 인정했다. 그리고 어지러움을 느끼는 일 없이 즐기기까지 했다. 내 주위에는 회전 운동이 일어나고 있었고 그것은 나를 우주로 휩쓸어 가고 있었다. 내가 보는 것은 두 개의 점과 둥글게 구부러진 은빛이 아니라 거대하고 끝이 없으며 고요하게 회전 운동을 하는 태양계의 여덟 개 행성들의 결합체였다. 지구, 달, 금성, 목성의 네 천체는 고유의 축을 중심으로 자전하고 있었고, 위성 하나는 지구 주위를 돌고 있었으며, 금성과 목성과 지구는 태양의 주위를 돌고 있었다. 천체의 소리 없는 음악은 누구라도 들을 수 있는 콘서트가 되었다.

과학 저술가이자 《천문학Astronomy》의 전 편집장이었던 제프 캐나이프Jeff Kanipe의 글을 보고 나니, 내가 아직 이 문제에 대해 좁게 생각하고 있거나 다소 제한적으로 접하고 있었던 것 같다. 캐나이프는 최근 『우주의 관계: 천문학적 사건들이 지구 생명체에 미치는 영향The Cosmic Connection: How Astronomical Events Impact Life on Earth』라는 책을 펴냈는데, 나는 태양계를 언뜻 보고 난 후에야 이 책을 읽기 시작했다. 이 책에서 캐나이프는 어느 겨울밤 오스트레일리아에서 은하수를 보았던 심원한 여행에 대해 이야기했다. "지상에서 하늘을 지켜보기 좋은 위치에서는 별들로 이루어진 거대한 원반인 은하수를 있는 그대로 보지 못한다. 그저 북에서 남으로 걸쳐서 점점이 빛나는 회색 띠밖에 보이지 않는다. 우리가 그 전체를 본다면 말이다." 실제로 빛 공해로 밤하늘이 밝은 곳에서는 은하수가 거의 눈에 띄지 않으며, 하늘이 맑다고 해도 하늘의 3분의 1 정도밖에 올라가지 않기 때문에 세계 인구의 90%가 거주하는 북반구에서는 거의 보이지 않는다.

남반구에서는 그렇지 않다. 오스트레일리아 남동부에 있는 호크스네스트는 주말 관광객이나 휴가 온 사람들이 찾는 해안 마을로, 캐나이프는 미국 남부 텍사스에 살다가 그곳에 정착한 고등학교 동창을 만나러 가서 은하수를 보게 되었다. "해안에서 바라본 은하수는 하늘 높이 떠 있었으며 독특한 구근 모양을 하고 검은 성간星間 먼지들로 가려져 얼룩덜룩하게 빛났다. 은하수는 그 구근 모양에서 양쪽으로 뻗어 나갔다. 한쪽은 파도치듯 아래쪽 남쪽 지평선으로 향하고, 다른 한쪽은 북쪽 지평선과 태평양을 향해 있었다." 다음은 이어지는 글이다.

> 은하수 중심 띠의 왼쪽, 혹은 남동쪽에서 소마젤란운(마젤란운은 남반구의 은하계에 제일 가까운 곳에 있는 불규칙한 형태인 두 성운으로, 소마젤란운과 대마젤란운은 천구에서 23° 정도 떨어져 있다-옮긴이)도 알아볼 만했고 그보다 조금 아래쪽에는 L자 모양으로 된 대마젤란운도 보였다. 둘 다 은하수의 위성 은하인데 나는 난생처음 그 둘을 보았다.
>
> 그 광경은 "기절할 정도였다"고만 말해도 충분할 듯하다. 또는 현지에서 쓰는 말로 "정신을 못 차릴 정도였다"고 하거나. 내 친구 개리는 그 광경을 보고 또 보는 나를 재미있어 했다. 눈앞에 그런 천상의 장관이 펼쳐지면,

은하수의 거대한 팔들이 북쪽에서 휩쓸고 나와 가운데 불룩한 구근 모양을 널따랗게 지나치며 남쪽 멀리 은하수 끝에서 꼬리를 남기며 사라지는 모습을 충분히 떠올릴 수 있다. 나는 나선형 팔이 여러 개 있는 우주의 다른 은하들처럼 우리은하도 나선형 팔이 여러 개 달린 것으로 여기고 이를 분석하면서 생애 대부분을 보내 왔다. 그러나 오스트레일리아에서 보니 은하수는 훨씬 더 직관적이었고, 결코 추상적이지 않았다. 게다가 우리가 그 원반 안에 있으며 원반 안의 모든 것이 움직이고 있다는 것을 깨달았다. 나는 그렇게 호크스 네스트에서 커다란 깨달음을 얻은 것이다!

언젠가 나는 내 태양계의 공전과 은하수 선회의 실제 속도를 조사한 적이 있었다. 이에 따르면 우리는 결코 가만히 있거나 쉬지 않는다. 우리는 언제나 어디론가 실려 가고 있다. 우리가 뉴욕에 있을 경우 지구는 시속 약 1300km로 자전하며, 호크스 네스트에 있을 경우에는 시속 약 1400km로 자전한다. 자전 속도는 적도에 가까워질수록 증가하는데 지구 표면이 넓을수록 다른 나머지 부분과 속도를 맞추기 위해 더 빨리 돌기 때문이다. 이는 몇 가지 간과된 움직임 중에서도 우리가 보고 느낄 수 있는 것이다. 해가 뜨거나 질 때, 눈을 적절히 보호한 후 보면 지평선을 가로지르는 해의 움직임이 보인다. 그러나 우리는 이런 현상들을 잘못 해석할 수 있는데, 예를 들면 '해가 뜨고 진다'는 표현이 그렇다. 이는 사실 '땅이 지고 뜬다'는 표현이 적절하다. 실제로 움직이는 것은 해가 아니라 우리 지구이기 때문이다.

지구의 영원한 여행 동반자인 우리에게 지구의 회전은 마치 가파르게 끊임없이 이어지는 경사면을 향해 날아가는 비행기처럼 지속적으로 한쪽으로 기울어지는 움직임이다. 북쪽을 바라보고 서서 양팔을 펼쳐 보자. 그리고 왼팔은 약간 올리고 같은 각도로 오른팔을 내려 보자. 땅이 서쪽에서는 올라가고 동쪽에서는 내려간다. 조금만 연습하면 우리는 '보고 느낄 수 있는 것'을 더 정확한 것으로 바꿀 수 있다. 예를 들어 해가 뜨기 전에 몸을 약간 뒤로 젖히면 앞에 있는 동쪽 방향 전체가 아무리 평탄해 보였다 해도 기어 내려가야 하는 울퉁불퉁한 비탈로 보인다. 그리고 그 자리에서 멈추고 볼 때, 당신이 뉴욕에 있다면 해가 동그란 모습을 완전히 보일 때까지 걸리는 약 3분 동안, 언덕 아래쪽에 있는 땅의 가장자리가 서서히 꾸준하게 약간 가라앉을 것이다. 혹은 해가 지기 전에 서쪽 산꼭대기를 몸을 앞으로 숙이고 보면 산꼭대기가 올라와 해와 햇빛을 시야에서 가릴 것이다.

한편 지구가 시속 약 10만 7000km로 태양의 주변을 돌면서 지구의 모든 도시는 일률적인 속도로 두 번째 여행을 떠나게 된다. 지구가 공전을 한다는 이야기다. 행성이 근접하던 날 태양계를 가로지른 길의 표지였던 금성과 목성은 고유하고도 아주 다양한 움직임을 보인다. 금성은 시속 약 6km 정도로 극히 느리게 자전하지만 태양 주위를 공전하는 속도는 지구보다 빨라서 시속 약 12만 6000km다. 목성은 지구보다 26배나 빠르게 자전하지만 공전 속도는 지구의 절반도 안 된다.

은하수는 우주 공간을 선회하면서 각각의 행성에 또 다른 인력을 가한다. 태양계를 포함하는 우리은하는 시속 약 77만 7000km로 자전하는 것으로 해석된다. 지구는 45억 년 전에 태어나 '은하력'으로 스무 살에 접어들었다. 은하력 1년은 우리은하가 완전히 한 바퀴 자전하는 시간이며 2억 2500만 년에 해당한다. 태양은 마치 축음기 바늘이 옛날의 비닐 레코드판 위를 지나가듯 천천히 아래위로 움직이며 은하 중심을 축으로 회전한다. 그리고 그 순간 태양과 태양계는 매년 7월에 북반구 사람들의 머리 위 하늘에 떠 있는 헤라클레스자리를 향해 움직인다. 이것이 우리가 가끔씩 연결된 느낌을 받을 수 있는 두 번째 천체의 움직임이다. 7월의 밤에 밖에 나가 시속 약 6만 km로 움직이면서 머리 바로 위 하늘에서 우리를, 그리고 우리 발아래 있는 땅을 거의 똑바로 서게 하는 힘이 있다는 것을 기억하자.

마지막으로 우리는 예비 단계로서 우리를 주체로 작성한 선택적인 '지구 밖'의 속도 목록에 다섯 번째 요소를 더해 볼 수 있다. 지금까지는 일日, 년年, 은하 년年, 은하 월月을 채우는 수직 진동 등을 포함한 목록이 있었다. 여기에 더해질 제5의 움직임은 바로 '거대 인력체Great Attractor(남쪽 하늘의 켄타우로스자리와 바다뱀자리 사이 켄타우로스 은하단 근처에 있는 것으로 추측되는 강한 인력을 가진 천체—옮긴이)'의 작용이다. 이는 현재 거대한 초超은하 집단, 혹은 NASA의 고에너지 천체과학 기록 보존조사센터 천문학자들의 말처럼 "보다 더 큰 어떤 것"으로 생각되는 것으로서, 시속 200만 km 이상으로 우리은하를 제 쪽으로 끌어당기고 있다.

그런데 이 거대 인력체는 우리은하만 끌어당기는 것이 아니다. 우리은하는 녹스빌의 테네시 대학교 천문학자들이 국부局部 은하, 은하단, 초은하단의 '대량 이동'이라고 표현하는 것의 일부에 지나지 않는다. 테네시 대학교의 천문학자들은 "마치 거대한 은하의 강이 초속 600km로 켄타우로스자리를 향해 흐르고 있는 것 같다"고 했다.

거대 인력체는 밝은 별들이 가득해서 흔히 '남쪽 하늘의 보석'이라 불리는 켄타우로스자리에 있다. 켄타우로스라는 이름은 헤라클레스의 스승을 기념하여 붙여진 것이다. 남반구에 있는 사람들은 매년 5월 남십자성 근처에서 켄타우로스자리를 찾아볼 수 있다. 그들 또한 7월의 북반구 사람들처럼 지구의 가장 긴 여행에 동참하는 기회를 얻을 것이다.

이렇듯 부분적으로 일치하는 여행들은 최근까지는 알려지지도 않았다. 약 500년 전에 코페르니쿠스는 지구가 늘 움직이고 있으며 그래서 전에는 그저 반복된다고 여겼던 하루와 1년을 새롭게 고쳐 나가고 있다는 사실을 세상에 알렸다. 우리는 20세기가 되어서야 태양계 전체가 은하 속을 미끄러지듯 움직이고 있다고 생각하게 됐으며, 그 후 은하 역시 한곳에 머무르지 않는다고 생각하게 되었다. 그러나 20세기는 또다시 새로운 방향으로 주의를 돌려 코페르니쿠스의 '지동설' 개념을 확장했다. 즉, 아래쪽으로 주의를 돌렸다. 우리는 지진이 흔히 일어나는 일이 아니기 때문에 우리 발밑의 땅이 단단하리라고 생각하곤 한다. 하지만 이제 우리는 그렇지 않다는 것을 안다.

땅속에서는 매순간 주기적인 파동이 물결처럼 퍼져 나간다. 내 친구인 크리스토퍼 마이어Christopher Meier는 "지구는 트램펄린 혹은 컨베이어 벨트나 공항의 무빙 워크, 보글보글 죽이 끓는 냄비와 같다"고 말했다. 이 지하의 리듬을 가장 잘 이해할 수 있는 것이 끊임없는 대륙의 이동이다. 이 개념은 몇십 년간 세간의 비웃음을 받다가 1960년대에 와서 기본 원칙으로 인정받았다.

고정된 위치가 없다는 사실은 다루기가 힘든데, 그런 사실에 집중하면 우리는 양쪽 끝에서 '통상적인 수준을 넘어서기' 때문이다. 즉, 우주의 움직임은 우리가 생각하기에는 너무 빠른 반면, 두드리고 부딪치고 미끄러지는 지구의 움직임은 우리가 받아들이기에 너무 느리다는 이야기다.

아마 몇몇 사람에게는 그렇지 않을지도 모른다. '발아래에서 허리케인이 불고 있다'는 제목의 어떤 기사는 우리 발아래의 약 2900km 지점에 있는 액체 상태의 지구 외핵外核에서 회전하며 상승하는 흐름을 다루기도 했다. 어쨌든 우리는 그 현상을 결코 관찰하지는 못한다. 그러나 손 닿는 곳의 움직임은 또 다른 문제다. 지구를 둘러싸고 있는 여덟 개 대륙과 대양들은 그 밑에 있는 연약권asthenosphere(그리스어로 '약한 권圈'이라는 뜻이며 지구 맨틀의 상부 암석권 바로 밑에 있다. 용융이 된 층으로 맨틀의 대류는 이 권에서만 일어난다–옮긴이)의 찐득찐득하고 가소성과 탄성이 있으며 유연한 고형 암석층의 강 같은 흐름에 밀리면서 비스듬하게 미끄러진다.

이 지구 층은 지각과 지구 중심부 사이, 우리가 어디에 있든지 바로 아래 발밑에서 수직으로 약 100km도 안 되는 곳, 우리가 지표면 위에서 일상적으로 통근하는 거리보다 더 짧은 거리에 있다. 이 맨틀 대류 위에 떠 있는 북아메리카는 매년 약 10cm씩 서쪽으로 떠밀려 간다. 그리고 이 속도는 우연하게도 인류의 생활에 깊이 새겨진 리듬과 교차한다. 예를 들어 우리는 손톱이 뾰족하게 솟아서 깎기 직전인 1주나 2주마다 손톱이 자란 것을 느끼고 손톱의 단단한 단백질의 띠가 자라는 속도에 관심을 기울인다. 이때 손톱의 단백질 띠가 자라는 속도는 1년에 약 10cm 정도로 대륙이 이동하는 속도와 같다.

나는 '주목받지 못한 여행'을 완전히 숨겨 주는 내부의 장벽을 움직이거나 적어도 헐겁게 만드는 정신적인 연결, 혹은 어렴풋한 근사치를 만들어내고자 실험을 시작했을 때부터 무엇인가가 내 마음에 머무르는 것을 느꼈다. 그것은 고유의 기본적 환경을 넘어 평소에 사용하는 관점보다 더 넓은 관점을 보기 위해 마음이 얼마나 준비되어 있는지, 심지어 때로는 요구하지 않는데도 준비되어 있는지에 대해 새롭게 보강된 감각이었다. 흔히 자연은 '경제적'이라고 한다. 가령 천체의 움직임 등을 감지하는 타고난 능력은 낭비일 뿐 아니라 위험하기까지 한데, 그 이유는 제한된 자각이 우리를 보호하여 우리가 다른 데 주의를 빼앗기지 않고 갑자기 닥치는 위협에 집중할 수 있기 때문이다. 이런 추론에 따르면 우리가 알 수 없는 것은 우리의 주의를 끌 수 없다.

어쨌든 가장 뚜렷한 현상인 낮과 밤의 교대를 포함하여 지구와 태양의 여러 움직임 안에는 수많은 반복되는 리듬과 패턴, 파동과 주기가 있다. 지구와 태양은 우리를 받쳐 주고 둘러싸고 있으며, 우리는 지구와 태양의 움직임이 왜 생기는지 배우기도 훨씬 전에 밤이 되면 잠을 잔다든가 하는 식으로 그 영향력에 대처할 수 있다. 다른 생물들처럼 우리의 몸도 자동적으로 이런 리듬에 맞춰져 있기 때문에 외부의 자극에 재빨리 대처할 수 있으며, 그 결과 그런 현상에 대해 생각하거나 대책을 세우거나 하지 않고 바로 반응할 수 있다.

이런 반사적인 반응, 즉 우리의 '생체 시계'는 지난 50여 년 동안 많은 것이 밝혀지고 연구되었다. 이 영역의 연구는 오늘날 '시간생물학

chronobiology(생체 내에서 인지되는 주기적 현상을 다루는 학문-옮긴이)'이라고 불린다. 행성의 변화에서 오는 영향이 우리 안에 영구적으로 존재하고, 또 정기적으로 허기와 수면 욕구를 느끼게 하는 감각기관, 즉 행성들의 쇠퇴와 번성을 관찰하고 이용하기 위한 감각기관이 있다는 사실이야말로 시간의 실체를 부정할 수 없는 주요 원인일 것이다. 그러나 우리의 생체 시계가 인식하는 것은 앞으로 죽 이어지는 시간 흐름이라기보다는 '돌고 도는 시간'이며 직선이 아닌 원형으로 움직이거나 순환하면서 움직이는 시간이다. 이는 '태양 아래 새로운 것은 없다'는 말처럼 수없이 되풀이되는 자연현상의 본질을 가리킨다. 또한 생체 시계는 매년 겨울이 지나면 봄이 오리라는 것을 믿을 수 있게 해주어 회복에 대한 예측 가능성과 신뢰성을 보여 준다.

생체 시계 중에서 가장 널리 알려지고 집중적으로 연구된 것은 24시간 주기의 리듬으로, 무엇보다도 우리의 일상적인 낮과 밤, 잠을 자고 깨어나는 것, 호르몬 수치, 혈압, 심장박동 수, 체온 등을 다스린다. 그러나 더욱 놀라운 일은 일주일 주기의 리듬 역시 우리에게서 탐지된다는 것이다. 이 역시 선천적인 것으로, 약 26세기 전 인간이 7일을 일주일이라는 시간의 주기로 만들어내기 훨씬 전에 우리 주위의 변화 과정을 반영한 것이다. 일주일 주기를 채택한 사람들은 바빌론에서 50년 동안 포로 생활을 했던 유대인들이었다. 가령 감기에 걸리면 보통 약 7일 동안 앓게 된다. 수두는 7일의 두 배 동안 앓게 되는데 그전에 2주 동안 잠복했다가 증상이 나타난다. 더 일반적으로는, 최근 조지아 대학교에서 빵에 생기는 검은 곰팡이의 유전자 중 최소 25%가 생체 시계의 직접적인 관리를 받는다는 사실을 발견한 예가 있다. 연구에 관여한 과학자들은 "생체 시계는 모든 생물의 건강과 삶에 중대한 역할을 한다"고 결론 내렸다.

그러나 자연이 아무리 경제적이라 해도, 그것의 일부인 인간은 열망을 가지고 있다. 이를 가장 잘 보여 주는 증거는 우리가 그렇게 많은 방향으로 우리의 자각을 확장시킬 수 있는 마음 상태를 쉽게 가질 수 있다는 점일 것이다. 데즈먼드 모리스Desmond Morris가 『털 없는 원숭이』에서 '네오필리아Neophilia', 즉 새로운 것과 혁신, 열정적인 호기심에 대한 사랑이 영장류에 의해 계발되어 인류에게 전해진 형질이라는 의견을 제시한 지도 40여 년이 지났다. 그러나 네오필리아가 인간의 특징이 된 후 오랜 세월 동안 인간의 마음은 더 크게 발전하여 지금은 그저 '더 많은 것을 알고 싶어 하는 것' 이상의 목적을 위해 사용될 수 있다.

네오필리아의 '오래된' 부분은 우리가 다뤄야 할 새로운 상황을 점점 더 많이 만들어내면서 새로운 종류의 호기심을 발생시킨다. 그리고 우리는 그런 자신과 보조를 맞추기 위해 '더 많이 아는 것을 더 잘하고 싶어 하게' 된다. 이것이 다른 종류의 새로움, 말하자면 '앎의 앎'을 초래하면서 앎에 대해 더 잘 알고자 하는 욕구와, 그렇게 우리에게 전달된 확장된 관점과 관련해 무슨 일을 할 수 있는지 알아보려는 욕구를 불러일으킨다. 그렇다면 앎이란 무엇일까? 우리가 넓히거나 길들이거나 정제하거나 풀어 주거나 재분배하거나 그저 더 큰 자신감을 가지고 자주 사용하려고 노력하는 무엇일까?

우리는 현대에는 이런 질문에 대한 답을 찾기가 매우 어렵기 때문에, 그것을 이른바 '배우는 법을 배우기'의 일부분으로 생각하는 경향이 있다. 여기서 느껴지는 초조함은 우리 스스로가 초래한 '지속적으로 간과된 여행Constant Unnoticed Travel'에서 나타난 최근의 커다란 문제 때문에 유발되는지도 모른다. 그 문제란 해수면의 상승, 북쪽의 나라들에 이른 봄이 오는 현상, 지구 온난화에 따른 지표면의 여러 변화 등을 예로 들 수 있다.

그러나 우리 세대에 와서야 인식의 외연外延이 매우 긴급한 주제라고 처음으로 생각한 것은 아니다. 그런 생각의 흔적은 훨씬 더 옛날에도 발견되는데, 예를 들어 중세에 살았던 아프가니스탄의 시인 잘랄루딘 루미가 이에 대해 상당히 장황하게 언급한 것을 찾아 볼 수 있다. 루미는 절대로 중단하지 않는 것, 그 주제를 철저하게 다 연구했다고 생각하지 않는 것이 가장 중요하다고 말했다. 그리고 앎에 대해 발견한 것들을 더욱더 탐구해서 끝까지 추적하라고 했다. 루미는 700여 년 전에 인지 작용에 대한 글을 쓰면서 그 압박감을 이렇게 표현했다. "인간은 필요 때문에 몸에 여러 장기를 갖추게 되었다. 그러므로 필요한 것이 있는 사람은 요구를 더욱더 늘려야 한다."

새로운 네오필리아가 더 큰 앎에 대해 계속 갈증을 느끼는 것이라면, 행성이 근접하던 날 밤 내가 깊은 여행을 통해 태양계를 보았던 기억을 잊지 못하는 것도 놀라운 일이 아니다. 나는 이후 시간의 원활한 흐름

을 방해하는 다른 것들에 대해 생각해 보게 됐다. 특히 내가 겪어 본 것 중에서도 시간이 더 이상 흐르지도 않고 흐르지 않지도 않는 경우에 대해서 생각하게 됐다.

나는 이 상황을 우연히 만났다. 몇 년 전 어느 여름날 밤, 나는 아무 생각 없이 살피지도 않고 걸어가다가 문에 발가락을 세게 부딪쳤다. 워낙 세게 부딪쳐서 발가락이 부러진 것 같았다. 나는 뉴욕 대학교 메디컬 센터 응급실의 환자 대기실에서 담당 의사가 진료하러 올 때까지 몇 시간을 기다렸다. 그때 내게는 패트릭 리 퍼머 경Sir Patrick Leigh Fermor의 여행서 시리즈 중 한 권이 있었고, 초진 간호사가 응급실의 상황과 환자의 주의 사항을 담은 소책자를 건네주었다. 그 소책자의 내용 중 '대기'라는 항목에는 "자유롭게 비치된 잡지를 읽거나 텔레비전을 보라"고 권하고 있었고, "자판기들이 편리한 장소에 있다"는 것을 알려 주었다. 그리고 "때때로 기다리는 시간이 매우 길어 지루할 수도 있다"며 내게 주의를 주었다.

조용한 밤이었기에 잡역부들과 간호사들만 이따금씩 오갔다. 한쪽 구석에서 텔레비전이 웅얼거리는 소리를 빼고는 지나가는 사람들과 다른 환자 두어 명이 말없이 진료를 기다리고 있어서 별로 볼 것도 들을 것도 없었다. 대기실은 지극히 평범했고 기능적이었으며 장식도 없었고 에어컨 때문에 춥다시피 했다. 하지만 다 괜찮았다. 내게는 한 가지 목표, 즉 내 발가락이 정말 부러졌는지 확인하는 일밖에 없었다. 충격을 받은 데다 칠칠맞지 못하게 행동했다는 씁쓸함이 섞여 머리가 좀 어지러웠지만 의사에게 확인받기 전까지는 판단을 미룰 생각이었다. 별로 많이 아프지는 않았기에 대기실에 앉아 있었던 것이다.

나는 대기실에 웅크리고 앉아 『선물 같은 시간A Time of Gifts』을 읽었다. 패트릭 리 퍼머가 열여덟 살이었던 75년 전 네덜란드에서 이스탄불까지 걸어서 여행한 괴롭고도 즐거운 기억들이 아름답게 쓰여 있었다. 나는 이따금 책에서 눈을 들어 주위를 힐긋 둘러봤는데 좀 전에는 느끼지 못했던 어떤 움직임이 방 한쪽에서 포착됐다. 대기실은 내가 짐작했던 것보다 덜 황량했다. 멀리 떨어진 벽에는 마치 움직이는 미술 작품처럼 모터를 장치해서 움직이는 금속 조각품이 붙어 있었다. 지휘봉처럼 한쪽 끝이 뾰족한 작고 검은 금속 막대기가 소리 없이 규칙적으로 선회하고 있었다. 같은 지점에 다른 금속 막대기 두 개가 더 있었는데, 역시 느리면서도 소리 없이 회전하고 있었다.

그 조각품의 원활하고도 정확한 리듬을 바라보고 있노라니 마음이 진정되고 편안해지는 것을 느꼈다. 마치 행성들의 순환을 미니어처로 만든 19세기의 정교한 장치인 플라네타륨planetarium(천구상에서 천체의 위치와 운동을 설명하기 위해 둥근 천장에 천체를 투영하도록 만든 장치-옮긴이)의 현대적 작품 같았다. 나는 누가 이 장치를 응급실에 기증했는지 궁금했다. 그러고는 책의 장章이 끝날 때마다 막대기들이 어떤 위치에 가 있는지 궁금해서 힐긋힐긋 바라보곤 했다. 책 속에서 리 퍼머는 현재의 체코 공화국을 즐겁게 터벅터벅 걸어가는 중이었다.

얼마나 늦었는지는 모르지만, 아마 두어 시간 후였을 것이다. 의사가 와서 나를 진찰하고 발가락이 부러졌다는 것을 확인해 주었고, 내 바로 앞에 온 환자를 담당할 전문의를 호출하느라 늦었다고 설명했다. 그 순간 나는 주술呪術에서 풀려났다. 그렇다. 주술이었다. 아니면 그 반대의 일이 일어나서, 나는 일시적으로 떠돌았던 더 친숙한 주술과 재회했을지도 몰랐다. 어쨌든 그 순간, 나는 그 매끄럽고 영리한 조각품이 독특한 예술품이 아니라 너무도 익숙한 대량 생산품이라는 것을 충격 비슷한 것을 받으며 깨달았다. 내가 플라네타륨이라고 생각했던 것은 벽시계였다.

왜 나는 하루에도 수십 번 이상 보았던 물건을 알아보지 못했던 것일까? 그 이유는 우리의 무의식이 시계는 단지 시간을 재는 계기計器일 뿐 용수철과 모터로 돌아가는 장치가 아닌 시간의 흐름 자체에 동력을 받는 기계라고 단정 짓기 때문이다. 내가 앉아서 기다리고 있었던 대기실에서는 시간의 흐름이 사라진 상태였고, 따라서 그곳에서 시계가 잴 것은 아무것도 없었다. 당신은 물이 말라버린 강에서 계속 돌아가는 물레방아를 보고 무엇이라고 생각할 것인가? 그저 장식품이나 구경거리로 보이지 않을까? 속에 물도 없고 불을 때지도 않는 보일러 옆에 붙은 증기 압력계는 또 어떤가?

이런 종류의 경험을 다시 해 본 적은 없지만, 나는 한동안 시간을 저버리는 능력이 보기보다는 가까이에 있으며 그 능력을 발휘하는 데는 우연히 한밤중에 발을 부딪치는 것 같은 특별한 상황까지는 필요하지 않다고 생각하게 됐다. 찰스 램Charles Lamb의 유명한 수필 「구운 돼지를 논함A Dissertation upon Roast Pig」에서처럼, 돼지가 집 안에 있을 때 마침 불이 나서 인류가 최초로 구운 돼지를 먹게 되었다고 해도 또다시 구운 돼지를 먹기 위해 다시 집을 태울 필요는 없기 때문이다.

시간의 경우, 시간을 재지 않거나 시간에서 자유로운 에피소드들을 통해 이런 상황에 대한 연구가 가능하겠지만 아직은 그런 상황들이 기록되거나 연구되지 않았다. 여기에는 한 단어나 짧은 구절을 활용해서 보통 우리의 마음에 패턴을 새기는 상황을 설정하는 것도 포함된다. 예를 들어 현재까지 남아 있는 많은 설화나 동화들은 '한때' 혹은 '옛날에' 같은 서두, 마음이 현재의 시간 틀에서 덜컹 빠져나와 평범한 예상과 편견들이 더 이상 같은 영향력을 갖지 않는 유사한 세계의 길로 들어가도록 고안된 도입부로 시작한다. 하지만 더욱 정교하고 의도적으로 앞뒤가 뒤바뀐 머리말로 시작되는 설화들도 있는데, 아마 독특하고 색다른 이야기 알맹이를 찾아내는 데 방해가 되지 않도록 시간이라는 요소를 무시하기 위한 장치일 것이다.

나는 최근 이렇게 눈길을 끄는 색다른 이야기의 서두를 모으기 시작했다. 독특한 방법으로 자각을 확장하는 것을 주제로 하는 어느 집시족의 이야기는 서두를 이렇게 시작한다. "고양이와 쥐 사이에 전쟁이 일어나기 전, 그래서 모든 고양이와 쥐가 서로 적으로 돌아서게 된 전쟁이 일어나기 전, 그리고 인간이 달에 가기 전 우물 바닥에서 살았을 때 일곱 번째 아들의 일곱 번째 아들로 태어난 한 집시가 살았다." 투르키스탄에서 전해지는 옛이야기 하나는 뿌리 깊은 주술에서 깨어나는 법에 대한 내용인데 첫 줄이 이렇다. "하늘이 녹색이고 땅이 걸쭉하게 끓고 있을 때, 시간이 있었으며 또 시간이 없기도 했다."

사람들이 시간에 대해 너무 많이, 너무 자주 생각하기를 피하는 데는 또 다른 이유가 있을지 모른다. 이를 '시간의 프라이버시'라고 부르자. 그러면 그것에 대해 더 많은 말을 하지 않아도 될 것이다. 이는 통계치로 충분히 공개될 만한 주제이지만 그렇지 않으면 흔히 프라이버시가 그렇듯 지극히 개인적인 주제로 남을 것이고 우리 각자가 은밀하게 다뤄야 하기 때문이다. 세상에 태어난 순간부터 우리 모두는 시간 아닌 시간에 붙잡혀 있으며 풀리지 않은 수수께끼 한가운데에 있게 된다. 우리가 각 개인의 상황에 대해 가지고 있는 유일하고 확실한 정보는 우리가 이 땅에 머무는 기간이 유한하다는 것이다. 이는 또 다른 자각의 문제인데, 우리가 그 사실에 대해 생각하는 것을 억제하거나 미루기는 해도 완전히 배제하지는 않기 때문이다.

우리가 결국에는 죽는다는 사실은 곁에서 우리를 따라 걷고 있는 말 없는 동반자와도 같다. 여러 정신사적 전통에서는 모든 자각을 심화하는 방법으로서 이 동반자의 손을 잡으라고 권하고 있다. 그러나 1300여 년 전 예멘의 사막에서 이루어진 짧은 대화에서 지적되었듯이 그것은 고통스러운 주제일 때가 많다. 어떤 사람이 예언자 마호메트와 동시대인이었던 은둔 명상가 유와이스 알 카르니Uwais al-Qarni(예멘의 이슬람 신비주의자이자 순교자이며 철학가-옮긴이)에게 다가와 기분이 어떠냐고 물었다. 유와이스는 다른 사람들처럼 자기도 아침에 일어나면 저녁에도 자기가 살아 있을지 모른다고 대답했다. 그러자 그 사람은 (한 현대적인 번역에 따르면) "하지만 모든 사람이 다 그렇습니다"라고 말했다. 이에 유와이스는 "그렇다. 하지만 얼마나 많은 사람들이 그것을 느끼느냐?"라고 말했다.

시인 윌리엄 브롱크는 시간에 대한 생각과 죽음에 대한 생각은 풀어낼 수 없을 정도로 서로 얽혀 있다는 점을 깨달았다. 그는 뉴욕 주 북부의 한 집에서 81년 동안 살았는데, 그 집은 부모가 그가 한 살 때 이

사해 온 집이었다(브롱크스 자치구는 뉴욕 시가 그의 성을 따서 붙인 이름이기도 하다). 브롱크는 아버지의 석탄·목재 사업을 물려받아 30년 이상 운영했다. 운전을 배운 적이 없는 그는 여행도 별로 하지 않았지만, 그의 시와 친절함, 그리고 미식가를 위한 요리에 반한 사람들이 끊임없이 그를 찾아왔다. 그가 다트머스 대학의 한 스승에게 바친 시 「예술과 죽음: 시드니 콕스에게 바치는 푸가The Arts and Death: A Fugue for Sidney Cox」에는 이런 내용이 나온다.

> 죽음이 내 마음을 가득 채운다, 나는
> 끊임없이 생각한다, 시간이 어떻게 멈출지,
> 시간이 어떻게 멈추었는지, 멈추는지에 대해. 죽은 자들—
> 그들의 완료된 시간. 시간이 우리를 지치게 한다.

한편 생명의 덧없음에 대해 생각함으로써 더욱 힘이 나는 사람들도 있었다. 몇 년 전 나는 메릴랜드 동부 해안의 초기 정착 과정에 대해 조사한 적이 있었다. 어느 날 델라웨어 주 윌밍턴의 델라웨어 역사협회에 있는 신문의 합본들을 뒤적이고 있었는데, 1834년 3월 11일 화요일자 《델라웨어 가제트와 미국의 파수꾼Delaware Gazette and American Watchman》의 칼럼에 있는 짧은 구절을 읽고는 하던 일을 멈추었다. 나는 그 구절을 노트북에 베껴 쓰고는 어디에 보관할지 몰라서 그냥 '기타' 파일에 넣어두었다. 그 칼럼은 당시에는 개념으로 정립되지도 못했던 환경 보존 문제를 붐비는 버스 안에서 자리를 양보하는 것과 같은 상식적인 품위와 예절의 문제로 다루고 있었다. 2010년의 세계 인구는

68억이고, 현재 미국의 평균기대수명은 78세를 막 넘어서는데 당시에는 세계 인구가 겨우 10억을 넘어선 상태였다. 《델라웨어 가제트와 미국의 파수꾼》의 칼럼을 쓴 익명의 필자는 이렇게 쓰고 있었다.

> 사람의 평균수명은 30세를 조금 넘어선다. 세계의 인구가 증가하고 있다는 것은 고려해야 할 사항으로서 우리가 다른 사람들에게 우리의 자리를 양보할 준비를 하고, 계속해서 이 땅을 떠나는 영혼들의 보이지 않는 비행에 합류할 때를 준비할 필요성을 보여 준다. 어느 순간에 그 영혼들의 호출을 받을지는 아무도 모르기 때문이다.

5장

시간 개척자들

시간에 대해 생각하는 것, 그리고 시간 속을 통과하거나 시간에서 멀어지는 것에 대해 생각하는 것은 예기치 않은 순간에 각별한 울림이나 숨은 뜻, 혹은 무엇이 비축되어 있는지를 상기시킬지 모른다. 앞서 다룬 다양한 성찰들을 기억하면서, 조심스럽게 걸어 앞으로 나아가기로 하자. 또한 우리가 그 결과를 회고해 볼 수 있는 일생 동안의 수많은 여행과, 확실한 결론을 모르는 아직 끝나지 않은 여행들 사이에 연결고리를 만드는 것, 혹은 우리의 개인적인 여행과 델라웨어의 칼럼 필자가 느꼈던 '보이지 않는 비행'같이 더 오래되고 커다란 인간의 행렬 사이에 연결 고리를 만드는 것은 '움직임에 대한 생각'이 아니라 '시간에 대한 생각'이라는 것도 알고 가자. 그 모든 것은 우리가 전진 중인 어떤 행렬 속에 있다면 어디서 출발을 했는지, 언제 시작되는지 같은 또 다른 질문들을 만들어낸다.

질문의 대답이 어떤 것이든, 이 생애에서는 이례적인 시간들이 워낙 많아서 아마도 그런 시간들이 기준으로 여겨질 것 같다. 그 시간들과 함께하면서 이를 우리 내부에 모아 정리하려면 일종의 '시간 분류기'가 필요하다. 시간 분류기는 흘러가는 시간의 감각에 들어가고 나오는 상황, 시간이 흐르는 방식을 수정하고 재조정해서 우리의 목적에 맞추는 상황에서 방향을 잡는 능력이다. 우리의 시간 감각이 하루 종일 겪는 무수한 변화들은 주목을 덜 받고 있는데, 아마도 그 변화가 무작위로 일어나지 않기 때문일 것이다. 일단 우리가 하루에 행하는 활동 하나하나의 구조를 더 자세히 관찰하면 그 활동들은 자체의 습관적인 '시간의 선율'에 얽매이고 조정되는 것을 볼 수 있다. 시간의 선율이란 음악 작품과 같이 속도와 박자, 전반적인 지속성, 혹은 길이감이나 연장되는 감각을 수반하는 것으로서, 우리가 이미 시작한 일을 마치려면 얼마나 더 오래 걸릴지 계속 추정하는 것이다.

이 음악적이고 율동적인 '시간의 구조'가 우리의 행동과 출입을 통제하기 때문에 깊은 여행에도 역시 그 자체의 시간 구조가 있다는 점은 놀랍지 않다. 깊은 여행이 우리를 위해 물리적인 범위를 뒤로 물러나게 할 때마다, '우리가 있는 장소'에 대한 확대된 감각과 우리가 누구인지, 우리가 알거나 모르는 것, 배울 수 있는 것이 무엇인지에 대한 새로운 이해들이 '우리가 있는 때'에 대한 감각 안에서 나란히 펼쳐짐으로써 서로 얽히고 강화되고 명확해진다.

사람이 시간에 대해 이야기할 수 있을까? 시간만을, 혹은 시간 그 자체를 이야기할 수 있을까? 토마스 만은『마의 산』의 끝 무렵에서 그렇게 묻고는 "절대로 그럴 수 없다. 몹시도 어리석은 시도일 것이다"라고 답했다. 그러나 다행히도, 그런 시도를 하는 사람들이 있다. 지난 100여 년 동안 소수의 '시간 개척자들'이 다른 사람들의 기록을 조사하고 설명하고 증명하기 위해 나섰다. 비록 그들이 노력한 결과들이 수집되고 분석되지는 않았지만, 시간을 여행한 사람들과 시간 개척자들이 이미 충분히 나선 덕분에 1980년대 초 미국 인류학의 거장 에드워드 홀이 "최근 생겨난 시간의 과학은 앞으로 활발하고 중요한 주요 학문 분야로서 더욱 큰 위상을 차지할 것이다"라고 선언할 수 있게 됐다.

1914년에 태어나 2009년에 사망한 홀은 자신의 긴 생애를 이전에 탐구되지 않았던 것을 탐구하는 데 바쳤다. 그는 1983년『생명의 춤』에서 "내가 보는 것은 완전히 새로운 차원 혹은 여러 차원의 묶음"이라고 말했다. 그 연구는 30년 동안 진행되다가 건강 문제로 늦춰지긴 했지만 그는 아직도 완전히 포기하지 않았다. "인류는 자신의 능력을 충분히 경외하지 않고 있다"는 것이 그의 의견이다.

홀의 생각처럼 시간 개척자들은 아마도 어느 날에는 평범한 것이 될 지식에 접근하는 선발 척후병인지도 모른다. 예전의 시간학자들은 '나이 들수록 왜 시간은 빨리 흐르는가' 같은 매력적이고 구체적인 질문들의 답을 찾고자 노력했다. 특히 이 질문은 2001년 네덜란드의 심리학자 다우베 드라이스마Douwe Draaisma가 펴낸 책의 제목이 되기도 했는데, 드라이스마가 전한 대답은 프랑스의 철학자 폴 자네Paul Janet가 1877년 발견한 것이었다. 폴 자네는 사람들이 나이를 쌓아 놓은 더미에 견주어 세월을 셈하기 때문에, 열 살일 때의 1년은 한 생애의 10분의 1을 나타내는 데 반해 쉰 살의 1년은 전체의 2% 정도밖에 되지 않는 작은 조각으로 줄어든다고 지적했다. 드라이스마가 말한 대로라면 우리는 "우리의 전 생애를 통해 끊임없이 바뀌는 잣대로 계속 시간을 재고 있으며, 따라서 아예 자가 없는 것이나 마찬가지가 된다."

『생명의 춤』에서 홀이 말하는 주제는 "우리가 살아가는 시간과 생각하는 시간 사이에 큰 차이가 있다"는 것이다. 홀은 10대였을 때부터 신중하게 관찰해 온 결과 "사람들이 책을 쓰고, 놀고, 활동 계획을 짜는 등 서로 다른 일들을 하는 동안 무의식적 혹은 의식적으로 서로 다른 시간의 범주에서 표현하고 참여한다"고 결론지었다.

> 시간은 뉴턴이 생각했듯이 절대 불변일 뿐 아니라 지극히 넓은 범위의 현상을 망라하는 개념들, 사건들의 다발이기도 하다는 더 일반적인 인식을 할 때가 왔다. 영국의 아프리카 연구가 E. E. 에반스-프리처드E. E. Evans-Pritchard의 표현처럼 "시간을 분류하는 일이 그토록 어려운" 것은 이런 이유에서다. 미시적 분석에서는 지구상에 사람들만큼이나 많은 종류의 시간이 있다고 말할지 모르지만 서방 세계에 있는 우리는 시간을 단일체로 본다. 이것은 부정확하지만, 우리가 시간을 보는 방식이 그렇다.

홀은 10대 후반이었던 1930년대 초에 애리조나 주 북부의 호피 족과 나바호 족 보호구역에서 건축 현장 반장으로 일했다. 도로와 다리를 건설하기 위해 워싱턴에서 파견된 백인 엔지니어들과 호피 족, 나바호 족 노동자들 사이에서 그는 자연스럽게 유일한 통역가가 되었다. 그때부터 그는 '시계 밖에서' 생각하게 됐다.

나는 나바호 족과 호피 족 인디언들이 애리조나 킴스 캐니언의 현장 사무소에 있는 교역소 주위에서 참을성 있게 기다리는 모습을 보곤 했다. 그러면서 내가 그들의 입장이 되어 보는 것 자체가 불가능함을 깨달았다. 인디언들이 기다리는 모습에는 나와는 다른 특징이 있었다. 이런 점에서 보면 나는 다른 백인들과 다를 바가 없었다. 우리는 모두 성급했고 늘 손목시계나 벽시계를 바라보며 투덜거리거나 안달을 냈다. 그러나 인디언은 아침에 현장 사무소에 도착하면 오후가 되어도 현장 사무실 밖에서 꾸준히 앉아 있었다. 그동안 그의 몸가짐이나 행동에는 변화가 없다. 어떻게 그럴 수 있을까? 나의 시간과 그들의 시간이 같지 않다는 것은 꽤나 분명했다.

홀은 또 이렇게 말한다.

나는 곧 내가 적어도 네 가지 다른 시간 체계를 다루고 있다는 점을 알아차렸다. 호피 족의 시간, 나바호 족의 시간, 정부 공무원의 시간, 그리고 주로 인디언 무역상으로 보호구역에서 살고 있는 다른 백인들이 사용하는 시간……. 이 시간 체계들 사이에 얼마나 큰 차이가 있었던지! 그 네 가지를 일치시키는 방법은 아예 없는 것 같았다. 심지어 다소 순진한 청년이었던 나로서도 사람들이 그런 차이를 대수롭지 않게 여긴다는 점에 놀랐고 어리둥절했다. 모든 사람이 자기만의 시간 체계를 고수했기에 그런 차이는 무시되었다.

『생명의 춤』에서 홀은 각각 다른 '누렸던 시간' 경험들의 메뉴를 맛보는 일과 흡사한 것을 보여 준다. 이는 시간에 대한 자각을 우리의 주의력 전면으로 끌어내 마음에 간직될 수 있는 것, 연구되고 평가되는 것으로 만든다. 이것은 의미심장한 사회봉사로서, 나는 이 점에서 전직 보스턴 TV 방송 기자인 잭 보든Jack Boeden이 25년도 더 전에 시작한 하늘 알기 캠페인이 기억난다. 보든이 홀과 다른 점은 그가 '시간 평가'에 대한 통찰을 미국 초등학교에 도입하기 위한 비영리단체를 만들었다는 것이다. '넓은 하늘을 위해For Spacious Skies'라는 이름의 이 단체는 이미 하늘에 대한 교과과정을 50만 곳 이상의 교실에 도입했다.

보든이 이 캠페인을 시작한 때는 그가 중년에 접어든 어느 날이었다. 그는 매사추세츠 주의 잔디밭에서 낮잠을 자다 깨어나면서 하늘에 관심을 가지기 시작했다. 땅에 등을 대고 누운 채로 그는 난생처음 끊임없이 변화하는 하늘의 장관을 보았다. 그때까지 무려 49년 동안 그의 머리 위에서 무시당했던 하늘이었다. "나는 너무도 황당했다. 어떻게 그렇게 오랫동안 그것을 보지 못했을까?"

보든처럼 하늘에 흥미를 갖게 된 사람들은 커다란 하늘 아래 단단한 층과 밑바닥이 있다고 생각함으로써 세계의 제3의 차원에 대한 감각을 변화시킨다. 그래서 하늘이 지붕 위 잴 수도 없는 높은 곳이라기보다는 이미 자기가 있는 바로 그곳, 땅과 만나는 곳인 발에서부터 대기가 시작되어 위로 뻗어나간다는 느낌을 갖게 된다. 미국의 풍경 화가이자 평생 하늘을 관찰해 온 에릭 슬론Eric Sloane은 이 감각이 자신에게 미친 영향에 대해 말하면서 "마치 공기로 된 대성당을 계속 걸어 다니는 느낌이었다"고 표현했다.

그러나 홀의 시간 자각에 대한 글쓰기는 루크 하워드Luke Howard의 정돈되고 집중된 작업을 떠올리게도 한다. 그는 초창기의 하늘 연구자이자 '구름 명명가'로서 오늘날 기상학의 아버지로 존경받는다. 18세기 말, 영국의 젊은 화학자였던 하워드는 하늘의 복잡한 무늬 안에서 몇 개의 단순한 기본 특징들을 발견했고, 1802년에 그 특징들에게 평범하고 편안하며 오래된 느낌의 이름을 붙여 주었다. 그는 구름들이 네 개의 기본 형태 중 하나를 취하는 경향이 있음을 발견했다. 덩어리 모양, 층을 이룬 모양, 곱실한 머리 타래 같은 모양, 그리고 비가 내릴 듯한 모양의 네 가지다. 또한 비가 내릴 듯한 덩어리 구름 같은 잡종도 있는데 이는 거대한 뇌운雷雲으로 대기 높이 솟은 구름이다. 하워드는 이런 모양에 따라 이름을 라틴어로 번역했다. 적운cumulus, 층운stratus, 권운cirrus(새털구름), 난층운nimbus(비구름), 그리고 적란운cumulonimbus(소나기구름).

라틴어는 그때도 그랬고 지금도 여전히 종種의 이름과 물질의 범주, 중요한 사건들의 분류에 쓰이는 보편적인 과학 용어다. 라틴어를 쓰면서부터, 마치 시력 검사를 할 때 검안사가 도수가 맞는 렌즈를 기계에 끼우면 흐릿한 시력 검사표의 모양들이 문자로 또렷하게 보이듯이, 무질서해 보이던 것들이 충분히 받아들일 수 있고 사용할 수 있는 기반으로 녹아들었다. 하워드를 존경했던 괴테는 하워드가 "분명하지 않은 것, 무형의 것, 미칠 수 없는 것의 한계를 정하고 뜻을 확정했으며, 적절한 이름을 부여하는" 방법을 발견했다고 말했다.

홀은 깊은 여행을 직접적으로 언급하지는 않았지만 '가변적인 시간'

에 대해 자세히 관찰해서 설명한 덕택에, 우리는 깊은 여행 시간이 폭넓은 시간의 변화 범위에서 일종의 중간 지대를 차지함을 알 수 있게 됐다. 그 범위의 한쪽 끝에 있는 변화는 아마도 일생에 한 번 혹은 두 번 정도 일어날 만한 것이리라. 한편 다른 쪽 끝에 있는 시간의 변화는 하루에도 몇 번씩 겪을 정도로 자주 만나게 되어, 우리는 그것에 자극을 받거나 조력을 받으며 살고 있다기보다는 그 자체가 우리라는 느낌을 받는다.

이 시간의 변화는 꾸준한 흐름 속에서 갑작스럽게 변경되는 것이다. 깊은 여행 시간과 같은 것이지만, 매끄럽고 정연한 하틀 식의 시간 흐름이나 생체 시계가 일상에 규칙적으로 개입하는 것과는 다르다. 이들은 불규칙하고 예측할 수 없다. 우리는 언제 그 변화가 찾아올지, 또는 얼마나 지속될지 모른다. 시간의 변화는 우리가 시간의 '속도'와 '지속'이라 여기는 것을 조정함으로써 현재 순간에 대한 우리의 감각을 재구성한다. 그중에서도 속도는 시간의 박자 혹은 보조步調를 말하며, 급작스러운 가속이나 감속으로 알아볼 수 있는 것이다. '지금 일이 얼마나 빠르게 일어나는 것 같은가?', '우리가 얼마나 빠르게 그 일들을 헤쳐 나갈 것 같은가?' 같은 질문에 대답할 수 있는 것은 바로 이 속도에 대한 감각 덕분이다.

한편 지속은 '현재의 크기'를 의미하며, 우리는 그것이 더 커질 것인지 작아질 것인지 생각한다. 지속은 현재의 범위와 경계들을 재는 척도다. 예를 들어 아직 '현재'인 것에서 우리가 '그때'라고 말하게 될 특정한 순간까지의 거리를 재는 것이다. 또한 지속에는 현재 순간의 계속성 여부, 즉 순간적으로 지나가는지, 혹은 어느 정도 유지되는지에 대한 우리의 감각도 포함된다. 이는 조지 거슈인George Gershwin의 곡 「이것은 얼마나 오래갈까?How Long Has This Been Going On」와 같은 질문에 대한 답이기도 하다.

홀은 『생명의 춤』에서 비상시 생명을 구할 수 있는 "내재되어 있고 가변적인 시간 감지기"가 작동한다고 지적했다. 시간의 지속이 순간으로 줄어드는 느낌이 들고 곧 죽으리라 생각될 때, '내 일생이 주마등처럼 눈앞을 스쳐갔다'고 말할 만할 때 시간은 번개 같은 속도로 움직인다. 또한 지속이 짧고 제한적이며 그 끝이 임박했지만 재난을 피할 기회가 남아 있을 경우에는 반대 현상이 일어날 수 있다. 시간의 흐름이 느려지는 것이다. 홀이 계산한 바에 따르면 이때 시간은 보통 속도의 약 300분의 1로 느려지며, 그 결과 아직 사용할 수 있는 시간이 300%로 늘어난다. 그 느낌이 어떤지를 나타낸 공식이 있다면 아마도 '가속=감속'으로 표현될 것이다.

이는 글로 쓰기보다는 경험해 봐야 아는 것이지만, 홀의 표현대로 비상시 '시간 확장'은 위험하고 절박한 상황에서 우리가 택할 수 있는 제3의 선택지다. 즉, 인간이 다른 동물과 공유하는 두 가지 본능적인 비상 대응책인 '도망가느냐, 싸우느냐' 사이에서 거의 중간 행동을 택하는 인간 특유의 능력이기도 하다. 제3의 선택은 문자 그대로 '시간을 사는buy time' 것이며, 공격하거나 도망가는 대신 예상치 못한 새로운 행동을 함으로써 상황을 포기하지 않고 해결할 수 있도록 해 준다. 때로는 가만히 앉아서 공포를 가라앉히는 것도 효과적인 해결책이다.

홀은 비상시 시간 확장의 예로 1980년 《워싱턴 포스트》에 실린 해군 시험조종사에 대한 기사를 언급했다. 그 조종사는 해리어 제트(군용 수직 이착륙 항공기-옮긴이)를 몰고 항공모함의 함재기 발사기에서 막 나온 후에 그 항공기가 동력을 내지 못한다는 사실을 알아차렸다. 즉, 그는 항공기를 날아오르게 하거나 항공기가 추락해서 산산조각 나기 전에 탈출할 시간이 거의 없었다. 그 후 8초 남짓 되는 시간에 일어난 일을 나중에 그는 45분이나 걸려 설명했다. 홀이 지적했듯이, 일련의 연속적인 행동들을 장황하게 나열해야 했기 때문이다. 먼저 조종사는 엔진이 정말 말을 듣지 않는지 확인했다. 그런 후 정확히 바다 표면 9m 위에서 긴급 탈출해야 했다. 그는 각각의 독립된 행동을 정확한 시간에 올바른 순서로 당황하지 않고 해냈다. "정상적이라면 그는 그 어떤 행동도 하지 못했을 것이다. 만일 시간을 확장하는 능력이 인류라는 종에 내재되어 있지 않았다면 오늘날 인류가 생존했을지 의문스럽다"고 홀은 말한다.

조종사는 시간보다는 공간의 성질에 변화가 생겼음을 느꼈던 것 같다. 그의 마음이 보통 때보다 빠르게 움직였던 것이 아니라 그의 주위에 있는 사물들이 속도를 완전히 잃었던 것이다. "나는 사태의 전개에 몹시 놀랐다. 모든 것이 슬로 모션으로 움직였다"고 그는 《워싱턴 포스트》 기자에게 말했다. 그로부터 20여 년이 지난 지금, 우리는 이것을 '매트릭스 효과Matrix Effect'라고 부른다. 영화 〈매트릭스〉의 주인공 네오는 몹시 빠르게 움직여서 총알들을 마치 기어 오는 노래기처럼 느리게 만들어 피할 수 있었다.

긴급하지 않은 상황에서 시간의 확장이 일어난 이야기들도 여러 문화에서 불쑥불쑥 나타나곤 한다. 때로는 이것이 잠자는 것과 깨어 있는 것 사이의 경계를 흐릴 때도 있다. 드라이스마가 언급한 시간 개척자 장-마리 귀요Jean-Marie Guyau는 명석한 프랑스의 철학자이자 시인, 심리학자, 사회학자였으며 1890년 출판된 『시간 개념의 기원The Genesis of the Idea of Time』의 저자이기도 하다. 그의 글 중에는 갑자기 졸음이 밀려와 잠이 들었다가 걱정이 된 친구가 깨워서 재빨리 정신을 차린 어느 학생에 대한 이야기가 있다. "그 짧은 순간에 그는 이탈리아를 방문하는 꿈을 꾸었다. 여러 도시와 사람들, 산들이 연이어 나타났다. 그는 그곳에서 몇 가지 개인적인 일을 했는데, 깨어난 후 몇 시간 동안에도 꿈을 꿈을 꾸고 있다는 느낌을 받았다."

이런 이야기들은 예언자 마호메트의 밤 여행 전통이 이슬람의 유산으로 살아 있는 중동과 중앙아시아 쪽에서는 아주 흔하다. 마호메트는 전통에 따라 밤에 침상에 있다가 하늘로 불려 갔으며 거기서 하느님과 9만 가지 대화를 나누었다. 그가 자기 방으로 돌아와 보니 침대는 여전히 따뜻했으며 그가 떠날 때 넘어졌던 물병에는 여전히 물이 담겨 있었다. 밤 여행은 지금도 수피파의 연구 단체에서는 널리 퍼져 있는데, 7세기에 있었던 밤 여행에 대해 쓴 13세기의 한 논문에서는 시간 확장을 '특별히 중요하지 않은' 능력으로 언급하고 있다. 그보다는 사람들이 자기에게 허용된 확장된 시간을 어떻게 사용하는지가 더 중요하다는 것이다. 수피파의 스승인 이드리스 샤Idris Shah의 『탁발 수도승의 이야기Tales of the Dervishes』에는 예언자의 경험이 의심스럽다고 말하는 어느 술탄의 이야기가 나온다. 그 술탄은 존경받는 스승의 요청을 받고 아주 잠깐 접시 물에 머리를 집어넣는다. 그 순간 그는 자기가 먼 나라로 추방되어 7년 이상 아무 일도 하지 않고 재산을 낭비하다가 결국 짐꾼으로 일자리를 찾는 지경이 됐다는 생각에 빠진다.

한편 이 이야기에 나오는 존경받는 스승인 바그다드의 셰이크 샤하부딘 오마르 수흐라와르디Sheikh Shahabudin Omar Suhrawardi도, 제대로 된 평범한 여행에도 그런 가능성이 있다는 비슷한 관점을 보인다. 그런 여행은 재산을 조금씩 줄이는 것이 아니라 불리는 수단이 될 수 있다는 것이다. 수흐라와르디는 저서 『심오한 지식의 선물』(영어로는 『수도승의 교과서A Dervish Textbook』로 번역되어 있다)에서 "고향과 친구, 친숙한 물건들에서 멀어져 고난 속에서 인내심을 발휘하는 것은 냉혹한 마음을 부드럽게 하는 데" 큰 역할을 한다고 썼다. 당시의 독자들에게 친숙한 언어로 '하키카트hakikat(진리)를 탐구하는 자'를 자처했던 수흐라와르디는 뱉에 탄 "피부가 벗겨져 나가고 정화되고 부드럽고 연한 피부 결이 드러나는 것처럼, 사파르safar['여행'이라는 뜻으로 영어 단어 'safari'와 같은 아라비아어 어근이다]([ ] 안의 내용은 저자가 추가한 것이다–옮긴이)로 무두질 당하고, 자연스러운 타락과 타고난 난폭함에서 벗어남으로써 헌신의 정화된 부드러움이 나타나고 고집이 신앙으로 바뀐다"고 말한다.

일상적인 시간의 다양한 변화에 대해 홀은 "시간이 기어가거나 날아가는 듯한 경험을 해 보지 않은 사람이 있는가?"라고 묻는다. 어렵겠지만 이런 변화를 기록해 본 사람이라면 어느 날이든 하루 종일 썰매를 타고 질주하는 듯한 시간의 흐름 속에서 앞뒤로 흔들리는 것을 알아차릴 것이다. 우리가 이 일에서 저 일로 이동할 때 시간의 속도가 빨라지거나 느려지는 느낌은 워낙 보편적이고 불가피해서 '냄비의 물도 지켜

보고 있으면 끓지 않는다', '재미있을 때는 시간이 화살처럼 날아간다' 같은 옛 속담에도 녹아들었다. 일상적인 시간의 속도는 계속 오락가락하기 때문에 아코디언 음악처럼 때로는 밀어서 오므리고, 때로는 당겨 벌려서 연주하듯이 나타날 수도 있다.

그러나 우리는 주어진 순간의 시간 감각을 오직 불규칙적인 간격으로만 받아들이고 마음에 새긴다. 그렇기 때문에 홀의 표현대로 '누렸던 시간'이라고 하는 편이 아마 더 정확할 것이다. 누렸던 시간이란 우리가 실제로 경험하고 마음에 간직하는 깨어 있는 시간을 뜻하며, 대체로 일시적이고 해체된 것, 단절되고 정적으로 전달되는 것처럼 느껴지는 시간을 말한다. 시간이 느려지는 것 같을 때 우리는 매 순간을 괴로울 정도로 자각할 수 있지만, 그 사이사이에서는 시간이 속도를 낸다기보다는 마치 녹음기의 빨리 감기 버튼보다 더 빠르게 도약하거나 건너뛰며 나아가는 것처럼 느껴진다. 이는 완만한 개울물이 폭포의 가파른 경사면에서 세차게 흘렀다가 다시 이전의 속도로 흘러가는 것과도 같다. 이런 점에서 시간의 흐름은 밤에 졸려서 끄덕이다가 잠들어 다음 날 아침 깨어나기까지가 찰나와도 같이 여겨지는 것과 비슷하다.

윌리엄 제임스William James는 1890년 『심리학의 원리』를 처음 출판했다. 무려 1200쪽에 이르는 인간의 마음에 대한 연구서로, 집필에만 12년이 걸렸고 아직도 현대 심리학의 초석으로 여겨지는 책이다. 현재의 순간을 주제로 한 이 책에서 그는 우리를 둘러싼 현재에 대한 순간순간의 즉각적인 감각을 '엄밀한 현재' 혹은 '인지할 수 있는 현재' 혹은 '그럴듯한 현재specious present(가현재假現在. 변화 및 지속이 직접적으로 경험된다고 주장되고 있는 짧은 시간적 길이. 과거와 미래가 현재라는 순간 속에 통합된 것을 의미한다―옮긴이)'라고 표현했다. 이는 오래 지속되지 않는 '애매하게 경계 지어진 단위'다. 물론 어느 정도는 지속되는데, 그의 표현에 따르면 "칼날 같지는 않고 안장 모양이어서 우리가 앉을 수 있는 정도의 넓이이며 우리는 거기에 앉아서 시간을 두 방향으로 볼 수 있다." 또는 "배의 머리 쪽인 이물과 뒤쪽인 고물, 말하자면 전방과 후방을 볼 수 있는 끝 부분이 있는" 작은 배로 생각할 수도 있다. 우리는 이 간격을 이미 일어나고 있던 일로서 끝 부분에서 경험한다. 그러나 지나간 것은 재빨리 떨어져 나가기 때문에 아주 짧은 동안일 뿐이다. "우리는 아마도 몇 초에서 1분 정도로 길이에 변화가 있는 특정한 지속, 즉 그럴듯한 현재를 끊임없이 의식한다." 또 다른 구절에서 그는 "그것의 핵심은 아마도 방금 경과한 10여 초일 것이다"라고 말한다.

이런 관찰을 토대로, 제임스는 시간 감각이 '근시안적 기관'이라고 결론지었다. 우리가 사용하는 시간의 단위들이 '정신적인 덧셈'을 요구하는 반면, 우리의 눈은 한 번 슬쩍 시선을 주는 것만으로도 멀리 떨어진 곳의 많은 것을 볼 수 있기 때문이다. "400m 정도를 실감하려면 우리는 단지 창을 내다보고 즉각 그것의 길이를 느끼기만 하면 된다. 한 시간을 실감하려면 우리는 끝없이 '지금! 지금! 지금!'을 헤아려야 한다."

뮌헨 대학교 임상심리학 연구소장이며 현대 심리학자이자 뇌 연구자인 에른스트 푀펠Ernst Pöppel도 제임스의 발견을 뒷받침하는 편이다. 《뉴욕 타임스》에 푀펠이 1988년 펴낸 책 『마음이 하는 일: 시간과 의식적인 경험Mindworks: Time and Conscious Experience』의 서평이 실렸는데 푀펠의 책에서 "우리의 뇌는 3초 동안의 창에서 우리의 주의를 끄는 것은 무엇이든 우리가 현재라고 부르는 덩어리로 통합한다"는 부분을 인용했다. 또한 그에 대해 다음과 같이 소개했다. "우리는 본능적으로 형체 없는 소리들의 진행을 '다 다 다, 다 다 다, 다 다 다'라는 패턴으로 인식한다. 이 덩어리들은 일반적으로 3초를 넘지 않는다. 마찬가지로 시와 연설도 3초 단위의 구조로 구성되는 경향이 있다."

그런데도 대부분의 사람들은 다르게 구성된 가변적인 시간 규칙 아래서 엄밀한 현재의 제약이 느슨해지는 부분이 매일 있다는 느낌을 똑같이 강하게 받는다. 늘 반길 만한 방식은 아닐지라도 말이다. 예를 들어 '냄비의 물도 지켜보고 있으면 끓지 않는' 경우가 반복되는 것을 생각해 보자. 시간이 처지고 현재 순간의 지속이 마치 시간이 숨을 멈추고 있는 듯 부풀어, '지금'이 넓은 공간을 차지하고는 미래를 밀어버려 오지 못하도록 저지하는 것 같다. 홀은 "시간이 처진다는 것은 즐거운 때를 보내지 못하고 있다는 말과 동의어다"라고 말한다.

이 냄비를 지켜보는 사람들의 문제는 참기 힘들다는 것이다. 퍼트리샤 모크태리언의 '이미 거기 가 있는 여행자'들의 경우처럼 이들은 끓는 물과 같이 아직 도래하지 않은 미래 상태에 초점을 두고 있다. 그 미래를 너무도 강렬히 원해서 마치 냄비와 불과 물이 우리의 간청이나 명령을 듣고 그 과정을 빠르게 진행할 수 있을 것처럼 과도한 관심을 두기 시작한다. 역설적인 결과이지만 그럴수록 물이 끓는 순간은 한없이 연기되는 듯하다. 왜일까? 현대 심리학자이자 시간 개척자이며 마음과 뇌에 대한 책을 다수 펴낸 로버트 온스타인Robert Ornstein은 어떤 것이 얼마나 오래가는지는 어느 순간이나 상황에 얼마나 마음을 많이 쓰고 간직하는지에 달렸다고 했다. 이는 온스타인의 정보처리 언어로 비유하면 마음이 어떤 때든 정보를 위해 얼마나 많은 '저장 공간'과 '저장

규모'를 요구할 것인가에 달려 있다. 온스타인은 1969년 펴낸 첫 책『시간의 경험에 대하여On the Experience of Time』에서 "기대한다는 것은 자극에 점점 더 예민하게 반응하는 상황"이며, 그래서 "우리는 끊임없이 냄비를 지켜보면서 평소보다 더 빈틈없이 주의를 기울이고 투입된 정보에 대해 더 많이 자각한다. 그 결과 경험의 지속이 연장된다"고 말했다. 즉, 냄비의 물은 평소에 걸리는 시간만큼 때가 되면 결국 끓겠지만 훨씬 더 길게 느껴진다는 것이다.

권태라는 말의 독일어는 'langeweile'로, 문자 그대로 '오랫동안' 또는 '오랜 시간'이라는 뜻이다. 권태는 지속이 확장될 때, 그것도 놀랄 만큼 확장될 때 흔히 일어나는 상황이다. 홀은 시간의 경과에 대한 다른 감정들의 효과에 대해 전문적으로 알려진 것은 별로 많지 않지만, '냄비 지켜보기'의 경우처럼 개인적인 느낌과 반응이 진행되는 사건이나 상황에 빠져들 때 유발되는 시간의 변화가 지루함으로 나타나는 것은 분명하다고 한다. 권태나 지루함을 느끼는 것은 무슨 일이 일어나기를 바라기보다는 이미 일어난 일이 끝나기를 바라기 때문이다. 이때는 우리가 영향을 미칠 수 없는 자연의 힘에 직면하고 있기 때문에 권태는 '냄비 지켜보기'보다 더욱 강한 종류의 불만스러움이다. 다른 사람이나 다른 집단의 사람들 때문에 우리의 주의력이 강요당하고 방향을 바꾸게 되고 심지어는 빼앗기기까지 한다.

우리는 그들이 시작한 일이 무엇이든 그것이 끝나고 긴 일화가 마무리될 때까지, 혹은 학교종이 울릴 때까지, 혹은 연착된 비행기가 착륙할 때까지 그 주의력을 돌려 달라고 요구하거나 돈을 주고 되찾아 오지 못한다. 우리는 안절부절 참지 못하다가 무력감에 휩싸이고 억지로 맞이한 상황을 견디면서 꽃병, 파리, 신발이나 연설자가 어떤 대목을 강조하려고 작게 기침하는 것 같은 주변의 다른 것들에 집중하려고 애쓴다. 설사 우리가 개선할 방법을 알고 있다고 해도 상황은 우리의 손을 벗어났다. 그 상황이 불러올 수 있는 어떤 미래의 가치도 우리는 알지 못한다. 또다시 '지금'이 당분간은 영원히 계속될 것이다. 온스타인은 『시간의 경험에 대하여』에서 정보 용어를 빌려 더 냉정한 어조로 다음과 같이 말했다. "저장 규모라는 면에서 보면 우리가 '지루하다'는 꼬리표를 붙이는 상황들은, 단조로운 어조로 계속되는 교수의 강의를 듣는 것처럼 평소보다 더 많은 자극들을 처리해야 하는 상황이다. 또한 주의를 더 많이 기울이는 것은 보통의 경험에 비해 길게 지속되는 경험을 하게 한다."

이와는 대조적으로, 친숙하고 안전한 환경에서 우리가 애쓸 가치가 있고 보람 있다고 여기는 임무에 완전히 몰두할 때는 시간이 그냥 사라지기도 한다. 홀은 "자기가 충분히 관여하는 일에 어떤 식으로든 집중하면 시간이 말소된다"고 말했다. 흘러가는 시간에 대한 느낌은 물론, 다양한 생체 시계가 준비 단계에서 재촉하거나 주기적으로 종을 울리듯 시간을 알리는 것까지도 지워진다는 뜻이다. 홀은 어느 현미경 수술의의 사례를 소개했다. 그 의사는 다른 의사들과 팀을 이루어 24시간 22분 동안 쉬지 않고 수술을 해서 18세 소녀의 손에 손가락 네 개를 다시 접합하는 데 성공했다. 의사는 나중에 "저는 시간을 의식하지 않았습니다"라고 수술 소감을 말했다. 재미있는 일을 할 때도 같은 현상이 일어난다. 홀은 "즐거운 업무에 깊이 빠져 있다가 불현듯 '아, 일이 정말 재미있군. 이렇게 시간이 많이 지난 줄은 전혀 몰랐어'라고 생각해 본

적이 있는가?"라고 묻는다. 이는 시간 감각을 완전히 잃어버리는 것이 어떤 느낌인지 설명해 준다.

한편 깊은 여행의 시간은 되찾은 시간이며, 우리가 반응하고 지침으로 삼는 시간, 정기적이기도 하고 생략되기도 하며 특이하기도 한 시간이다. 그리고 많은 경우 깊이 자리 잡은 시간의 리듬과 일정 짜기의 복잡함에서 한 발 벗어나 있다. 여기서 깊은 여행 시간을 찬양하기 전에 먼저 다른 이야기를 할까 한다. 우선 깊은 여행 시간이 또 하나의 '두뇌 속 코끼리', 즉 우리가 불편하게 여길 만한 주제라는 사실을 인정해야 한다. 적어도 처음에는, 그리고 '우리'라는 표현이 미국인이나 북유럽 사람을 지칭한다면 말이다. 에드워드 홀이 시간 연구에 기여한 공로 중 하나는 그가 '문화로서의 시간' 혹은 '시간의 언어'의 의미를 규정한 것이다. 이는 '무엇을 누구와 어떤 순서로 언제 할 것인가'와 같이 표현할 때 그중 '언제'라는 것에 대한 구체적인 규칙을 정했다는 의미다.

홀은 50년 넘도록 이것을 주제로 책을 쓰고 있다. 그의 첫 책『침묵의 언어』의 첫 장에는 '시간의 목소리들'이라는 소제목이 달려 있고, "시간은 말한다. 말보다 더 분명하게 말한다……. 말이 거짓을 전할 때 시간은 진실을 외친다"라는 문장으로 시작된다. 여기서 시간이 외치는 것은 적합한 행동의 규칙들이다. 이 규칙들은 언어가 그렇듯 여러 문화마다 다양하지만 또한 언어처럼 보편적으로 존재한다. 그리고 삶의 초기 단계에서부터 흡수되어, 즉 에드워드 리드의 표현처럼 각 개인의 장려된 행동의 장場 일부가 되어 거의 눈에 띄지 않고 감지되지도 않는다. 홀이 『생명의 춤』에서 말하듯이, 문화적인 시간의 규칙은 전 세계적으로 "모두가 알고 있고 모두가 복종하며 당연하게 받아들인다." 그리고 각 문화의 시간 언어 혹은 시간 문화는 "워낙 철저하게 존재의 결에 짜 맞춰져 있어 우리는 그것이 어느 정도로 우리의 일을 결정하고 균형을 잡는지 알기가 어렵다."

또한 홀은 북아메리카 사람들과 북유럽 사람들이 같은 시간 언어를 공유한다고 말한다. 이 두 그룹은 '단일 시간형Monochronic Time의 엄격한 통제'에 지배당한다. 여기서 단일 시간형이라는 말은 흔히 동시에 여러 가지 일을 하는 것을 칭찬하기는 해도 우리는 기본적으로 한 번에 한 가지씩 일을 하고, 또 이 행동들을 시계의 숫자로 보이는 시간에 따라 조정하도록 훈련받았다는 뜻이다. 그런 후 우리는 단순해 보이는 이 문제를 "삶을 조직하는 데 있어 마치 자연스러우며 논리적인 유일한 방법처럼" 다룬다. 여기에는 이점도 있다. 예를 들어 사람들은 회의 일정을 짜서 여러 인재들이 합심해서 일하게 하면서도 "문을 닫아 프라이버시를 보장하는 방처럼 다른 사람들이 침입하지 못하게 막을 수 있다. 유일한 문제는 배당된 15분이 지나면 그 '방'을 비워야만 한다는 것이다."

단일 시간형은 원래는 '산업 시간'으로서 사람들이 동시에 한곳에 모이는 것, 이를테면 공장에 모이는 것을 보장하기 위한 18세기의 방식이었다. 19세기에는 사람들의 활동과 기계의 작동을 조정하는 '철도 시간'으로 확장되었다. 철도 시간의 중심 요소는 표준 시간대로, 미국의 경우 길이가 약 1300km에 달하는 지역의 모든 시계가 동시에 정오를 가리키도록 편리하게 만들어낸 것이다. 한 예로, 동부 시간대에서는 같은 시간대의 서쪽 끝 지역에서는 해가 아직 오전 11시 반을 가리켜도 정오라고 말한다. 그리고 같은 시간대의 동쪽 끝 지역에서는 이미 해가 12시 반 위치에 가 있다.

단일 시간형의 규칙은 내면적으로 반복된 훈련을 통해 우리의 의식에 각인되었다. 그리고 이제 그 규칙들은 두 가지 자극을 주면서 우리와 함께한다. 즉, 규칙을 위반하기 전의 불안과 위반 후의 죄책감이다. 홀은 자기가 겪었던 심정을 이렇게 기록했다. "나는 지각할 것 같으면 그러지 않기 위해서 무진 애를 쓴다. 그것은 정시에 도착해야 한다는 의무감을 느끼기 때문만이 아니라 불안하고 싶지 않아서이기도 하다." 이런 자극은 계급과 지위를 확고하게 해 주고 강화해 준다. 그리고 성공하면 시간을 융통성 있게 사용할 수 있는 보상이 따른다. 정시에 출근하는 부하직원은 믿을 만하다고 여겨진다. 직원일 때는 지각하는 일이 창피하다고 여겨지지만, 사장이 되면 30분이나 그보다 더 늦게 도착해도 괜찮은 특권을 갖는다.

한편 '다중 시간형Polychronic Time' 규칙에 따라 자라 온 남부 유럽인들과 남미 사람들은 한꺼번에 여러 가지 일을 하고 다른 의무들에 응답하도록 훈련을 받는다. 회의를 하거나 누군가와 대화를 하든, 그 순간 하고 있던 일을 끝내는 것이 아직 시작하지도 않은 회의에 참석하러 가는 것보다 더 중요하다고 그들의 의식은 말한다. 단일 시간형과 다중 시간형은 각각 상대편의 시간형이 무례하며 이치에 맞지 않다고 여긴다. 홀은 『생명의 춤』에서 이렇게 말했다. "나는 25년 동안 두 시간형의 차이를 상세하게 알고 있었다. 하나는 다중 시간형으로 인간 지향적이며 다른 하나는 단일 시간형으로 사람들을 압박하는 과정이지만……, 둘 다 상대편의 시간형을 진지하게 받아들이지 않는다."

로버트 온스타인은 『시간의 경험에 대하여』에서 "시계가 나타내는 시, 분, 초를 '진짜' 시간이라고 말하는 것은 미국 돈이 '진짜' 돈이라고 말하는 것이나 마찬가지다"라고 했다. 그러나 이는 깊은 여행같이 유익한 것으로부터 우리를 약간 떨어뜨려 놓는 축소된 관점이다.

깊은 여행 시간에 대한 이야기를 다시 이어 가 보자. 깊은 여행 시간은 단일 시간형 같은 뿌리 깊은 태도에 물들지 않는다. 유사점을 보자면, 깊은 여행 시간도 비상시에 명백히 시간 확장을 한다. 그래도 당황스러울 정도로 급한 느낌은 없다. 그러나 그것은 시간의 흐름을 일시적으로 압박해 막는다기보다는 과거, 현재, 미래가 움직이는 방식을 재배치한 편에 가깝다. 그래서 묘하기는 하지만 깊은 여행과 비슷한 부류는 우리가 일상에서 겪는 시간의 양상 중 가장 싫어하는 것, 바로 권태다. 적어도 둘 다 속도와 지속을 바꾼다는 면에서 비슷하다. 그러나 깊은 여행은 빼앗는 편이 아니라 주는 편이라는 점에서 '안팎이 뒤집힌 권태'라고 볼 수 있다. 어쩌면 권태란 부서진 거울에 비춰 본 깊은 여행 시간의 왜곡, 착각, 흐릿한 상태, 번진 얼룩 같은 반영인지도 모른다.

권태와 깊은 여행 시간의 가장 눈에 띄는 특징은 '지금'이 사라지지 않는다는 점이지만, 깊은 여행에 들어선 사람들 주위에 퍼져 나가는 현재가 연장되는 느낌은 교도관이 아닌 보호자 역할을 한다. 이 '지금'은 융통성 있는 도구이지만 다른 것은 수갑 같은 느낌을 준다. 깊은 여행의 '한계가 정해지지 않은 지금', 즉 더 크고 긴 지금, 더 준비가 잘되고 지속적인 지금이 나타나는 것은 우리가 참여하려는 깊은 여행의 모든 호弧를 최대한 활용하기 위해서다. 아마 이것은 주의를 딴 데로 돌려 너무 빨리 돌아서거나 조급하게 멈추는 대신, 우리의 흥미를 끄는 것을 따라 가라는 뜻인지도 모른다.

깊은 여행 시간에서는 권태로운 상태와는 달리 끝에 이르는 것이 목표가 아니다. 그 자리에서 가속하는 것, 즉 그 시간이 지속되는 동안 이를 최대한 이용할 수 있도록 순간에 더욱더 집중해서 우리 자신을 둘러보는 것이다. 시간은 전진하지만 새로워지고 연장될 수 있기 때문에, 또한 나아가면서 줄어들지 않기에 우리가 보통 일시 중지와 휴식으로 여기는 것과 더 비슷하게 느껴진다. 더 이상 제임스가 정의한 '엄밀한 현재'는 아닌 것이다. 이는 규칙이 덜 엄격해진 탓이다. 그래도 이 시간은 제임스의 표현대로 안장을 닮았다고 생각할 수 있다. 시간의 흐름을 관찰하면서 그 흐름에 따라 달릴 수 있도록 우리가 걸터앉는 자리인 것이다. 그러나 이 경우 고삐를 잡은 것은 우리의 손이다. 우리가 시간의 흐름 속에서 스스로의 길을 선택할 능력이 있기 때문이다.

깊은 여행 시간의 '지금'은 더 넓은 시각을 가지고 있으며 전체 길이를 손쉽게 돌아볼 수 있고, 한 번 힐긋 봄으로써 그것이 어디서 시작되었는지 무슨 일이 일어났는지를 알 수 있기에 근시안이라는 비난을 받지 않는다. 마찬가지로, 앞쪽의 길도 죽 이어진 길로 뻗어 있는 듯 보인다. 아마도 이것이 시간의 가변성일 것이다. 오래된 농담이지만, 6개월의 시한부 삶을 선고받은 남자에 대한 코미디언 헤니 영맨Henny Youngman의 이야기도 이에 바탕을 두고 있다. 6개월 선고를 받은 남자가 병원비를 내지 못하자 의사는 그에게 한 번 더 6개월 선고를 내렸다는 이야기이다.

일부 작가들은 여행이 미치는 가장 중요한 영향으로 시간의 변화를 꼽는다. 이는 놀랄 일이 아니다. 토마스 만은 『마의 산』에서 '시간 감각에 대한 여담'(제4장에 수록되어 있다-옮긴이)이라는 소제목으로 이야기의 흐름에 개입했다. 이는 짧고 강렬하며 사적인 내용으로, 보통 매끄럽고 울림이 있으며 반어적인 그의 문체에서는 상당히 낯선 급박하고 거친 부분이다. 만은 "미루지 말고 너무 늦기 전에 우리의 시간 감각을 신선하게 하자"고 독자들에게 직접 호소한다. 그는 여행에 노력이 필요하며 특히 새로운 환경에 익숙해지는 힘든 과정이 필요하기 때문에 쉽지 않다고 말한다. 그러나 이런 자극이나 그와 비슷한 자극이 없이는 심리적인 모든 것, 우리의 시간 감각 자체가 잠들거나 점점 더 무뎌지며, 우리가 "단조로움의 희생자가 될 때, 죽음의 두려움에 마음이 흔들릴 때까지 연속되는 단조로움이 커다란 시간의 공간을 위축시킬 수 있다"고 한다.

이때 치료법은 단 하나다. "인생의 만년에는 점점 더 빠른 속도로 돌진해 가는 반면 젊은 시절이 느리게 흘러간다면, 그것은 습관 때문이다. 새로운 습관을 들이거나 옛 습관을 바꾸는 일이야말로 생명을 유지하고 우리의 시간 감각을 신선하게 해서 우리가 경험하는 시간에 활기를 되찾아 주고 진행을 지연시키는 유일한 방법이다. 이로써 우리는 생에 대한 우리의 감각 자체를 다시 새롭게 할 수 있다. 그것이 상황을 변화시키고 기분 전환을 하는 이유다." 만은 또한 이렇게 말했다. "흥미는 시간의 폭, 견고함, 무게에 변화를 더해 준다. 그래서 풍성한 사건들로 채워진 세월은 바람에 날려 사라지는 깃털같이 가볍고 하찮고 헐벗은 세월보다 훨씬 더 느리게 흐른다."

확장된 '지금', 즉 한동안 지속되는 지금이자 엄밀한 현재가 거의 제한이 없는 현재 순간이 된 지금 안에서, 시간은 깊은 여행을 통해 수집된 내용을 담는 '용기' 역할을 한다. 여행자가 내용물을 계속해서 넣으면 넣을수록 점점 더 커지는 그런 용기다. 길어진 지금에 대한 감각은 우리의 확장된 주의력으로 감지한 것을 전부 추적하고 기록하는 일종의 추적 장치로서 우리에게 몇 가지 능력을 부여한다. 또한 우리가 인지되는 것들에 압도당하지 않도록 흐름을 조절하는 장치 역할도 한다.

용기로서의 시간은 마치 탁 트인 초원에 들어선 듯한 느낌을 주는 빈 공간을 우리의 생각 한가운데에 마련한다. 그래서 우리가 새로운 정보들을 추려내고 정리하도록 해 준다. 이 장소는 우리가 주목하는 모든 것을 보관하고 사용할 수 있도록 하는 임시 휴대용 상자나 선반에 더 가까울 수도 있다. 또는 긴 탁자 같은 것이어서 필요할 때마다 한두 페이지 정도를 이음매 없이 매끈하게 펴 놓아 새로운 인상을 놓치지 않고 모두 모아 놓을 수 있도록 해 준다.

이때 탁자 위에 얹힌 인상들은 두드러져 보인다. 다른 말로 하면, 그 순간을 늘리는 것은 우리가 응원팀의 지원을 자동으로 얻는 것과 같다. 우리의 주의력을 충분히 자유롭게 해서 생각을 안정시키고 우리가 발견한 것을 체계화하고 명확하게 하며 또한 격려하는 역할을 해서 우리가 계속 살펴볼 수 있게 한다. 에드워드 리드의 표현을 빌리면, 그것은 마치 시간 자체가 '장려된 행동의 장' 기능을 하는 것과도 같다. 이것이 깊은 여행 시간의 변화가 그렇게도 유익하게 보이는 이유다. 그 변화들의 신속함은 기분 좋고, 교묘하면서도 야단스럽지 않은 면이 있어서 여행의 호弧를 가속화하는 데서 오는 충격을 완화시킨다.

깊은 여행이 시작될 때 우리에게 스며드는 새로운 '지금'은 우리가 받아들이는 외부의 광경과 소리보다 주목을 훨씬 덜 받는 경우가 많다. 그러나 확장된 '지금'은 땅거미가 질 때 피어나는 꽃처럼 전에 없이 신선한 향기를 내뿜어 스스로 주목받을 수 있다. 이 특별한 향기는 마음을 사로잡고 오래 머물면서 마음을 더 평온하게 하고 압박을 덜 받도록 한다. 더러 우리가 스스로 새로운 발전을 이루었다고 생각할 때가 바로 이런 마음의 편안함을 느낄 때다. 마치 공연이 시작되면서 무대는 물론 객석에도 똑같이 조명이 비쳐서 어두운 구석이라곤 없는 특별한 극장의 안락한 의자에 앉아 있는 것 같은 기분이다.

깊은 여행 시간에는 이와 같은 지금의 확장과 더불어, 더 많은 인상들이 당도할 때까지 잠시 기다리고 모든 것을 미결정 상태로 그냥 두어야 한다는 느낌도 있다. 그것은 인내심의 한 형태이지만 목적이 있는 인내심, 혹은 참을성 있는 기대, 불완전한 채로 있는 것에 관여한다는 느낌으로서 서두를 수도 없고 갑자기 끝내거나 조급하게 마무리할 수도 없다. 어떤 건물을 기초만 놓인 것을 보고 평가할 수는 없으며, 선거는 깊은 산골 마을의 개표가 끝날 때까지는 결과를 선언할 수 없다.

깊은 여행 시간은 눈으로 둘러보기보다는 귀 기울여 들음으로써 그 모습을 알 수 있다고 생각하는 편이 더 쉽다. 어느 창문에서 흘러나오는 노래가 전에 들어 본 적은 없지만 어쩐지 마음을 끌어 발을 멈추고 듣는 것이다. 그저 계속 듣고 있을 수밖에 없는 것은 그 노래가 어디로 향할지 어떻게 변할지 알 수 없고, 다 들을 때까지는 그 노래가 무슨 말을 하는지 알 수 없기 때문이다.

그러나 깊은 여행은 꼭 시간을 더 많이 들여야만 가능한 이야기가 아니다. 짧든 길든 간격을 연장해서 시간을 더 많이 만드는 것에 대한 이야기다. 즉, 지푸라기 시간을 황금 시간으로 자아내는 것이며, 시간 속의 시간을 적어도 어떤 한계에 이르기까지 끌어내는 것이다. 피코 아이어는 어느 수필에서 "우리는 시간이 느리게 가게 하려고 여행한다"며 더불어 그 가능성을 반영하기 위해 같은 말을 다음과 같이 고쳐 썼다. "우리는 시간을 작은 양으로 바꿔서 하루를 1년 동안, 혹은 적어도 45시간 동안 지속시킬 수 있다."

우리가 평소 평가절하하거나 서둘러 둘러보고 다른 데로 주의를 돌릴 여행에서 깊은 여행은 최대한의 가치를 얻어내고 되찾도록 해 주기 때문에 예상치 못한 삶의 연장에 기여한다는 점에 대해서는 이미 앞에서 말했다. 그러나 여기에 비밀 아닌 비밀의 나머지 반쪽이 있다. 시간을 우리 편에 두면 우리가 깊은 여행에 뛰어들면서 되찾은, 심화된 시간인 현재 순간을 연장시킬 수 있다. 그래서 당신이 누군가에게 장수를 빌어 준다면 당신은 그들이 가능할 때마다 '더 길게 살라고' 격려하는 것이 된다.

더 길게 살기 시작한다는 느낌과 그 속에서 즐거워하는 것. 이는 토마스 만의 『마의 산』에서 알프스 산 요양원에 환자로 있는 사촌을 잠깐 방문한다며 그곳에서 처음 며칠을 보내던 주인공 한스 카스토르프에게 엄습했던 깊은 여행 감각과 잘 뒤섞인다. 카스토르프는 자기에게 일어난 일을 잘 요약하면서도 이미 겪은 일의 완전한 의미를 전달할 수 있는 단어를 찾느라 고심하는 인물이었다. 그가 확실히 아는 것이라고는 생애 동안 익숙해졌던 시간의 속도와 지속, 그리고 이제는 그가 떠나온 저지 지방처럼 밋밋하게 여겨지는 시간에 대한 정의가 사라졌으며 그에게 매우 낯선 방식으로 뒤섞이고 있다는 점이었다.

며칠 후 그는 충혈된 눈으로 사촌을 바라보며 말했다. "나는 낯선 장소에 가면 시간이 처음에는 느리게 가는 것처럼 느껴지는 게 늘 이상하다고 생각했고 지금도 그래. 무슨 말이냐 하면……, 물론 여기가 지루하다는 데는 이의가 없는데, 나는 정반대로 아주 훌륭하게 즐기고 있어. 하지만 뒤를 돌아보면, 내 말 무슨 뜻인지 알지? 마치 내가 얼마나 오래 있을지 모를 정도로 여기 있었던 것 같고 처음 도착했던 때부터 한없이 오랜 시간이 흐른 것 같아……. 그건 이성이나 시간의 척도와는 전혀 상관없이 순전히 느낌의 문제야. 물론 '여기 머무른 지 벌써 두 달이 지난 것 같다'고 말하는 편이 안심이 되겠지. 하지만 그건 허튼 소리야. 내가 진짜 말할 수 있는 건 '아주 오랜 시간'이라는 것뿐이야."

그러므로 당신에게 시간을 더 주고 싶다면 더 주어라. 이는 현대 네덜란드의 역사가 다우베 드라이스마가 찬사를 보냈던 19세기 프랑스의 저술가 장-마리 귀요가 채택한 해법이다. 귀요의 수필 『시간 개념의 기원』에는 독자들에게 전하는 다음과 같은 조언이 있다.

> 당신이 시간의 전망을 늘리고 싶다면 채워 넣어라. 당신에게 기회가 있다면, 1000가지 새로운 것으로. 신나는 여행을 계속하고 당신 주위의 세계에 새로운 생명을 불어넣어 젊음을 되찾아라. 그리고 뒤돌아보면 도중에 있었던 사건들과 여행해 온 거리가 당신의 상상 속에 축적되어 있음을 깨달을 것이다. 보이는 세계의 모든 조각이 긴 줄을 형성할 것이고, 이는 사람들의 말마따나 당신에게 길게 이어지는 시간을 선사할 것이다.

드라이스마는 이 구절을 자신의 책 『나이 들수록 왜 시간은 빨리 흐르는가Why Life Speeds Up as You Get Older』에 인용하면서, 그 구절이 의식하지는 않았지만 마치 자전적인 것처럼 되어버렸다는 사실을 깨달았다. 귀요가 33세라는 나이에 폐결핵으로 사망한 것이다. 시간에 대한 귀요의 수필은 사망 2년 후에 출판되었다. 드라이스마는 다음과 같이 평했다. “그는 마지막 몇 년 동안 더 이상 신나는 여행을 할 수 없었다. 적어도 지리적인 면에서는 그럴 것이다. 하지만 그가 고비마다 내면의 세계를 새롭게 함으로써 더 긴 삶을 살았다고 말할 수도 있으리라. 그가 철학과 심리학에서 가장 의견이 분분한 부문을 신속하게, 강박적이다시피 항해한 것은 분명 실제로 여행하는 것과 마찬가지로 정신을 최대한 발휘하는 효과를 냈을 것이다.”

6장

더 긴 '지금'과 더 큰 '여기'

깊은 여행 시간의 변화들, 즉 깊은 여행이 불러온 '더 긴 지금들'은 조절이 가능하며 각각 고유의 용도와 적용 범위가 있다. 이는 깊은 여행의 출발점이자 보완물이 될 수 있으며 거의 독립적인 변수이기도 하다. 말하자면 그 맛을 한 번 보면 깊은 여행으로의 운반 수단으로 사용할 수 있고 어느 방향으로든 몰아갈 수 있다. 예를 들어 이례적인 순간을 맞닥뜨릴 때부터 나중에 지워지지 않는 생생한 인상을 남기는 단계에 이르기까지 거의 무한정으로 속도를 늦출 수 있다.

여행기들을 보면 이런 '미뤄진 순간들'로 생각되는 예가 많이 나와 있다. 나는 한밤중에 응급실에서 시간이 멈추는 경험을 했을 때, 패트릭 리 퍼머의 『선물 같은 시간』을 읽었었다. 책의 마지막 장면은 매우 인상적인데, 막간의 휴지 기간 중 일시 중단된 것 같은 구절에서 리 퍼머는 슬로바키아(당시에는 체코슬로바키아)와 헝가리 사이에 있는 도나우 강의 마리아 발레리아 다리 한가운데에서 보낸, 끝없이 길었던 어느 늦은 오후의 일을 회상한다. 때는 1934년 부활절 일요일 바로 전날이었다. 리 퍼머는 두 관할 구역 사이의 주인 없는 지역이 된 철제 다리를 통과하는 중이었다. 그가 건너고 있던 다리는 나중에 사라져 버린 제국에서 1895년에 세운 것이었다. "내 여권은 체코슬로바키아 쪽 다리에 있는 국경 초소에서 도장이 찍혔다. 다리 저쪽 끝에 있는 붉은색, 흰색, 녹색으로 된 장벽은 헝가리 땅이 시작되는 것을 표시했다. 나는 주인 없는 대기 속에서 명상하듯 떠 있는 다리 한가운데 머물렀다."

어떤 면에서 보면, 그보다 90년 전에 알렉산더 킹레이크가 사바 강을 건너면서 겪었던 상황과는 정반대라 할 수 있다. 킹레이크는 몸을 감싸는 편안한 비눗방울 같은 익숙한 유럽의 기독교 문화를 뒤로하고 낯선 이슬람 영토로 향했던 반면, 리 퍼머는 직접 만든 튼튼한 비눗방울 파이프를 『옥스퍼드 영시집』과 호라티우스의 『송가』와 함께 배낭에 넣어 갔다. 리 퍼머에게 미지의 영역으로 탐구할 대상이 된 것은 낯설게 여겨지는 먼 곳이 아니라, '바로 지금'과 '여기' 다리를 건넌다는 평범한 과정이었다. 마리아 발레리아 다리 양쪽 끝에 있는 새로이 독립한 두 나라는 평화로운 이웃이었으며 둘 다 가톨릭 국가였다. 그러나 리 퍼머는 매끈하게만 보였던 정치적 구조에 가는 금이 갔다가 최근 봉합되었다는 사실, 그리고 자신의 입장이 바로 '여기'와 같음을 알아차렸다.

리 퍼머가 쓴 『선물 같은 시간』의 주제 중 하나는 나치의 손에 약탈당한 후 대대적으로 파괴되어 영원히 사라지기 직전의 옛 유럽이다. 현대의 독자들은 이 책에서 그가 여행길에 올랐을 때는 전혀 모르고 맞았을 몇몇 휴지기의 무게와 자취를 느낀다. 홀로코스트라는 상상도 하지 못한 공포가 닥치기 전의 평온했던 1930년대의 풍경, 그리고 리 퍼머 개인으로서는 어린 시절이 물러가고 더 넓은 세계가 모습을 드러내는 시기인 열아홉 살에 여행을 떠남으로써 한숨을 돌리는 장면이 그렇다.

마리아 발레리아 다리는 최근 복구되어 통행이 재개됐지만 리 퍼머가 그 다리에 대한 글을 썼던 당시에는 그가 서 있었던 바로 그 지점을 포함해서 가운데 교각 두 개가 떠받친 부분이 1944년 크리스마스에 퇴각하던 독일군의 손에 폭파되었었다. 그 후에도 제1차 세계대전과 제2차 세계대전을 거치면서 파괴와 복구를 반복했다. 다리가 있는 곳은 거의 500m가 넘을 정도로 강폭이 넓다. 직접 그곳에 발을 디뎌 본 적이 있는 나는 이제 리 퍼머가 책을 집필하는 데 그렇게 오랜 세월이 걸린 이유를 알 것 같다. 그 책들은 자기가 방문한 장소를 깊이 사랑하고 불타는 열정을 기울여 올바로 평가함으로써 빛을 내는 모습을 보고자 했던 사람이 쓴 유일한 여행기다.

리 퍼머는 비록 구체적으로 언급하지는 않았지만, 내가 생각하기에 그는 깊은 여행의 도움 없이는 한 발자국도 떼지 않았다. 그리고 집에 도착한 후에도 깊은 여행을 다시 불러내서 그때의 기분을 다시 살려내기 전까지는 자기가 발견한 것을 기록하지 못할 정도로 깊은 여행을 연마하여 그 목적에 가까워졌다. 그런 태도 때문에 이 분야의 조언을 얻고자 하는 사람들은 그가 쓴 8권의 책을 아직도 내용이 추가되고 있는 깊은 여행의 백과사전 같은 것으로 여긴다. 실제로 그 책들은 마치 매일매일 경이로움 속에서 수영하는 듯한 느낌을 준다. 리 퍼머는 이를 『선물 같은 시간』의 어느 부분에서 "별처럼 흩뿌려지며 오래 지속되는 환희의 순간들"이라고 언급했다. 또한 그의 책들은 깊은 여행이 우리에게 풀어 준 다양한 '더 긴 지금'에 대한 사용 설명서가 될 수도 있다.

1934년 리 퍼머는 체코슬로바키아와 헝가리 사이 중간 지점에서, 마리아 발레리아 다리 가운데서 주변의 광경에 붙들려 꼼짝하지 못했다. "많은 일이 일어나고 있었다. 대기에서, 하늘과 강에서, 그리고 둑을 따라서. 너무 많았다. 나는 남아 있는 몇 m를 지나 헝가리로 들어가기 전에 더 오래 머물기로 마음먹고 거기서 걸음을 멈추고는, 다리 아래로 몇십만 톤의 강물이 흘러가도록 내버려 두었다."

그의 앞쪽에 있는 헝가리 땅에는 마을 사람들과 아직 근무 시간이 아니지만 화려한 제복을 차려입고 왜가리 깃털로 장식한 털모자를 쓴 의장대가 가파른 녹색 언덕 기슭에서 서성거리고 있었다. 언덕 꼭대기에 있는 헝가리 최대의 대성당 에스테르곰 바실리카에서는 몇 시간 있으면 부활절 미사가 시작될 예정이었다.

그러나 그는 하늘에 시선을 빼앗겼다. "무슨 새인지 모를 커다란 새 여러 마리가 하늘 높이 떠돌고 있었다. … 여남은 마리는 됐는데, 날개 안쪽 가장자리를 따라 추모를 표하는 원로원의 띠 같은 검은 날개깃만 빼고는 눈처럼 흰 깃털로 싸인 새였다. 황새였다! 새들이 낮게 선회할 때 긴 부리가 보였고 후류後流(멈춰 있는 유체 속을 물체가 움직일 때 그 물체의 뒤를 따르는 것 같은 흐름-옮긴이) 속에서 가지런히 모은 긴 다리는 봉랍 같은 붉은색이었다. 늙은 양치기 한 사람도 근처의 휘어진 계단 난간에 기대고는 그 새들을 바라보고 있었다. 커다란 새 몇 마리가 더 낮게 떠돌자 새들의 깃털이 내는 바람이 위로 쳐든 우리의 얼굴에 휙 불어닥쳤다." 그러나 그것이 끝이 아니었다.

그 양치기는 내 팔을 건드리더니 어슴푸레 그림자가 진 강 하류의 동쪽 위에 있는 무엇인가를 가리켰다. 저물어 가는 하늘을 배경으로 겨우 형체가 구분되었다. 들쭉날쭉하고 솜뭉치 같고 색이 바래 회색으로 보이는 것들이 흩어져서 석양빛에 점점이 분홍색으로 빛났다. 크기가 고르지 않은 조각들처럼 너비도 다양한 것들이 떨어져 나갔다가 다시 뭉치고, 다시 한 줄로 모이듯 이리저리 흔들렸다. 황새 떼였다. 황새들이 굵은 하얀색 선처럼 하늘 한쪽에서 다른 쪽으로 뻗어 갔다. 황새들은 나일 강을 따라 아프리카를 날아 온 후 팔레스타인과 소아시아 지역 연안을 따라오다가 보스포루스 해협 위를 날아 유럽으로 들어온 것이다. 그 후 이 철새들은 떼를 지어 흑해 해안에서 도나우 강 하구의 삼각주까지 끈기 있게 이동해서 몇 km 하류 쪽에서 거대한 띠를 이룰 때까지 빛나는 고속도로 같은 강을 따라 날아다녔다. 이제 황새 떼는 강을 떠나 북쪽으로 약간 기운 서쪽을 향해 날고 있다. 아마 폴란드로 날아가는 듯하다. 새들은 기억 속에 있는 서식처 수백 군데로 향하면서 파견대들을 나누어 보냈다. 우리는 감탄하며 새들을 바라보았다. 거대한 하늘의 행렬의 후진이 북쪽으로 사라지기까지는 오랜 시간이 걸렸다. 밤이 되기 전에 그 엄청난 수의 새들은 거대한 눈보라처럼 일제히 숲에 내려앉거나 슬로바키아의 촌락 여기저기에 자리 잡을 것이다. 그러고는 해가 뜨자마자 다시 날아오를 것이다. 마을 사람들은 황새 떼를 보고는 깜짝 놀라면서도 기뻐할 것이다. 황새는 좋은 징조를 전하는 새이기 때문이다(유럽에는 황새가 사람들에게 아기를 데려다 준다는 전설이 있다—옮긴이).

하늘에는 아직 선명한 녹색 빛이 남아 있었다. 공기 자체와 나뭇가지들, 깃발 잎들(이삭을 싸고 있는 맨 위 마지막 잎으로, 모양이 장대에 달아 놓은 깃

발 모양과 비슷하다고 해서 붙은 이름이다. 끝잎止葉이라고도 한다-옮긴이), 분홍바늘꽃과 골풀들이 어둠이 한 덩어리로 뭉뚱그려지기 전에 봄기운이 도는 멋진 빛 속에서 녹색 자두나무 꽃처럼 제자리를 지키고 있었다. 아래쪽 강물 위에, 이 순간의 빛 때문에 거의 형체가 없어진 듯 보이는 왜가리 한 마리가 있었는데 철벅이는 소리와 날개깃 끝이 물에 닿아 동그랗게 파문을 일으켰다가 서서히 잔잔해지는 것으로 미루어 강을 거슬러 올라가고 있는 듯했다.

리 퍼머는 "나는 그 자리에서 발을 떼어 헝가리로 뛰어드는 일이 불가능하게 여겨졌다"고 자기 앞에 펼쳐진 경치를 요약했다. "나는 지금 그때와 똑같은 무력감을 느낀다. 이 특정한 미래의 일부를 붙잡는 데에 순간 거부감을 느꼈다. 두려워서가 아니라 손 닿는 곳에 있으며 아직 온전한 이 미래가 경이로움으로 가득 차 보였고, 또 여전히 그렇게 보이기 때문이다. 한편 아래쪽 강은 방금 흘러간 과거를 하류로 실어 가고 있었고, 나는 그렇게 과거와 미래 사이에서 허공에 걸린 다리 위에 있었다."

시간 개척자이기도 했던 E. O. 윌슨은 최근 발표한 수필에서 인간은 기껏해야 미약한 시간 감각을 가지고 있으며 사고의 구성적 요건 때문에 우리가 1초씩, 10년씩 경계 지워진 "작은 시간의 상자에 갇혀 있도록" 생물학적으로 속박당하고 있다고 썼다. 우리는 우리가 연속되는 무

한한 시간 속에서 살고 있다는 것을 터득할 정도로 영리하지만, 이 연속성에 따라 우리의 위치를 감지하지 못하도록 막는 시간에 대해서는 다른 동물들처럼 선천적으로 무감각하다.

윌슨은 우리의 두뇌가 너무 느리면서도 또 너무 빠르게 활동한다고 말하면서 아쉬워한다. 그 때문에 우리가 상상할 수 있는 나머지 영역 전반의 리듬에 진정한 친근함을 느끼지 못한다는 것이다. 우리는 잘해야 시간의 면면들을 반쯤만 알 수 있을 뿐이다. 계기와 추론, 실험을 통해 시간의 내막과 특성에 대해 알 수는 있지만, 결코 그 내막과 특성을 진정으로 알거나 정통할 수는 없다. 인간의 정신, 윌슨의 표현에 따르면 우리의 "1쿼트(1쿼트는 0.94l다-옮긴이)들이 용기만 한 뇌"는 물리학과 화학의 양자量子 수준에서 미시적 시간에 일어나는 일들이 너무 빨리, 눈 한 번 깜짝할 사이에 끝없이 연결되고 떼 지어 몰아닥치기 때문에 직접적으로 접촉하지는 못한다.

마찬가지로 우리는 수많은 거시적 시간의 연속적인 국면, 그 전체 모양을 온전히 보려면 어느 인간의 생애보다 훨씬 더 많은 시간이 걸리는 국면에 우리 자신이 관련되는 것을 느끼지도 못한다. 윌슨은 그런 시간 중에서도 '생태적 시간ecological time'을 꼽는다. 생태적 시간은 너무 느리게 흘러가기 때문에 직접적인 관찰로는 파악하기 힘든 시간이다. 근처의 다른 서식지들이 흥망성쇠를 겪는 동안 "질주하듯 이어지는 여러 세대에 걸쳐 유기체들이 나타나고 사라지는 것"과 "버려진 들판에서 다시 숲이 형성되는 것"을 보려면 아마도 청소년 때부터 대학원생이 될 때까지 한자리에 그대로 서 있어야 할지도 모르기 때문이다.

이보다 훨씬 더 길고 규모가 큰, 수백 년 혹은 수천 년이라는 단위로 측정할 만한 '진화의 시간evolutionary time'이 있다. 이 진화의 시간 동안에는 "지역 생태계의 순환마저도 판독하기 힘든 흐릿한 상태"가 되며 "아메리카 꽃단풍, 멕시코양지니(북아메리카 서부와 멕시코에 서식하는 작은 새—옮긴이), 그리고 인간 같은 전체 개체군의 유전자만이 깨지지 않고 존속된다." 마지막으로, 우리는 그래도 다른 시간의 수준에서는 아직도 지구를 변형시키고 있는 지질학적 역사, 혹은 그중에서도 같은 가장 규모가 큰 것으로 무한하게 지속될 소지가 있는 우주를 나타내는 과정, 거의 영구적으로 일어나는 현상처럼 지극히 느리게 움직이는 과정의 윤곽을 볼 수 있다.

에드워드 홀은 사람들이 가까운 장래에 시간의 과학을 정립하고 자신의 역량을 더 잘 이해하는 데 눈을 뜰 것이라고 낙관한다. 하지만 인간이 시간의 양극단이라는 난제와 맞서 해결하는 데는 선천적으로 한계를 보인다는 윌슨의 의견에도 공감한다. 그는 『생명의 춤』에서 "인간의 감각기관은 [전자기] 스펙트럼의 가시적인 부분 중에서도 단편적인 것에만 인지적으로 반응할 수 있다. 이는 시간에도 똑같이 적용된다. 시간 주파수를 경험할 수 있는 인간의 능력은 우리가 우주에 존재한다는 사실을 말해 줄 우리의 도구 중에서도 미미한 부분에 한정된다. 확실히 인간이 지구상에서 보낸 시간은 그 총량과 비교하면 상상하기 어려울 만큼 짧기는 하다"고 말한다.

만일 내가 패트릭 리 퍼머의 책들을 읽고 그 책들이 펼쳐 보인 시간의 주술에 빠지지 않았더라면, 이 학구적이고 논리적인 결론에 동의하고 싶은 생각이 들었거나 동의했을지도 모른다. 그의 책을 읽은 후부터 나는 사람들이 시간의 경계를 넘기 위해 수년 동안 고안해낸 기발한 논리의 비약을 경계해 왔다. 우리가 시간의 경계에 접근할 수 있음을 발견하는 것은 우리를 '다른 현재들'에 결부시키느냐의 문제에 해당한다. 혹은 우리가 단지 '다른 현재들'과 보조를 같이하느냐의 문제인지도 모른다. 이들 방법론 일부는 자체적으로 생긴 것이고 개인들에게서 반복적으로 비롯되며, 그 결과 의식적으로 남에게 전달되지 않은 채로 끊임없이 재창조되고 있다.

'시간과 보조를 같이하는' 것의 일부는 다른 것보다 더 성공적이거나 범위가 더 넓지만, 그중에는 우리가 기회가 생길 때마다 시간의 경계를 재어 보고 시간의 고립을 초월하려는 타고난 충동이 있는 것은 아닌가 생각되는 것들이 충분히 있다. 이는 겨우 쿼트들이 용기만 한 두뇌로 반 파인트(반 파인트는 0.5쿼트로 0.47ℓ다-옮긴이) 정도의 해결책, 그것도 다수가 어림짐작이고 근사치인 해결책들을 가지고 임시변통해야 한다는 뜻일 수도 있다. 그러나 그것은 하나의 시작이다. E. O. 윌슨은 몇 년 전 사람들이 다른 생명 형태에 대해 느끼는 내적인 호감을 표현하기 위해 '바이오필리아biophilia('생명 애호'라는 의미-옮긴이)'라는 말을 새로 만들었다. 아마 우리 내부에는 '크로노필리아chronophilia('시간 애호'라는 의미-옮긴이)'라는 유사한 감각, 즉 더 장기적인 관점을 가질 때 배울 수 있는 것과 아는 것을 연결시키려는 충동이 작동하고 있는 것 같다.

이런 현상은 특히 좁은 환경에 있는 어린이들에게서 자연스럽게 나타난다. 좁은 환경에서 어린아이는 근처에 높이 솟아 있는 나무를 오빠나 언니 같은 존재, 그것의 '현재 순간'이 덜 위협적이거나 덜 제한적일 수도 있는 환경으로 거슬러 올라가 확장되는 존재로 생각한다. "거리에 있는 나무들은 사람들과 함께 살아 온 오래된 것들이다." 미국의 시인이자 소설가인 스티븐 베네Stephen Benét는 『존 브라운의 유해John Brown's Body』에서 이런 다른 현재와 접촉하는 일에 대해 "네 할아버지의 이름을 기억하게 하는 가족의 나무들"이라는 표현을 썼다.

나무가 관련된 것으로 가장 인상적인 사례로는 안네 프랑크의 나무를 들 수 있다. 제2차 세계대전 중 안네 프랑크와 가족이 나치를 피해 숨어 살던 텅 빈 사무실인 '비밀 별채' 뒤에는 밤나무가 있었다. 별채의 다락방 창문에서는 당시 수령樹齡이 90년이었던 밤나무의 꼭대기를 볼 수 있었는데 그 창문이 하늘을 향해 나 있어서 이웃들이 보지 못하도록 가릴 필요가 없었던 덕분이었다. 안네의 일기에는 1944년 어느 날 아침, 같은 은신처에 합류한 페터 반 펠츠와 함께 나무를 '방문'한 일이 다음과 같이 묘사되어 있다.

> 오늘 아침(목요일) 내가 다시 다락방으로 가자 페터가 열심히 청소하고 있었다. 내가 마루에서 제일 좋아하는 자리에 앉자 그는 재빨리 청소를 마치고 내 곁으로 왔다. 우리 둘은 눈부시게 아름다운 푸른 하늘과 낙엽이 진 앙상한 밤나무를 쳐다보았다. 가지에는 작은 빗방울들이 맺혀 반짝거렸고 갈매기와 다른 새들은 햇빛을 받아 은빛으로 빛났다. 이 모든 것이 너무도 감동적이었고 마음을 설레게 해서 우리는 말도 할 수 없었다.

안네는 "폭탄이 터지고 총소리가 날 때조차도 자연은 불행한 이들을 위해 모든 두려움을 가라앉혀 준다"고 덧붙였다. 몇 년 후, 안네의 아버지는 "그것이 안네에게 그렇게도 중요했다는 것을 어떻게 짐작이나 했겠는가"라고 말했다. 2007년 150세가 넘은 그 밤나무는 일부가 곰팡이에 감염되어 생존 불가 진단을 받고 베일 뻔했다. 그러나 국제사회의 항의가 이어지면서 암스테르담의 한 판사는 그 나무가 아직 건강해서 10여 년은 더 생존할 수 있다고 판결했다. 그때부터 밤나무는 5만 유로를 들여 제작한 철제 버팀대로 보호되면서 관리를 받았다(2010년 8월 밤나무는 폭풍우를 못 이기고 결국 부러졌다－옮긴이). 이후 안네의 나무는 새로운 유형의 시간 기록원 역할을 맡았다. 젊건 늙건 전 세계 사람들의 마음에서 그 나무는 '살아남은 형제'와 같은 존재가 되었던 것이다. 이 밤나무가 보이는 아파트에서 살았던 '안네 프랑크의 나무를 살리기 위한 재단'의 설립자 헬가 파스빈더Helga Fassbinder는 "그 나무는 그냥 나무가 아니다. 안네 프랑크와 이곳에서 일어난 모든 일을 지켜본 살아 있는 최후의 증인이다"라고 했다.

시간에 손을 뻗는 요령은 전체 시간의 연속체와 접촉하는 것이다. 나무 한 그루가 한두 세대의 현재성을 보존하면서 지나간 옛 시간을 전면으로 끌고 올 수 있는 것과 같은 방식으로, 가족들과 공동체들은 살아 있는 기억의 저편으로 사라지는 중요한 일들을 후세에 이야기해 줄 수 있다. 한 예로 애리조나 주가 미국 본토에서 마지막 48번째 주로 편입되었던 1912년 밸런타인데이를 꼽을 수 있다. 이 일을 기억하는 사람은 아무도 살아 있지 않지만, 아직 꽤 젊은 사람들을 포함해서 많은 애리조나 주 사람들이 그날 그 자리에 있었던 사람들로부터 들었던 일을 기억할 수는 있다.

나는 마치 지켜지지 못할 약속을 하는 것처럼 너무 선동적으로 들리는 탓에 이 이야기를 하기가 망설여진다. 하지만 현재의 순간들을 연결하는 것은 정말로 시간 여행의 형태를 취한다. 아마도 유일하게 합리적이고 입증된 사실일 것이다. 분명 사용 가능하고 실용적이며 현실적이고 일상에 기반을 둔 종류의 시간 여행이다. 마치 두 군데로 나뉘어 타고 있던 등불 사이의 틈에 불똥이 튀어 하나의 불길의 벽으로 합쳐지듯이, 더 시원한 비유를 하자면 가까이 모여 있던 수은 구슬들이 모여 반짝이는 액상 웅덩이를 만들듯이, 정확히 제자리에 머물러 있는 한 사람에게로 여러 다른 순간들이 합류하기 위해 몰려들기 때문이다. 그것은 비슷한 게 틀림없는 무엇을 상상하는 것이라기보다는 오로지 우리의 '지금 여기'와 계속해서 겹치고 공명하는 한때의 현재 순간들과 공통점을 발견하는 데서 나온다.

지난 세기쯤, 혹은 지난 서너 세대를 뜻하는 '중간 단계의 과거'와 연결하는 문제라면, 그에 대한 연구는 고목이나 비상 연락망 혹은 양동이 줄(불을 끄거나 물건을 나를 때 사람들이 죽 늘어서서 양동이를 나르는 줄을 의미한다-옮긴이)같이 지켜보는 사람들과 그들의 증언이 계속 이어져서 자연스럽게 전달되는 '수송로'를 발견하는 데만 의존하지 않아도 된다. 가망이 없을 것 같지만 그런 일은 일어날 수 있다.

나는 특히 당시에는 목적을 이루지 못했지만 오랜 세월이 지나 흔적도 없이 영원히 사라졌다고 여겼던 시대와 우리 시대를 결합시키는 힘을 가진 '시대보다 앞서간 발명'에 대해 생각한다. 혹시 러시아의 사진사 세르게이 미하일로비치 프로쿠딘-고르스키Sergei Mikhailovich Prokudin-Gorskii에 대해 들어 본 적이 있는가? 프로쿠딘-고르스키는 망명 생활을 하다가 1944년 81세를 일기로 사망했다. 그는 1909~1915년까지 5년간 동화 같은 삶을 살았는데, 마르코 폴로와 비슷하게 러시아 황제의 특사로서 풀먼 식 차량(침대칸이 있는 호화 기차-옮긴이)을 타고 쿠빌라이 칸의 13세기 몽골 제국보다 크기에서 뒤질 뿐 광대하기 짝이 없던 러시아 제국을 여행했다. 그는 마치 '열려라 참깨' 주문과도 같은 서류 두 장을 받았다. 그 서류만 있으면 보고 싶은 곳 어디든 갈 수 있었고 그를 도와줄 사람들을 부를 수 있었으며, 정부의 지원으로 암실이 갖춰진 개인 기차를 타고 이동할 수 있었다. 그의 임무는 몇 권 안 되는 책에서 언급된 것처럼 "황제의 사진사"로서 흥미롭고 중요한 것들을 "자연스러운 색"으로 기록하는 일이었다.

색. 이것이 그가 제국의 마지막 차르였던 니콜라이 2세의 주목을 받은 이유였다. 프로쿠딘-고르스키는 다른 색의 여러 필터를 이용해 흑백사진에서 색채가 있는 상을 만들어냄으로써 초창기 천연색 사진을 발명해냈다. 이는 흐릿한 광물에서 밝은 에메랄드와 루비를 깎아낸 것과도 같았다. 이 비약적인 발명은 코닥 칼라필름이 시판되기 약 40년 전에 완성되었지만 나름대로의 결점이 있었다. 슬라이드를 스크린에 영사하기가 너무 어려웠다. 연이어 유리 건판에 노출되는 같은 장면의 세 이미지가 정확히 겹쳐져야 했기 때문이다. 그래서 다른 사람은 아무도 그 처리 방식을 익히지 못했다. 하지만 그의 손을 거치면 무리 없이 처리되어 러시아 북부 지방과 캅카스 산맥, 칸이 지배했던 옛 중앙아시아 지역을 찍은 3500장의 사진이 러시아 황제에게 바쳐졌다.

사진에는 양파 모양의 둥근 지붕이 있는 교회들, 언덕 비탈에 서 있는 아이들, 눈 속의 낙타들, 이동식 원형 텐트 앞에 서 있는 유목민 여인, 부하라(중앙아시아의 우즈베키스탄에 있는 도시-옮긴이)의 궁전에 있는 황새 둥지, 시베리아 횡단 철도의 선로 변환기 조작기사, 사마르칸트의 멜론 노점상, 타메를란Tamerlane(중앙아시아 티무르 왕조의 창시자인 티무르를 말한다. 타메를란은 '절름발이 티무르'라는 뜻이다—옮긴이)의 묘지 등이 담겨 있었다.

프로쿠딘-고르스키는 1918년 유리 건판 2000장을 가지고 러시아를 빠져나왔다. 그가 프랑스에서 사망한 지 25년이 지난 후 1900장이 미국 국회도서관으로 옮겨졌고, 거기서 오랫동안 보관되다가 2000년에 사서들이 전시회를 열기 위해 디지털화 작업을 시작했다. 이 복원된 사진들이 현대인들에게 미친 영향은 묘하다. 그 사진들은 리 퍼머가 20년 후에 수집했던 거의 사라진 유럽의 세계보다 더 아득한 과거 같은 모습을 보인다. 프로쿠딘-고르스키의 사진에 있는 것들은 마치 '… 이전의' 세계를 보여 주는 듯하다. 제1차 세계대전 전, 러시아 혁명 전, 러시아화化(러시아계 소수민족을 캅카스 산맥 동쪽의 땅에 대규모로 정주시키는 것—옮긴이) 전, 근대화 전, 대규모 산업화 전, 그리고 스모그 발생 전. 그런데도 모든 장면이 마치 이웃집같이 가깝고 동시대적으로 보인다.

어떻게 이런 일이 가능할까? 부분적으로는 단순히 색깔 때문이다. 진짜 같지 않은 데다가 생생하고 순도 높아 보이기까지 하다. 미국인 건축 학도 애디슨 고델Addison Godel은 그 전시를 보고 웹사이트에 이런 글을 썼다. "2001년 5월 중순에 온라인 전시회가 있다는 것을 알고 관람했다. 솔직히 당황했다. 흑백사진 미술을 헐뜯으려는 것은 아니지만 나는 과거란 흑백으로 된 창을 통해서만 보이기 때문에 어쩐지 애매하다고 느껴 왔다. 반면 컬러로 된 장소나 건물들, 특히 사람들은 그들이 한때 정말로, 진정으로 존재했다는 것을 마음 깊이 이해하게 해 준다. '32번 사진의 평범한 러시아 농부'는 그저 교과서 귀퉁이에 있는 삭막한 모습이 아니라 진짜 사람인 듯해서, 우연히 시대를 달리해서 태어나지만 않았다면 내 이웃이나 친구일 수도 있겠다는 느낌이 들었다. 감동적이었다."

나는 프로쿠딘-고르스키의 사진을 보고 사람들은 사진의 조합에 추가된 뭔가 다른 것, 모든 면에서 선명한 색조만큼이나 특별하고 예상 밖인 이미지들의 양상에 반응한다는 느낌을 받았다. 사진에는 강요된 부동자세가 보이기 때문에 한 번 더 돌아보게 된다. 이는 각각의 '복합 사진'이 지루하게 노출되어야 했던 방식 때문이다. 프로쿠딘-고르스키가 작업하면서 가장 힘들다고 생각했을 장애 요인이, 시간이 뒤섞인 관점에서 보면 비록 의도하지는 않았지만 결국 그의 시대를 그렇게 이상하고 동떨어지면서도 우리 시대와 놀랄 만큼 비슷해 보이게 하는 비법이 된 셈이다.

러시아의 학자 로버트 H. 올즈하우스Robert H. Allshouse의 「황제에게 바친 사진Photographs for the Tsar」에서는 이렇게 설명한다. "그는 작은 접이식 핸드 카메라(소형화되어 잡기 편한 휴대용 카메라로서 밑판을 접으면 렌즈가 접혀져 얇은 상자 모양이 되는 접는 카메라—옮긴이)를 이용해서 같은 대상을 카메라에 수직으로 세워 둔 유리 건판에 1초 정도의 간격을 두고 세 번 노출시켜 찍었다. 각각의 노출 후 건판은 새로운 위치로 내려갔다. 같은 사진을 세 번 찍어야 했기 때문에 프로쿠딘-고르스키는 움직이지 않는 것으로 대상을 제한했다. 그래서 그가 찍은 사진들 다수가 고정된 물체다."

시간에 고정되면서도 공간에도 고정된 것이다. 프로쿠딘-고르스키는 철교나 수도원은 가만히 있어서 찍기 어렵지 않았겠지만 사람들을 찍는 일은 상당히 어려웠을 것이다. 그가 각각의 사진을 찍는 데는 시간이 얼마나 걸렸을까? 상반되는 의견들이 있다. 그의 생각으로는 3초였지만 나중에 회고한 내용에 따르면 1908년 레오 톨스토이의 사진을 찍을 때는 6초 이상이 걸렸다고 했다. 이 사진은 레오 톨스토이의 컬러 사진으로는 유일하다고 알려져 있다. 1909년 찍은 러시아의 작은 도시 사진 석 장을 찍을 때는 달이 조금씩 기울어 가던 중이었는데, 최근 디지털화되면서 복구한 이미지들에서 밝혀진 바에 따르면 프로쿠딘-고르스키가 사진을 다 찍고 카메라를 접을 때까지 1분이 걸린 것으로 추측된다. 최소한 숨을 천천히 한 번 들이마셨다가 내뱉는 시간이며, 아마도 10번이나 20번 숨을 쉴 시간이었는지도 모른다.

프로쿠딘-고르스키가 황제에게 바친 사진에 찍힌 인물들은 카메라가 자기 할 일을 하는 동안 이 방식에 맞춰야 했다. 오늘날 그 사진들을 보노라면, 우리는 그들이 그러려고 애쓰는 모습을 볼 수 있다. 그것은 미묘한 느낌을 주기 때문에 처음에는 모르고 지나칠 수 있다. 통나무집 앞에서 전통적인 손님 접대 음식인 산딸기를 담은 그릇을 들고 서 있는 시골 처녀 세 명의 진지한 표정, 부하라의 왕이 보라색 튤립이 수놓인 실크 예복을 입고 왕궁 앞에 앉아서 지친 듯 얼굴을 찌푸리고 있는 모습은 사진을 찍는 동안 그들이 얼마나 집중했는지를 보여 준다. 그들은 사진사의 요구에 조용히 힘을 빼고 생각을 멈추면서 움직이지 않으려고 집중해야 했으며 그 결과 거의 대부분이 '엄밀한 현재'에서 벗어나 연장된 순간을 누리는 반응을 보였다. 우리가 우리 시대에 하는 행동을 그들도 한다는 사실이 내게는 다른 무엇보다 감동적이었다. 사진은 그들과 우리 사이에 있는 거리를 줄이고 있었다. 우리를 갈라놓은 것은 어떻게 보면 오로지 '일시적인 우연'이라는 사실을 나는 깨달았다.

더욱 긴 '지금', 이 훨씬 더 긴 시간의 길이를 '깊은 지금'이라고 부르는 것은 어떨까? 어쨌든 더욱 긴 지금과 우리를 관련지어 생각하는 문제에 대해서는 리 퍼머와 미국인 작가이자 환경 문제를 다루는 《생크추어리Sanctuary》의 편집자 존 핸슨 미첼John Hanson Mitchell이 각기 같은 접근 방법을 찾은 것으로 보인다. 이들의 차이점은 미첼이 그것에 '의식적 시간Ceremonial Time'이라는 이름을 붙였다는 것이다. 미첼은 아메리칸 인디언 친구 토누파스쿠아와 놈페네킷에게서 가르침을 받았다면서 겸손하게도 그 용어의 저작권을 부정했다. 1980년대 초 미첼은 자기가 살던 매사추세츠 주 리틀턴의 빙하기 이후 역사를 공부하기로 결심했다. 리틀턴은 보스턴 북서쪽으로 약 50km 떨어진 농업 지역으로 최근에 도시 근교로 빠르게 편입되고 있다. 미첼은 유럽계 미국인들의 정착을 300년 전까지, 그리고 거의 10여 세대를 쉽사리 추적할 수 있었으며 자기 집 주변의 약 2.6km^{2}가 19세기에는 덜 당당한 느낌인 '스크래치 플랫Scratch Flat'이라고 불렸다는 사실을 발견했다.

그러나 좀 더 먼 과거로 추적해 가면서 그는 깊은 단절과 맞닥뜨렸다. 사냥하며 돌아다니다가 그 지역에 정착해서 400세대에 걸쳐 거주해 왔던 원래의 아메리칸 인디언들이 백인들에게 쫓겨나 캐나다로 물러났던 것이다. 미첼은 그 후 『의식적 시간: 2.6km^{2}에서 보낸 1만 5000년Ceremonial Time: Fifteen Thousand Years on One Square Mile』에서 17세기 후반 스크래치 플랫을 떠났던 인디언 부족인 포터킷Pawtucket 인디언 두 명을 만나 그 단절을 메웠던 방법에 대해 설명했다. 그가 새로 사권 인디언 친구들은 정보를 많이 알고 있을 뿐 아니라, 자기 부족이 역경을 겪은 데 대해 그에게 미안해 하지 말라는 말까지 했다. 그들은 그 땅이 수백 세대 이전에 조상들이 처음 발을 디뎠던 때의 모습을 간직하고 있는 한, 그들에게는 변한 것이 아무것도 없다고 설명했다. 그들의 토지 임차권은 이전되지 않았으며, 그들이 늘 알고 있던 것들이 그대로 남아 있다는 믿음 역시 그대로라는 것이다.

이것이 의식적 시간에 대한 미첼의 소개말이다. 아마도 포터킷 족의 생애에서는 '완신세 시간'이라고 불릴지도 모른다. 완신세는 현대 생명체의 물리적 배경을 창조한 빙하기 이후 시대, 즉 빙하가 북쪽으로 물러가고 식물과 동물, 사람들이 번성하기 시작했을 때 지금의 언덕들 형태가 나타난 이후의 시대다. 미첼의 책에는 어느 날 저녁 놈페네킷을 만난 이야기가 등장한다. 그는 다소 분개하면서, 아직 의구심을 가진 미첼에게 모든 것을 조목조목 설명했다.

"당신이 늘 과거에 대해 걱정하고 있다는 것을 압니까?" 그가 말했다. "그게 무슨 관계가 있어요? 그게 뭡니까? 우리는 우리 부족 사람들이 멀리 간 적이 있다는 것을 믿지 않아요. 우리는 지금 바로 여기에 있어요. 내 말, 무슨 뜻인지 압니까?"

"아니요. 무슨 말인지 모르겠어요." 나는 그가 무슨 말을 할지 알겠다는 생각이 들었지만 그렇게 대답했다.

"인디언인 우리는 당신이 보고 있는 그 모든 것이에요." 이렇게 말하면서 그는 불쑥 쳐든 머리로 늪과 그 너머 언덕에 검은 선을 그리며 서 있는 소나무들을 가리켰다. "우리는 이것으로 만들어졌어요. 여기 늪과 나무들.

다를 게 없어요. 무슨 말인지 알지요? 당신은 이 세상을 당신이 아닌 무엇으로 보고 있기 때문에 이 말을 이해하지 못해요. 하지만 인디언들은 우리가 다람쥐나 곰과 다를 게 없다고 생각하지요. 그냥 모양만 다른 거예요. 우리는 똑같아요. 다람쥐, 나, 곰 모두가요. 알겠어요?"

이는 지속성에 기초한 '깊은 지금'이다. 우리 주위의 사물이 계속 존재하는 것은 일종의 현재 순간이 되어 지속성, 확고부동함, 굴하지 않는 꾸준함을 부여한다. 우리는 깊은 지금의 탄력성과 계속 이어지는 생애에 소속될 수 있다. 미첼은 그 의미를 알고 난 후에도 처음에는 이런 종류의 시간 확장을 단지 불안정하게 이용할 수 있었을 뿐이다. 그는 옛 아메리칸 인디언의 묘지였던 곳을 방문하여 "과거의 것이나 시간의 되돌림이 아닌, 1000년 전에 살았을 무명의 고故 우드랜드 인디언들이 실재하는 듯한 느낌"을 받았다. "나는 이 인디언들과 함께한다는 기분이 문득 들었다. 그들은 우리와 매우 비슷했다." 그리고 의식적 시간은 그에게 더욱 깊이 스며든 현실이 되었다. "과거, 현재, 미래가 단 한순간에 전부 인지될 수 있는" 깊은 지금으로.

미첼은 책 말미에서 의식적 시간을 되도록 앞날을 보는 데 이용했고, 그럼으로써 완신세의 최후까지 떠올릴 수 있었다고 했다. 어느 날 밤 그는 집으로 돌아오면서 다음과 같은 느낌을 받았다. "팔레오 인디언이 군림했던 2000년, 고대인들이 살았던 기간, 우드랜드 인디언들이 활동했던 기간, 그리고 서구 문명이 나타난 기간 할 것 없이 전부가 막간같이 잠깐 동안 일어난 일같이 생각됐다. 겨울이 지금보다 더 따뜻했고 여름은 더 길고 더웠던 곳으로 추억할 날이 스크래치 플랫에 올 것이라는 생각이 들었다. … 훗날 이곳에는 겨울밖에 남지 않을 것이다. 스크래치 플랫에서는 견디기 힘들어질 것이고 사람들은 다른 부족이나 도시민들을 따라 남쪽으로 이주해 갈 것이다. … 바다 위를 떠다니는 얼음이 모인 거대한 빙하 덩어리는 남쪽으로 이동할 것이고 스크래치 플랫으로 불렸던 곳은 또다시 6만 년 동안 모습을 감출 것이다."

미첼의 여행보다 반세기 전인 1934년, 패트릭 리 퍼머는 도나우 강의 동쪽을 따라 중부 유럽을 도보로 여행하면서 다양한 사람들과 언어와 역사를 만났다. 먼저 오스트리아 인과 친구가 되었고 그다음에는 슬로바키아 인, 헝가리 인을 사귀면서 그는 자기의 수용력을 두 배 가까이 늘리고 마음의 문을 활짝 여는 경우에만 이 조각 퍼즐 같은 지역들이 머릿속에서 통일될 수 있다고 깨달았다. 그는 런던을 떠나던 날 밤부터 깊은 여행에서 얻은 세심한 관찰과 자기 나름대로의 의식적 시간을 결합하여 이를 활용하고자 했다. 즉, 유럽 대륙에서 일어나는 지질학적 변화의 지극히 느린 속도를 마치 변하지 않는 상수常數처럼 믿고 의지하는 '장기적 시야'를 개발하고자 했다. 이는 100년 혹은 1000년 단위로 그 지역을 차지했을 독일인, 슬라브 족, 마자르 족 등 상대적으로 빠르게 질주하는 이주민 집단을 지켜볼 수 있는 '깊은 지금'을 담는 그릇 혹은 힘의 장場이라 할 수 있었다. 그는 이런 마음의 상태와 이를 발견하게 해 주는 렌즈들 사이를 오갔다.

리 퍼머는 슬로바키아에 들어가면서 면밀히 관찰하려고 노력했다. "나는 갑자기 최신의 정보에 둘러싸였다. 창문의 몰딩, 턱수염을 깎는 방식, 우연히 들리는 음절들, 낯설게 생긴 말 또는 모자, 억양의 변화, 새로운 음료수의 맛, 가끔씩 보이는 생소한 글자 도안들……." 그보다 앞서 오스트리아 북부 지방에 있는 동안에는 이제 그의 정신적 현미경의 보완물이 된 정신적 망원경을 설치하기 위해 악슈타인 성의 폐허에 올라갔다. 악슈타인은 도나우 강에서 30km 높이의 산 정상에 있는 성이다. 아래쪽의 바카우 계곡은 한때 '노상강도' 귀족(자기의 영지를 통과하는 여행자들을 노략질한 중세의 영주들을 가리키는 말—옮긴이)들이 활개치고 다녔지만 현재는 와인 산지로 번성 중이고 유네스코 세계유산으로 지정되어 있다. 그는 "여기 북쪽 만곡부의 중간에 있는, 어느 조심성 없는 왜가리의 위쪽에서 날개를 퍼덕이고 있는 매 한 마리가 나와 같은 시야로 강을 바라보고 있을 것이다"라고 말했다. 그는 거의 깎아 세운 듯한 가파른 절벽을 기어올라 숨을 돌렸다. 그러고는 그 높은 곳에서 더 광범위한 조사를 통해 사람들이 선사 시대에 분산되어 결국 유럽의 중부로 흩어져 살게 된 역사적인 방랑의 연대기를 기록하기 시작했다.

> 국가들은 어찌나 그렇게 느리게 바뀌는지! 서서히 겹치거나 자리를 바꾸는 외로운 구름처럼, 각 나라들은 너무나 느리게 움직여 거의 한자리에 머무는 듯, 혹은 지도 위를 습기나 곰팡이가 퍼져 나가듯 감지할 수 없는 속도로 천천히 나아가고 차례를 바꾼다. 굼뜨게 기어가면서 접촉하고 서로 영향을 받아 비슷해지는 전체적인 과정이, 실제 날짜가 붙은 어떤 외부의 사건으로 말미암아 갑작스레 활발하게 촉진될 때는 정말이지 안도감이 든다!

몇 주 후 같은 감정과 깊이 초점이 맞춰진 상상력이 다시 리 퍼머를 덮쳤다. 슬로바키아의 수도 브라티슬라바에 도착했을 때였다. 그곳은 당시 지방의 벽지였으며 최근 오랜 유대 관계를 맺었던 오스트리아 빈에서 떨어져 나왔다. 그는 이번에는 바카우 계곡의 놀라운 경치를 내려다보는 것 같은 자극이 없이도 옛날에 일어났던 사건을 올림포스의 신들처럼 당당하게 조망할 수 있었다. 브라티슬라바의 거리를 배회하면서, 그는 최초의 유럽인들이 이곳으로 이동한 것을 의식적인 통제를 넘어선 행동으로 보기 시작했다. 즉, 사람이 아닌 대륙 그 자체가 뒷전으로 물러나지 않고 주역으로 나서서 사건을 만들고 힘을 발산하여 그와 같은 사건이 발생했다는 시각이었다.

> 산과 평원과 강들의 위치 이동과 여러 민족들의 거대한 이동의 증거를 보면서, 나는 광물들의 세계에 주도권이 있는 지질 모형을 가로지르며 여행하는 기분이 들었다. 대륙은 가뭄과 빙하를 쫓아내고, 물과 목초지로 사람들을 손짓해 부르며, 신기루와 균형을 잃고 떠도는 유목민들을 이용해 사람들을 유인하여……, 언어들을 조종해서 여러 부족과 방언으로 분열시키고, 왕국들을 모으고 대립하게 하며, 여러 문명을 분류하고, 신앙을 전파하고, 군대를 안내하며, 철학과 예술 양식을 차단하고는 결국 더욱 가파르고 좁은 통로를 통해 나아가도록 부드럽게 떠민다.

우리 주위에서 이미 진행 중인 '깊은 지금'에 합류하는 능력은 오직 단계별로만 키울 수 있다. E. O. 윌슨이 말했듯이 우리의 시간 감각은

아직도 훈련하는 중이고 재구성과 확장을 겪는 중이다. 어쨌든 '깊은 시간'이라는 개념은 상대적으로 새로운 현상이다. 지질학자들의 주장에 따라 면밀히 검토하면, 깊은 시간이란 지구가 스스로 자신의 나이를 알려 줄 수 있다는 것을 뜻한다('깊은 시간'이라는 말은 훨씬 더 최근인 1980년대에 프린스턴 대학교 언론학 교수인 존 맥피John McPhee가 만들었다).

기독교의 성서는 약 2세기 전까지 기독교 국가에서는 자연의 역사와 인류의 역사를 계산하는 데 연대학적으로 권위 있는 출전으로 인정되었으며 20세기 들어서도 줄곧 그랬다. 댄 포크가 『시간을 찾아서』에서 지적했듯이, 20세기에도 계속 출판된 성서들은 17세기 아일랜드의 영국 국교회 대주교인 제임스 어셔James Ussher가 성서 원전을 꼼꼼히 연구한 후 세계 창조의 날을 추정한 데 기초한 이른바 '젊은 지구'의 시간을 보여 준다. 저명한 학자이자 구약성서 연대기에 대한 연구로 유명한 어셔는 성서에 나오는 내용 중 믿을 만한 연대를 정하고 그 날짜를 기준으로 해서 거꾸로 계산하여 다른 고대의 자료들과 비교했다. 그런 후 세계 최초의 기원이 정확히 기원전 4004년 10월 22일 토요일 오후 6시로 거슬러 올라간다고 밝혔다.

그와 대조적으로 현재 '시간의 아버지'로 존경받는 18세기의 스코틀랜드 지질학자 제임스 허턴James Hutton은 스코틀랜드 고지를 돌아다니면서 발견한 암석들을 조사하고 지형 자체의 과거를 연구하여 시간을 계산했다. 그는 암석의 화학적 성질로 판단해 볼 때, 자기가 걸어 지나쳐 온 화강암 바위들은 한때 용해된 상태였다는 것을 깨달았다. 그런 물질이 땅속 깊은 곳에서 액상 암석 상태로 노출되어 식고 단단하게 굳어진 후 그 표면이 풍화작용을 거치려면 엄청난 시간이 필요했을 것이다. 허턴은 나중에 지질학의 초석을 놓은 저서인 『지구론The Theory of the Earth』에서 "그러므로 현재 우리의 연구 결과는 우리가 지구의 시작과 끝에 대한 흔적도 전망도 찾아내지 못했다는 것이다"라고 썼다. 처음에는 이해하기 힘든 개념이었는데, 허턴의 친구이자 에든버러 대학교의 수학 교수 존 플레이페어John Playfair가 허턴을 옹호하며 그의 지구론을 해설하여 일반에 널리 알렸다. 그는 허턴과 탐사 여행을 나갔을 때 허턴이 암석층들을 보면서 그 기원을 설명하기 시작하면 "시간의 심연을 그렇게 깊이 들여다보다 보니 마음이 점점 어지러워지는 것 같았다"고 고백했다.

존재하지 않는다고 생각하는 방에는 들어가지 못하는 법이다. 현재 과학적 통설에 따르면 지구의 나이는 약 45억 살이며, 오차 범위는 400만~500만 년이다. 미첼과 리 퍼머가 기록한 '깊은 지금'은 이에 비하면 단지 단편적으로만 과거로 뻗어간 것이지만 어셔가 정한 시간 범위의 벽은 훌쩍 뛰어넘는다. 이 깊은 지금은 '지금'이면서 '여기'다. 그것은 연속되는 상태와 여행자 무리에 합류해서 더 큰 정체성을 개척하는 데 바탕을 두는 것이지, 혼자서 파고들면서 형성되는 것이 아니다. 깊은 지금은 일종의 집단적인 공동의 현재 순간이며, 공유된 시간 감각이다. 그리고 이전에 세상을 떠난 사람들과 앞으로 태어날 사람들, 비슷한 환경에서 만났거나 만날 사람들을 포용하고 감싸는 '우리'라는 감각이다.

이렇게 서로 다른 집단들을 함께 묶는 '여기'는 '시간이 정해진 여기'다. 스크래치 플랫의 사람들은 빙하가 사라지고 드러난 언덕에 순응했다. 중부 유럽인들은 모두 카르파티아 산맥을 비롯한 여러 산맥들을 타고 나아갔다. 스스로 선택했거나 산맥들의 지형이 길잡이가 되어 주었을 것이다. 이 두 경우의 길은 지금은 앞서 말했듯이 모두 완신세의 순간이며, 적어도 근접해 있는 '당분간은 영원한' 물리적 범위 안에서 연속적으로 일어나는 인간의 역사다. 그러나 이들 '여기'의 범위는 얼마나 융통성이 있을까? 그 여기들이 '이동할 수 있는 연속성'을 나타낸다면 그것들은 여전히 우리의 생각을 모아 하나의 체계를 이룰 수 있을까? 완신세 이전에 있었던 지구의 특징들이 주기적으로 위치를 바꾸고 한 번에 한 대륙 이상에서 나타날 수 있을까?

몇 년 전 나는『장소의 경험The Experience of Place』이라는 책을 쓰는 중에 초원 전문가이자 생태학자인 존 H. 포크John H. Falk와 우연히 만났다. 그는 미국인들이 집 앞뒤에 워낙 잔디밭을 많이 만들어서 만일 그 잔디밭들을 다 합친다면 인디애나 주 정도의 땅을 뒤덮을 것이라는 사실에 흥미를 느끼고 있었다. 그리고 그 흥미가 동기가 되어 전 세계의 지형 선호도를 연구하게 되었다. 그는 열대우림에서 사막에 이르기까지 온갖 배경을 찍은 사진을 사람들에게 보여 주고는 그들의 반응을 기록했다. 그 결과 사람들은 당연히 자기가 성장한 곳을 좋아하지만 더불어 초원 지형을 선천적으로 깊이 선호한다는 사실이 드러났다. 개인적으로 초원에서 자란 적이 없거나, 가 본 적도 없는 사람들조차도 그랬다.

진화심리학자들과 생물학자들은 이런 초원에 대한 선호가 인류의 역사를 거슬러 올라가면서 발견되며, 인류의 발생지였던 환경에 대한 기호가 유전적으로 전달된 사실을 나타낸다고 생각한다. 열대 기후인 동아프리카의 탁 트인 대초원은 많은 인류의 형질들이 진화한 곳이고, 나중에 이어지는 모든 인류의 여행의 출발점이기도 하다. 포크는 "인간다움을 정의하는 많은 것들이 대초원과 연관되어 있다"고 내게 말했다. 또한 이런 기호가 유지되는 것은 동물의 왕국에서 흔하다고 말했다. "모든 척추동물에게는 거주지에 대한 선호가 유전적으로 전달된다. 거주지의 구성 요건을 갖추는 것들을 아는 것은 생존에 큰 도움이 되기 때문에 머릿속에 각인이 된다. 굳이 생각해 볼 필요도 없다는 말이다."

오늘날의 사람들은 살아가기 위해 굳이 이런 걸 알 필요는 없지만, 그런 기호는 지금도 우리와 함께하며 '행동의 지침'으로 작용한다. 그리고 가장 좋은 상태에 머물기 위해 우리가 본능적으로 찾아 나서는 환경적 자극을 나타내는 계기반의 연료계 같은 역할을 한다(연료계가 '가득 참'으로 표시되는 것은 복잡함과 반복으로 가득하다는 뜻이다). 이는 빛과 어둠의 잦은 변화, 지평선까지는 아니라도 꽤 멀리까지 장애물 없이 볼 수 있는 능력이기도 하다.

또한 그것은 '아주 깊은 지금', 즉 매우 큰 범위를 생각하게 하고 귀향한 듯한 느낌을 불러일으키는 자그마한 뒤뜰이나 중간 크기의 도심 공원, 그리고 광활한 초원들에 공통적으로 존재하는 잠재력을 함축적으로 나타낸다. 우리는 오늘날의 인간이 지닌 역량의 대부분을 갖추고 있었던 현대 인류가 5만 년 전 아프리카를 떠난 후 4만 년에 걸쳐 지구 곳곳으로 흩어지는 동안 축적되었던 '우리는 여기 있었다'는 감정을 가지고 있다. 연못의 한가운데서 물결이 바깥쪽으로 퍼져 나가듯, 마치 오늘 여기 있는 우리들이 최초로 흩어진 인류와 계속 직접적으로 연결되어 있었던 것처럼 말이다. 어쩌면 너무 확대해석한 것일지도 모르겠다. 내가 직접 접촉한 '깊은 지금'은 표준적인 '의식적 시간'의 범위 내에 포함되어 있다.

몇 년 전 『H_2O: 고원에서 대양까지』를 쓰는 중이었다. 그 책은 뉴욕 도심에서 400년 동안 개발이 진행되면서 여전히 강렬하게 생동하지만 대부분 숨어 있어서 사람들이 잘 모르고 지나치는 원래의 자연이 지닌 생존력을 다룬 책이다. 어느 날 오후에 나는 자료를 조사하다가 뉴욕에서 서쪽으로 10km 정도 떨어진 뉴저지 주 에디슨에 있는 디즈멀Dismal 대습지를 찾았다.

그 동네에서 '디즈Diz'라는 애칭으로 불리는 디즈멀 습지는 개발의 손길이 전혀 닿지 않아 숲이 우거지고 드넓은 늪을 자랑하는 지대였다. 아직도 디즈에는 비버와 사향쥐, 165종의 새들이 살고 있고, 맑고 깨끗한 샘마다 물냉이, 늪지거북, 상자거북, 늑대거북, 청개구리가 살고 있다. 봄날 저녁이면 청개구리들이 귀가 먹먹할 정도로 울어대고, 저녁에 구급차라도 지나가면 사이렌 소리에 근처의 코요테들이 따라서 울부짖기 때문에 그들의 위치를 알아챌 정도다.

하지만 그곳에는 '여전히 그대로다'라는 압도적인 느낌이 만연해 있었다. 약 1만 2000년 전 빙하가 물러나고 얼마 되지 않아 아메리칸 인디언들은 이곳에 겨울 야영지를 세웠다. 그날 오후 늦게 나는 점점 커지는 개구리 울음소리와 나무들 사이로 스쳐 지나가는 바람 소리밖에 들리지 않는 숲 속에 혼자 있었다. 나는 생각을 이어 갔다. 그랬다. 이 소리는 변하지 않았다. 목을 축이려고 샘물이 솟는 곳에서 잠시 몸을 숙여 손으로 퍼 마신 물은 차갑고 달콤했다. 이 맛은 샘이 처음 솟아났을 때의 맛 그대로일 것 같았다. 내가 존 핸슨 미첼이 느꼈던 것처럼 인디언이 있다는 느낌을 받았다고는 할 수 없었다. 그보다는 이곳 디즈 습지에서 그들의 발자국 소리를 듣고 있다는 느낌이 들었다. 그들은 방금 떠났거나, 이 근처에 있을지 모른다. 어차피 그저 철 따라 찾아오는 것이었으니까. 그들은 언제나 이곳에서 환영받을 것이며, 어쩌면 그들을 기대하는 사람도 있을 것이다.

당시 내가 집필하던 『H_2O: 고원에서 대양까지』의 요점은 뉴욕 지역에 아직도 많은 자연 유산이 남아 있어서 이곳에 사는 1600만 명이 모두 도로 이름으로 된 주소와 자연경관의 주소 두 개를 가지고 있다는 것이었다. 그런데 나는 이 지역의 시간 지형에 대해서도 쉽게 설명할 수 있었다. 뉴욕 시민과 뉴저지 주민들이 어떻게 아직도 매일매일 '깊은 지금'에 다가가고, 모든 곳에서 매 시간 일어나는 더 친숙한 시간의 변화에 어떻게 접근할 수 있는지에 대해서도 쓸 수 있었다.

포크의 자연경관에 대한 연구는 몇 가지 의문점이 있지만 아직 그 해답은 나오지 않고 있다. 만일 고향에 있는 느낌이 '깊은 지금'을 경험하는 데 전반적으로 흘러야 할 필수적인 요소라면, 어느 정도의 고향이 있어야 시작할 수 있을까? 어느 정도의 친숙한 경치와 소리가 근처에 있어야 우리가 '여기 있었다'고 하지 않고 '여기 있었을 수도 있다'고 하는 걸까? 어느 정도여야 고향에 온 것 같은 기분이 충분히 들어서 땅에 '깊은 지금'이라는 대형 천막을 세우고 말뚝을 꽂을 수 있을까? 이런 경험의 외적 한계는 무엇이고, 우리가 도달하고 정착하며 익숙해진 후에 편안하게 들어설 수 있는 '매우 깊은 지금'이라는 것은 무엇일까? 우리의 정신이 숨이 가빠지고 시간의 심연 속에서 아찔함을 느끼는 그 너머 경계의 전초지는 어디에 있을까?

현재로서는 추측밖에 할 수 없다. 하지만 초원이 인류의 탄생 이전인 약 5000만 년 전, 신생대가 시작되기 직전에 나타나 2500만 년 후 기후가 시원해지면서 '영장류의 황금기'로 여겨지는 중신세의 초기에 번창한 것은 눈여겨볼 필요가 있다. 만일 그렇다면 어쩌면 우리는 완전히 인류의 기원에 묶여 있는 것은 아닐 수도 있다.

내가 이 정도까지 생각을 했을 때 갑자기 이슬람 신비주의 시인 잘랄루딘 루미의 「진화Evolution」라는 시가 떠올랐다. 그 시는 다윈의 『종의 기원』보다 600년 전에 쓰였는데, 생명이 구체적인 단계를 밟으며 현재는 광물, 식물, 동물의 단계에서 합리적이고 유식하고 강인한 상태인 인간으로 도달하는 단계라는 이야기가 담겨 있다. 루미의 이론에 따르면, 이 상태 역시 '정신의 수많은 다른 형태'로 가는 간이역이다. 그리고 각각의 새 단계에서 이전 단계의 지식을 놓아주고 잊어버리는 행위가 수반된다. 그런데 다음 단계로 전달 가능한 학습과 선호의 작은 잔여 부분만은 그대로 간직된다. 예를 들어 한 생명체가 일단 동물 상태의 단계에 이르면 식물이었던 때의 기억은 봄과 꽃에 대한 이끌림을 제외하고는 아무 기억도 남지 않는다는 것이다.

만일 우리가 그때부터 우리 내부 어딘가에 꽃에 대한 선호를 물려받았다면 그 부분이 초목들의 전성기보다 훨씬 이전의 시대와 공명할 수 있는 부분이 될 것이다. 지구상에 최초의 꽃이 나타난 때는 아마도 1억 3000만 년 전 중생대Mesozoic(중생대로 풀이되는 이 말은 '중간 생명' 혹은 '중간 동물'을 뜻한다)의 약 3분의 2를 지났을 무렵일 것이다. 당시 번창하던 중간 동물은 공룡이었다. 비록 3억여 년 전에 육지 위에 생명이 나타났지만, 이 시대 이전에는 아직 '고향에 있는'이라고 표현할 만한 것은 거의 없었다.

영국의 고기후학자 데이비드 비어링David Beerling(고기후학古氣候學은 과거 지질시대의 광범위한 기후 조건을 연구하는 학문이다—옮긴이)은 저서 『에메랄드 행성: 식물은 어떻게 지구의 역사를 바꿔 놓았는가The Emerald Planet: How Plants Changed Earth's History』에서 3억 년 전 석탄 침전물이 쌓였던 석탄기가 "잃어버린 거인들의 세계"였다고 표현했다. 당시에는 날개폭이 60cm가 넘는 잠자리가 날아다니고 양치식물인 인목鱗木(비늘나무라는 뜻으로 높이 30m, 굵기 2m에 달하는 커다란 나무다. 잎이 떨어진 자리가 비늘처럼 조밀하게 배열되어 뱀 가죽의 비늘같이 보인다—옮긴이)이 13층 건물만큼이나 높이 뻗어 있었다. 진정한 최초의 꽃들은 열대 밀림의 키가 작은 나무에서 피어난 반짝이는 점에 지나지 않았다.

그 후 꽃을 피우는 식물들의 '빅 뱅'이 도래했고 다음 몇백만 년 동안 식물들은 지구 전역으로 퍼져 나갔다. 그리고 장미와 해바라기, 토마토 같은 꽃 피는 덩굴식물, 참나무와 사과나무 같은 꽃 피는 나무 등 오늘날 보이는 꽃의 조상 99%가 등장했다. 그 누구도 왜 이렇게 빠르게 팽창했는지는 알지 못한다. 다윈은 이것을 "가공할 수수께끼"라고 했지만, 아무튼 그것은 뉴욕의 자연사박물관 부관장 마이클 노바첵Michael Novacek의 말처럼 "기쁨의 정원"을 탄생시켰다. 그리고 노바첵의 『대지: 우리의 1억 살 난 생태계와 이를 위협하는 것들Terra: Our 100-Million-Year-Old Ecosystem—and the Threats That Now Put It at Risk』에서 설명했듯이 현대 생태계의 기초와 생명의 보고가 되었다.

노바첵이 언급한 현대 육지 생태계의 거대한 기반은 완신세보다 약 9000년이나 더 된 하나의 '지금'을 대표한다. 어쩌면 아직 해명되지 않은 꽃들의 승리는 우리가 쉽게 받아들일 수 있는 '매우 깊은 지금'의 가장 강력한 후보가 될 수 있을지 모른다. 수십억 년 전 태초의 바다는 연두색이었고, 그 후 약 2억 년 동안 붉은색으로 변했다. 육지는 겨우 4억 년 전에야 식물들로 덮여 초록색이 되기 시작했다. 노바첵은 지금의 환경이 "서로 다른 두 생명의 왕국이 이례적으로 협력한" 덕분에, 더 구체적으로 표현하자면 "꽃과 곤충의 밀접한 결합 관계" 때문에 발생했다고 한다.

꽃이 피는 속씨식물이 등장했을 때 그 식물들은 꽃가루를 바람에 뿌리거나 땅이나 물에 떨어뜨리지 않았다. 대신 동물, 그중에서도 꽃가루를 묻혀서 운반하고 떨어뜨리는 곤충들에게 대부분 의존했다. 동물들이 이렇게 도와주도록 유도하려면 유혹과 보상이 필요했으며, 수없이 다양한 범위의 색과 복잡한 향기, 달콤한 꿀, 그리고 꽃 구조의 참신함과 매력과 속임수가 필요했다. 찾아온 곤충들 역시 휘황찬란한 혁신을 선택했다. 길어진 더듬이, 예민한 색채 인지 능력, 꽃가루를 잘 묻히기 위해 털이 난 다리……. 특히 벌들은 춤으로 이루어진 복잡한 언어를 선택했다. 이 체계는 지구상 가장 번창하는 두 개의 생명체 집단이 끌어낼 수 있는 모든 재주를 다 합친 것이었다. 이보다 더 과격한 진화적 발전이나, 더 탁월한 재생산 전략의 변혁, 더 총체적인 육지 생명체의 재구조화를 상상하기는 어렵다.

우리는 다양한 '깊은 지금'과 접촉하는 데 진전을 보면서 그 깊은 지금의 실용적인 적용 가능성에도 눈을 돌리기 시작했다. 어니스트 스콧Ernest Scott(이 이름은 런던《이브닝 뉴스Evening News》의 전 편집자였던 에드워드 캠벨Edwad Campbell이 쓰던 가명이었다–옮긴이)이 1983년 펴낸『비밀의 사람들The People of the Secret』은 '깊은 지금'에 마음을 여는 것이 어떻게 인간의 업적을 평가하는 방법으로 이어질 수 있는지에 대해 처음으로 언급하고 있다. 스콧은 "개개인에게 현재 순간의 최대한도는 그 개인의 일생"이며 인간의 진보는 변덕스러운 운과 우연한 사건에 지나지 않는 것으로 보일 수 있다고 말한다. "그러나 만일 인류 전체가 다른 시간의 척도에 놓여 있는 유기체라면, 그리고 한 개인의 현재 순간이 광범위하게 확장될 수 있다면, 만일 이런 관점에서 그 개인이 생애 외부에서도 자아의 연속성을 볼 수 있다면 그와 '운명'의 관계는 완전히 탈바꿈할 것이다."

셰익스피어는 희곡 〈뜻대로 하세요〉에서 "역경은 이롭고 아름다운 것이오. 그것은 두꺼비처럼 추악하고 독살스러워 보이지만 그 머리엔 귀한 보석을 지니고 있다오"라고 했다. 캠벨은 다른 비유를 통해 비슷한 주장을 하면서 그런 생각이 덜 동떨어지고 덜 비인간적으로 보이게 하려고 했다.

어린아이의 손가락에 가시가 깊이 박혔다고 치자. 어머니는 이 상황을 아이보다 훨씬 더 큰 현재 순간의 각도에서 본다. 어머니는 아이의 행복과 성장, 성숙이라는 전체적인 관점에서 아이의 일생을 본다. 어머니는 바늘을 쥐고 가시 아래에 찔러 넣어 가시를 뺀다…….

아이의 현재 순간의 각도에서 보면 [이것은] 어머니가 쓸데없이 자기를 아프게 한 것이 된다. 아이는 어머니의 행동이 결국은 자기가 잘되기를 바라는 걱정에서 우러나왔다고 생각하지 않으며, 그 점을 이해하지도 못한다. 이것을 바르게 판단하려면 아이가 현재 소유하지 않는 것, 그 발달 단계에서는 소유할 수도 없는 현재 순간에 접근해야 한다.

2006년 90세의 나이로 사망한 캠벨은 인생이 우리에게 말하고자 하는 것이 무엇인지, 인생은 우리가 무엇에 대비하게 하는지에 대해 평생 몰두했다. 1971년 발표한 전공 논문 「이례적인 소통의 양상들Some Unusual Aspects of Communication」에서 그는 우리를 기다릴지 모르는 다른 종류의 결과에 대해 생각하며 다음과 같이 썼다. "인간의 최후의 운명에 따라 미래에 우주에 있는 다른 지적 존재를 만나야 한다고 가정해 보자. 현재 그 사람이 지닌 수단으로는 그런 지적 존재와 소통이 가능할 것 같지 않다. 새로운 기술과 근본적으로 다른 소통의 어법이 필요할 것이다."

아마 '깊은 지금'을 이용하는 방법을 터득하는 것은 단순히 또 하나의 학습 양상이며 우리 주변과 환경과 소통하는 좀 더 진보한 문법인지도 모른다. 시간을 활용하는 다른 방법들을 배워야 하는 문법, 과거와 현재와 미래를 새로운 시제들로 결합하여 연습할 수 있는 그런 소통의 문법 말이다. 아마도 깊은 지금은 앞으로 나올 그런 문법의 '복수현재Plupresent'인지도 모른다, 아니면 '완벽한 현재Perfect Present'일까?

닐 암스트롱이 인류 최초로 달에 첫발을 디디기 7개월 전인 1968년 크리스마스이브였다. 우주선으로 달 궤도를 돌면서 예비 우주 비행을 하던 세 명의 미국 우주인 중 한 명이 느닷없이 고함을 쳤다. NASA에서 아폴로 8호의 비행을 기록한 내용에 따르면, 그는 "세상에! 저기를 보세요! 지구가 떠오르고 있어요!"라고 말했다고 한다. 그 우주 비행사 세 명은 달을 향해 나 있는 우주선의 창 앞에서 그날 하루를 보냈다.

그들은 달의 궤도를 돈 최초의 인류였다. 그들의 임무는 지구에서 보이지 않는 달 뒤쪽의 어두운 면과 지구에 면한 쪽에서 앞으로 착륙하기에 좋은 지점들의 고해상도 사진을 찍는 것이었다. 네 번째 궤도를 돌 즈음 그들은 유인 우주선을 다른 방향으로 틀었다. 육분의六分儀로 항해 위치를 재기 위해 달의 지평선을 볼 필요가 있었던 것이다. 몇 분 후, 푸른색과 흰색이 섞인 흐릿한 덩어리처럼 보이는 것이 지평선 너머로 살짝 모습을 드러냈다. 지구였다. 윌리엄 앤더스는 서둘러 컬러사진을 찍었다. 이 사진이 바로 지구 밖에서 최초로 지구를 찍은 '지구돋이Earthrise'다. '백미러로 본 지구', 심지어는 '그 사진'으로 알려져 있기도 하다.

선장이었던 프랭크 보먼은 나중에 이렇게 말했다. "내 평생 가장 아름답고 마음을 끄는 광경이었으며 홍수처럼 밀려오는 향수와 고향에 대한 순전한 그리움을 느끼게 하는 광경이었다. 광활한 우주에서 색깔이 있는 것은 그것이 유일했다. 다른 것들은 전부 검은색이나 흰색이었다. 그러나 지구는 그렇지 않았다."

이 순간의 자세한 내용들은 2008년 말에 40주년 기념으로 발행된 런던 《옵저버Observer》의 '모든 것을 바꿔 놓은 임무The Mission That Changed Everything'라는 제목의 글에 담겨 있다. 로빈 매키는 이 글에서 1969년, 1971년, 1972년에 있었던 6번의 달 착륙이 아닌 앤더스의 사진 한 장이 아폴로 우주 비행 프로그램의 가장 중요한 유산으로 기억된다는 의견을 내놓았다. 미국의 시인 아치볼드 매클리시Archibald MacLeish가 말했듯이 인류는 그 사진 덕분에 최초로 대륙이나 대양이 아닌 "통째로 된, 둥글며 아름답고 작은" 자기들의 행성을 볼 수 있었기 때문이다.

또한 매키는 19세기의 기술이 여기에 일정 부분 기여했다고 말한다. 그는 시카고로 가서 그 우주선에 탔던 제3의 인물 짐 러벨을 인터뷰했다. 러벨은 앤더스가 유일하게 컬러필름과 망원렌즈가 장착된 카메라를 들고 있었다고 말했다. 망원렌즈는 1891년에 완성되었다. "그게 그 사진을 만들었다. 지구는 달에서 육안으로 볼 때 손톱만 한 크기다. 망원렌즈 덕분에 지구가 더 크게 보여서 사진이 그렇게 특별히 잘 나온 것이다."

'지구돋이'는 사진으로 찍힌 다음 해에 미국의 우표에 등장했고, 《라이프Life》는 나중에 그 사진을 '세상을 바꾼 100가지 사진'의 하나로 꼽았다. 영국의 우주역사학자인 로버트 풀Robert Poole은 지구돋이가 "우주에서의 깨달음"이라면서 최근에 펴낸 사진에 대한 책에서는 "환경 르네상스"라는 말을 언급하기에 이르렀다. 환경 르네상스는 미국의 경우 1970년의 대기오염 방지법, 1972년의 수질오염 방지법 등을 비롯한 중요 법안이 나온 세대를 뜻한다. 『지구의 모든 목록The Whole Earth Catalog』의 저자 스튜어트 브랜드Stewart Brand는 환경운동이 어떻게 급속히 활성화됐는지에 대해 "인류는 불현듯 조그맣고 연약하며 희귀해 보이는, 돌봐 주어야 할 행성을 갖게 된 것이다"라고 설명했다. 2000년 지구의 날(환경보호의 날. 4월 22일—옮긴이) 제정 30주년을 기념해서 발행된 《타임》 특별판에서 브랜드는 이렇게 말했다. "1970년 4월 지구의 날이 지구돋이 직후에 제정된 것은 역사의 우연이 아니다. 대기의 건강, 해양의 건강, 그리고 안정된 기후에 대해 지구적 차원에서 접근하는 관점이 등장하면서 개별 국가 단위의 접근이 쇠퇴했다. 환경을 다루는 민간 단체들은 제철을 만났다."

로버트 풀은 되돌아보면 이 '더 큰 여기'의 관점은 우주 계획(민간 우주 계획)이 처음부터 목표했던 것이었다고 그의 책 『지구돋이: 인간은 어떻게 최초로 지구를 보게 되었나Earthrise: How Man First Saw the Earth』에서 밝혔다. 로빈 매키는 "인간은 다른 세상을 탐험하기 위해 수십억 달러를 썼는데 결국 자기들 세상을 재발견하게 되었다"고 했다. 이 경우 바깥으로 향하는 여행은 고향을 향한 여행으로 정당화되었다고 할 수 있다. 아폴로 8호의 여행에 대해 루이스 토머스가 한 말처럼 "달은 늙은 뼈처럼 죽어 있는 반면 지구는 우주 이쪽에서 유일하게 생기에 넘치는 것"이었기 때문이다.

그러나 스튜어트 브랜드에 따르면 지구돋이가 미친 영향에서 가장 놀라운 부분은 우리가 새로운 시간 언어를 배우게 됐고 결국 최소한 '이중 시제'로, 그리고 가급적이면 '다중 시제'로 살게 됐다는 점이다. 이

는 에드워드 캠벨이 했던 식의 관찰과 매우 밀접하게 맞물린다. 지구를 '더 큰 여기'로서, 전체적인 지구로서 통일된 방식으로 검토할 필요가 있는 장소로 보기 때문이다. 그러나 그 방식, 즉 500종의 조류와 그보다 많은 포유동물이 앞으로 약 50년 후 멸종하는 사태를 방지하려면 브랜드의 말처럼 '깊고 느린 변화의 영역', 그리고 특히 지구상 생물권의 리듬과 같은 '더 긴 지금'에서 제공되는 통찰력을 몸에 익혀야만 가능하다. 다른 방법은 탁상공론에 불과하여 해결책이 나올 듯 말 듯 감질만 날 것이다.

브랜드는 "환경보호주의는 인내심을 가르친다"고 말한다. 그는 인내심을 건전한 문명의 핵심 역량으로 여긴다. 그에 따르면 우리의 일상생활은 동시에 여러 가지 속도로 작동하는 서로 다른 시간의 가닥들로 짜여 있다. 패션과 상업은 그런 분야답게 빠르게 변화하며, 자연과 문화는 또 그답게 느리게 변화한다. 사회기반시설과 공공 분야는 중간 속도로 변화한다. 브랜드는 이 이야기를 우리가 충분히 새기기도 전에 다시 이렇게 말한다. "다음 선거에 대한 걱정에 빠진 각국의 정부는 환경문제에 매달릴 수 없다. 다음 분기 전망에 제약을 받는 기업들 역시 그 문제를 보지 못한다. 기후와 생물학적 다양성, 인구 같은 문제들은 수십 년, 심지어는 수 세기에 걸쳐서만 다룰 수 있기 때문이다."

따라서 '시간에 대한 새로운 시각'은 지구돋이 이후의 또 다른 획기적인 발전인 셈이다. 우리는 지구 환경을 위협하는 것을 다루는 데 더 많은 도구와 사람들만 필요한 것이 아니다. 더욱 다양한 시간의 크기와 다른 변화의 속도에 맞는 도구들이 필요하다. 이는 대기와 기후 변화 속에서 지체되고 소요되는 시간이 수십 년 걸리기 때문이다. 그리고 숲과 해양, 대수층帶水層(지하수를 품고 있는 지층–옮긴이)의 활력을 유지하려면 여러 세대에 걸쳐 관심이 공유되어야 하기 때문에 같은 수준의 관심을 아버지와 어머니에게서 아들과 딸들에게 대를 이어 계속 전달해 주는 새로운 사람들이 필요할 것이다. 브랜드는 이렇게 말한다. "이전에는 환경 문제가 1~2년 안에 풀리지 않기 때문에 그저 해결하지 못한다고만 생각했다. 그런데 이제 환경 문제가 해결될 수 있음이 밝혀졌다. 다만 10~30년 이상 집중된 노력이 있어야 해결책으로 겨우 다가갈 수 있다. 해결책 자체가 나오려면 수 세기가 걸릴 것이다."

브랜드는 장기적인 대비(여기서 '장기적'이란 적어도 수 세기가 걸린다는 의미다)를 촉진하는 데 그치지 않고 우리가 우리 시대를 설명하려면 어떤 대상을 가리키는 더 포용력 있는 용어가 필요하다고 생각했다. 그는 우리가 21세기나 새천년에 산다는 생각을 버리고 대신 2000년이라는 기간의 중간에 이 지구에 태어났다고 생각해 보자고 제안한다. 이는 존 핸슨 미첼의 '의식적 시간'과 놀라우리만큼 비슷한데, 둘 다 마지막 빙하기에서 시작되기 때문이다.

브랜드는 그것을 '긴 지금'이라고 부른다. 그와 몇몇 지인들은 '긴 지금' 재단을 세워 그 용어를 대중화하고 이 내부적인 확장을 외부적으로 상기시키는 신호를 만들려고 노력하고 있다. 그들은 미첼처럼 변치 않는 언덕의 모양을 가리키는 데 그치지 않고 네바다 주에 있는 땅을 사서 24m 높이의 '천년기 시계Millennial Clock', 즉 긴 지금의 시계를 세웠다. 런던 과학박물관의 시계 전시관에 전시되어 있는 이 시계의 작은 모형을 보러 갔던 댄 포크는 그것이 "하루에 두 번 똑딱이며"(비록 지금은 대체할 부품을 기다리고 있는 중이지만) 1999년 1월 31일 자정에는

"1000년에 한 번 울리는 종소리를 두 번 내면서 세 번째 밀레니엄을 시작했다"고 전했다. 또한 이 재단에서는 날짜를 표시할 때 0을 하나 더 붙이는데, 가령 1999년 같으면 01999년이라고 표기하는 식이다.

나는 의식적 시간과 긴 지금을 '시간 우산' 혹은 브랜드의 표현에 따라 '시간 봉투'라고 부른다. 둘 다 지나간 시간과 아직 오지 않은 시간을 위해 거처나 자리 잡을 여지를 마련해 준다는 뜻이다. 이는 과거와 미래를 더 가깝게 해 주기 때문에 '쌍방향 망원경'이라고 불러도 될 것이다. 미첼은 탐사 여행을 시작할 때 콜럼버스 이전의 깊은 지금에 마음이 끌렸다. 그것은 북아메리카의 첫 거주자들이 마침내 아프리카에서 이주해 신세계에 발을 디딘 후 처음 시작된, 특별한 현재 순간이었다. 그가 포터킷 인디언 친구들의 친절한 설명을 통해 의식적 시간의 추진력을 알게 되고 다음 빙하기가 닥칠 때까지 미래를 생각하게 된 것은, 방해받지 않고 계속 전달되어 그에게까지 이어진 매혹적인 시간 감각 속에서 편안함을 느낀 후였다.

우리는 다음 빙하기가 언제인지는 모르지만 예상할 수는 있다. 지구물리학자들은 그 시기의 범위를 다소 넓게 잡고 있다. 앞으로 몇천 년 안에 올 수도 있고, 지구 온난화로 무기한 미뤄질 수도 있다고 본다. 그러나 그들은 다음 빙하기가 8000년 동안 절정을 이룰 것이라고 확신한다. 우리로서는 그들에게 언제 빙하기가 시작될지 물을 수 없다. 그들의 계산에 따르면 우리는 여전히 100만 년짜리 빙하기에 사로잡혀 있기 때문이다. 완신세는 특이하게 한차례 잔잔하고 따뜻했던 시기였으며, 잠깐의 휴식과 변덕 같은 것, 혹은 그들의 더 중립적인 표현대로 '간빙기間氷期'에 지나지 않는다고 그들은 본다.

의식적 시간과는 달리 브랜드의 '긴 지금'은 미리 정해진 명확한 기한이 있다. 이는 브랜드가 미첼과는 달리 현대 미국인들에게 널리 알려진 시간 감각을 기초로 추론해서, 귀납법이 아닌 연역법으로 그 생각에 이르렀기 때문이다. 윌리엄 제임스가 말한 안장 모양의 '엄밀한 현재', 즉 가장 근접한 지금이자 우리가 시간의 두 방향을 보는 작은 횃대인 엄밀한 현재는 몇 번이고 펼쳐지면서도 여전히 우리가 알아볼 수 있는 모양을 유지한다. 브랜드가 말하는 '지금'이라는 단어는 좀 더 느슨하게 사용하면 삼총사처럼 촘촘하게 붙은 '어제–오늘–내일'이라는 시간을 떠올리게 한다. 이는 인접해 있고 이동 가능한 시간 인식의 경계로서, 우리는 매일 아침 한 칸씩 앞으로 움직여 이 경계를 다시 조정할 수 있다.

우리는 포스트잇같이 영구하면서도 얼마든지 옮길 수 있는 이 날들의 이름을 처음 배웠을 때부터 그 개념을 알고 있었다. 그 날들이 일요일, 월요일, 화요일 같은 독립된 이름이 있다는 사실을 배우는 것은 나중의 일이다. 그 이름들은 한자리에 머물러 돌아다니지 않으며, 우리가 하루에서 다음 날로 옮겨 갈 때 같이 따라서 이동한다. 브랜드는 그와 비슷하게 '요즈음nowadays'이라는 단어가 30년의 간격, 즉 10년짜리 묶음 세 개씩을 더해 가며(현재의 10년이 오기 전 10년이 시작될 때부터 현재의 10년을 거쳐 바로 앞으로 다가올 다음 10년의 마지막 해까지 이어지는 30년이라는 시간의 단위다) 거의 1만 1000일까지 확장되는 경향이 있다고 한다. 이런 점진적인 진행은 주기적으로 재조정할 필요가 있지만 어떻게든 마음속에 함께 꿰매어져 붙어 있다.

그곳에 닿으려면 크게 도약해야 하지만 같은 과정을 더 확장하면 브랜드의 '긴 지금'에 도착한다. 이는 이전의 지금들과 모양은 같지만 기본적으로 '완신세 곱하기 2'이기 때문에 크기가 다르다. 이 두 배가 된 완신세 '이전'은 1만 년의 길이에 대칭을 이루며 그 '이후'도 마찬가지다. 의식적 시간과 긴 지금은 동일한 범위인데, 가장 최근에 물러간 빙하가 두 경우의 시간을 작동시켰기 때문이다. 즉, 아메리카 대륙에서는 존 핸슨 미첼이 접촉할 수 있었던 깊은 지금을, 동쪽으로 더 떨어진 구세계에서는 정착 생활, 농업, 도시들, 산업, 그리고 한층 발전한 인간 지성 등 점점 더 복잡하고 활기찬 문화들이 나타난 길고 오래된 연속을 작동시켰다. 사람들은 학교에서 아무리 어렴풋하더라도 획기적인 업적들을 통해 '회상'하면서 그 안에서 문명이 전진하는 모습을 보는 방법을 배웠다.

그러므로 브랜드가 『느림의 지혜』에서 "우리는 미래에 대해 동등한 전망을 개발해야 한다"고 말한 것은 타당하다. 이 생각은 우리가 미래에 미칠 영향을 별로 생각하지 않고 행동을 취했던 기간과 앞날을 미리 생각하는 기간의 비교를 강조한다. 이 시기 동안 장기적인 사고는 어렵고 희귀한 것이 아닌 자동적이고 흔한 것이 되며, 필연적인 장기적 책임을 맡는 것이 될 수도 있다. 그 결과 아마도 또 다른 1000년이 흐른 후, 긴 지금의 끝에서 장차 지구의 거주자가 될 사람들은 오늘날 우리처럼 당황스러워 하거나 부담스러워 하지 않을지도 모른다.

이 모든 것은 우리가 우리 시대를 스튜어트 브랜드의 용어처럼 '중간 시간'에 지나지 않는 것, 현재의 후빙기 '지금'의 중앙에 있는 받침대, 더 정확히는 한중간에 있는 받침대로 생각한다면 우리 고유의 '요즈음'의 의식적 시간으로 들어가기 위해 전에는 기대하지 못했던 실용적이고 단기적인 선견지명을 사용할 수 있다는 점을 시사한다. 아마도 의식적 시간을 주기적으로 들락날락하는 것은 브랜드의 말처럼 "사람들이 생물학적 시간의 느린 속도에 익숙해지도록" 배우는 학습 과정의 일부로 자리 잡을 것이다.

E. O. 윌슨과 다수의 생물학자 및 생태학자들에 따르면 '느린 위기' 혹은 '생물 시간biotime' 사건들의 압박 때문에, 이미 그중 10년은 지나갔지만 앞으로 다가올 한 세기는 인류에게는 엄청난 재조정기가 될 것이다. 윌슨은 앞으로 닥쳐올 이 어려움들을 '병목 지점'이라고 부른다. 좁은 통로를 억지로 뚫고 나가는 모습이 떠오른다. 90억 명이 넘는 인구(21세기 중반 세계 인구수로 추정되는 숫자로 오늘날보다 무려 25억 명이 증가한 숫자다)가 지구를 공유하는 나머지 다른 종들이 사용할 공간, 음식, 물을 빼앗지 않고 공간과 음식, 물을 적절히 확보해야만 하는 전례 없는 상황을 맞이할 것이다. 지구에는 다른 종들이 얼마나 있을까? 350만 종? 몇천만 종이 넘을지도 모르지만 어쨌든 너무도 많아서, 275년 이상 계산하고 종마다 라틴어 이름을 지어 주었어도 정확히 얼마나 많은 종들이 우리 주위에 있는지 아직도 불완전한 통계밖에는 낼 수 없다.

우리가 아는 것이라고는 이 압도적으로 다양한 종들이 계속 생존하는 현상이 이제 사람들이 더욱더 많이 태어나는 현상과 얽혀버린다는 점이다. 세계 인구가 60억뿐이었던 2000년에 이미 세계 전체의 식물에

서 생산되는 영양분의 40%를 써버렸기 때문이다. 인구가 90억 명이 되면 60%를 소비할 것이다. 이는 마치 노아가 세상의 모든 생물을 방주에 태우는 동안에는 그의 가족이 방주에 있는 두 개의 갑판에 들어갔지만, 출항할 즈음에는 세 번째 갑판을 넘볼 정도로 늘어나는 것과도 같다. 윌슨이 계산한 위험에 따르면 우리는 지금 당장, 아니면 잠깐 동안이라도 지구의 땅 절반을 인간이 거주하거나 사용하지 못하도록 결정해야 한다. 그렇게 하지 않으면 다른 종의 4분의 1을 50년 안에, 그리고 2분의 1을 다음 세기 전까지 잃을 것이다.

윌슨은 『창조: 지구의 생명을 살리기 위한 요청The Creation: An Appeal to Save Life on Earth』에서 "이 선택을 회피할 길은 없다"고 말한다. 게다가 잘못된 선택을 하면 방주 자체를 위험에 빠뜨릴 수 있는데, 이는 공교롭게도 그 방주 역시 살아 있기 때문이다. 윌슨의 또 다른 책 『생명의 미래The Future of Life』는 이렇게 말한다. "다른 태양계 행성들과는 달리 지구는 물리적 평형 상태에 있지 않다. 생명이 유지될 수 있는 특별한 조건들을 만들려면 살아 있는 외피에 의존해야 한다." 이것은 생물권이자 "살아 있는 생물들의 엄청나게 복잡한 층"이어서 "매일, 매분 우리들의 특별한 세계를 새롭게 만들며, 독특하게 일렁이는 물리적 불균형 상태를 유지한다. 그 불안정한 상태에서 인간 종은 완전히 속박된다. 우리가 어느 방향으로든 생물권을 변화시키면 곧 섬세한 춤과도 같은 생명 활동에서 환경을 떨어져 나가게 하는 것이 된다. 생태계를 파괴하고 여러 종들을 멸종시키는 일은 이 행성이 제공하는 가장 큰 유산을 비하하는 것이며, 우리 자신의 생존에 위협을 끼치는 일이다."

윌슨이 내다본 병목 상태는 그의 예상보다 훨씬 더 긴 관管으로 밝혀질지도 모른다. 윌슨은 22세기에는 인구가 줄어들 것이라고 추측했지만 UN 인구국은 이 추정에 동의하면서도 23세기에는 다시 인구가 증가할 것이라고 예측했다. 그리고 UN 인구국은 2400년, 스튜어트 브랜드의 시계를 따르면 02400년에는 또다시 인구가 90억에 이를 것이라고 밝혔다.

스튜어트 브랜드는 "1000년 단위로 생각하게 된 것은 인류로서는 새로운 경험"이라고 말한다. 한편 우리는 핵폐기물 매장 계획을 세우는 것처럼 '긴 지금'의 10배보다 더 오래 세계에 영향을 미칠 행동을 취하기 시작했다. 《뉴욕 타임스》 기사에 실린 1999년 미국 에너지부의 연구 결과는 다음과 같이 예측했다. "폐기물에서 방출되는 방사선의 절정기는 20만 년 이상 되는 먼 미래의 일이어서 부식 방지 용기 같은 인공적인 장치는 믿을 수 없을 것이다. … 기간이 워낙 길어서 빙하기를 포함한 기후 변화까지 고려해야 할 것이다."

현재를 위협하거나 자극하기 위해 마음속에서 시간을 뛰어넘는 것은 오래전 책이나 논문에서도 다뤄졌다. 19세기에 수십만 부가 팔려나간 에드워드 벨라미Edward Bellamy의 베스트셀러 『뒤를 돌아보며: 2000년에서 1887년까지Looking Backward: 2000-1887』는 1888년 출간되어 아직도 많은 영향을 미치고 있다. 보스턴의 한 젊은이가 100년 넘게 잠들었다가 2000년에 깨어났는데, 그동안 미국은 기독교 사회주의자의 천국으로 바뀌었다. "암흑의 과거에 눈물 한 방울을 흘리고는 우리는 눈부신 미래를 향하여 눈을 가리고 앞으로 나아갔다. 길고도 지긋지긋한 인류의 겨울은 끝났다. 인류의 여름이 시작됐다. 인간은 고치를 깼다. 그 앞에 하늘이 있다."

이 책이 출간되자마자 『더 먼 과거를 돌아보면서』, 『앞을 내다보면서』, 『더 먼 미래를 내다보면서』, 『더 멀리를 보면서』, 『내부를 보면서』 등 수많은 아류작이 등장했다. 그러나 벨라미의 관점을 지지하기 위해 조직되었던 민족주의 단체들은 그가 1898년에 요절할 즈음에는 이미 쇠퇴하고 있다. 이처럼 미래에 대한 시각은 유지하기가 어려운 반면 '현재 안에 있는 미래상'은 내구력이 더 크다. 나는 구체적으로 초점을 맞춰 유도된 '깊은 지금'을 정착시키면서 천천히 시작하고, 가까운 장래(윌슨이 말한 병목 상태의 다른 쪽 끝 정도)를 생각하면 그것이 가능하다는 사실을 깨달았다.

예를 들어 우리 앞에 놓인 좁디좁은 병목 상태에 대한 윌슨의 시간 감각이 정확하며, 세계 인구의 압박이 100년 정도 안에 완화된다고 가정하자. 또한 잠시 우리의 관심이 그가 내세운 중요한 목표, 즉 '지구의 절반'이라는 도전을 이루는 데 집중된다고 치자. 바꿔 말하면 다음 세기 내내 인간의 공동체들이 인구수가 아무리 증가해도 매년 지구에서 제공되는 식량의 반만 소비하고, 갑판이 다섯 개인 지구라는 방주에서 많아도 두 개 반 정도의 갑판만 점유한다는 이야기다. 그 목표는 벨라미의 목표보다는 수수하다. 인간의 본성을 바꾸거나 인간 사회에 대변혁을 일으키는 것이 아니라 그저 꾸준히 진로를 나아가자는 것이기 때문이다. 이미 있는 것을 앞으로 이동시키는 것이며, 우리가 자라고 소속되어 있어서 너무도 잘 아는 세계의 배열을 뒷받침하고 지탱하는 것이기 때문이다. 이는 생태계의 복잡한 균형을 보호하고 찬양하고 다시 강화하기 위한 일이다.

만일 우리가 끊임없이 커져 가는 압박감에 눌린 채로 그 목표에 임한다면 실망스러운 전망처럼 느껴질 수도 있다. 하지만 의식적 시간의 전망을 고려해 보면 상황이 바뀐다. 이렇게 생물 시간의 느린 차선으로 바꿔 달리면 이 과제를 마치게 하는 추진력이 오래전에 생겼고 아직도 매우 강력한 것처럼 느껴진다. 내가 사는 후빙기의 미국 북동부에서는 오늘날 살아 있는 세대 이전의 400세대에 걸쳐 우리가 보는 것과 같은 언덕, 숲, 꽃들을 똑같이 보았고 소중히 아껴 왔다. 지구의 다른 지역에는 분명 훨씬 더 많은 세대들에 걸쳐 전달되었을 것이다. 오스트레일리아의 인간에 대한 인식은 토착 원주민들의 신성한 '꿈의 시대 dreamtime(오스트레일리아 원주민의 신화에서 인류가 창조된 시기. 원주민어로는 '앨처링거Alcheringa'라고 한다—옮긴이)' 경험에서 체계화된 것으로, 아마도 4만 년 혹은 1600세대에 걸친 것일 수 있다.

내가 사는 미국의 경우, 변하지 않는 언덕을 계속 조망하기 위해 400세대에 걸친 의식적 시간 세대들과 손잡으면서 동시에 우리의 뒤를 이을 다음 몇 세대들과 당장이라도 연결되려고 준비하는 일은 이 지역 사람들을 현재의 모습 이상으로 만든다. 하지만 우리는 이 특정한 시간의 폭인 '가까이 있는 깊은 지금' 안에 사는, 줄지어 선 404세대 중 400번째쯤에 있을 뿐이다. 방향을 바꿔, 우리는 이 지역 첫 세대 주민들의 눈으로 보는 것처럼 지금의 계속성을 앞으로 올 404번째 세대까지 확장해서 그들의 눈을 통해서도 볼 수 있다. 그렇게 하면 그 세대 역시 우리가 보는 것과 같은 언덕을 볼 것이다. 그리고 오랜 시간이 걸리는 과제에서 부분적으로나마 우리 몫의 일을 한다면 적어도 그 언덕들의 절반은 여전히 숲이 우거진 채로 그 세대에게 맡겨져 그들의 손길로 관리될 것이다.

2km 가까운 높이의 빙하가 시야에서 사라진 후, 우리는 이 언덕들을 보았던 첫 세대의 사람들에 대해 어렴풋이 느낄 수밖에 없지만 최근에는 그 1세대의 조상들이 이곳으로 오게 된 경로에 대해 조금 더 알게 되었다. 출발점은 베링기아 대륙이다. 빙하가 녹은 후 지금은 베링 해협이 되어 물에 잠겼지만 빙하가 녹기 전에는 알래스카와 시베리아를 이어 주던 가늘고 긴 대륙이어서 일시적으로 구세계와 신세계를 하나의 초대륙으로 합쳤던 넓은 초원이었다. 빙하기가 절정에 달했을 무렵, 인간은 북아메리카의 빙하 벽에 막혀 더 이상 여행을 할 수 없었으며, 인류학자들의 표현대로 "베링기아가 현상을 유지하던 기간" 동안 시베리아에서 내려와 소규모의 고립된 집단을 이루어 몇천 년 동안 살아남았다. 분명 완신세 이전 그들만의 의식적 시간 감각이 발생할 만한 기간보다 더 오래 살아남았을 것이다.

시대가 바뀌고 다시 이동이 가능해졌을 무렵 그들은 그 감각을 당분간 버려야 했다. 새로 발견된 유전자 감식에 의한 증거를 보면, 베링기아에 살던 사람들이 뿔뿔이 흩어졌을 때 이 1세대의 사촌들은 남쪽으로 방향을 잡았다. 이들은 서해안을 따라 먼저 북아메리카에 이르렀다가 그다음에 남미로 여행했고 마지막으로 칠레 남쪽 끝의 극지에 가까운 섬들인 티에라델푸에고에 도착했다. 그런데 1세대의 직계 자손들은 이렇게 약간 남쪽으로 갔지만, 당시 물러나는 중이던 빙하의 남쪽 경계를 이룬 동서로 길게 뻗은 지역에 이르렀다가 코넬 대학교의 인류학자 메러디스 스몰Meredith Small의 설명처럼 "갑자기 좌회전해서" 북아메리카 내륙 전역으로 퍼지기 시작했다.

스몰이 지적했듯이, 이것이 뒤에서 밀어낸다고 느낀(아마도 기후가 변해서 덜 우호적이 됐을 것이다) 사람들이 한 여행인지, 아니면 앞쪽에서 끌어당긴다고 느낀(아마도 그들이 사냥하던 동물 떼가 이동 중이었을 것이다) 사람들이 한 여행인지는 아직 모른다. 혹은 스몰이 최근 '왜 인간은 미국으로 왔을까?Why Did Humans Migrate to the America?'라는 제목의 인터넷 기사에서 말한 것처럼 "올 수 있었으니까" 왔는지도 모른다. 그것은 그렇게도 단순하다.

조 라오는 우리가 '1세대'와 공유하는 것이 단지 언덕만은 아니라고 말한다. 우리가 빛 공해를 뚫고 밤하늘을 쳐다볼 때, 그 1세대가 이곳의 하늘과, 나아가 할아버지들이 베링기아에 살던 시절에 보았던 하늘을 보았듯이 우리 또한 여전히 그 하늘을 보고 있다는 것이다. 우리가 가리키는 밤하늘의 별자리 대부분은 3000년 전, 혹은 그전에 중동의 초기 도시에 살던 사람들이 만들어낸 형태다. 그러나 그 별자리들 중에서 북두칠성을 비롯한 여러 별들이 모여 있는 큰곰자리는, 라오의 칼럼에 따르면 적어도 8000년에서 1만 2000년 전 "마지막으로 시베리아에서 베링 해협을 통해 북아메리카로 이주했던 것으로 추정되는 시기" 동안 독자적으로 탄생한 별자리였다.

시계가 가리키는 시간으로는 길지만 생물 시간으로는 훨씬 짧은 의식적 시간을 계속 인지하는 상태에서 보면, 윌슨과 다른 학자들이 생물권 보호 계획을 위해 21세기에 제안한 개념들은 별로 강력하거나 참신해 보이지 않는다. 이는 오히려 오래전부터 우리가 충실히 참여해 왔고 여러 세대의 사람들이 이전부터 해 왔던 것에 더 가까워 보인다. 그래서 그들의 개념은 더 위축되고 평범해지면서 마치 보수유지 작업이나 집안 치다꺼리와 거의 비슷하게 여겨진다. 우리가 단숨에 해낼 수 있는 그런 과제 같다. 생물 시간의 관점에서 보면 우리는 거의 다 왔다. 어쨌든 지금으로서는 새로운 난제들이 나타나기 전까지 마지막 몇 바퀴만 남았다. 더 나아가 '불가피한', '저항할 수 없는'이라는 단어들을 변화의 탓으로 돌릴 필요는 없음을 이해하게 된 점은 고무적이다. 베링기아가 물에 잠긴 직후부터 방해받지 않는 고유의 추진력을 축적하는 일은 그 지역을 떠받쳤다.

나는 시간을 아우르는 똑같은 과정을 벨라미처럼 하려고 노력했다. 그 과정은 거의 같은 종류의 '유도된 깊은 지금'에 관여하지만, 『뒤를 돌아보며』에 영향을 받은 약간 다른 강조점과 기울기를 부여한다. 뉴욕 근처의 언덕들 혹은 앞에서 소개했던 H_2O 지역은 고원지대답게, 일반적으로 변화가 크게 눈에 띄지 않는 자연 중에서도 지역에 뿌리 내리기에 충분할 만큼 장관을 이룬다. 나는 그 언덕들을 바라보거나 생각하면서 정확히 벨라미와 같은 방법으로 출발한다. 가까이에서 선택하면 아마 팰리세이즈 협곡(미국 허드슨 강 하류에 있는 절벽-옮긴이)이 될 것이다. 몇 년 전 내가 도시와 주변 환경을 머릿속에서 지도로 그렸을 때 그 절벽은 정확히 표시된 나침반 방위표 중 하나가 되었던 장소다.

맨해튼의 언덕들은 대부분 개발에 희생되었지만 허드슨 강 바로 너머, 조지 워싱턴 다리 북쪽에 30여 km 정도로 뻗어 있는 팰리세이즈 협곡은 1세기 전 누구나 사용할 수 있는 공공 재산이 되었다. 꼭대기에 나무들이 있고 울퉁불퉁하며 거의 수직에 가깝게 깎아지른 거대한 이 회갈색 바위기둥들은 높이가 3km도 넘는다. 완신세보다 훨씬 오래전에 생성되었던 지형이다. 그러나 알려진 바에 따르면 이 절벽들이 사람들 앞에 모습을 드러낸 것은 완신세가 시작될 무렵이었다. 그때는 이 지역 원주민인 레나페Lenape 족이 조상을 부를 때 쓰는 말인 '할아버지'들이 그곳에 이르렀다고 추정되는 때다. 그러므로 많고 많은 세대를 거치며 축적된, 이 물결치는 커튼 같은 바위 절벽에 계속 시선을 주는 현상은 고대 할아버지들의 생애에서부터 시작되어 아직 끝나지 않은 우리 세대를 거쳐서, 어느 날 우리의 증손자쯤이 될 아직 태어나지 않은 세대들의 생애에서 멈출 것이다.

이들을 합한 수는 브랜드가 말한 '긴 지금'의 시작에서부터 그 중간 지점을 살짝 지날 때까지 팰리세이즈 협곡을 보았고 보고 있으며 앞으로 볼 사람들인 '이 부근의 사람들' 세대들을 잠정적으로 합한 소계가 된다. 다만 『뒤를 돌아보며』의 시나리오에서는 '404대째' 세대다. 언젠가 우리 대신 자리를 차지할 사람들, 이미 더욱 적극적인 역할을 맡은 듯 보이는 사람들이다. 그들은 우리가 아는 언덕과 그들이 알게 될 언덕의 두 풍경이 전혀 희미해지거나 생기를 잃지 않고 겹쳐질 수 있다는 것을 확신하기 위해 우리를 주동자이자 안내인으로서 다시 떠올릴 것이다.

마치 두 그룹이 각자의 취약성과 불완전함을 이제 겨우 이해하게 된 것 같다. 저들은 우리의 에너지가 필요하고 우리는 저들의 조언과 안내를 이용할 수 있다는 식이다. 예를 들면 선교船橋(선장이 항해하면서 선박을 지휘하기 위해 상갑판 앞쪽에 높게 잡은 곳-옮긴이) 위에 서 있는 선원들이 부두에 접근할 때 아래쪽 엔진실의 선원들에게 마지막 진로를 교정하기 위해 신호를 보내는 것과도 같고, 소포를 받는 사람과 보낸 사람 사이의 일을 간헐 촬영(카메라 촬영 속도를 조절하여 장시간의 사건을 압축하여 짧은 시간에 보여 주는 촬영 방법-옮긴이) 하는 것과도 같다. 그 과정 전체를 생각하고 소포가 도착한 후 상자의 포장을 벗기는 일을 미리 생각하면, 그것을 보내기 전에 취해야 할 새롭고도 특별한 취급 예방책을 구체화하는 데 도움이 된다.

그러므로 H_2O 지역, 또는 다른 지역의 절벽들과 숲과 습지대들은 황폐해지고 병들고 찌들기보다는 세심하게 점검되고, 지금 여기는 원래대로 생명력이 넘치는 곳으로 남으며, 손상되거나 찌그러지지 않고 한계에 이르기까지 짓눌려 뭉개지거나 늘어나지 않은 채 '그다음 여기'에 다다를 수 있도록 적절하게 포장되고 보호될 수 있다. 이런 방법으로 진행 중인 미래 세대들과 우리의 공동의 유산은 탄력과 정교함, 아름다움이 약화되지 않은 채로 다음 세기를 향해 나아갈 수 있을 것이다.

한 번에 한 세대 이상을 생각하는 것은 완신세가 계속 전개되면서 더욱 흔한 일이 될지 모른다. 오늘날 뉴욕 주변의 H_2O 지역에 사는 사람들은 어떤 면에서 보면 이미 그런 환경에서 태어났다. 그것이 지난 세기 초에 거주하던 그 지역의 '397대째' 세대가 마련해 놓은 환경이기 때문이다. 이 세대는 팰리세이즈 협곡에서 화성암을 채굴해 가루로 만들어 맨해튼의 도로를 포장하려던 세력을 막아 협곡을 구해내기도 했다.

우리의 앞에 놓인 과제는 계속 복잡해져만 간다. 언덕의 모양은 유지되었지만, 초창기 인간 활동의 결과 해수면이 상승했고 새로이 기온이 상승했으며 그에 따른 지구 온난화와 기후 변화로 해안의 형태 역시 바뀔 것이다. 2080년 즈음이면 뉴욕의 여름은 한여름 더위로 유명한 애틀랜타만큼이나 더울 것으로 예상된다. 그때가 되면 보다 서늘한 기후를 좋아하는 식물과 동물들은 북쪽으로 이동하면서 아열대 기후를 좋아하는 대체 동식물들에게 자리를 내줄 것이다. 따라서 현재와 같은 종들의 혼재를 유지하는 활동보다는 지역에 있는 종의 다양성과 풍부함이 축소되지 않을 자연경관을 물려주는 활동을 찾아내는 것이 우리가 풀어야 할 과제다.

다음 세기를 살아갈 식물과 동물들에게는 남쪽에서 북쪽으로 여행하기 위해 지형에서 끊어지지 않고 죽 이어지는 통로가 필요할 것이다. 우리는 물론이고 우리보다 앞서 갔던 사람들과 나중에 올 사람들 모두를 수용할 수 있는, 끊어지지 않은 시간의 통로 말이다. 이는 다시 들어서자마자 우리의 마음속에서 볼 수 있고 붙잡을 수 있는 패턴으로 존재한다.

에드워드 벨라미의 소설에서 주인공인 줄리안 웨스트는 두려움이 섞인 경멸감으로 과거를 돌아본다. 그가 잠에서 깨어난 2000년의 보스턴은 불평등이 사라진 도시다. 웨스트는 그 도시가 "내가 살던 시대와는 비교되지 않는 거대한 규모에 건축적 웅대함을 지닌 공공 건물들"로 장식되어 있으며 이기주의를 벗어던졌고, 시민들은 "거만함이나 비굴함, 시기나 탐욕, 걱정이나 열렬한 야망으로 망가지지 않은 얼굴"을 하고 있었다는 점에 주목했다. 웨스트에게는 과거에 남아 있는 사람들이 야생의 맹수들처럼 느껴졌을 것이다. 하지만 우리의 깊은 지금에서는 사람들이 자기 내부에서 불러올 수 있는 능력들이 지금이나 그때나 변하지 않았고, 빛나는 미래는 아직 완전히 결정되지 않았기에 우리 세대는 서로 손을 잡을 수 있다. 미래의 그들을 대신해서 가입 서명을 하고 선서한 것이다.

벨라미는 『뒤를 돌아보며』에서 우리가 미래의 눈으로 현재를 보아야 한다고 했지만, 그러려면 있는 그대로의 세상에 대한 불만이 점점 커져야 한다고 생각했다. 웨스트는 바로 그런 심정이었다. 책 말미에서 1887년의 보스턴으로 잠깐 돌아간 그는 "누추하고 악취가 풍기는 … 전에는 결코 보지 못했던 현실"만 볼 수 있었다. '이미 거기 가 있는 여행'에서처럼 이 현실은 여행의 종착역에 있는 번영의 세기에 초점이 맞춰져 있었고, 유일한 가치는 막대기나 박차처럼 자극을 주는 것, 되도록 빨리 가속해서 지나쳐야 할 무엇일 뿐이었다.

우리가 자신을 미래에서 임명한 대리인으로 생각하고, 현재를 우리보다 나중에 태어날 '404대째' 세대의 눈으로 본다면 아주 다른 결과가 나타날 것이다. 그러면 늦봄이라 해도 맨해튼 한가운데에서조차 우리는 두렵고 걱정스럽기보다는 만족스러워서 심호흡을 할 수 있다. 얼마나 행운인가! 너무 늦은 게 아니다. 우리는 때맞게 여기 온 것이다. 우리는 그것들을 떠나보내지 않았으며 그것들은 전부 여기에 있다. 대기는 산들바람으로 우리의 피부를 부드럽게 어루만지며, 폭풍이 지난 후 대기는 여전히 상쾌한 냄새를 풍긴다. 모여드는 먹구름 위에서는 빛이 어른거리고, 구름 한 점 없는 날이면 하늘은 여전히 푸르다. 공터에는 작은 나무들이 억센 힘으로 땅을 뚫고 저절로 자라나 짙은 녹색을 흩뿌리고 있다. 우리는 H_2O 지형의 환경을 찬양하고 보호할 기회와 선택지를 넘치도록 부여받았다. 나무를 심고 보호하고 다시 연결시켜서 원래대로 돌리고 드러내 자랑하면서 말이다. 아주 쉬운 일이다. 자, 어디서부터 시작할까? 우리가 어떤 행동을 해야 404대째 세대들이 우리가 잘했다고 생각할까?

7장

여행의 '다른 주안점들'

깊은 여행 시간의 확장된 현재는 우리에게 여러 가지 비밀을 털어놓을 뿐 아니라 여행이 마음속에 쌓여 우리가 인식하게 되는 과정을 바꾸기도 한다. 결과적으로 우리는 예상 밖의 막연하고 분류할 수조차 없는 상품과 기념품을 가지고 돌아온다. 여전히 새것 같은 물건들, 그리고 다른 경우였다면 결코 만나지 못했을 사람들이나 주목하지 못했을 순간들을 마음에 담아 오는 것이다. 이는 여행의 '주안점'을 수정하거나 때로는 변형시킨다. 알다시피 목적 없는 여행일지라도 거의 모든 여행은 미리 주안점이 맞춰진다. 이는 단지 목적지에만 해당되는 것이 아니다. 생소한 표현이기는 하지만 여행을 떠나기 전 가방에 여분의 체력을 얼마나 많이 챙겨 넣어야 하는가를 생각하는 것처럼, 우리는 출발하기 전부터 여행을 위해 필요한 에너지와 주의력의 양을 미리 계산하는 등 예측한 여행의 궤적과 기대되는 것에 대한 예산 계획을 주안점에 포함시킨다. 사업차 가거나 즐기러 가거나 잡일을 보러 가는 등, 어떤 여행이든 간에 알려진 목표와 찾아본 정보들이 이런 평범한 산수에 더해져서 원래의 주안점을 구성하며, 나중에 그것이 갈 만한 여행이었는지 판단하는 방식을 정한다.

여행에 앞서 떠올리는 또 다른 개념으로는 여행이 끝난 후 알게 된 '두 번째 주안점' 혹은 희망에 지나지 않는 것이 있다. 이는 덜 평범하지만 드물지는 않다. 계획하지 않았고 계획할 수도 없는 것, 그리고 나중에 뒤돌아볼 때만 분명히 보이는 것이다. 이는 예상했던 대로 결과가 나오지 않은 것들뿐 아니라 어느 지점에선가 여행에 앞서 미리 느끼는 감정도 의미한다. 뜻밖의 사실이 밝혀지거나 공개되어 그 뒤로 죽 기억되기 때문에 큰 영향력을 행사하는 이 '전례 없는' 순간에 우리는 허를 찔릴 수 있다. 그것이 우리의 내부에서 자라나 사물에 대한 이해력의 일부가 되었다는 점을 깨닫기 때문이다.

두 번째 주안점은 사소한 일일 수도 있고 여러 형태를 취할 수도 있는데 미리 알 수는 없다. 그러나 만일을 위해 늘 경계할 가치는 있다. 나는 10대였을 때부터 '스헤베닝겐Scheveningen(네덜란드 서부 헤이그 시내의 마을로 해변 휴양지다—옮긴이)'이라는 단어가 늘 뇌리에 박혀 있었다. 부모님의 친구인 블루멘탈 부부가 해 준 이야기 때문이었는데, 그들은 오래전 어떻게 그곳이 신혼여행의 두 번째 주안점이 되었는지, 왜 미래의 실수를 막는 최선의 방법이 되었는지 설명해 주었다. 스헤베닝겐은 인기 있는 빅토리아 풍의 해변 휴양지로 최근에는 근처의 대도시인 헤이그에 편입됐다. 오래전 그곳으로 신혼여행을 떠난 블루멘탈 부부는 비참한 하루를 보냈다. 결혼식을 마치고 도시를 떠난 뒤에야 그들은 깨달았다. 남편은 그곳을 여행하면 아내가 기뻐할 것이라 생각했고 아내는 남편의 기분을 맞춰 주기 위해 따라갔지만, 사실 둘 다 그곳에 가고 싶지는 않았던 것이다.

돌이켜 생각해 봐도 이 두 번째 주안점들은 여전히 있을 법하지 않고, 승산이 없으며, 성공할 가능성이 낮고, 쉽게 모른 체할 수 있는 일종의 대가다. 몇 년 전 나는 가족과 함께 그랜드캐니언의 계곡 밑에서 엄청나게 더운 하룻밤을 보낸 적이 있다. 단지 우리가 거기 가 있는 것만 해도 특별한 상황이었는데, 협곡의 오랜 거주지였던 하바수파이 인디언 보호지역에 있는 수파이 마을의 인구가 400명 정도밖에 안 되었기 때문이다. 그곳은 접근하기가 워낙 까다로워 우편물을 노새에 싣고 배달할 정도였다.

하루는 부풀어 오른 소시지처럼 생긴 볼로냐 보트를 타고 우리는 콜로라도 강의 급류를 떠다니며 주위의 거대한 장관을 올려다보았다. 협곡은 길이가 약 446km에 폭은 6~29km에 이르렀으며, 깊이는 1.6km 이상이었다. '원시 그랜드캐니언'은 1600~1700만 년 전에 형성되기 시작했다고 하지만, 어쨌든 적어도 600만 년은 된 곳이었다. 깎아지른 듯한 협곡의 벽에 길게 뻗어 있는 암석층은 붉은색, 노란색, 회색, 검은색 등 선명한 빛깔의 띠가 있어 강 양쪽 1.6km 위에 떠서 끝없이 이어지는 두 개의 무지개 같았다.

우리는 밤을 보내기 위해 배에서 내렸다. 간간이 강물이 흐르는 소리만 들릴 뿐 사방이 정적에 휩싸였다. 긴 하루를 보낸 다음이라 나는 긴장되고 흥분되면서도 몹시 졸렸지만 잠을 잘 수 없었기에 다음에 무엇을 할지도 딱히 생각나지 않았다. 어둠이 깔린 지 한참 후였지만 내 슬리핑백 근처에 있는 18억 년 묵은 검은 바위들은 구름 한 점 없는 8월의 낮 동안 빨아들인 햇볕으로 여전히 뜨거웠다. 이 비슈누 편암片岩은 태곳적의 것임을 기리기 위해 '천지에 만연한' 힌두교 신의 이름이 붙여졌다. 이 암석들은 협곡의 기반암으로서 지구 나이의 거의 절반 정도를 먹었으며 육안으로 보이는 곳도 몇 군데밖에 안 되었다. 태양에 노출되려면 그 암석보다 나중에 생긴 암석층을 강물이 1.6km나 깎아내는 엄청난 사건이 필요하기 때문이다.

나는 잠을 잘 수 없어 걷기로 했다. 달이 떠서 걷기가 수월했다. 여전히 검은색인 비슈누 편암을 빼고는 모든 것이 은빛이었다. 한 시간 후 협곡 벽 뒤쪽에서 특별히 눈길을 끌었던 울퉁불퉁한 바위 층 바로 오른쪽, 달이 떠오르던 지점에서 목성이 희게 빛나며 떠올랐다. 다시 한 시간이 지나자 약간 희미하지만 똑같이 흰색인 토성이 협곡 꼭대기에 있는 바위들 중에서도 정확히 이쪽 경사면 뒤에서 떠올랐다. 모든 것이 기본적이고 오래되고 소리 없는 본질적인 것 몇 개만 남기고 다 벗겨진 것 같았다. 그 속에서 보이는 것이라고는 이제 일렬종대로 늘어선 세 개의 행성과 달이었고, 분간할 수 있을 만큼 움직이는 것이라고는 그 행성들과 달의 동일한 축을 선회하는 지칠 줄 모르는 움직임이었다. 나는 마이클 노바첵이 제안한 '꽃들의 지금'보다 훨씬 더 오래된 '가장 깊은 지금'에 도달한 것 같은 기분이었다. 너무도 느리고 조용한 속도로 조정되는 리듬이었고, 생명이 탄생하기 전 혹은 생물 발생 이전 같은 시간의 리듬이어서 그것과 접촉할 수 있거나 한 인간으로서 맛볼 수 있으리라고는 그때까지 전혀 생각하지 못했다.

협곡의 바닥이라는 유리한 위치에서 탑처럼 솟아 있는 협곡 벽 틈으로 드러난 하늘 조각을 올려다보면서, 나는 가끔씩만 열리는 창문이지만 마침 내가 방문했을 때 지구 깊숙한 곳에서 열린 덕분에 그것을 통해 밖을 내다보는 기분이었다. 나아가 나는 북아일랜드의 공상과학 소설가 밥 쇼Bob Shaw가 한때 '느린 유리slow glass'라고 부른 렌즈를 통해 보는 것 같았다. 느린 유리란 상상 속의 물질 상태로, 빛의 속도를 줄여 주기 때문에 그것을 통해 과거의 사건들이 아직도 일어나고 있는 것을 볼 수 있다.

하지만 그랜드캐니언의 비슈누 편암으로 된 창문이 더 시간 조련사다웠다. 이 창문은 태양계에서 일어났고 여전히 일어나는 중인 일들, 그리고 약 45억 년 전 이 행성들과 위성들이 탄생하기 전에 시작되어 궤도를 선회하는 기나긴 여정이 기록된 천체의 순간을 보여 주기 위해 설계된 것 같았다. 거대 충돌 가설Giant Impact Hypothesis이 정확한 것이어서, 화성만 한 가상의 원시 행성 테이아Theia(그리스 신화에서 가이아와 우라노스 사이에서 태어난 딸의 이름을 땄다-옮긴이)가 원시 지구와 충돌했을 때 떨어져 나간 지구의 파편들이 빠르게 합체되어 달을 만들었다고 가정하면, 우리가 지금 보는 것은 아마도 초기의 태양계보다 5000만 년 더 젊은 것인지도 모른다.

여기에 우리가 겨우 탐구를 시작하는 중인 추세와 가능성들이 있다. 어쩌면 트로이 소행성군(트로이 행성은 항성 주위를 도는 무거운 천체의 라그랑주 점에 존재하는 행성을 의미한다. 토성의 위성 몇몇에는 작은 트로이 위성들이 있으며, 목성의 궤도에는 트로이 소행성군이 무리를 지어 목성을 따라다닌다. 2010년 마침내 NASA의 WISE 위성이 지구 주변에 태양과 지구 인력이 상쇄되어 역학적으로 안정된 지점인 라그랑주 점 지점에서 트로이 소행성 2010 TK7을 발견했다. 지구에서 볼 때 앞쪽에서 태양 주위를 공전하는 이 소행성의 1년은 지구의

1년과 같고 공전 궤도도 지구와 거의 일치한다-옮긴이)이 동시에 탄생해서 지구 주위를 수천만 년 혹은 10억 년 동안 공전하는지도 모른다. 어쩌면 금성과 목성은 지금도 멀리서 달을 잡아당기고 있어서 그런 영향이 없을 때 추정되는 것보다 달의 궤도를 더 타원형으로 만들지 모른다. 그러나 이런 변화와 부침과 재구성을 더한다 해도 태양계의 질서 있는 선회를 한순간의 일로 생각한다면, 이는 우주 나이의 3분의 1 정도를 먹은 사건일 것이다. 그런데 그것이 끝나는 순간은 언제일까?

현재의 천문학 지식으로는 태양계의 움직임을 정확하게 계산한다 해도 겨우 앞으로 2000만 년에서 3000만 년 정도밖에 계산할 수 없다. 그래도 지금부터 35억 년 후 행성들의 움직임에 차질이 생길 가능성은 아마 100에 하나 정도로 있다(그리고 그 결과 지구가 화성이나 금성과 충돌할지도 모를 더 희박한 가능성이 약 2500에 하나 정도로 있다). 그러나 그런 일이 일어나지 않는다면, 현재의 천문학자들이 예측한 태양의 수명주기가 조금이라도 정확하다면 그랜드캐니언의 바닥에서 일시적으로 모습을 드러냈던 그 특정한 천체의 주기는 이제 그 중간 지점에 가까워지는 중인지도 모른다. 아마 십중팔구는 지구상의 어느 생명체보다 더 오래 갈 것이다. 지구상의 식물, 동물, 미생물의 앞날을 뜻하는 '생명의 수명 Life's Life Span'은 겨우 5억 년 정도밖에 되지 않을 수도 있다. 한편 지구는 생명체가 사라져 불모의 행성이 된 후에도 여전히 자전과 공전을 계속할 것이다. 그리고 아마도 50억 년이 지나면 태양이 죽음을 맞이할 것이다. 태양은 적색거성이 되어 현재의 몇천만 배로 부풀어 지구를 삼켜버리거나, 순식간에 타버린 지구의 재를 우주 저편의 새로운 궤도로 내팽개칠 것이다.

지금 지구에 살고 있는 우리를 위해, 윌리엄 제임스가 정의한 가장 짧은 자연 발생적인 인간 주의력의 단위인 '엄밀한 현재'가 기껏해야 두어 번 심호흡할 시간보다는 좀 더 긴 시간 동안 우리의 인식을 채워 줄 것이다. 그러므로 생명이 탄생하기 이전에 있었고 또 생명보다 더 오래 존재할 태양계는 자기만의 시간을 작동시키면서 적어도 다른 무엇이 시작되기 전에 한 번 더 길게, 깊숙이 심호흡할 여유를 가질 것이다.

이제 주목할 만한, 심지어는 인생을 바꿔 놓을 수도 있는 두 번째 주안점을 감추고 있었던 여행들은 예외로 인정하자. 그러나 이런 여행은 드물기 때문에, 깊은 여행 시간의 연장된 현재가 정기적으로 우리에게 부여하는 다른 별도의 것들은 더 잘 보인다. 우리가 깊은 여행으로 들어설 때마다, 그리고 이 '더 큰 자각'에서 주위의 변화하는 가능성들의 더 큰 표본에 우리를 맞출 때마다, 평소에는 알아채지 못한 놀라운 정보의 조각들이 마음속으로 흘러 들어온다. 그 정보들은 일단 모습을 드러내면 우리가 즉시 감지하지 못하거나 범주화하지 못해도 우리 안에 머물면서 지속되는 순간 속에 새겨진다. 그 후 그것들이 우리 마음속에 모이면 우리는 어떤 여행에서든 점점 더 길어지는 잠정적인 관찰과 실험적인 결론, 고유의 파동을 지닌 경험의 조각들로 이루어진 목록을 갖게 된다. 이 목록은 결코 실질적인 것으로 굳어지지 않는데, 그 이유는 그것들이 확인이나 재출현, 혹은 우리의 손이 미치지 않는 후속 조사를 기다리기 때문이다.

또 다른 한편에서 그것들은 거기에 있다. 얼마 전 나는 땅거미 질 무렵 뉴욕 맨해튼에 있는 그린 가를 따라 걸어가다가 그리니치빌리지 아래쪽에 있는 하우스턴 가Houston Street(미국의 정치인 윌리엄 하우스턴William Houstoun에서 이름을 따왔다. 텍사스 주의 휴스턴과 철자가 동일하지만 발음이 다르다-옮긴이)를 건너면서 우연히 왼쪽을 힐긋 보고는 지평선에 시선을 확 끄는 물체가 서 있는 것에 화들짝 놀랐다. 맨해튼 남부를 횡단하는 간선도로며 트럭들이 빽빽이 달리는 이 8차선 도로의 발치에 있는 것 같은 그 물체는 다름 아닌 높이 솟은 나무였다. 엄청나게 크고 크리스마스트리와 똑같은 형태로 검은 윤곽을 그리고 있었던 그 나무는 키가 30m 정도로 근처의 어느 건물이나 광고판보다 더 높은 것 같았다. 나무 한 그루가 뉴욕 고속도로 크기의 주요 도로를 작아 보이게 하다니, 상상해 보라!

나는 가던 방향을 바꿔 하우스턴 가를 따라 동쪽으로 걸어가다가 전체적인 그림을 보게 됐다. 그리고 그린 가와 하우스턴 가가 만나는 모퉁이가 다른 어떤 곳보다 그 거대한 나무가 잘 보이는 곳이라는 점을 깨달았다. 누가 일부러 그렇게 계획한 것은 아니었다. 그린 가의 동쪽 두 블록 정도에 가파른 언덕의 오르막길이 있었기에 아래쪽에서 보면 그 나무가 연단에 세운 것처럼, 아니 거대한 크리스마스트리 받침대 위에 놓은 것처럼 더 높이 솟아 보이는 효과를 냈다.

가까이 다가가면서 그저 윤곽만이 아닌 뚜렷한 모습을 보니 문제의 그 나무는 상표도 아니고 광고판도 아니고 이목을 끌려는 장치도 아닌 진짜 나무였다. 메타세쿼이아였다. 이 나무는 새벽삼나무라고도 부르는데, 시간의 새벽에서 온 나무라는 뜻이다. 적어도 500만~1000만 년 전에 멸종되었다고 여겨졌다가 제2차 세계대전 중 중국 쓰촨 성의 벽지 계곡에서 생존한 작은 나무가 발견되면서 알려졌다. 오늘날 메타세쿼이아는 세계 전역에 퍼져 엄청난 속도로 자라고 있다. 하우스턴 가의 메타세쿼이아는 리즈 크리스티Liz Christy 지역사회 정원에 심어져 있다. 이곳은 뉴욕 최초로 녹화 사업이 된 공터로서 쓰레기가 쌓이고 버려진 공간을 순전히 자원봉사자들의 힘으로 살려냈던 곳이다. 내가 본 메타세쿼이아는 35년 전 지역사회 정원이 생기던 그해에 이스트사이드 남부의 미술가인 리즈 크리스티와 '녹색 게릴라 단Green Guerrillas'을 조직했던 친구들과 이웃들이 심었다. 당시는 도시가 거의 파산했을 무렵이라 사람들이 오랫동안 비워 둔 수백 곳의 땅에 나무를 다시 심기 위해 벌어진 지역사회 정원 운동은 도시의 회복력을 가장 뚜렷하게 상징하는 것으로 남아 있다.

이런 '언뜻 보기'의 깊은 여행은 어떤 '주안점'은 아니지만 일단 우리 눈에 띄면……. 글쎄, 알려지고 부정할 수 없는 영역이 아닌 적어도 일시적이고 미결인 영역에 합류하게 된다. 우리는 무엇이든 반복되어야 인식할 수 있다. 어떤 여행에서든 이런 주된 흐름과 관계없는 예외적인 작은 일들과 일상의 확장이 우리의 인식 안에 쌓이거나 함께 표류하면, 그것들은 각각의 여행에 그 자체의 고유하고 독특한 맛을 부여한다. 그리고 이런 일이 일어나게 내버려 둔다면 모든 여행이 그렇게 된다. 그것들이 정체를 드러내기는커녕 명확한 표현을 할 정도도 못 되거나 멜로디처럼 조직적이고 의미 있는 것으로 떠오르지 않을 수도 있다는 점은 문제가 되지 않는다. 이미 그것들은 소리의 음계에 합류한 음들이며 아마 미래를 풍요롭게 했을 것이다. 다음에 우리가 그 음들을 다시 듣게 되면 그 음들은 당분간은 쓰이지 않은 어떤 곡조의 일부였음을 알게 될 것이다.

말이 난 김에 하는 말인데, 나는 때때로 이런 새로운 음들에 대해 짧게 메모를 한다. 확장된 현재를 통해 탄생한 시를 기억하고, 여행에 대한 글과 함께 쇼핑 목록과 스케줄과 여권 같은 여분의 기록으로 쓰기 위해서다. 두 종류의 원재료들이 나란히 있는 것이다. 그 둘은 똑같이 중요할까? 내가 아는 것은 일반적인 사실들, 여행의 확실한 알맹이들은 여행이 끝나는 순간 완성되지만 분류하기 어려운 일들은 끝나지 않은 일로 남아 있기 때문에 쉽게 내버려 둘 수 없다는 것뿐이다.

며칠 전 나는 라스베이거스 여행에 대해 '계속 볼 것'으로 분류된 메모들의 첫 페이지를 발견했다. 지금 보니 정리도, 내용 연결도 안 되어 이상하게 보이는 스크랩이었는데 하이쿠俳句(일본의 전통 단시 형식-옮긴이)보다는 좀 길지만 의미가 있는 것으로는 여겨지지 않았다. 활짝 핀 꽃이 아니라 봉오리들만 있는 꽃다발 같았다. 그 여행의 두 번째 주안점이 될 만한 실마리라고는 없었다. 그러나 어쩌면 여행의 '제3의 주안점'은 짐 가방을 풀 때 마음까지 풀리지는 않는다는 것임을 기억하기 위해서라도 똑같이 살펴볼 만은 했다.

긴 안목에서 보면, 어떤 의미들은 열심히 추적할 때보다 함께 모아 놓았을 때 더 쉽게 드러난다. 그런 의미를 깨닫지 못한다 하더라도 여행 후 '끝났다'는 느낌은 단지 짧게 숨을 돌리는 것일 뿐이다. 쉬는 동안 우리는 때로는 '그래도 만날 수 있을지도 모르는' 것에, 때로는 우리가 직접 만나지 못할지도 모르는 것들에 계속 앞으로 나아가라는 재촉을 받는다. 말하자면 'MTK' 같은 것이다. MTK란 'More To Come'의 첫 글자들을 딴 것으로, 전통적으로 우리 세대의 언론인들이 진행 중인 기사의 앞부분에 한 줄 붙이는 말로서 내용이 더 남았다는 뜻이다. 윌리엄 제임스는 『종교적 경험의 다양성』에서 우리가 "가장 얇은 가리개"에 의해 "의식의 잠재적 형태"에서 분리되는 현상을 이야기하면서, 그런 인식과 이해는 결코 등한시되어서는 안 되며 결코 그것들을 터득하지 못한다 해도 이미 우리를 돕고 있을지도 모른다고 말했다. "그것들은 취해야 할 태도를 결정해 주지만 해결책을 제공하지는 못한다. 그리고 지역을 알려 주지만 지도를 주지는 못한다. 어쨌든 그것들은 우리가 현실을 조급하게 판단하는 것을 금한다."

내가 라스베이거스(LV) 여행에 대해 메모한 것은 다음과 같다.

NY – LV 7/19/04

Ⅰ. E 전철 1. 신도들이 없는 데서 설교하는 자

Ⅱ. 공중 열차 2. 구르는 호박 같은 해

Ⅲ. 제트블루 3. '앨버커키에서 좌회전'

해독하자면 이 메모는 2004년 여름 가족 여행길에 오른 첫 몇 시간을 기록한 것이다. 이 여행의 '산문' 혹은 '제1의 주안점' 부분은 로마 숫자로 표시했다. 우리는 당시에는 새로웠던 공중 열차를 타 보기로 결정했다. 공중 열차는 저녁 비행기를 타러 케네디 공항으로 가는 공항 내 전철이다. 우리는 뉴욕의 대중교통 시스템에 추가된 이 최신 열차가 러시아워에 시간과 돈을 아껴 주고 택시를 잡으려고 뛰어다니지 않아도 되는지 확인하고 싶었다. 물론 그러려면 아파트에서 전철을 타고, 공중 열차가 서는 역으로는 맨해튼에서 가장 가까운 퀸즈의 자메이카 역으로 가야 했지만 말이다. 그 외에는 별로 생각나는 게 없다. 요금도 괜찮았고 공항까지 걸리는 시간도 적당했다. 하지만 가방을 들고 전철을 타고 가다가 전철보다 높은 곳에 있는 공중 열차로 갈아타러 올라가야 했고, 또다시 공중 열차에서 내려 제트블루 항공사 터미널까지 가야 해서 상당히 힘이 들었던 것이 기억난다. 공중 열차의 커다란 대형 전망창이 인상적이었는데, 자동차들의 지붕이 보이는 것 외에는 그 전망 창을 통해 내다볼 만한 것이 그다지 없었던 기억도 난다. 공중 열차의 노선 중 많은 부분이 차선이 많고 교통체증이 심한 반 윅 고속도로의 중간 지점 바로 위를 따라 나 있기 때문이다.

이 짧은 목록의 오른쪽을 읽으니 마치 무미건조한 사실만 나열된 기억에 돌비 사운드 트랙이 깔리는 느낌이 든다. 이제야 그때의 느낌들, 색깔들, 순간순간 일어난 일들, 개인적인 세부 사항들뿐 아니라 내가 어디에 앉아 있었고 어떻게 걸어 다녔는지, 그리고 거리의 약 2m 위에서 일어난 모든 일과 지금까지 마음속에 의문으로만 남아 있는 것들까지도 기억이 난다. 전철은 맨해튼에서 귀가하는 사람들로 붐벼서 한 사람만 더 타도 미어터질 것 같았다. 그런데도 한 사람이 더 탔다. 손에 성경책을 든 덩치 큰 남자였다. 그는 15분 동안 스페인어로 구원과 앞으로 올 세상에 대해 목청 높여 설교했다. 사람들은 그를 보지 않으려고 신문을 더 높이 올리거나 설교를 듣지 않기 위해 아이팟의 볼륨을 키웠다. 그날 밤, 그는 잠을 잘 잤을까? 그는 자신이 무엇을 이뤄냈다고 생각했을까?

자메이카 공중 열차 역과 옛 롱아일랜드 철도를 연결하는 길고 멋진 통로는 철제와 판유리로 되어 있었다. 그 통로는 원래의 승강장과 새로 생긴 승강장 사이가 너무 떨어져 있어서 서둘러 역과 역 사이를 통과하는 용도로만 쓰일 뿐이었다. 우리가 이 통로에 막 도착해서 다른 사람들처럼 서둘러 갈 때는 한여름의 해가 밝은 오렌지색으로 빛나며 서쪽으로 기우는 중이었다. 해는 도로 건너편의 건물들 지붕에 살짝 닿았다가 우리가 앞으로 걸어가는 동안에는 아래로 내려가기보다 왼쪽으로 기울면서, 통통한 호박 또는 수영장에 떠 있는 비치볼처럼 온전한 모습을 드러내며 정확히 우리와 보조를 맞춰 우리의 눈높이에서 굴러가고 있었다.

해는 그렇게 움직이면서 통로가 끝날 때까지 머물렀고 우리가 공중열차 역에서 멈춰 서서 다음 열차가 들어오기를 기다릴 즈음에야 움직임을 멈추었다. 그리고 서쪽으로 기울기 시작해서 서서히 시야에서 사라졌다. 혹시 이런 현상이 긴 여름 저녁에만 일어나도록, 건축가들이 건물의 각도와 통로의 시선 방향을 정해 놓은 것일까? 마치 해가 뜨는 방향에 맞춰 설계된 스톤헨지처럼, 역을 설계한 이들은 건물이 이렇게 살아 있는 듯 움직이면서 해의 길을 디자인한다는 사실을 알기나 했을까?

제트블루 비행기에는 좌석마다 앞쪽에 조그만 텔레비전이 설치되어 있었다. 비행기가 이륙할 때 내 좌석 앞의 화면에는 무슨 이유에서인지 만화영화 '벅스 버니Bugs Bunny'가 나오고 있었다. 비행기가 굉음을 내며 활주로를 따라 달리는 동안 토끼 벅스는 사하라 사막 한가운데의 모래언덕에서 고개를 불쑥 내밀고는 마이애미비치를 찾기 위해 땅굴을 파고 있었다고 설명했다. "앨버커키(미국 뉴멕시코 주 중부의 도시-옮긴이)에서 왼쪽으로 꺾어야 했다는 건 나도 알아." 자주 나오는 벅스의 유명한 대사였다. 이 만화영화를 다수 감독한 척 존스Chuck Jones가 그중 하나를 '모퉁이' 영화라고 정의했던 것이 기억났다. 그 만화영화를 보는 것이 낯선 도시에서 모퉁이를 도는 것과 비슷하며, 언제나 다음 장면은 새롭고도 매력적인 경치가 나타나기 때문이다.

자, 여기서 반복해서 제기되는 여행에 대한 질문이 있다. 물론 이 질문이 언제나 당신이 10km 고도의 비행기 안에 있을 때, 거대한 제트엔진이 2km 가까운 활주로를 달리는 순간에 제기되는 것은 아니다. 그 질문은 이렇다. 우리는 원래의 목표나 목적지에서 빗나갈 때마다 얼마나 많이 잃거나 얻을 것인가? 아마도 이런 질문에는 고작 몇 마디밖에 모르는 외국어로 누가 답을 외쳐 주기를 기대하기보다는 그 질문을 늘 곁에 두면서 마치 지붕 위의 호박처럼 그 옆에서 굴러야 할 것이다. 또한 우리는 별로 큰 어려움 없이 우리가 여행에서 무엇을 얻는지에 대한 정보를 구할 수 있다. 그것들이 오늘까지 우리 여행의 원래의 주안점, 제2의 주안점, 제3의 주안점을 합한 것과 대충 같기 때문이다.

깊은 여행 시간의 한 형태는 완전히 현대에 만들어진 것이다. 바로 시차 때문에 고생하는 일이다. 제트 여객기가 대서양을 가로질러 날기 전이며, 여객선보다는 비행기를 타고 대서양을 건넌 사람이 더 많아진 최초의 해인 1958년에는 여행자들이 '해보다 빨리' 동쪽에서 서쪽으로 이동한다는 것은 불가능했다. 혹은 깨어 있는 시간 동안 두 개 이상의 시간대를 건너는 것도 불가능했다. 따라서 이때는(회고해 보면 더 분명해진다) 시간대라는 개념을 탄생시킨 19세기 철도의 시대가 20세기 들어 더 이상 시간대에 묶이지 않는 비행기의 시대에 자리를 빼앗긴 순간이기도 했다.

그 후 우리는, 가령 현지 시간으로 해질 무렵에 어떤 곳에 도착했는데 출발지로 따지면 시계에 표시된 시간으로는 겨우 점심시간 무렵밖에 되지 않으면 우리의 내부에 있는 생체 시계가 혼란을 일으켜 두통이나 소화불량, 불쾌한 기분을 경험하게 되었다. 이런 변화들은 어느 온라인 진료 기록부에 따르면 "방향감각 상실, 심한 피로로 몸을 가누지 못하는 상태, 화가 치미는 상태, 경미한 우울증"으로 나타난다. 이런 현상이 나타나는 이유는 무엇일까? 최근의 BBC 뉴스 보도에 따르면 워싱턴 대학교의 신경생리학자들은 이것이 우리의 뇌에 두 가지 시간 기록 센터가 있기 때문이라고 한다. 하나는 시계에 맞춰져 있고 다른 하나는 일출과 일몰 같은 신호에 영향을 받기 때문에 그런 결과가 나타난다는 것이다.

독립적으로 존재하지만 서로 연결되어 있는 두 그룹의 뇌세포가 두 가지 시계에 몰두하면서 서로 상반되는 정보를 받아들이고 더 이상 협조를 하지 않을 때 문제가 생긴다. 이 둘은 평소에는 협조하여 작동하면서 수면의 정상적인 순서를 통제한다. 특히 일광에 민감한 시계 센터는 육체적 피로를 줄이는 꿈꾸지 않는 잠과 조용한 수면에 빠지는 주기 및 타이밍을 조절하는 반면, 일광을 무시하는 시계 센터는 보통 숙면 다음에 오는 더 복잡하고 목적을 가진 꿈꾸는 잠, 또는 활동적인 잠, 혹은 REMRapid Eye Movement(급속안구운동) 수면이라 부르는 것을 좌우한다.

우리 시대의 많은 여행 작가들은 시차 때문에 오는 피로를 마치 말라리아처럼 직업에 따르는 위험 정도로 여기고 따로 기록으로 남기지 않는다. 또는 피코 아이어가 몇 년 전 《뉴욕 타임스》에 기고한 휴일 여행기인 '시차로 피곤하다Jet Lagged'에서 썼듯이, 대중 연설가들이 야유꾼들을 다루는 것처럼 무시하거나 침묵시키는 방법으로 충분히 처리할 수 있다고 여길 수도 있다. 아이어는 "시차 때문에 오는 피로는 장거리 여행에서 차마 말 못 할 것으로 남는다. 마치 그것에 대해 말하지 말아야만 그것을 떨쳐버릴 수 있다는 듯이"라고 말한다.

한편 아이어는 시차 피로를 인식하고 있었을 뿐 아니라 찬양하기도 했다. 『어두워진 후의 태양: 비행기로 낯선 곳을 가다Sun After Dark: Flights into the Foreign』에서 여행의 첫 번째 주안점은 언제나 "보통 상태의 장막을 빠져나오는 것"이라고 한 작가답게 놀랄 일은 아니다. 아이어는 시차 피로를 겪는 시간을 "매우 낯선 나라……, 인도나 모로코보다 더 불가사의한 나라"로 여행 가는 것이라 생각한다.

비록 아이어가 이렇게 말하지는 않았지만, 아마도 시차 때문에 괴로움을 겪는 사람이 말하는 '방향감각 상실'은 깊은 여행처럼 마음이 되도록 빨리 새로운 발판과 균형점을 찾기 위해 내부의 시간 확실성 없이 평소의 가정들, 여과 장치들, 자기 검열을 버릴 때 나타나는 새로우면서도 적응할 수 있는 돌발 사태일 것이다. 아이어는 여행자가 시차로 어려움을 겪을 때는 "뭔가 더 깊은 곳에 있는 것이 녹아 사라지는" 것을 느끼며 자기가 이 어디에도 없는 상태에서 눈길을 끄는 것이면 무엇이든 신뢰할 수 있다는 점을 깨달았다. "꿈을 꾸는 상태라곤 할 수 없지만 분명 깨어 있는 상태는 아니었고, 마치 다른 대륙을 방문했는데도 이 다른 세계에 대한 지도나 안내서가 없는 것 같다. 심지어 시계 하나도 없다."

시차 때문에 오는 어려움은 우리가 보고 싶어 하는 것을 늘 보여 주지는 않는다. 이는 그 증상으로 화가 치미는 상태와 경미한 우울증이 나타나는 이유를 설명하는 데 도움이 될 것이다. 한편 아이어는 여행자가 두통과 어지러움, 몸을 가누지 못하는 상태를 넘어서서 보는 법을 배우면, 시차로 인한 어려움이 여행에 연장된 제2의 주안점을 제공해 주면서 "세상을 열어 보일 수 있다"고 한다. "나는 시차 때문에 잠이 오지 않을 때는 세상과 나 자신을 보는 데 시간을 썼다. 보통 때라면 그러지 않았을 것이다."

그는 『어두워진 후의 태양』이 "나를 어떤 식으로든 흔들어 놓은 여행들"에 바친 책이기 때문에, 또 자기가 1년에 약 8주일은 시차에 시달리기 때문에, 시차에서 오는 어려움이 인간의 사고 능력에 미치는 자세한 영향에 대해 정식으로 상술한 글로는 첫 시도일지 모를 글을 꽤 길게 썼다. 예를 들면 이런 구절이 있다. "시차로 피로해지면 나는 온 세상을 눈물이 어린 눈으로 보거나 눈을 가늘게 뜨고 보는 것 같은 느낌이 든다. 모든 것이 보이기는 하지만 경중輕重이 달라 보이거나 잘못된 의미로 다가온다." 이 책에서 가장 기억할 만하다고 생각되는 부분은, 그가 일본의 농촌에 있는 집을 떠나 어머니를 만나러 비행기를 타고 캘리포니아로 오면서 8개의 시간대를 거쳐 여행한 후, 시차로 인한 피로의 도움을 받아 현대 미국에 대해 발견한 것들을 묘사한 내용이다.

다음 날, 나는 내 인생의 조각들을 주우려고 애쓰면서 우체국과 은행에 간다. 내 눈에는 캘리포니아 거리를 지나다니는 사람들의 얼굴에 서린 절박한 외로움만 보인다. 그들은 도와 달라고 외치는 듯 구슬퍼 보이고 어쩐지 버려진 것처럼 보인다. 사람들이 유쾌함의 가면을 쓰고 걸어 다니는 일본에서 떠나 방금 비행기에서 내린 사람에게는 비참하게만 보인다.

그러나 다음 날 나는 주위의 세계에서 안정을 찾기 시작했다. 외로운 얼굴을 찾기가 힘들었다. 4~5일 후 누가 내가 전에 말한 것을 상기시킨다면 나는 "도대체 무슨 말이냐? 모든 것이 정상이다. 이 사람들도 원래 모습 그대로다"라고 말할 것이다.

8장

“그것이 어디로 갔는지 당신이 말해 주세요”

사라지다……. 몇몇 사람들이 지적하는, 깊은 여행의 한 가지 단점은 영구적이지 않다는 점이다. 그것은 마음에 기본적으로 설정된 위치가 아니기 때문에 매일 거기로 다시 돌아갈 수 있다고 믿기 어렵고, 그것이 나타날 때조차도 붙잡고 있기 어려운 데다, 마치 저만의 일정을 따라 슬쩍 빠져나가는 것 같기도 하다. 토마스 만은『마의 산』에서 이 당황스러운 상태를 매우 호소력 있게 보여 주었다. 그는 '시간 감각에 대한 여담'이라는 장의 말미에서 이 '사라짐'을 모든 사람이 일생을 살면서 견디도록 운명 지어진, 회복할 수 없는 통렬한 상실이라는 더 큰 주제의 상징으로 제시한다.

새로운 곳에 가면 처음 며칠 동안은 젊은 시절처럼 경쾌하고 기운차게 흘러가는데, 대략 6~8일 정도는 그렇게 지속된다. 그러다 그 생활에 익숙해지면 시간은 점점 눈에 띄게 짧아진다. 삶에 집착하는, 더 정확히 말해 삶에 집착하고 싶어 하는 사람은 매일매일이 다시 가벼워지면서 서둘러 지나간다는 사실을 깨닫고는 오싹할지도 모른다. 그래서 가령 4주간의 마지막 주는 기분 나쁠 정도로 빨리 스치듯 지나가 버리는 것이다. 물론 시간 감각이 활기차게 되살아난 느낌은 막간 같은 여행이 끝난 후에도 남아서, 일상생활로 돌아가면 다시 효력을 발휘한다. 기분전환을 한 후 집에서 보내는 며칠 동안은 역시 다시 새로워져서, 폭넓고도 활기찬 일상을 보내게 된다. 하지만 이런 효력은 며칠만 지속될 뿐이다. 일반적으로 오랜 습관을 버리는 것보다 더 빠른 속도로 그것에 익숙해지기 때문이다. 나이가 들면서 시간 감각이 무뎌졌거나, 태어날 때부터 생명력이 약하다는 표시로 원래부터 시간 감각이 왕성하게 발달되지 않은 경우는 금방 시간 감각이 다시 잠들어 버린다. 그리고 하루도 채 지나지 않아 마치 집을 떠나지 않았던 것처럼 생각되고, 여행은 겨우 지난밤의 꿈 정도로나 여겨진다.

왜 이런 걸까? 8세기 이슬람 학자 바스라의 하산Hasan이 쓴 짧은 시에 따르면 무엇이 사라지는 것은 오직 그것의 기원과 목적과 작동법을 이해해야만 충분히 설명할 수 있다. 훨씬 긴 현재 순간이나 깊은 지금 안에서 그것을 관찰함으로써 모든 것을 볼 수 있다는 것이다.

나는 등불을 들고 가는 소년을 보았네.
그것을 어디서 가지고 왔느냐고 소년에게 물었네.
소년은 등불을 끄고는 말했네.
“이제 그것이 어디로 갔는지 당신이 말해 주세요.”

그러나 우리는 거꾸로 거슬러 올라가 작업할 수도 있고, 토마스 만이 깊은 여행의 "젊은 시절처럼 경쾌하다"고 했던 느낌과 그 뒤 아무 일도 일어나지 않았다는 느낌, 그리고 "집을 떠나지 않았던 듯 생각되는" 것과 아이어의 말처럼 "모든 것이 정상"이라는 느낌 사이의 뚜렷한 대비로 시작할 수 있다. 하지만 나는 쉽게 유지되고 빠르게 갱신되는 깊은 여행과 대비되는 '본의 아니게' 혹은 '자연 발생한' 깊은 여행, 그저 저절로 나타나거나 모르는 사이에 나타난 깊은 여행에만 질문이 적용되어야 한다고 생각한다.

이 두 가지는 평범한 꿈과 자각몽을 하나로 결합하는 끈으로서 대략 서로 같은 관계다. 다만 꿈을 꾸는 것은 매일 있는 일인 반면 계획에 없이 뜻밖에 깊은 여행으로 뛰어드는 경우는 훨씬 드물다는 점만 다르다. 또한 내가 얘기해 본 여러 사람들은 자신이 의식하지 않았던 여행을 '명료한 깊은 여행'으로 변화시키는 능력이 자각몽보다 더 접촉하기가 쉬우며, 일단 그 상태에 들어가면 더 오래 지속되고 더 쉽게 회복하고 다시 시작할 수 있는 것 같았다. 그래서 우리는 여기서 선택해서가 아니라 우연히 나타난 것의 결말이나 사라지는 현상에 대해서만 이야기한다.

언젠가 나는 어떤 이야기를 들은 후 조언을 얻어야겠다고 생각한 사람이 있었다. 바로 의료인류학자anthropologist(의료인류학은 인류학의 한 연구 영역으로 의료와 관련된 부분을 문화와 사회의 전체 맥락에서 종합적으로 연구하는 학문을 말한다-옮긴이)이자 작가이며 교사인 데이나 라파엘Dana Raphael이다. 몇 년 전 나는 라파엘이 토마스 만의 '새로운 장소'에 대한 통찰을 요약해서 여행하는 사람들에게 조언을 했다는 이야기를 들었다. 학창 시절 그 조언을 들었던 한 청년이 뉴욕의 한 파티에서 내게 그 이야기를 전해 주었는데, 나는 마침 여행과 시간에 대한 글을 쓰는 중이라고 그에게 말했던 터였다. 그 청년은 지금은 홍보 회사를 경영하고 있는데, 25년 전 그가 첫 해외여행을 앞두고 있을 때 라파엘이 말해 준 이야기를 단어 하나하나까지 기억하고 있었다. "어떤 장소에서 맞는 첫 48시간은 매우 중요하다. 당신이 그곳에서 진정으로 가질 수 있는 거의 유일한 시간이다." 이 말을 하면서 그는 "내가 들은 최고의 경고였다"고 했다. "선생님은 마치 안전 수칙을 말하듯 진지하게 말해 주었죠. 새로운 장소에 가면 돈이나 손목시계를 간수하듯 시간을 신중하게 간수하라는 말이었어요."

나는 라파엘의 코네티컷 사무실에 전화를 걸었다. 48시간에 대해 묻자 그녀는 그 원칙이 서서히 조금씩 알게 된 것이며 오랜 세월 여행을 하는 동안 지침으로 삼은 것이라고 말했다. 라파엘은 어떤 장소에서 맞는 첫 48시간을 늘 고대한다고 말한다. 그 시간이야말로 전에는 본 적 없는 것들을 강제적이다시피 주목해야 하는 시간이며, 대개는 자신이 전혀 준비되지 않았다는 사실을 깨닫는 시간이기 때문이다. "이 시간은 단순히 배우는 시간에 그치지 않아요. 사실상 벗어날 수 없기 때문이에요. 해야 할 일이라고는 호텔방을 나와서 그곳에 있는 것이 무엇이든 충분히 부딪쳐 보는 것이죠. 글쎄요, 아마 미국인들에게는 꼭 맞지는 않을지 몰라요. 미국인들은 너무 크게 떠들고, 생각하는 것을 전부 말해야 하기 때문에 조금 조용히 있는 것도 도움이 되겠죠."

또한 라파엘은 "그것을 붙잡고 단단히 고정시키고 간직하기 위해, 첫 48시간 동안 정말로 쓰고, 쓰고, 또 쓰고 싶어진다"고 했다. 피코 아이어가 어떤 장소에 도착하자마자 홍수처럼 밀려오는 모든 경험과 인상과 느낌을 전부 붙잡기 위해 "휘갈겨 쓰고, 쓰고, 또 써야" 한다고 했던 말을 반복해서 듣는 느낌이었다.

라파엘은 자기가 쓴 것을 집에 돌아올 때까지 다시 보지 않는 게 이상적이라고 생각한다. 그 글들은 사실 자신이 떠나려고 하는 곳에서 온 메시지이기 때문이다. 혹은 적어도 빠져나가는 곳에서 온 것이며 곧 알아보지도 못할 곳에서 온 것이기 때문이다. 라파엘은 글쓰기가 자기를 보호하는 행동임을 깨달았다. 마치 조난자처럼 메모지를 병 속에 넣어 바다로 던져야 할 것 같은 느낌이 들지만 곧 지나가는 배에 구조되어 친숙한 얼굴들을 다시 만난 것과 같다. 즉, 내면 깊은 곳에 있는 생각에서 '구조'되어 다시는 그 생각들로 돌아가는 방법을 찾지 못하리라고 깨닫는 것이다.

라파엘은 이렇게 덧붙였다. "당연히 이틀쯤 후에, 혹은 그보다 더 빨리 누군가가 당신에게 구명 밧줄을 던질 거예요. 그쪽 동네에 있는 사람들이 평소에 하는 식으로 뭔가를 하는 행동을 보여 주거나 간단한 행동 또는 다가서는 몸짓을 하겠죠. 그때 당신은 일시적일지라도 환영을 받는 느낌, 소속되는 느낌이 들 거예요. 아니면 당신은 다른 집단에서 이미 보았던 익숙한 행동을 그곳 사람들이 하는 것을 보겠죠. 누군가는 화가 났고, 누군가는 도움을 주고, 누군가는 여전히 뚱한 채로 있어요. 그러면 그 사람들은 당신이 알아볼 수 있는 사람들의 모습으로 당신에게 다가와요. 일단 그들이 그렇게 수수께끼 같은 사람들이 아님을 알게 되면서 당신은 더 편안해지죠." 당신이 첫 이틀간 열성을 다하는 동안 당신의 일부는 전혀 모르는 것(당신이 글로 쓰는 것이 이것이다)에

다가가지만 다른 일부는 이미 낯익은 것을 열심히 찾고 있다. 설사 그 모르는 것이 다시 모습을 보이거나 반복되는 것이어서 예측할 수 있더라도 말이다. 라파엘은 다음과 같이 말했다.

> 그렇게 어떤 일들에 일단 익숙해지면 당신은 그것을 당연하게 여기기 시작하죠. 그래서 더 이상 그것들을 주목하지 않아요. 이렇게 쉽게 얻을 수 있는 정보들을 회피하는 정상적인 상태로 돌아가는 것은 아마 더러는 도움이 되고 당황스러운 상태를 막아 줄 수 있겠죠. 당신이 시장에서 나는 향냄새에 더 이상 신경 쓰지 않게 되면 거지 아이들을 보고도 충격에 빠지지 않고 인도 땅을 걸어 다닐 수 있어요. 이렇게 관심을 거두는 일이 장기적으로 살아남는 방법이 될 수 있죠. 우리 인간은 아프리카를 떠난 후부터 매우 빈번하게 이동한 종種이에요. 우리들 다수에게는 필요한 경우 계속 이동하기 위해서 이런 종류의 보호책이나 은폐 수단이 필요하죠. 어쨌든 어떤 장소에서 첫 이틀이 지나간 후에, 그리고 더 이상 무슨 일이든 주목하지 않게 되면 여행의 다음 단계가 시작된 거예요. 그리고 그 지점에서 이전의 과정을 이어받아 주위에 일어나는 일 중에 당신이 계속 흥미를 갖고 싶은 것은 무엇인지, 관계를 끊고 싶은 것은 무엇인지 신중하게 생각해 보는 일은 당신에게 달렸어요.

라파엘의 말에는 깊은 여행이 마음의 특정한 부분을 키우거나 달래주거나 새로운 방향으로 향하는 것을 돕는다는 내용이 함축되어 있다.

여기서 마음의 특정한 부분이란 우리 안에 내장된 기술로서 때때로 '사회적 지능'이라 불리는 것이다. 사회적 지능은 우리가 다양한 집단의 일원으로서 기능하게 하는 수많은 능력을 하나의 개념으로 뭉뚱그린 것으로, 1976년 영국의 진화심리학자 니콜라스 험프리Nicholas Humphrey가 처음 만들었다. 험프리는 다른 사람들의 행동을 예측하는 선천적인 능력이 사회적 유대관계를 유지하는 데 매우 중요한 재능이라고 말한다. 이는 '마키아벨리적 지능'이라고도 불리는데, 1000만 년 전 아프리카의 숲에서 집단을 이루거나 소규모로 무리 짓거나 가족 단위로 살았던 고등 영장류 사이에서 나타난 것으로 추측된다. 진화심리학의 후속 연구에 따르면 현대 인류는 다양하게 특화된 지능을 미리 갖추고 태어났다고 한다.

사회적 지능은 아주 오래전에 생겼다고 할 수 있다. 동시대의 대형 유인원에게서 비슷한 능력이 있다는 강한 징후가 있다는 것이 이 가설을 뒷받침한다(네덜란드의 영장류 동물학자인 프란스 드 발Frans de Waal이 쓴 『침팬지 폴리틱스』에는 세계에서 가장 침팬지가 많이 사는 네덜란드 아른헴 동물원에서 침팬지들 사이의 허세, 화해, 권력 잡기, 연합 형성 등을 6년 동안 연구한 내용을 담고 있다). 또한 현존하는 현대 인간과 모든 사람 과科의 원시 인류들, 즉 고릴라, 침팬지, 피그미침팬지, 인류는 이미 사회적 지능을 갖췄던 것으로 추정되는 공통 조상에게서 800만 년 전에 갈라져 나왔다는 의견도 있다. 험프리는 그때부터 이 오래된 사고 능력이 지속적으로 쓸모 있다는 것이 증명되어 중간 단계의 종들에게 선택되고 보존되었으며, 결국은 인류와 세 종류의 사람 과科 원시 인류들에게 공통된 유전적 성질이 되었다고 말한다.

그러므로 데이나 라파엘의 '48시간 원칙'은 우리의 사회적 지능인 마음의 한 부분이 일시적으로 당황하거나 받아들인 정보를 평가하지 못할 때 과도한 열성으로 더 넓은 그물을 던지듯 깊은 여행의 '더 큰 자각'에 도움을 청하는 과정을 나타낸다고 볼 수 있다. 이는 익숙한 것이 나타나고 다시 정상적으로 작동할 때까지 '전면적인 경계 태세'를 유지하면서 인지의 모든 배출구를 열고 내부의 모든 '흡입 밸브'를 통제하는 장치들을 뛰어넘는 과정일 것이다.

또는 사회적 지능과 긴밀하게 관련된 다른 충동, 즉 다른 사람에게 주목을 받고 주의를 기울이고 함께 관심을 주고받으려는 좀 더 개인적인 욕구의 변화가, 어떤 깊은 여행의 상황에서 활동하면서 더 큰 자각을 불러내고 활용하다가 그 욕구가 만족되면 그 자각으로부터 물러나는 것인지도 모른다. 이드리스 샤는 주의력에 대한 이론에서 이런 면을 다룬 수필인 「주의력과 관찰의 특징Characteristics of Attention and Observation」을 통해, 주목받고자 하는 열망은 유아 때부터 생겨 곧이어 젖을 먹고 보호를 받으려는 욕구로 연결되지만 사람들은 흔히 그 점을 자각하지 못하고 다른 욕구들과 구별하지 않는다고 말했다. 그 결과 대부분의 사람들은 성장해서도 스스로 주목받는 것이 결핍됐다고 느끼곤 한다. "이는 사람들이 새로운 친구나 환경을 옛 친구나 환경보다 더 좋아하는 이유 중 하나"라고 샤는 설명한다. 일단 더 이상 주목받는 데 굶주리지 않으면 깊은 여행의 빛은 빠르게 사라진다. 마치 성찬을 먹고 나면 음식들이 대수롭지 않아 보이고, 역겹게 느껴지기까지 하는 것과 같다.

안정된 지형을 찾는 일에 초점을 둔, 완전히 다른 내부의 힘들이나 정신적 장치 역시 깊은 여행에서 우리를 멀어지게 할 수 있다. 동물들은 대체로 여행자들이다. '동물animal'을 나타내는 여러 기초어의 핵심에는 그리스어로 바람이라는 뜻의 'anemos'처럼 움직인다는 뜻이 있다. 따개비 같은 극소수의 동물만이 한자리에 고정되어 움직이지 못하는데, 마치 식물을 연상하게 하는 그런 상태를 생물학자들은 '고착성sessility'이라고 부른다. 고착성의 반대인 '운동성motility', 즉 자발적인 움직임은 동물들이 먹이가 있는 땅이나 새끼를 낳을 수 있는 장소로 갈 수 있게 해 주는 등 헤아릴 수 없이 많은 이득을 가져온다.

그러나 거기에는 대가가 있다. 바로 에너지를 사용해야 한다는 점이다. 아직 정확한 시기는 알 수 없지만 아마 5~10억 년쯤 전 초기 해양 생물들은 처음에는 해류에 몸을 맡기고 떠다녔다. 그러나 이렇게 수동적으로 떠다니면 음식과 새로운 에너지를 찾고 안전을 도모하는 일을 그저 우연에 맡길 수밖에 없다. 그래서 그때부터 수억 년에 걸쳐 나타난 더 새롭고 복잡한 동물들은 여행을 특정한 방향으로 이끌고 여행 형태를 정함으로써 또 다른 이득을 얻는 '움직임의 전략'을 고안해냈다. 이를테면 다른 동물의 먹이가 되지 않도록 피하면서 자기의 먹이를 찾아내는 것같이 각각의 여행 때마다 긴급한 목적에 집중하도록 하는 것이다.

자기방위적인 이 내적인 '진로 인도 형질'은 아마도 동물들의 정신적 역량에서 가장 중요한 토대일 것이다. 동물들의 독립적이고 자발적인 움직임은 대개 출발부터가 살아남는 것과 연결되기 때문이고, 동물들은 무리지어 살기 훨씬 전부터 이동하며 다녔기 때문이다.

수백억 년 동안 이 내적 형질은 지느러미와 발, 깃털 등 몸의 외부 변화를 통한 새롭고 풍부한 신체적 '진로 인도 장치'의 협조를 받아 공진화共進化(여러 개의 생물 종이 서로 영향을 미치며 진화하는 현상을 가리키는 진화생물학의 개념−옮긴이)했다. 그 결과 동물들이 전 세계에 퍼지는 동안 동물들의 이동 내력은 거의 설명이 안 될 정도로 복잡하고 다양해졌다. 그 이동의 형태가 지렁이가 조금씩 움직이는 것이나 포식자와 먹이가 벌이는 일상적인 약탈 행위, 또는 매년 엄청난 거리를 오가는 동물들의 계절적인 이동 등을 망라하기 때문이다.

동물의 이동은 오랜 역사를 지닌 유용한 먹이 수렵 방식으로, 3억 5000만 년 전 오늘날의 잠자리와 실잠자리를 닮은 날아다니는 곤충에게서 최초로 나타났다고 추정된다. 곤충들이 최초로 사용한 이 전략은 같은 자리에서 날면서 머무는 행위에서 비롯되었다는 말도 있는데, 이는 먹이가 풍부하고 익숙한 장소가 늘 근처에 있도록 비 내리는 때와 계절이 바뀌는 때에 맞춰 위치를 바꾼다는 뜻이다. 즉, 계속해서 움직이면서 적응하는 것이다.

잠자리들은 아직도 경이적인 여행을 한다. 구름 떼처럼 몰려다니는, 투명하고 얇은 날개에 누런빛을 띤 된장잠자리Globe Skimmer(몸길이가 4cm 정도 되는 잠자리 과의 곤충−옮긴이)는 매년 장마철이 끝난 후 인도를 떠나 넓은 인도양을 건너 아프리카 동부에 도착한다는 사실이 최근 밝혀졌다. 된장잠자리들은 때맞게 우기를 맞은 아프리카에서 한동안 지내다가 다시 인도로 돌아간다. 이는 이동 거리만 1만 8000km에 이르는 왕복 여행으로, 매년 겨울을 나기 위해 캐나다 남부에서 멕시코로 갔다가 다시 돌아오는 미국 제왕나비monarch butterfly(오렌지색과 검은색을 띠는 큰 나비로 북아메리카에서 흔히 보인다-옮긴이)가 이동하는 거리의 두 배가 넘는다.

그러나 이 맥락을 다시 더 넓혀 보면, 이렇게 오랜 역사를 지닌 엄청난 규모의 이동 행위는 다른 관점으로도 생각해 볼 수 있다. 이를테면 위에서 사후에 보는 것이 아니라 아래에서 사전에 보는 방법이다. 이 관점에 따르면 그 행위는 더 오래되고 영구적으로 성공한 결과이며, 더욱 감동적이고 비범한 역작으로 찬양받을 만하다. 이동 행위는 자력으로 움직일 수 있는 동물들이 꾸준히 이용할 수 있는 능력으로 후손들에게 전달되는 것이다. 후손들 역시 이를 이용해 움직이는 동안 최소의 노력으로 자기들의 위치를 알아낼 수 있다. 그리고 지나온 곳과 지나갈 곳 모두를 연결하는 전체 선을 따라 끊임없이 움직이는 점으로서 그 위치 정보를 이용한다. 이것은 우리를 포함한 동물들이 당연하게 받아들이는 능력인데, 바로 그 점이 가장 중요하다. 즉, 그것은 자동으로 작동하여 그들이 목적에 더욱 집중하도록 해 준다.

그런 길 찾기는 끊임없는 변화 속에서 고정된 점들을 찾는다. 우리는 어떻게 그 일이 가능한지 아직은 잘 모른다. 예를 들어 검은슴새들이 무역풍과 편서풍처럼 규모가 큰 바람의 흐름에 반응하는 것 같다고 추측하기는 하지만, 비행하는 동안 태평양의 무엇을 보고 그에 따라 행동할 정도로 신뢰하는지는 정확한 답을 할 수 없다.

우리는 종의 후손들이 대를 이어서 반응하고 믿을 수 있다고 생각하는 환경의 구성 요소들, 또는 행동 유도성에 대해 상당히 많이 배웠다.

어떤 동물들은 장소나 해, 달, 별, 혹은 빛의 각도에서 단서를 얻고, 어떤 동물들은 공기의 흐름이나 바다의 조류에서 단서를 얻으며, 냄새에서 신호를 얻는 동물들도 있다. 연어는 몇 년 동안 바다에서 살다가 자기가 부화된 장소에 가까워지면 그곳의 냄새를 맡을 수 있다. 푸른바다거북은 대서양의 어센션 섬에 가까워지면 섬에서 50km 이상 떨어져 있어도 냄새를 맡으려고 코로 공기를 들이마신다. 다른 종들은 지구의 자장에 반응하는 능력이 있다. 노스캐롤라이나 대학교 채플 힐의 해양 생물학자들은 어린 바다거북이 출생지의 '특정한 자기磁氣 주소'를 각인할 수 있어서 몇 년 후 고향으로 돌아올 수 있다는 학설을 세웠다.

그러므로 사람들은 타고나지 못하고 경험하지 못한 이런 감각기관의 정보는 생물들이 신뢰할 수 있는 지형을 찾게 해 주는 동물 세계의 초석으로 보인다. 이는 움직여 나아갈 때 굳이 따로 생각하지 않도록, 믿을 수 있고 지속적인 자연경관에 기반을 두고 행동하는 능력이다. 우리는 이런 이질적 요소로 이뤄진 판단 기준이 어떻게 다양한 동물들의 마음에 접합되어 세대를 거쳐 보존되는 융통성 있는 '진로 인도 형질'을 구성했는지도 이제 알고 있다.

최근 대학들에서 주도한 '공간 인식'과 '길 찾기'에 대한 연구는 이런 여행 전략들의 작동을 상세히 검토하여 그중 많은 것들이 인간에게서도 나타난다는 것을 보여 주었다. 두 살짜리 아기들을 관찰한 하버드 대학교의 인지심리학자 엘리자베스 스펠크Elizabeth Spelke는 아기들이 방에서 움직이면서 숨겨 둔 물건을 찾을 때 순전히 '윤곽으로 방향을 읽는 일'에 의존한다고 한다. 아기들은 자기가 있는 위치와 목적지로 가는 방법을 알아내는 데 오로지 벽들의 형태만 참고하며, 벽의 색깔이

나 물건의 위치같이 성인들의 눈에 띌 만한 다른 형태는 무시한다.

《뉴욕 타임스》의 '사이언스 타임스' 섹션에는 길 찾기와 스펠크의 연구에 대한 나탈리 앤지어Ntalie Angier의 글이 실렸었는데, 이에 따르면 아기가 윤곽으로 방향을 읽는 행동에는 쥐와 햄스터 같은 설치류 동물들이 상자 속에 넣어 둔 먹이를 찾을 때 의존하는 것과 같은 기술이 쓰인다. 어쩌면 '윤곽으로 방향을 읽는 일'은 인간에게서 처음으로 나타난 방향 읽기 전략일지 모른다. 촉각과 시각이라는 두 감각을 결합하여 아직 발로 서지 못하는 아기들에게 선천적인 대안 정보를 주기 때문이다.

앤지어의 글에 따르면, 우리는 아동기 후기에 동물 왕국에 확산되어 있는 또 다른 이동 행위들에 눈을 뜬다. 그중 가장 두드러진 것은 '길 안내'로서, 시작하는 시점에 최종 목적지가 보이지 않을 때 사용된다. 즉, 여행을 각기 달성할 수 있는 단계들로 쪼개는 것이다. 그리고 시야에서 놓칠 수 없는 일련의 중간 목적지들을 만들어 각 단계를 서로 붙어 있게 한다. 길 안내를 하려면, 누군가가 먼저 경로를 따라 도중에 있는 눈에 띄는 목표물을 향해 나아가야 한다. 그런 후 그곳에 도착하면 더 먼 거리에 있는 다른 주목할 만한 지형을 목표로 삼거나, 최종 목적지가 시야에 나타나면 그 자체를 목표로 하거나 해야 한다. 이는 아기들이 걸음에 익숙해지면 걷기가 안전한 이동 수단이 되는 것과 같다. 운동 전문가들이 지적했듯이, 걷기는 늘 한쪽 발이 땅에서 떨어져 있으므로 사실은 '통제된 넘어짐'의 한 형태인데도 말이다.

길 안내는 윤곽으로 방향을 읽는 것에서 논리적으로 발전된 형태다. 사람들이 이동하는 데 보다 편안해지면서 물리적인 벽의 윤곽을 따라

가는 안전함을 버릴 준비가 되자, 그 벽이 전에는 따로 떨어져 있었던 자연경관들의 튼튼한 사슬로 이어진 '가상의 벽'으로 대체되는 것이다. 어쨌든 길 안내는 사람들이 점차 장소를 알게 되면서 0차원에서 1차원으로, 1차원에서 2차원으로 이해하며 지식을 쌓아 가는 듯하다. 이를 공간 인식의 용어로 말하면 길 안내의 지식은 탑, 언덕, 중앙광장 등 알아볼 만한 지점을 뽑아내는 주요 지형지물에 대한 지식으로, 그리고 서로 교차하는 길들을 충분히 모아 기억되는 지형 배치(내부화된 지도 혹은 인지 지도로 알려진)를 만드는 측량 지식으로 발전한다. 이 단계에서 사람들은 지름길을 택하기 위해 알고 있는 길들을 마음대로 질러간다. 우리가 있는 위치를 정확히 안다는 것은 단 하나의 불티나 등불로 시작해서 빛줄기가 되고 마침내 전 지역을 밝히는 투광 조명의 집합체를 망라하는 것과도 같다고 할 수 있다.

길을 가는 도중에는 전체를 정확히 아는 것이 불가능하다. 앤지어는 사람과 다른 동물들, 특히 사막개미들이 공유하는 또 다른 진로 인도 시스템이자 추측 항법航法으로도 알려진 '궤도 적분path integration'을 언급했다. 이는 넓은 바다에 있을 때 항구도 보이지 않고 배와 다음 계류지 사이에 아무런 경계표지가 없을 때, 그리고 길잡이를 해 줄 해나 달도 없을 때 흔히 작동한다. 그런 상황에서 당신은 금방 지나온 곳은 피하면서 오직 확실한 것에 대한 기억만 가지고 앞으로 나아가야 한다. 당신은 당신의 속도와 방향과 지나온 거리가 마지막으로 알았던 위치에서 정해진 진로와 계속 이어지는 것에 근접하다는 합리적인 가정 아래 전진해야 한다. 개미들은 이것을 '보행 수를 헤아려서' 해결한다고 알려져 있다.

나아가 인간이 이동하는 이야기를 한층 복잡하게 만드는 것이 있다. 인간은 다른 동물들로부터 유래된, 몇 가지 방향 읽는 방법을 편입하는 데 그치지 않고 발전 단계의 초기에 인간 특유의 뿌리 깊은 여행에 대한 선호를 발전시킨 것 같다. 흥미롭게도 그 선호의 주된 목적은 의심을 억압하기 위한 것으로 보인다. 즉, 여행에 대한 선호는 길 찾는 과정이 꼭 정확하지 않아도 확실하다는 느낌을 강화한다. 앤지어는 캘리포니아 대학교의 인지지리학자이자 이 분야의 정보를 많이 모은 레지널드 골리지Reginald Golledge를 인터뷰한 후 길 찾기에 대한 기사에서 이렇게 썼다. "예를 들어 사람들은 목적지와 같은 방향으로 출발하기를 좋아한다. 만일 목적지가 동쪽이라면 사람들은 서쪽으로 출발하기를 싫어하는데, 이는 미리 서쪽으로 방향을 바꾸는 편이 훨씬 효율적일 때조차도 그렇다. 또, 사람들이 좋아하는 전략으로 '제일 긴 구간을 먼저'라는 것이 있다. 골리지 박사는 사람들이 경로를 개념화할 때 되도록 첫 모퉁이를 돌기까지 가장 길고 곧게 뻗은 길에서 출발하려고 한다고 말했다."

독일의 인지심리학자들은 또 다른 여행 선호에 대해 연구했다. 예기치 않게 방향을 선택할 기회가 주어지면 사람들은 대개 오른쪽으로 향하는 길을 선호했다. 이와 관련된 글들을 읽으면서, 나는 그런 선호도가 구체적으로 여행을 시작하여 계속 가고, 그러면서 되도록이면 쉬는 시간을 줄이기 위해 설계된 대안 장치 같은 것, 혹은 방향을 읽는 한 단계 아래의 전략 같다고 생각했다. 이 선호도는 그것이 효과적인 범위까지는 여행을 짧게 해 줄 것이다.

나는 이런 해석이 골리지가 보기에 말이 되는지 궁금했다. 그의 웹

사이트에서 "공간에 대한 이해가 기초가 된 원시적인 단계를 찾는 데 오래전부터 관심이 있었다"는 글을 읽고 나는 그의 사무실을 방문해 대화를 나누었다. 그는 내 질문에 긍정적으로 답했다. "이런 충동들이 선천적인 것인지 아닌지 우리는 정확히 모릅니다. 우리가 아는 것은, 사람들이 그런 충동을 의식하지 않지만 여행을 할 때 흔히 나타나곤 한다는 사실이죠. 가장 눈길을 끄는 것은 목적지를 향하여 출발하고 싶은 욕구인데, 이것은 자주 반복해서 나타납니다. 선호도가 발생한 시기가 문화적 선사 시대까지 거슬러 올라간다면 아마도 집으로 가는 최단거리를 찾으려는 노력에서 비롯된 현상일 겁니다. 여행을 시작하면서 사람들은 처음에는 가장 길고 곧게 뻗어 있는 부분을 택하고, 그 후 보다 익숙한 지역에 도착해서 더 짧은 구간들을 찾고 진로를 수정합니다. 이렇게 하는 것이 목적에 들어맞을 때가 자주 있죠. 여기서 내면화된 교훈은 '먼저 언덕으로 향하라' 같은 단순한 것이었을 수 있습니다."

이 모든 것이 깊은 여행, 그리고 그것이 우리 내부에서 나타나고 사라지는 것과 무슨 관련이 있을까? 그 질문은 이제 겨우 제기되었기 때문에 연구를 통해 밝혀진 직접적인 증거는 아직 없다. 그러나 토마스 만이 깊은 여행 시간의 단축에 대해 말한 것을 기억해 보라. 만은 우리가 6~8일 정도의 탐험 후 새로운 곳에 익숙해지면 시간이 눈에 띄게 짧아진다고 했다. 여기서 6~8일이란 기본적인 경계표지를 찾아내고, 다시 찾아갈 만한 장소로 가는 길 몇 개를 알게 되고, 전체적인 모습에 대한 대강의 느낌을 갖게 되는 정도의 시간이다. 이것이 바로 '익숙해진다'가 뜻하는 바가 아닐까?

또한 동물들의 자발적인 움직임인 운동성의 근본적인 '비용', 즉 기존의 에너지 공급원이 고갈되기 전에 새로운 먹이를 찾아야 할 필요성이 모든 여행에 고유의 시간 한계를 정한다는 것을 기억하라. 이는 효율성뿐 아니라 우리 내부에서 작동되는 진로 인도 형질의 선결 조건인 안전성만큼이나 모든 점에서 긴급한 요구가 된다. 그리고 이상하게 들릴지 모르지만 인간의 여행 선호가 만일 선천적인 것이라면, 그것이 귀가하는 여행 시간을 몇 분이라도 더 줄이려는 시도에서 생겼다는 점도 유념하자.

내가 물려받은 여행 전략의 관점에서 볼 때 이 모든 것이 시사하는 바는 다음과 같다. 즉, 일어날 수 있는 최악의 일이란 자기가 있는 곳이 어딘지, 어디로 가는 중인지, 여기서 저기까지의 길이 어딘지 모르는 경우라는 것이다. 그러므로 최악의 경우에는 지리 자체가 불안정해지고, 신뢰할 수 없게 되고, 자기를 저버리는 것 같은 순간들이 포함된다. 알아볼 만한 경계표지가 하나도 없고 분간할 수 있는 길이나 신호가 표시된 안내판이 없을 때, 전체를 망라하여 설명해 주는 지도가 없을 때, 더 이상 확신이 들지 않고 변함없던 것이 흔적도 없이 사라졌을 때, 한마디로 어디로 가야 할지 모를 때나 길을 잃었을 때 등이 바로 그런 순간이다. 레지널드 골리지가 『길 찾기 행동: 인지적인 지도 그리기와 공간 형성 과정Wayfinding Behavior: Cognitive Mapping and Other Spatial Process』에서 썼듯이 "길을 잃은 상태의 불확실성은 길 찾기 과정이 여행을 실패하도록 인도했을 때 생긴다."

길을 잃는다는 것은 기아 상태에 가까워지는 것을 의미하기 때문에 더욱 곤란한 일이 된다. 내가 보기에는 세계적으로 사랑받는 동화의 중심적인 배경도 바로 이 길 잃는 것인 듯하다. 그림 형제가 19세기 초

펴낸『헨젤과 그레텔』은 숲 속에서 길을 잃는 두 어린이에 대한 이야기다. 이 동화 역시 다른 많은 동화들과 마찬가지로 몇 년 전 집중적인 심리학적 검토를 철저히 거쳤다. 아동심리학자이자 작가인 브루노 베텔하임Bruno Bettelheim은『옛이야기의 매력』에서 이 동화가 버림받는 두려움을 바탕으로 한 이야기라고 말했다. 나는 골리지와 대화를 나눈 후『헨젤과 그레텔』을 다시 읽으면서, 이 이야기를 길 찾기 문학의 고전으로서 접근하면 상당히 색다르고 예상치 못한 통찰력을 얻을 수 있음을 발견했다.

길 찾기 문학은 내가 여행기의 특화된 부문으로 생각하는 분야인데,『헨젤과 그레텔』은 이 장르의 대표작이자 길을 잃은 후 다시 길을 찾는 데 대한 입문서라고 할 수 있다. 이것이 그 이야기가 뿌리를 내린 실용적인 충동이라면, 독일의 숲에서 멀리 떨어진 완전히 다른 환경에 사는 사람들에게도 영향력을 발휘하는 이유가 부분적으로나마 설명될 것이다. 즉, 이 이야기는 사람들이 이야기를 하기 시작했을 때 방향을 읽는 기술이 어떻게 작동하며 그 기술을 잘 간수하는 것이 얼마나 중요한지에 대해 당시의 지식으로 기록하고 전달하는 방법으로서 태어났다고 볼 수 있다.

아마도 길 찾기는 버림받는 두려움처럼『헨젤과 그레텔』이 계속 영향력을 발휘하는 한 요소일 뿐인지 모른다. 이드리스 샤가 구전 설화를 모아 편찬한『세계의 설화: 모든 시대, 모든 곳에서 전해진 이야기들의 놀라운 우연의 일치World Tales: The Extraordinary Coincidence of Stories Told in All Times, in All Places』서문에서 지적했듯이, 구전으로 전래되는 이야기들은 "거의 불가사의할 정도로 지속적으로 전해지며 오랜 생명력을 가졌기" 때문이다. 그 이야기들은 국가와 언어, 종교들이 사라진 후에도 계속 남아 있는데 샤는 현재의 지식으로는 그 이유를 설명할 수 없다고 한다. 『헨젤과 그레텔』이 의미하는 바를 샅샅이 연구하지 않은 상태에서 우리가 말할 수 있는 것은, 이 이야기의 핵심에 있는 '재앙'은 자발적으로 움직이는 모든 동물이 먹이와 다른 필요한 것이 있는 곳으로 가기 위해 의지해 온 자연경관이 감쪽같이 사라진 일이다. 그래서 그 동화는 두어 가지 긴급 명령에 초점을 맞춘다. '길을 잃지 마라. 길을 잃었다면 그대로 있지 말고 빠져나와라.'

미국의 민속 연구가이자 작가인 D. L. 애슐리먼D. L. Ashliman(피츠버그 대학교 교수로 『이솝 우화』를 편찬하는 등 수많은 민담에 대해 연구했다—옮긴이) 이 인터넷 사이트에 올린 판본들을 참고하면, 그림 형제가 펴낸 초판에서 헨젤은 길을 안내해 줄 빵 부스러기 없이도 "집으로 가는 길을 찾을 수 있다고 생각했지만 곧 넓은 황무지에서 길을 잃고 말았다." 헨젤과 그레텔은 하는 수 없이 무작정 돌아다니게 되었고, 고향 땅이었던 숲은 지형을 읽을 수 없는 거대한 황무지가 되어버렸다. 아이들은 하루 안에 집으로 돌아갈 수 있는 거리에 있었지만 방향감각을 잃은 탓에 급격히 약해지고 무방비 상태가 되었다. 그리고 길 잃은 아이들을 꾀기 위해 빵으로 만든 집을 지어 놓은 늙은 마녀의 마수에 걸려들었다(이 집은 나중에 생강빵으로 만들어졌다고 가필되었다).

흥미롭게도 마녀는 처음에는 친절한 척해서 아이들의 마음을 얻는다(이런 식으로 아이들의 사회적 지능을 이용해 속이는 장면은, 사회적 지능이란 것이 우리가 길을 잃었을 때는 믿을 수 없는 능력이며, 재앙을 맞아 급박해졌을 때는 그 때문에 궁지에 빠지기도 한다는 것을 독자들에게 말해 주는 부분이라 할 수 있다). 한 달 동안 마녀의 집에 갇혀 있었던 아이들은 꾀를 써서 거짓 정보를 주어 마녀를 속이는 데 성공했다. 헨젤은 마녀가 손을 만져 보자고 할 때 자기 손가락이 아닌 작은 뼈를 내밀었고, 눈이 나쁜 마녀는 헨젤이 살이 찌지 않았다고 생각했다. 나중에 아이들은 흰 새의 인도로 집으로 돌아간다. 이 흰 새는 판본에 따라 비둘기로도 나오고 오리로도 나온다.

이 흰 새 혹은 새끼 오리는 '착한 동물'로 묘사되는데 이야기에서 아주 잠깐 등장하며 그림 형제의 최종 판본에서 나온다. 오리는 두 아이가 부탁하기만 하면 넓은 호수를 건너게 해 줄 능력이 있었지만, 그레텔이 알아차렸듯이 오직 한 번에 한 명만 가능했다. 집으로 오는 길에는 오빠인 헨젤보다 그레텔이 더 자연경관의 행동 유도성을 잘 읽어냈다. 여기서 말하고자 하는 바는 극한 상황이 닥치면 정확한 위치를 찾기 위해 모든 지혜를 다 동원해야 한다는 것이다. 이 이야기에서는 남매 모두가 각자의 인식과 독창성을 내놓고 공유했다.

만일 이 남매처럼 앞에 있는 호수를 건너야 하는데 헤엄칠 수도 없고 다리를 놓을 수도 없다면 당신은 어떻게 하겠는가? 이 이야기는 다음과 같은 제안을 내놓는다. 여행하다가 방향감각을 잃어 앞으로 갈 수도 되돌아갈 수도 없고, 장애물을 피해 갈 수도 없어서 제자리에서 꼼짝 못 하게 된다면, 의지하기에 가장 좋고 근본적인 안전장치는 마음의 '더 큰 자각'을 되살려내는 일이라고 말이다. 그렇게 하면 모든 감각이 전에는 찾아낼 수 없거나 간과하거나 버렸거나 쉽게 범주를 정하지 못했던 표지판, 혹은 더 신뢰할 수 있고 다목적의 방향 인도 체계로 발전시킬 수 있는 정보를 연습을 통해 유심히 살펴볼 수 있게 된다.

이렇게 여행자의 내부에서 더 넓은 자각이 갑작스레 다시 생기는 것은 사실 익숙한 광경이다. 비록 대개는 몇 초 정도밖에 지속되지 않고 그래서 관찰자들이 쉽사리 놓쳐버리기는 하지만 말이다. 대부분의 관광객들은 여행 안내서에 다음에 무엇을 할지에 대한 정보가 없을 때 거리 모퉁이에서 가만히 서 있곤 한다. 또한 잘 모르는 거리에서 주차를 할 때나 잘 모르는 버스 정거장에서 내렸을 때는 가만히 선 채로 주위를 돌아본다. 불확실한 상황에서는 우리가 의식적으로 불러내지 않아도 깊은 여행이 나타나기 시작하고, 잠시 동안 우리는 보고 듣는 모든 것이 혹시라도 우리가 찾던 것이 아닌가 생각하면서 그것들을 주목하고 평가한다. 그러다 우리가 찾던 것을 발견하고 여행의 제1 주안점이 다시 자기주장을 하기 시작한다. 따라서 우리가 그 막간을 연장하려고 개입하지 않는 한, 자각은 제한되고 절대적으로 안전하게 활성화된 목적을 달성한 후 좁아지거나 위축되거나 물러간다.

깊은 여행이 길 찾기에서 더 할 일이 없다는 말이 아니다. 깊은 여행이 멋지게 해낼 수 있는 일에 대한 최고의 예로, 폴리네시아의 해양 탐험가들 사이에서 전해지는 방향 안내 노하우를 들 수 있다. 서기 300~1000년 사이 넓은 바다 여행에 나섰던 유럽 선원들은 추측 항법에 의존하거나 윤곽선을 보고 방향을 잡기 위해 해안에서 눈을 떼지 않으면서 항해했다. 그러나 당시에도 이 폴리네시아의 탐험가들은 동쪽으로 태평양을 가로지르면서 보기에는 아무 특징도 없는 바다들을 아무 도구도 없이, 하와이와 이스터 섬처럼 수천 km 거리를 두고 흩어져 있는 1000개도 넘는 섬들로 백인 정착민들을 이끌었다. '바다를 읽을' 수 있는 항해사인 '팔루palu'가 되려면 오랜 수련 기간이 걸렸다. 반복적으로 나타나는 여러 가지 미묘한 변화들 중에서도 별들의 진로, 파도의 높낮이, 새들의 비행, 구름의 모습 등을 추적하는 기술을 배워야 했기 때문이다.

18세기가 되어 유럽 탐험가들이 마침내 이들 섬에 도착했는데, 처음에는 그런 자각으로 이끌어낸 여행 방식이 가능하다는 것조차 믿지 않으려고 했다. 그들은 폴리네시아 인들의 조상들이 그저 바람에 밀려 뱃길을 벗어났거나 무력하게 떠다니다가 육지를 발견했으리라고 추측했다. 그러나 전통적인 기술은 의심하던 그들보다 오래 살아남았다. 이제 그 기술들 몇 가지는 폴리네시아 전문가들 사이에서 통용될 뿐 아니라 최근 수십 년 동안 폭넓은 국제적 추종자들의 존중을 얻고 있다. 이렇게 되기까지는 제2차 세계대전 후 그 기술을 배운 몇 명 안 되는 견습생이었던 뉴질랜드의 의사이자 탐험가인 데이비드 H. 루이스David H. Lewis의 역할이 컸다. 1972년 그는 자기가 배운 것을 담아 『우리는 항해사다: 태평양에서 육지를 찾는 고대의 기술We the Navigators: The Ancient Art of Landfinding in the Pacific』이라는 책을 펴냈으며, 이 책은 40년 후까지도 계속 출판되었다.

토마스 만은 『마의 산』에서 휴가가 끝난 후 "24시간 동안 마치 집을 떠나지 않았던 듯 생각되었고, 여행이 겨우 지난밤의 꿈 정도로 여겨졌다"고 한탄한다. 로버트 온스타인의 『시간의 경험에 대하여』에도 비슷한 구절이 있다. "어떤 사람이 회사 생활을 하다가 휴가를 가는 것처럼,

친숙한 상황을 떠나 한동안 다른 곳으로 갔다가 돌아올 때가 다가오면 마치 오래 떠나 있던 것같이 느껴진다. 그럼에도 돌아오는 길에는 불현듯 그 시간이 전혀 길지 않은 것처럼 느껴진다. 지속되는 느낌은 사라져 버리고 만다. 만일 당신이 이런 경험을 해 봤다면 얼마나 충격적인지 알 것이다."

이는 온스타인이 "휴식 기간 후 경험"이라고 부르는 것의 한 예로, 어떤 일이 일어난 후에 남겨진 것들을 말한다. 그는 길게 느껴지던 것이 짧게 느껴지는 불일치를 정보 이론 용어로 설명했으며, 마음이 기억들을 정리하는 것을 컴퓨터에 내장된 저장 기술에 비유했다. 컴퓨터가 쉽게 분류할 수 없는 정보를 저장하기 위해 추가 공간을 만드는 것처럼, 우리의 마음도 주목하기는 했으나 쉽게 범주화하지 못하는 것들을 보여 주는 길게 지속되는 공간, 크기, 길이를 만들어낸다(나는 더 기본적이고 전자공학과는 관계없는 비유로, 확장된 깊은 여행이 덧판이 달려 더 넓게 쓸 수 있는 탁자를 제공한다고 말하고 싶다).

그러나 여기에도 감춰진 이미지가 있을 것이다. 그리고 그것은 깊은 여행을 다시 길 찾기와 연결할 것이다. 다만 이 경우 우리의 정신이 여행 중 일어나는 일들을 우리의 눈에 띄지 않게, 만일의 경우에 대비하여 자동적으로 감시한다는 점만 다르다. 온스타인은 "여행 중에 어떤 경험을 하게 되면 우리는 그 경험을 복합적으로 코드화하고 모든 가능한 결과를 주목한다"고 한다. 그러나 "그 경험이 끝나면 전체적인 휴식 기간은 코드화되고, 단일 단위로서 저장되고 검색되는 사실의 집합체로 넘겨진다. 그러면 '우리는 모닥불을 피운 후 해변으로 가서……' 같은 기억 대신 '우리는 휴가를 갔다'만 기억된다."

달리 말하면, 집에 무사히 도착할 때까지 당신의 마음은 예상치 못한 일이 일어나서 집으로 가는 대안을 마련해야 할지도 모르므로(모든 일이 쓸모 있는 것으로 입증될 수도 있기 때문에) 모든 것을 추적한다는 말이다. 그러나 일단 집에 도착하면, 도중에 모았던 이 모든 정보는 관계없는 것이 되어 '더 이상 필요하지 않은 것' 혹은 '휴가에만 필요한 것'이라는 파일 하나에 기록된다(더 간단한 이미지로 바꾸면, 탁자 위에 늘어놓았던 정보를 서랍 한두 개에 쓸어 담는다고 할 수 있다). 즉, 그런 정신적 메커니즘에 관한 한, 그쯤 되면 여행하는 동안 수집한 제3의 주안점의 진정한 통찰만이 여행의 제1의 주안점을 호위하는 경비원이 된다. 한마디로, 여행이 끝나면 지워지고 해체되고 폐기된다. 그러면 꼼꼼하게 모았던 모든 새로운 지식은 버려지고 분쇄되고 지워지는 것일까? 아니면 다시 분류되어 아직 거기 어딘가에 있지만 돌아가기가 어렵고, 혀끝에 머물며 말로 나오려고 하는 것과는 멀리 떨어져 있는 것일까?

'휴식 시간 이후' 문제의 중심에 있으며 두렵기도 한 질문이 있다. 깊은 여행의 기쁨과 거기서 학습한 것은 얼마나 회복할 수 있을까? 되돌아봤을 때 아직 남아서 사용할 수 있는 것은 무엇인가? 이것은 다른 종류의 길 잃음이며, 끝내 목적지에 갈 수 없다는 두려움이다. 목적지에 이르러서도 그것을 계속 유지해도 되는지 확신하지 못하는 것이다. 그렇게도 잘 이해하게 해 준 주의력은 어느 정도까지 마음의 전면으로 가지고 올 수 있을까? 어떤 상황에서 그것이 가능할까? 그리고 이를 가능하게 하는 마법의 주문은 무엇일까? 이것은 각각의 자각이 고유의 기억과 회복 체계를 가지고 있는 '영역 특수적'인 상황, 그러니까 특정 문제 영역에 맞는 상황인가? 깊은 여행에서 우리에게 일어난 일이 마치 말아버린 깔개 안으로 들어간 것처럼 일시적으로 갇혀버린 것은 아닐까? 어쩌면 우리가 기억하지 못하는데도 아직도 우리 내부에서 작동하고 있는 것은 아닐까? 하나의 항목을 골라내서 다시 이용하기 전에 우리는 원래 있었던 일들의 정황을 모두 다시 펼치거나 불러들이거나 부풀려야 하는 걸까?

이 상황을 사실은 활용할 수 있다고 말하고 싶지만, 처음에 혼란과 불안을 느끼는 것은 불가피하다. 우리의 감각이 느끼도록 모든 것이 제시되어 있는 상태에서 한 가지 조건만 변해도 한순간에 그것들이 쓸려 나간다는 것을 알기 때문이다. 그런 일은 매일 아침 우리가 잠에서 깰 때 일어난다. 그러므로 우리는 자연스럽게 깊은 여행과 꿈을 꾸는 것 사이에 공통점 같은 것이 있다고 추측하게 된다. 그 예로, 우리는 깊은 여행에서 일어난 일이 '진짜이기나 한지' 의구심이 들곤 한다. 이것은 토마스 만의 마음에서 떠나지 않았던 당황스러움이었다. 아마 그는 그의 생애에 남았을 지속적인 흔적이라는 관점에서 보면 아예 여행을 떠나지 않았던 것인지도 모른다.

스티븐 라버지의 『자각몽은』은 잠에 대한 짧은 역사와 동물의 생애에서 잠이 어떻게 발전되었는지에 대해 언급하고 있는데, 5000만 년 전 포유류가 꿈꾸는 행위를 시작했을 때 이 새로운 재능이 선천적이고 자동적인 '꿈 캡쳐' 장치 없이 찾아왔다고 한다. 여기서는 '없다'는 것 자체가 보호 장치 역할을 한다. 그 후 라버지는 연구를 계속하여 우리가 그 대신에 구체화되지 않은 것 혹은 '꿈 삭제' 버튼에 더 가까운 것을 가지게 되었다고 말했다.

동물들은 꿈이 현실과 어떻게 다른지 서로에게 말할 방법이 없었다. … 그래서 꿈을 기억해내는 것은 인간을 제외한 고양이, 개, 그리고 꿈꾸는 포유류에게는 나쁜 일로 생각되었을 것이다. 이것이 꿈을 기억해내는 것이 어려운 이유를 설명해 준다. … 우리와 우리 조상들은 꿈꾼 내용을 잊어버리는 것을 정상으로 만든 진화 메커니즘 덕분에 위험한 혼란을 일으키지 않도록 보호받았을 것이다.

인간의 꿈이 나타났다가 사라지기만 한다는 생각은 그 자체가 오래된 것이다. 이 점은 많은 사랑을 받은 18세기 프로테스탄트 찬송가인 「예부터 도움 되시고O God. Our Help in Ages Past」의 가사에서 가장 잘 포착된다.

세월은 흐르는 강처럼
아들들을 모두 데리고 간다
그들은 꿈결처럼 날아가고 잊히노라
시작하는 날에 죽도다.

꿈은 붙잡는다고 해서 붙잡을 수는 없다. 하지만 때로는 느긋하게 있을 때, 마치 새가 거리를 유지하고는 있지만 우리가 참을성 있게 기다리면 다가와서 우리가 내민 손에 앉는 것처럼, 자의적으로 다시 나타나기도 한다는 것을 우리는 경험했다. 이것은 꿈이 결국 녹아 없어지지 않고 단순히 알려지지 않은 어떤 장소에 숨어 있다는 것을 암시한다.

나는 때때로 꿈이 느닷없이 되살아나는 것에 어떤 논리가 있다는 것도 알아차렸다. 꿈은 불쑥 나타났던 것처럼 불쑥 사라지는데, 두 번째 나타날 때는 생각이 나거나 말 몇 마디가 기억나는 것이 아니라 시각적인 부분과 소리가 완전하게 나타난다. 이를테면 내가 계단을 올라가면서 끝이 없는 계단을 올라가던 꿈을 떠올리는 것과 같다. 최근에 꾸었던 꿈이겠지만 아니더라도 상관은 없다. 꿈이 이런 식으로 다시 유발될 수 있다면, 그다음 질문은 '꿈은 어디에 정리되어 있는가? 우리가 이 꿈에 손을 대서 마음이 즉시 볼 수 있도록 정리된 파일의 간단한 목록을 만들 수 있는가?'가 될 것이다. 내 경우를 예로 들면, 내가 기억을 일깨울 수 있는 것들은 '올라갈 때 일어나는 일들' 혹은 '끝없는 업무와 관련된 감정'이란 목록이 되지 않을까 싶다.

또한 꿈은 연습을 통해 의식적으로 기억하도록 훈련할 수 있다. 대개는 꿈의 제목이나 잠에서 깬 순간 떠오른 한두 가지 세부 사항을 적는데, 이것이 우리가 꿈에 두 번째 꼬리표를 붙이는 나름대로의 방법이다. 우리가 더 빠르게 접근할 수 있게 해 주는 장치이면서 잘못된 목록에 둘 가능성을 줄이는 것이다.

만일 꿈이 깊은 여행과 유사하다면 꿈이 우리와 함께 있으며 불완전하게라도 다시 복구할 수 있음을 아는 것 자체가 긍정적인 측면이다. '제3의 주안점을 메모하기', 즉 내가 뉴욕에서 케네디 공항으로 나들이 갔을 때처럼 예상치 않은 깊은 여행을 했을 때 휘갈겨 썼던 메모는 나중에 꿈에 제목을 붙여 쓴 것과 같이 기억을 되살리는 효과를 냈다. 깊은 여행은 꿈처럼 마음에 떠올릴 때마다 완전한 모습으로 돌아온다. 가령 전철 안에서 설교를 듣던 때를 다시 생각하다 보면 또다시 그날 오후 일어났던 다른 일들에 대한 생각이 떠오른다. 이를테면 전철 안이 무척 복잡하고 더웠던 것, 차가 끝없이 덜컹거리던 것, 기사가 브레이크를 걸면 날카롭게 삐걱거리는 소리가 났던 것 등…….

깊은 여행의 완전한 기억은 그 기억들을 감각기관 전체의 흔적으로 만들기 때문에, 그 기억들은 특별한 수집 영역에 저장되거나 단일한 내부 조직 체계에 보관되지 않고 '끝나지 않은 일'을 포함한 다른 여러 범주에 걸쳐서 분배된다. 이는 그 기억들이 늘 즉시 떠오를 필요가 없는 이유도 설명해 준다. 그 기억들은 모호한 부분이 거의 없고 더 분명한 경계 혹은 더 선명한 모서리들이 있는 기억들, 말하자면 더 넓은 시야로 넘겨볼 수 있고 총괄적으로 찾아볼 수 있도록 보조하는 사실 및 이미지들, 그리고 스스로에게 그저 "비술秘術에 대한 모든 것, 코네티컷, 부탁해" 같은 말을 함으로써 풍부하게 튀어나올 사실 및 이미지들과는 다르다.

또한 이전의 깊은 여행들이 분리된 도서관이나 특수한 카드 목록 같은 것에 격리되어 있다고 해도, 우리는 우리가 그 건물 안으로 들어갈 수 있는 마스터키를 가졌으며 몇 개의 문 가운데 하나를 골라 마음대로 다시 들어갈 수 있음을 안다. 만일 깊은 여행의 이해로 접근하는 것이 어떤 식으로든 깊은 여행의 상태를 다시 시작하는 것과 연결된다면 우리는 '경이로움의 다리'를 건넘으로써 그곳에 이를 수 있다. 우리가 안다고 생각하는 것 바로 너머에 무엇이 있는지 다시 경이로움을 느끼면서 말이다. 혹은 '바르샤바 유도법'을 이용할 수도 있다. 앞에서도 말했지만, 우리 바로 앞에 있는 것이 난생처음 보는 것이라면 우리가 무슨 생각을 하게 될지 자문하던 것을 기억하여 그곳에 이를 수 있다는 것이다. 혹은 깊은 여행의 확장된 현재를 다시 불러내고, 이런 맥락에서 한때 일어났던 일들이 여전히 일어나는 중이며 지금도 설명을 기다리고 있음을 기억하는 것으로도 그곳에 이를 수 있다.

깊은 여행이라는 외투를 입는 것이 다시 잠들어서 꿈의 조각을 다시 붙잡는 것보다 더 쉬울지라도, 이것이 어떤 확실한 탐색 과정으로 이어지는 것은 아니다. 그것은 반쯤 잠든 상태이며 각성의 제일 끝 경계에서 시작되어 새로운 조용한 잠에 빠지는 히프나고기아hypnagogia(그리스어로 '수면 상태로 이끄는 것'이란 뜻이다. 각성에서 수면으로 가는 과도기 상태를 말한다–옮긴이) 상태가 불러낸, 낯설고 가물거리는 한순간의 환상을 통과한다. 활동적인 잠이 다시 시작되면 새로운 꿈들이 떼로 몰려오므로, 대개는 자각몽 정도를 통해 우리가 전에 꾼 꿈을 다시 찾아볼 수 있다.

그러나 첫 단계에서는 반드시 깊은 여행으로 돌아가야 한다. 일단 가면, 개념적이든 지리적이든 지나치게 넓은 범주들은 여전히 별로 도움이 되지 않는다. 예를 들어 나는 "변형들"이라고 말해도 별로 떠오르는 것이 없으며, "버몬트나 뉴햄프셔에서 보낸 여름"이라고 말해도 그런 여름을 많이 보냈는데도 떠오르는 것들이 별로 없다. '안개'와 '추위'는 덜 애매하지만 별로 기억나는 것은 없다. 하지만 이 마지막 두 단어를 연결해서 "갑작스레 닥친 안개와 추위"라고 말하면, 소란스러운 나무 객차가 가파른 워싱턴 산의 톱니 궤도 식 철도를 덜커덕거리며 겨우 사람이 걷는 속도로 기어 올라가고, 그 객차에 탄 내가 몸을 지탱하려고 가족 옆에 붙어 있는 장면이 떠오른다.

한편 구체적인 것이 예측할 수는 없어도 정확한 결과를 낳기도 한다. 나는 "개똥벌레"라는 말을 들으면 오랫동안 생각해 본 적이 없는 어느 7월의 저녁이 기억난다. 뉴욕 센트럴 파크에 있는 아서 로스 소나무 정원을 산책하던 중이었다. 그곳은 15종이나 되는 소나무들로 둘러싸인 놀이터이자 야영지다. 평소에도 조용하고 그늘이 많은, 공원에서는 다소 외진 곳이었는데 날이 저물어 이곳에서 놀던 어린아이들이 집으로 간 뒤면 더욱 인적이 드물었다. 그러나 내가 산책하던 그날 밤, 집에 갔던 아이들은 다시 와 보는 것이 좋았을 것이다. 공원이 차가운 연둣빛을 내며 날아다니는 개똥벌레 수천 마리로 환하게 밝혀져 있었기 때문이다. 조금 전만 해도 암흑 같던 소나무 숲은 훤히 드러나 보였고, 피크닉 탁자는 그 소형 등불들로 윤곽선이 드러나 보였다. 탁자 주변의 작은 소나무들은 전부 살아 있는 크리스마스트리가 되었다. 말 그대로, 7월의 크리스마스였다!

아마도 우리의 더 큰 자각은 마음이 덜 지치도록 자동 조절되는 것(혹은 의도적으로 유도되는 것)에 따라 자주 나타나고 사라지는 것 같다. 이는 비상시에 불러들일 대상으로서 어딘가에 대기하거나 재빨리 다시 모을 수 있으며, 가끔 나타나거나 드물게 갖는 관점은 아닌 것 같다. 그러면 어떤 대상일까? 기술자, 조종사, 교열 전문가, 구조 전문가? 우리의 사회적 지능이나 공간 인식의 기능에 있는 위기, 장애물, 단절을 해결하거나 덜어 주거나 치유하거나 딛고 일어서게 하는 특별한 능력 같은 것일까?

부부 연구자로서 수십 년 동안 미시건 대학교에서 환경심리학 분야를 공동 연구해 온 레이첼Rachel과 스티븐 캐플런Stephen Kaplan은 최근 우리가 주기적으로 두 종류의 주의attention(주의는 외부의 자극에 의해 작동되는 비자발적 주의와 본인의 의지와 의도에 의해 작동되는 자발적 주의로 나뉜다. 자발적 주의가 여기서 말하는 '유도된 주의directed attention'다—옮긴이) 사이를 오간다는 견해를 내놓았다. 그중 유도된 주의는 사용하려면 많은 노력이 필요하며, 그 결과 일찍 지치기 때문에 그렇게 두 가지 주의 사이를 왔다 갔다 할 필요가 있다.

유도된 주의란 바깥세상과 차단되어 좁게 초점을 맞춘 자각을 뜻하는 캐플런 부부의 용어다. 이는 우리에게 익숙한 것이자 우리가 빈틈없이 집중할 때 신뢰하는 장치다. 유도된 주의는 충분한 기능을 못 하는 상태에서는 캐플런이 말한 '유도된 주의 피로'라는 상태로 이어진다. 그리하여 전면적인 비용을 소모하면서 "개인의 경쟁력을 여러 면에서 손상"시킨다. 캐플런은 유도된 주의 피로가 일반화되었다고 생각한다. 스티븐 캐플런이 2002년에 발표한 논문 「도시의 숲이 주는 숨겨진 이로움Some Hidden Benefits of the Urban Forest」에서는 유도된 주의 피로의 가능성을 요약하면서 "유도된 주의 피로를 느끼는 개인들은 산만해지기 쉽고 제 기능을 못하며 충동적이거나 짜증을 잘 내는 성향을 보인다"고 한다. 이는 시차에서 오는 증상과 놀랄 만큼 비슷하게 보인다.

캐플런 부부가 그 치료법으로 개발한 '주의 복구 이론Attention Restoration Theory, ART'은 마음이 집중을 유지하기 위해 대안을 찾아낼 수 있다면 유도된 주의가 원기를 회복할 수 있다고 제안한다. 이들이 '매혹Fascination('비자발적 주의'라고도 부른다—옮긴이)'이라고 이름 붙인 또 다른 주의는 피로를 물리치고 의도적으로 인도하거나 조작하거나 자극할 필요 없이 스스로 움직이기 때문에 쉽게 얻을 수 있다. 마치 자유롭게 풀어 놓은 말과 고삐와 박차로 늘 통제해야 하는 말의 차이와 같다. 그런데 이 말들을 어떻게 바꿔 탈까? 캐플런 부부는 '매혹'은 특정한 환경에서는 아주 마음 편하게 느껴진다고 한다. 예를 들어 도시 숲과 같은 자연적인 장소는 에너지원으로서 매혹을 불러내거나 이끌어낼 수 있다. 또한 세부 사항의 풍부함과 복잡함이 축적되었거나 개발되어 완전히 다른 세상을 구성하는 듯한 '원기를 회복시키는 환경'도 매혹을 이끌어낸다. 스티븐 캐플런은 원기를 회복시키는 환경이 "사람이 자리 잡을 수 있고 볼거리, 생각할 거리, 경험할 거리들이 충분히 있어서 머릿속 여유 공간을 차지할 경우" 최상의 효과를 낸다고 한다(미국의 미시건 대학교와 영국의 에식스 대학교의 병행 연구에서는 '녹색 공간', 그리고 시골에서 도보 여행을 하거나 자전거를 타는 것 같은 '녹색 운동'이 혈압을 낮추는 등 건강 개선책으로 이어진다고 본다).

비록 사용하는 용어와 세부 사항들이 다르지만, 캐플런의 이야기와 내가 깊은 여행이라고 부르는 더 큰 자각은 공통되는 부분이 있다. 이 자각은 구슬리거나 꾀어내지 않아도 거의 자동적으로 마음의 전면에 나타나는 장소로 사람들을 데리고 간다. 스티븐 캐플런은 어느 인터뷰에서 이렇게 말했다. "당신이 주의가 자동적으로 작동하는 환경을 찾을 수 있다면 유도된 주의에 휴식을 주는 것이다. 그것은 강한 매혹이 있는 환경이라는 뜻이다."

주의력 복구 이론은 복구 과정이 얼마나 걸리는지에 대해서는 분명히 다루지 않는다. 하지만 추정컨대 캐플런의 매혹은 부주의한 방해를 받거나 강제로 쫓겨나지 않는 한, 유도된 주의가 충분히 활력을 되찾고 재충전되어 다시 작동을 재개할 때까지 우세한 위치를 차지하다가 물러난다. 이것은 마치 잠자고 깨어나는 주기와도 비슷하게 들리는데, 다만 주의력 복구는 이미 말짱하게 깨어 있는 상태에서 나타난다는 점만 다르다.

나는 캐플런이 발견한 것과 우리의 더 큰 자각이 오가는 것을 이어 맞추는 다른 증거들을 검토하면서, 영리하고 유용하면서도 대부분 인정받지 못하는 재능에 대해 상상해 보기 시작했다. 그 재능은 뒷전에 물러나 있고 공개적으로 나타나는 때가 드물며, 대개의 경우 다양한 정신적 장치나 자각의 기능을 강제로 뒷받침하거나 완성시키고, 또한 주인이 마음대로 부릴 수 있다. '거의 신데렐라 이야기 같군.' 나는 나도 모르게 중얼거렸다. 이 생각은 제프 워렌Jeff Warren이 2007년에 펴낸『심리 탐색: 의식의 수레바퀴에서의 모험The Head Trip: Adventures on the Wheel of Consciousness』(이 책은 하루 24시간 동안 마음의 독특한 12가지 상태를 회전식 원형 보드에 표시해서 설명한다—옮긴이)의 마지막 페이지를 다시 읽고 난 후 더욱 선명해졌다.

워렌은 캐나다 국영 방송국의 방송협회 라디오 프로듀서인데, 인정된 의식의 형태에 대해 최신 정보에 근거한 과학적 성과들을 모으고 이해하는 데 몇 년을 바쳤다. 그는 연구 결과를 요약하고 의식이 어떻게 조직되는지를 보여 주는 도표를 그리는 동안, 불확실성의 바다에서 알아볼 수 있는 얼마 되지 않는 섬들 중 하나로 여겨졌던 것, 즉 '표준적인 깨어 있는 상태' 혹은 '통상적인 깨어 있는 의식'이라는 용어가 이 도표에는 더 이상 포함될 수 없다는 점을 깨달았다. 워렌은 "엄격하게 경계가 정해진 의식의 상태"가 없기 때문에 그 용어가 유효하지 않다고 말한다. 그런데도 우리가 알아볼 정도로 강하게 나타나는 이유는 그것이

"의식의 극단적인 경향들"에 가깝기 때문이다. 그러나 그보다 더 구체적인 이유가 있다.

> 통상적인 깨어 있는 의식이 이 새로운 도표에 없는 이유는 통상적인 깨어 있는 의식이란 것 자체가 존재하지 않기 때문이다. 의식은 말 그대로 도표 전체에 걸쳐 있다. 깨어 있는 의식은 끊임없이 유입된다. 그것은 '빈틈없이 깨어 있는 마음Mindfulness, 행동에 몰두하기, 반추rumination(되새김질이라는 뜻으로, 심리학에서는 고민거리에 대응하는 방법으로서 반복적으로 그것에 대한 생각에 집중하는 것을 의미한다. 대개의 경우 우울하거나 불쾌한 감정을 연장시킨다-옮긴이)에서 벗어나기'가 혼합된 것으로, 때로 이 중 하나에 깊이 빠지기도 하지만 세 가지 전부가 겹치고 합쳐지는 경우가 더 흔하다.

다른 용어가 또 나왔다. '빈틈없이 깨어 있는 마음', 그리고 워렌의 책 다른 부분에 나오는 '감각 운동 리듬Sensorimotor Rhythm(줄여서 SMR. SMR 파는 완전히 집중한 상태일 때 나타나는 뇌파다-옮긴이)'이라는 말은 워렌이 기록했듯이 더 큰 자각을 의미한다. 이는 간단히 '깊은 여행'으로 부를 수 있다. 워렌은 토론토 근처의 한 병원에서 연구의 일부로 뉴로피드백 주의력 훈련(뇌파 훈련 게임, 신호음을 병행한 비디오게임과 여러 시각적인 장치로 구성되어 있다. 뇌파를 측정하는 센서를 두피 및 양쪽 귀에 부착한 상태로 컴퓨터 화면을 보면서 여러 가지 프로그램을 수행하며 뇌파를 조절해 스스로 병을 치유하는 훈련이다-옮긴이)을 받으면서 자각이 어떻게 자기 마음에 나타났는지 설명했다. 그는 신체의 움직임과 연관된 대뇌피질의 일부인 감각 운동 영역에 의해 "아주 독특한 방추상紡錘狀의 파동"을 나타내는 감각 운동 리듬이 증가하는 것은 주의력 결핍 장애ADD를 가진 사람들이 긴장을 풀고 빈틈없이 정신을 차리면서도 조용히 있도록 돕는 것과 같다고 한다.

바로 이런 방법으로 집중력을 기를 수 있다. 워렌이 읽은 보고서에 나오는 한 음악과 학생은 감각 운동 리듬 훈련이 마치 공연 전에 기대감을 느끼는 것과 공연 후 긴장이 풀리는 것 사이의 긴장감과도 같다고 설명했다. "이 두 지점은 왜 그런지 모르지만 하나의 확장된 순간에 합쳐지며, 그 학생의 말을 빌리면 '마음이 숨을 돌리도록' 해 준다." 워렌은 40대 여성인 어느 임상 강의반 졸업생에게 감각 운동 리듬에 변화를 주기 위해 무엇을 했느냐고 물었는데, 그녀는 이렇게 대답했다. "글쎄요, 아주 간단하게 들리겠지만 저는 기본적으로 그저 그 순간, 그것에 대한 모든 것을 긍정적으로 경험하려고 노력했어요. 그 순간을 즐긴 거죠."

그 두 사람은 즉시 혹은 잠깐 동안이지만 더 많은 시간을 누렸다. 이제는 워렌이 시도해 볼 차례였다. 이전에도 몇 번 시도해 봤지만 결정적인 경험은 없었던 터였다. "뭔가 딸깍 하는 것 같더니" 권태나 졸림이나 기대마저도 사라졌다. "불현듯 시점이 변하면서 나는 더 이상 컴퓨터 모니터를 보는 게 아니라 더 큰 순간을 관찰하고 있었다. 주변 시야로 방 전체를 보면서 컴퓨터 하드드라이브가 돌아가는 소리를 듣고 공기가 허파에 들어가는 것을 느꼈다. 이 순간에는 어떤 세세한 감각도 더 중요하게 여겨지지 않았다. 모든 것이, 심지어 컴퓨터가 삑삑거리는 소리까지도 똑같이 매혹적이고 질감이 느껴졌으며 마음을 편안하게 해 주었다."

비약적 발전을 경험한 그날 오후, 워렌은 다시 EEGElectroencephalogram(뇌전도 검사 혹은 뇌파도. 뇌의 전기적 활동을 기록하는 검사로 머리의 바깥쪽 피부에 금속 전극을 부착해 전기적 활동성을 뇌파 형태로 변환시킨다—옮긴이) 기계로 자신의 뇌파 활동을 관찰했다. 이번에는 그의 감각 운동 리듬의 파동이 갑작스레 꺾여 올라갔다. 그러나 기계는 워렌이 무엇을 했기에, 혹은 무슨 느낌을 받았기에 뇌파가 그렇게 나타났는지 기록하지 못했다. 그는 『심리 탐색』에서 그때의 일을 다음과 같이 설명했다.

나는 일부러 아무것에도 집중하지 않았지만 방과 그 안에 있는 나를 전체적으로 보기 위해 내 자각의 카메라를 상하좌우로 돌렸다. 컴퓨터의 냉각팬이 윙윙 소리를 낼 것이고, 나는 미소를 짓고는 '이건 순간이 내는 소리야'라고 생각할 것이다. 다음 순간에는 무슨 일이 일어날까? 나는 내가 확실히 모른다는 사실을 알아차렸다. 오글거리게 들리겠지만 시간이 더 길게 연장되는 동안 나는 은밀한 짜릿함이 느껴진다는 것을 깨달았다. 나는 느긋하기도 했고 신경을 곤두세우고 있기도 했지만 가장 중요한 것은 그것을 받아들이고 있었다는 점이다. 내 감각 운동 리듬은 서서히 기어올랐다. … 효과가 있었다. '바로 이거야, 이 명료함이 그 사람들이 말하던 바로 그거야.' 너무도 단순했지만 내가 보통 때 경험했던 수박 겉핥기식의 마음의 작용과는 질적으로 달랐다.

그 기분은 집으로 오는 내내 내게 머물렀다. 사무실 문을 나서서 차가운 밤공기 속으로 나오자 차들이 달리는 소리가 아주 크게 들렸다. 가로등마다 전등 둘레에 둥근 빛 무리가 굴절되어 밝은 무지갯빛으로 보였다. 모든 것이 워낙 생생하게 느껴져서 어지러웠다. 올더스 헉슬리가 환각제를 먹고 했던 유명한 말이 생각났다. "이것이야말로 사람이 반드시 봐야 하는 사물의 진짜 모습이다."

만일 워렌의 감각 운동 리듬이 더 큰 자각을 묘사하는 하나의 방법이었다면 그의 몰두 행위는 초점을 맞춘 집중을 나타낸다. 반면 '반추에서 벗어나기'는 백일몽의 또 다른 이름이다. 워렌은 때때로 감각 운동 리듬 대신 '깨어 있는 마음'이라는 말을 썼는데, 이는 불교에서 빌려온 용어다. 그는 명상법을 연구한 후 "깨어 있는 마음은 감각 운동 리듬과 같다. 사실 똑같은 것을 다르게 말하는 것과 같다"고 했다(여기서 '깨어 있는 마음Mindfulness'은 'Sati'라는 불교 용어를 영어로 번역한 것이다. 불교학자들은 이를 '생각念'으로 번역한다. 또한 이 말은 마음챙김, 있는 그대로 쳐다보기 등으로 번역된다. '지금 여기, 현재에 대한 주의 집중, 분명한 알아차림, 충분히 깨어 있음, 주의 깊음' 혹은 '현재의 변화하는 모든 것을 관찰하는 힘'을 의미한다—옮긴이).

이 세 가지 상태(경향)는 분명 밀접하게 관련되어 있으며 단단하게 연결되어 있고 같은 힘이나 원천에서 갈라져 나온 가지들 혹은 양상들로 나타난다. 이것을 전통적인 신화나 이야기의 비유로 바꿔, 한 집안에 사는 '세 자매 이야기'라고 해도 될까? 더욱 인상적인 것은 이 세 가지 경향을 둘러싸고 있는 상황이 사람들에 의해 마련되었다는 점이다. 세 가지 중에서 집중과 백일몽은 매일 집을 떠난다. 이는 그 두 가지가 우리와 사람들의 내부에 있다는 것을 우리가 쉽게 알아차린다는 뜻이다. 감각 운동 리듬은 숨어 있다.

먼저 언급한 두 가지는 현대 사회에 워낙 잘 알려진 것으로, 오래전 그 가치가 확정된 바 있다. 그 결과 한 가지는 찬양을 받고 다른 하나는 비난을 받고 있다. 예를 들면 어린이들이 받는 초등교육 과정과 중등교육 과정은 이 두 가지 정신적 경향을 새로운 형태로 고치고 훈련하는 과정으로 여겨진다. '멍한 마음가짐(백일몽)'은 체계적으로 억압하고 폄하하는 반면 집중하는 습관은 정성들여 주입시키고 그에 따른 보상을 해야 하는 것으로 생각된다. 따라서 어린이들은 학년이 올라갈 때마다 목표를 향해 오랫동안 집중을 유지하는 법, 집중력을 쓸모 있는 일에 적용하는 법을 배운다. 한편 세 번째 자각, 즉 감각 운동 리듬은 알려져 있는 것이 거의 없고 방치되어 있어서 가족 중에서도 의붓자식이나 이복 자매로 잘못 판단하기가 쉽다.

만일 당신이 이 세 가지를 한 세트로 묶어 우화 같은 것으로 설명하는 과제를 맡는다면, 그래서 당신의 설명이 여러 세대를 거치면서 고스란히 전달되고 전문성이 없는 사람에게도 전달되도록 해야 한다면 과연 어떤 이야기를 고안해야 할까? 여러 옛이야기들에는 세 자매나 세 형제가 나오는 경우가 많지만, 세 동기 중에서 두 명이 한 명을 미워하고 구박하는 이야기는 내가 알기로는 하나밖에 없다. 나는 『신데렐라』가 앞서 『헨젤과 그레텔』처럼 꼼꼼하게 읽으면 깊은 여행에 대한 또 다른 옛날이야기가 되지 않을까 생각했다. 아주 오래전부터 평가절하되었고 인기가 없어서 다른 인기 있는 식구들의 멸시를 받던 한 식구처럼, 어느 시기에 하찮은 일을 떠맡은 자각의 본질에 대해 우리의 조상들이 미래로 보내 준 메시지가 아닐까 하고 말이다.

이드리스 샤는 『세계의 민담』에 쓰려고 수집한 알곤킨 족(원래 캐나다의 오타와 강 연안과 세인트로렌스 강 북부 지류에 따라 살고 있었던 북아메리카 인디언—옮긴이)의 이야기를 소개하면서, 『신데렐라』가 "가장 생명력이 긴 이야기들 중의 하나"라고 말했다. 처녀와 왕자가 모두 '매우 깊은 지금'에 관련되는, 훨씬 더 중요한 특성과 역량을 지니고 있다는 것이다. 알곤킨 족의 이야기로 변형된 이야기에서 『신데렐라』의 왕자에 해당하는 '보이지 않는 자'는 미크맥 인디언(알곤킨 족 인디언의 한 종족—옮긴이)이 사는 커다란 호숫가 마을의 변두리에서 누나와 함께 조용하게 살고 있었다. "그를 볼 수 있는 처녀라면 그와 결혼하리라는 것을 마을 사람들은 다 알고 있었다."

아니나 다를까, 마을에는 홀아비인 아버지와 세 딸도 살고 있었다. 세 딸 중 두 언니는 '보이지 않는 자'를 볼 수 없었다. 그리고 마을에 있는 처녀들 대부분이 한두 번은 그가 보이는지 이미 시도해 보았다. "처녀들은 그가 진짜 사람이라고 확신할 수 있었다. 그가 모카신을 벗자 신발이 보였으며 그의 누나가 그 신발을 들어 올리는 것이 보였기 때문이다. 그러나 그것 말고는 아무것도 볼 수 없었다." 그런데도 처녀들은 그가 사냥을 마치고 호수로 돌아오면 그를 보았던 척했다. 심지어 누가 물으면 생가죽으로 된 어깨끈 등 그가 입거나 들고 있을 것으로 상상되는 물건들을 자세히 이야기하곤 했다.

세 딸 중 막내인 우지기스크Oochigeaskw(험한 얼굴. 흉터 난 얼굴, 덴 자국 있는 얼굴로도 풀이된다. 막내는 두 언니들 때문에 불을 피우다가 불타는 나뭇가지에 얼굴과 양손, 양팔에 화상을 입었다—옮긴이)가 어느 날 저녁에 밖에 나가자 '보이지 않는 자'의 누나가 친절하게 대해 주었다. "이 고결한 여인은 다른 사람들이 모두 아는 겉모습에 머물지 않고 훨씬 더 많은 것을 이해했기 때문이다." 보이지 않는 자가 집에 거의 다 와 가는 때였다.

"너는 그가 보이느냐?" 보이지 않는 자의 누나가 물었다.

"보여요. 그분은 멋져요!" 우지기스크가 말했다.

누나가 물었다. "그의 썰매 끈은 무엇이냐?"

소녀가 대답했다. "무지개입니다."

"그러면 동생아, 그의 활시위는 무엇이냐?"

"영혼의 길, 은하수입니다."

"그럼 너는 그를 보았구나." 누나가 말했다.

곧 보이지 않는 자가 집에 들어왔다. "무서우면서도 아름다운 그"는 싱긋 웃고는 이렇게 말했다. "그럼 우리의 정체가 밝혀진 거로군."

9장

루시에서 달까지

지난 10년간 뇌 연구가들은 백일몽을 재발견했고, 따라서 그동안 많은 멸시를 견뎌야 했던 백일몽도 곧 구원을 받을 것이다. 미네소타 대학교 심리학과 명예교수인 에릭 클링거Eric Klinger의 말에 따르면, 1950년대만 해도 심리학자들은 백일몽이 신경증을 일으킬 수 있고 심지어 정신병으로까지 이어질 수 있다고 부모들에게 경고했다. 미국의 철학자 윌리엄 제임스는 백일몽을 '의식의 흐름'이라 불렀다(의식의 흐름은 제임스가 처음으로 심리학에 도입한 개념이다-옮긴이).

통제되지 않고 의도하지 않은 생각, 혹은 끊임없이 잡생각을 하며 이리저리 떠도는 마음, 혹은 줄줄이 이어지는 생각으로도 알려진 백일몽은 그것과 자매 관계에 있는 '초점을 맞춘 집중'과 기본적인 특징을 공유한다. 둘 다 외부에서 일어나는 일들과는 단절되어 있다. 몇 가지 통계에 따르면 백일몽은 우리가 깨어 있는 시간의 30~40%를 차지한다고 한다. 워낙 불쑥불쑥 나타나기 때문에 컬럼비아 비즈니스 스쿨의 말리아 메이슨Malia Mason 같은 심리학자는 "목표 지향적 사고를 하는 기간이 툭하면 끼어들기는" 하지만 백일몽을 낮 동안의 지배적인 상태로 봐야 한다는 의견을 최근 내놓았다.

가장 놀라운 뉴스는 워싱턴 대학교의 두 신경과학자에게서 나왔다. 백일몽과 관련된 두뇌 활동을 연구해 온 마커스 라이클Marcus Raichle과 고든 슐먼Gordon Shulman은 2001년 한 논문에서 "쉬고 있는 두뇌"는 실제로는 다양한 두뇌 영역에서 일어나는 엄청난 양의 활동과 관련되어 있으며 정신을 집중하자마자 사라진다고 발표했다. 슐먼은 "이전에는 설명되지 않았던 신경망이 있었다"고 말했다. 두 사람은 그것에 두뇌의 '디폴트 모드(기본 상태)'라는 이름을 붙였다. 《뉴 사이언티스트》의 커버스토리에서는 이 새로운 백일몽의 신경 역동을 "바로 우리 눈앞에 있으면서도 수십 년간 숨겨져 있었던 두뇌 안의 주요 시스템, 인체 장기 안의 장기"라고 설명했다. 라이클과 슐먼의 동료인 위스콘신 대학교의 신경과학자 줄리오 토노니Giulio Tononi는 그들의 작업에서 가장 중요한 점에 대해 이렇게 말했다. "두뇌에서 새로운 기능을 하는 시스템이 밝혀지는 것은 그리 흔한 일이 아니다. 사실 오랫동안 일어나지 않았던 일이다. 마치 신대륙을 발견한 것이나 마찬가지다."

이 신대륙의 목적과 용도는 무엇일까? 아직 알려져 있지 않지만, 백일몽은 상상력과 창작력에 의존하는 과정뿐만 아니라 마음이 이전에 받은 인상들을 정리해서 기억해야 할 것과 이해의 영역에 편입할 것을 결정하는 시기와도 관련되어 있을 수 있다. 메이슨은 "우리가 지금, 여기에 못 박혀 있지 않기에 … [백일몽은] 한 사람의 과거, 현재, 미래의 경험에 일관성을 부여하는 자연 발생적인 정신적 시간 여행"을 할 기회인지도 모른다고 말한다. 《뉴 사이언티스트》의 더글러스 폭스Douglas Fox는 기사에 "백일몽은 두뇌가 어떤 생각에 사로잡혀 있지 않을 때 활성화되며, 아주 치열하게 활동하면서 고동치는 심장보다 더 많은 산소를 먹어 치운다"고 썼다.

그러면 신데렐라는 어땠을까? '신데렐라', '깨어 있는 마음', '감각 운동 리듬'이 깊은 여행의 다른 이름으로 추가된다면, 이것들은 더 큰 자각의 기원이나 그 자각이 계속 무시되었던 이유를 알려 주는가? UCLA 명예교수이자 수면 연구가인 모리스 스터먼Maurice Sterman은 1965년에 실험을 통해 감각 운동 리듬이 사람이 아니라 고양이에게서 관찰된다는 사실을 밝혀냈다. 이는 우리 인간의 능력이 지금은 옛이야기가 된 포유류 조상에게서 물려받아 잘 확립된 것이라는 사실을 시사하는지도 모른다. 어떤 통계에 따르면 인간과 개, 고양이 같은 육식동물의 마지막 공통된 조상은 6000년 전에 살았다고 한다. 스터먼은 문제의 고양이들에게 지나치게 힘든 과제를 수행하게 하면 고양이들이 잠들 수 있다는 가설을 세웠다. 그 과제는 고양이들이 보상을 기다려야 하는 종류로, 고양이들은 신호음이 울리지 않은 후에 지레를 눌러야 닭고기 수프를 먹을 수 있었다. 워렌은 『심리 탐색』에서 그 실험에 대해 이렇게 설명한다.

> 그렇지만 고양이들은 잠들지 않았다. 대신 고양이들은 기대감에 차서 경계를 멈추지 않은 채 신호음이 울리지 않을 때까지 꼼짝하지 않고 기

다렸다. … 스터먼은 이 기대하는 상태가 이런 맥락에서는 본 적이 없는 EEG(뇌파도) 신호와 동반되는 것을 보고 놀랐다. 매우 특수하고 규칙적인 방추상 뇌파가 고양이의 머리에 붙인 EEG 전극 바로 아래의 감각 운동 피질에 집중되어 나타났던 것이다. 스터먼은 그때를 이렇게 회상한다. "매혹적이었다. 전에는 이런 EEG 리듬을 본 적이 없었으며 어떤 문헌에서도 보고되지 않았다." 그는 그것을 감각 운동 리듬, 즉 SMR이라고 이름 붙였다.

뉴로피드백과 스터먼의 작업에 대한 책 『뇌 속의 교향악: 새로운 뇌파 바이오피드백의 발전A Symphony in the Brain: The Evolution of the New Brain Wave Biofeedback』을 쓴 과학 저널리스트 짐 로빈스Jim Robbins는 고양이의 경계 태세에 대해 "집고양이가 자기가 덮칠 만한 거리 안에 새가 다가오기를 기다리며 눈을 내리깔고 짐짓 무심한 척 기다리는 것 같다"고 했다. 스터먼은 워렌과 인터뷰하면서 이렇게 꼼짝 않고 경계하는 태도가 감각 운동 시스템이 대기하는 상태, 일종의 정지 버튼이라고 했다. 근래에 내가 워렌에게 전화를 했을 때, 그는 자신의 감각 운동 리듬 경험을 특이한 종류의 '가능성들의 현재성'이 나타나는 순간과 유사한 것으로 본다고 말했다. "그러면 다음 할 일에 대해 평가할 준비가 완벽하게 끝난다. 이는 하루라는 시간에 페르마타(늘임표)가 들어간 것으로 생각할 수 있다. 악곡의 리듬에 끼어들어 시간을 멈추는 페르마타처럼 주위의 어느 음표들보다 더 길게 연주하거나, 가수가 호흡할 시간을 주는 것이다."

만일 감각 운동 리듬이 포식자 포유류가 터득한 후부터 수천 년 동안 대대로 전해지면서 이제는 고양이와 사람 모두에게 존재하게 된 정신적 역량 혹은 경향을 나타낸다면, 이는 인류나 인류의 직계 조상이 도중의 어느 지점에서 적응해서 그때까지는 불완전했던 상황에서 다른 가능성들을 많이 끌어낼 수 있게 해 주었던 형질이었을 것이다. 고양이에게 감각 운동 리듬은 먹이를 좇는 도중의 정지 상태이며, 더 효율적인 사냥이 되도록 욕구 충족이 연기된 상태다. 따라서 이는 고양이의 여행에서 새를 덮치는 것 같은 제1 주안점을 강화하는 것이자 그 목표를 달성하는 기회를 증가시키는 것이기도 하다.

반면 사람들은 때때로 이 정지 상태(페르마타 혹은 확장된 순간)를 광범위한 이해를 얻기 위해 사용할 수 있고, 더러는 이를 통해 인디언 소녀 우지기스크가 지녔던 통찰력에 이를 수도 있다. 때로는 여행의 제2 주안점을 발견하기도 한다. 만일 필요하다면, 도망가는 것도 아니고 싸우는 것도 아닌, 전에는 한 번도 시도해 보지 않았던 제3의 선택을 함으로써 한순간의 결과를 바꿀 수도 있다. 알고는 있지만 아직 시도해 보지 않은 것들의 목록에도 있지 않은 일을 하는 것이다. 만일 효과가 있었다면 뒤돌아보았을 때 그 상황에서는 옳은 행동이었거나, 적어도 재치 있게 해낸 것으로 생각할 수 있는 그런 일이다.

감각 운동 리듬의 '정지 상태'의 확장된 용도에 대해서는 더 탐구할 것이 많다. 지난 몇 년간 내 시선을 끈 것으로, '감각 운동 리듬에 대한 관찰'이라고 이름 붙인 두어 가지를 간단히 살펴보자. 그 두 가지는 도망가느냐 싸우느냐의 문제가 어떤 경우에는 쉽게 분리되지 않으며, 쫓고 쫓기는 것까지 포함한 더 큰 전체의 일부로 여겨야 할 때가 많다고 생각하게 해 주었다. 첫 번째는 회복 탄력성Resilience(심리적 외상이나 위기를 극복하는 능력을 뜻하는 심리학 용어–옮긴이) 전문가인 심리학자 앨 시버트Al

Siebert가 쓴 글이다. 한국전쟁이 끝날 무렵 아직 대학생이었던 그는 공수 보병부대에서 복무하면서 임무 도중에 90명의 부대원을 잃은 부대의 베테랑들에게서 생존 기술을 배웠다. 다음은 시버트의 저서 『생존력: 위기에서 살아남아 삶의 균형을 회복하는 서바이버 자질 매뉴얼』에 소개된 내용이다.

> 훈련을 받는 동안 나는 전투에서 생존한 사람들에게는 항상 '유심히 살피는' 개인적 레이더 같은 것이 있음을 알아차렸다. 그들은 무슨 일이 일어나든, 혹은 어떤 소음이 들리든 퍼뜩 눈길을 돌려 살핀다. 그들은 느긋하면서도 경계 태세가 되어 있다. 나는 그들이 그 어려운 상황에서 살아 돌아왔다는 사실이 행운이나 운명 덕분이 아님을 깨달았다. 그들에게는 상황이 자기에게 유리하도록 만드는 무엇인가가 있었다.

스페인의 철학자 호세 오르테가 이 가세트José Ortega y Gasset가 쓴 『사냥에 대한 명상Meditations on Hunting』에서도 그와 관련된 성찰을 볼 수 있다. 오르테가는 사냥꾼은 자신과 사냥감 모두에게서 싸움과 도망 사이의 균형이 변화하는 것을 예상해야만 성공적인 전사가 된다고 말한다.

> 사냥꾼은 자기가 무슨 일이 일어날지 모른다는 것을 안다. … 그래서 차별화된 뛰어난 주의력을 준비해야 한다. 당연하게 생각되는 것에 집중하지 않고 아무것도 당연하게 생각지 않고 부주의한 상태를 피해야 한다. 이는 '보편적인' 주의력으로서 어느 지점에 국한되지 않고 모든 점에 다 주의를

기울이는 것이다. 여기에 맞는 근사한 용어가 있다. 여전히 활기참과 급박함을 전부 내포하는 말로, 바로 '빈틈없는 경계 태세'라는 말이다. 사냥꾼은 이 경계 태세가 된 사람이다.

분명 인류 발전의 어느 시점에서 감각 운동 리듬과 관련된 가능성들이 변화하고 성장했다는 것이 내 마음에 계속 맴도는 생각이다. 감각 운동 리듬이 사정없는 끈질김에다 정지한 상태를 추가하는 새로운 사냥 기술로 떠오른 후, 어느 시점에서 일종의 변형을 거친 후에 날개 돋친 존재로 나타나 현대의 인간 정신의 독특하고 이례적인 특징인 더 큰 자각이 된다. 우리는 언제 어디서 어떤 구체적인 일이 일어나는지 알 수 있을까? 현재 깊은 여행이라 불리는 것이 우리가 즉시 알아보고 친숙하다고 받아들일 수 있을 형태를 취했을 때, 그 활동이 대대로 사람들의 마음에 계속되는 일부가 되었을 때, 그것이 '우리의 일부' 혹은 '이미 우리 것'인 느낌을 줄 때, 그리고 마이클 노바첵이 『대지』에서 말한 '꽃들의 지금'처럼, 지속되는 내부의 존재들이 다양한 깊은 지금들 덕분에 주변에서 느낄 수 있는 외부 존재와 단번에 비슷한 범위의 존재가 되었을 때, 이 긴 여행에서 전환점이나 돌아갈 수 없는 지점을 표시하는 특별한 이정표가 과연 있었을까? 더 간단히 말해 우리는 하산의 시에 나오는 '등불을 든 아이'의 도전을 받아들일 수 있을까? 그리고 우리 마음의 특별한 면이 처음으로 인간다워진 순간에 대해 아무리 예비 단계이고 임시적이라고 해도 결론을 내릴 수 있을까?

나는 그럴 수 있다는 강한 직감이 든다. 이 경우 등불은 변형되고 다시 시작된 역량의 출발점으로 돌아가는 길을 보여 줄 수 있기 때문이다. 그 길은 사람들이 많이 가지 않은 길이지만 곧게 뻗어 있다. 나는 처음 그 시를 읽었을 때는 생각지 못했지만, 내부의 특성들이 나타나고 사라지는 일에 대한 질문들은 때때로 이 특성의 본질을 꾸준히 바라보는 것만으로 해결될 수 있다는 것이 이 시의 메시지임을 곧 알 수 있었다.

처음에는 논리적으로 보여도 그 특성이 오고 가는 데 너무 집중하면 해결되지 않는다. 그러나 시의 의미 하나를 풀었다는 추상적인 만족감 너머에는 우리 인간의 기원을 더 깊이 탐구하기 위한 뜻밖의 실용적인 제안이 있다. 아마 그것은 단서로 암시될 수도 있지만 그보다는 당신의 귀에 어떻게 들리는가에 달려 있다. 다시 말해 우리가 조사하고 있는 '경계하는 깨어 있는 마음'이 우리에게 그 고유의 이야기를 들려줄 수 있다는 것이다. 혹은 그것이 비추는 빛을 따라갔을 때 우리에게 많은 이야기를 들려준다는 것이다. 그 이유는 이 더 큰 자각이 우리 내부에 있는 힘일 뿐 아니라 우리의 손가락보다 더 우리와 가까이 있기 때문이다. 아니면 이제 우리가 잘 알게 되었듯이, 우리가 그 특유의 맛과 풍미, 직접성, 강렬함, 가망성, 고도의 빈틈없는 경계 태세와 더불어 격렬한 감정과 감각의 형태를 포착했기 때문이기도 하다. 이 더 큰 자각에는 홍차나 커피처럼 분명히 알아볼 수 있는 맛이 있다. 단지 겉핥기로만 존재한다고 해도 마음에 다시 나타나는 그런 맛이다. 우리는 언제 어디서 그 맛을 보게 되든지 간에 금방 알아챌 수 있다.

몇 년 전 어느 날 오후에 나는 뉴욕의 미국 자연사박물관에 있는 축구장 반만 한 길이에 동굴과도 같은 '인류 생활사와 진화 전시관'을 거닐었던 적이 있다(이 전시관은 그 후 광범위하게 다시 설계되어 지금은 앤 & 버나드 스피처의 인류 기원 전시관으로 재개장했다). 그때 나는 우리의 확장된 자각이 나타났을지 모를 과거를 추적하는 '과거로 소급하는 자각'이라는 주제에 도움이 되는 '더 큰 자각 탐지기' 혹은 '미각 시험'을 사용하는 데 대한 실마리를 얻었다. 나는 마치 하우스턴 가에서 메타세쿼이아 나무를 보았을 때와 같은 인상을 받았다. 그곳에는 서서 허리를 굽히지 않고도 350만여 년 전 인류 출현 이전에 살았던 작은 원형종의 실물 크기 모형과 곧바로 눈을 마주칠 수 있는 지점이 있었다.

그 모형은 박물관에서도 유명한 디오라마dioramas(입체 모형)관에 전시되어 있었는데, 디오라마는 사라진 주거지와 생태계의 유물군을 타임캡슐에 넣은 듯 재구성해서 입체로 보여 주는 매혹적인 시설이었다. 미국 자연사박물관은 100년도 더 전에 이 전시 기술을 완성하고는, 당시 박물관 큐레이터들에게 인기 있었던 박제 동물과 골동품들을 되는 대로 쌓아 놓았던 유리 진열장을 디오라마로 대체했다. 뒤돌아보면 이 디오라마는 미국 자연사박물관 관장인 엘렌 V. 퍼터Ellen V. Futter가 《뉴욕타임스》 인터뷰에서 말했듯이 가상현실로 가장 빠르게 진출한 것이라 할 수 있다.

디오라마는 스노 볼(반구형인 유리 안에 흰 가루를 넣어 눈 내리는 효과를 내는 장식품—옮긴이)을 반 잘라 놓은 듯한 형태를 하고 있다. 바닥은 구경하는 사람이 서 있는 바닥과 거의 같은 높이이며, 모형은 앞쪽에 전시되어 있다. 뒷벽은 둥글게 곡선을 이루며 올라가 천장과 만나는데 아주 높은 하늘로 지평선까지 이어져 있는 것처럼 보이도록 교묘하게 페인트칠이 되어 있다. 내가 본 디오라마에는 두 사람의 모형이 있었다. 오스트랄로피테쿠스 아파렌시스Australopithecus Afarensis(멸종된 사람 족 종으로, 약 390만 년 전부터 290만 년 전까지 지구상에 생존했다. 많은 오스트랄로피테쿠스 속의 종과 현존하는 사람 속Homo의 공통 조상으로 여겨진다. 에티오피아 아파르 계곡에서 발견되었으며 '루시Lucy'라고 불린다—옮긴이)의 견본 조각상으로 남녀 한 쌍이 전시되어 있었다. 여성은 왼쪽으로 목을 빼고 얼굴을 박물관 방문객들을 향하고 있어서 정면으로 볼 수 있었고, 남성 조각상은 뒤쪽을 바라보고 있었다.

포드 T보다 더 오래된 디오라마는 《뉴욕 타임스》의 글렌 콜린스Glenn Collins가 2003년 '디오라마를 멸종될 운명에서 구해내기'라는 제목의 기사에서 지적했듯이 아직도 효과를 발휘하고 있다. 그리고 미국 자연사박물관 같은 박물관들은 디지털과 홀로그램이 주를 이루는 요즘에도 여전히 수백만 달러를 들여 디오라마를 새로 짓고 보수한다. 그 이유는 디오라마가 사람들의 참여를 유도하기 때문이다.

디오라마는 사람을 유혹한다. 디오라마 자체는 고정되어 있고 정적이지만 사람의 마음이 움직이도록 부추긴다. 사라졌거나 멸종 위기에 있는 '더 넓은 여기들'과 '더 긴 지금'의 폭넓은 전경이 얼핏 나타나 그 색채와 무늬들이 우리에게 말을 거는 것 같다. 물론 우리의 깊은 여행이 지닌 경향만이 적절히 새기고 기록할 수 있는 파장으로 말을 거는 것이다. 혹은 후텁지근한 방의 공기를 신선하게 해 주는 작은 산소 펌프 같다고도 할 수 있다. 마치 덩굴식물의 작은 덩굴손처럼 우리를 잡아당기면서 우리의 자각을 다시 조율할 준비가 되어 있다. 혹은 저녁 식사 때 부엌에서 끓고 있는 소스에서 풍기는 냄새를 한 번 맡고 나면 더욱 식욕이 돋는 것처럼 디오라마는 새로운 미지의 것에 대한 열망을 다시 갖게 해 준다. 이는 여행의 출발 신호를 보내는 발화점이자 여행의 도구를 담당한다. 내 주의를 끌었던 '최초의 인간 조상' 디오라마가 그랬던 것처럼, 당신 역시 디오라마를 보면 적어도 당분간은 이웃집으로 이사한 듯한 기분, 마치 당신만이 보고 느낄 수 있는 4등분의 구 안에 들어간 듯한 기분을 느낄 것이다.

미국 자연사박물관 등은 디오라마의 그와 같은 능력을 더욱 끌어내기 위해 열심히 노력했지만 여전히 이 능력은 대기 상태에 있는 것 같다. 이들 전시물 앞에는 주의를 끌 만한 표시나 특별히 구분한 자리가 없어서 그것이 거기 있다는 것을 아는 방문객들조차도 대부분 우연히 발견하게 된다. 어쨌든 나처럼 현장 학습으로 미국 자연사박물관을 들렀던 뉴욕의 어린 학생들은 다 알고 있으리라. 1951년 처음 출판된 J. D. 샐린저의 『호밀밭의 파수꾼』에는 제2차 세계대전이 발발하기 전 샘에서 물을 마시는 사슴과 얼어붙은 호수에 구멍을 뚫고 얼음낚시를 하는 에스키모의 모형을 전시한 디오라마의 장면이 생생하게 기록되어 있다.

디오라마에 내재된 활력에 대해 박물관 측이 별다른 홍보를 하지 않는 것은 아마도 부주의 탓일 것이다. 어쩌면 '이복 자매를 보는' 듯한 태도가 노출된 것을 알아차리지 못한 때문인지도 모른다. 우리가 일부러 자신의 더 큰 자각에 메시지를 전하고 자각이 나타나도록 꾈 때조차도, 그 일을 먼저 정식으로 인정하기는 내키지 않기 때문이다. 더 크게는 앎과 충동이 아직 충분히 정리되지 않고 복잡하게 소용돌이치고 있기 때문일 것이다. 그리고 디오라마의 앞에 있는 자리는 제프 워렌의 말처럼 끊임없이 흘러드는 깨어 있는 의식 안에서 서로 어울리는, 특별히 무게가 실린 지점인지도 모른다. 결국 디오라마는 한 주제에 대해 구할 수 있는 최고의 과학적 정보를 취합하기 위해 꼼꼼하게 준비된 것이다. 따라서 한곳에 집중한 상태에서 이 전시물을 보는 사람들, 혹은 백일몽 상태에 있다가 문득 집중 상태로 들어가 힘차게 전진하는 사람들은 디오라마가 보여 주는 축적된 사실과 추측들을 단숨에 흡수할 수 있다.

지금까지의 이야기는 다음 이야기를 하기 위해서 풀어 놓은 것이다. 그날 오후 나는 인류생물관에 있을 때 내 마음속에서 움직여 생각의 방향을 바꾸도록 자극했던 것이 디오라마의 힘, 미묘하면서도 주의력을 돌리게 하는 힘의 장임을 인정하고 싶다. 뭐라고 설명하거나 이름을 붙이기 전 뉴욕의 초등학생으로 자라면서 내가 오랫동안 알고 있었고 드나들었던 그 힘의 장이다. 이렇게 인정하는 이유는 그렇지 않으면 내가 발을 멈췄던 그 디오라마의 전시물이 지닌 (주의력을 확장시키는) 힘에 가려질지도 모르기 때문이다. 그것은 여러 가지 혼합된 감정을 느끼게 한다. 그중 가장 중요한 것은 내가 첫걸음을 떼는 아기를 보고 있으면서 동시에 인류의 기나긴 여정(아주 영리한 동물에서 오늘날의 독특한 인간으로 이어지는 여정)이 시작된 시점까지 거슬러 오르는 깊은 지금의 연속체를 보는 것 같았고, 백미러로 지금까지의 이야기를 보는 듯 숨 막히는 느낌을 받았다는 점이다.

그 디오라마는 당시에는 한쪽에 치우쳐 있었지만 새로 개관한 인류 기원관에서는 가운데로 자리가 옮겨졌는데, 현대 들어 가장 눈부신 고생물학적 발견 하나를 묘사하고 있다. 선사 시대의 어느 날 동아프리카 평원에 찍힌 20종 이상의 동물 발자국들을 조심스럽게 노출시킨 것이다. 그 동물들 다수는 현재 멸종된 상태다. 그중에서도 북쪽으로 거의 직선에 가깝게 움직인 듯 찍혀 있는 54개의 인간 발자국이 있다. 그 발자국들은 놀라우리만큼 빠른 시간에 찍힌 것들이며 모두 3600만 년 전 탄자니아의 라에톨리Laetoli(마사이 족의 방언으로 '빨간 백합 잔디'라는 뜻이다)라는 곳에서 찍힌 것이다. 오늘날 그곳에는 영양, 코끼리, 얼룩말들이 돌아다닌다.

발자국이 찍힌 과정은 이렇다. 근처에 있는 사디만 화산에서 가루 모양의 회색 재가 분출되었다. 갑자기 내린 비에 재가 젖은 채 땅에 떨어져서 축축한 시멘트같이 되었다. 우연히 그곳을 지나던 뿔닭, 노래기, 기린, 영양, 원시 코끼리, 원시 말과 새끼 등 온갖 새들과 동물들이 질척해진 땅을 걸어갔다. 그 땅에는 이미 빗방울 몇 개가 떨어져 있었다. 햇빛에 그 발자국과 빗방울 자국이 말랐고 그 후 또다시 구름 같은 재가 떨어져 내렸다. 워낙 빠르게 일어난 일이라 그 후에 내린 비는 그 자국을 씻어내지 못했고 다른 생물들이 자국을 밟아 뭉개거나 흐릿하게 지우지도 못했다. 이렇게 화산재와 가랑비가 예기치 못하게 내리고, 또 그때마다 동물들이 어슬렁거리며 지나가고 뜨거운 햇빛이 비치기가 한 달 정도 몇 번씩 반복되었다. 그러면서 발자국이 찍힌 지층이 몇 겹 형성되었다. 그 지층들은 땅속에서 굳어 돌이 되어서 지워지지 않고 변하지 않았지만 사람들로서는 알 수도 없고 볼 수도 없는 채 남아 있다가

1970년대에 와서야 비바람에 침식되어 일부가 표면으로 드러났다.

1976년 어느 날 저녁 매리 리키Mary Leakey가 이끄는 탐사단의 한 대원이 최초의 인간의 것으로 보이는 발자국을 발견했다. 하루 일과를 마치고 코끼리의 대포알만 한 마른 똥 덩어리를 서로에게 던지며 놀던 중이었다. 이처럼 고대 생물들이 우연히 남긴 눈부신 흔적을 예상치 못하게 발견하는 것을 고생물학자들은 '리키의 행운'이라고 부른다. 당시 유명한 고인류학자였던 리키는 초기의 돌연장을 찾으러 라에톨리로 갔던 참이었다.

인간의 것으로 보이는 발자국은 약간 뭉개진 모습이지만 분명 유인원의 발자국은 아니어서 큰 화제가 되었고 전 세계 신문들이 주요 기사로 뽑기도 했다. 《뉴욕 타임스》는 '선사 시대에 찍힌 인간 같은 생물의 발자국이 발견되다'라는 제목을 뽑았다. 그 발자국들은 발꿈치가 크고 깊이 찍히고(유인원의 발꿈치는 훨씬 작다) 발바닥 한가운데 장심이 둥글며(유인원은 발바닥이 편평하다), 큰 엄지발가락이 나머지 네 발가락과 평행을 이루고 있었다(유인원의 엄지발가락은 인간의 엄지손가락처럼 넓게 벌릴 수 있어서 기어오르거나 물건을 움켜쥘 때 쓸 수 있다. 그래서 나무를 기어오를 때 주먹을 쥔 것 같은 다른 네 발가락들 앞쪽에서 나무를 휘감을 수 있기 때문에 몸을 곧추세운 채로 기어오를 수 있다).

그 발자국들은 다른 종류의 성과도 기록하고 있다. 발자국들은 수평으로 흐르듯 곧장 앞으로 원활하게 이어져 있는데, 직립한 자세에서 두 다리와 두 발을 힘 안 들이고 움직이며 넓은 시골길을 꾸준히 나아간 모습이다. 더 간단히 말하면 '걸어간' 것이다. 사람들이 태어나 한 살쯤 되면 이미 익숙해져서 그 후에는 당연하게 생각하는 동작이다. 또한 유인원들은 몇 살을 먹더라도 결코 할 수 없는 동작이다. 비록 두 발로 짧은 거리를 어색하게 구르는 듯한 걸음걸이로 갈 수는 있겠지만 말이다. 그러나 유인원들은 뛰어오르고 휘두르고 매달리고 기어오르는 등 사람들은 결코 못하거나 부분적으로밖에 못하는 방법으로 이동한다. 혹은 침팬지와 고릴라처럼 관절로 걷기도 하는데, 네 발로 기는 것보다 몸을 좀 더 세워서 손바닥이나 발바닥으로 땅을 디디지 않고 손발을 살짝 주먹 쥐듯 구부려서 관절로 땅을 디딘다.

하지만 라에톨리 평원에 두 발로 걸은 발자국을 남긴 미지의 존재는 뒤뚱뒤뚱 불안정하게 걷거나 어기적거리거나 갈지자로 뒤척이며 이동하지 않았다. 그리고 이 라에톨리 평원을 걸었던 존재는 둘이나 셋으로 알려져 있지만 발자국 근처에서는 유골이 발견되지 않았다. 캘리포니아 대학교의 고인류학자이자 리키 탐사단의 일원이었던 팀 화이트Tim White 교수는 이렇게 말했다. "그 발자국들이 현대의 것과 비슷하다는 점은 확실하다. 그 발자국이 오늘날 캘리포니아 해변의 모래 위에 남겨져 있었다면, 그래서 네 살짜리 아이에게 그것이 무엇이냐고 물었다면 아이는 누가 걸어간 자국이라고 바로 대답할 것이다. 아이는 해변에 있는 다른 수백 개의 발자국과 그것의 차이를 모를 것이고, 우리도 마찬가지다."

라에톨리 평원을 걸었던 존재는 다른 특징들이야 어떻든, 사람과 비슷했든 아니든 유인원들은 하지 못하는 행동을 한 것이다. 결과적으로 그들은 우리와 마찬가지로 '더 이상 유인원이라 할 수 없는' 존재였다. 그리고 그들은 선사 시대를 분류한 방식에 따라 '호미닌hominin(사람 족)'이라는 새로운 이름을 갖게 되었다. 이는 걸러내고 축소시킨 단어로,

침팬지와 고릴라를 별도로 분리하면서(이 둘은 호미니드hominid, 즉 사람과科다) 동시에 그 둘을 더 관계가 먼 오랑우탄과 긴팔원숭이(호미노이드hominoid, 호미노이드 초과超科라 불리는 더 큰 무리다)와 구별한다. 그리고 초점을 좁혀 특별히 인류와 가장 가까운 과科인 한 집단으로 묶는다. 이 집단은 현재의 인류, 즉 호모사피엔스를 포함한 집단으로서 20만 년 전에 현재와 같은 신체 형태를 지닌 종이다(그 후 계속된 인간의 행동과 능력의 변화는 표면상으로는 해부학적 구조가 바뀌지 않은 채 일어났다).

알려진 사실, 추정되는 사실 등을 망라하여 여전히 자료가 축적되고 있는 호미닌 인류의 조상들 중에서 가장 유명한 것은 아마도 루시와 호빗일 것이다. 루시는 320만 년 전에 살았으며 키 1.1m에 직립 보행한 호미닌으로 1974년 에티오피아에서 발견되었다. 정식 명칭은 오스트랄로피테쿠스 아파렌시스이며, 발견 다음 날 밤 탐사단 야영지의 테이프레코더에서 흘러나온 비틀스의 「루시 인 더 스카이 위드 다이아몬드Lucy in the Sky with Diamonds」에서 이름을 따왔다. 호빗은 호모 플로레시엔시스Homo Floresiensis가 정식 명칭이다. 체구가 왜소하며 두 발 보행을 했지만 발바닥이 편평한 호미닌으로 2004년에 유골이 발견되었다. 호빗은 불과 1만 8000년 전까지 혹은 완신세가 시작되기 전까지 인도네시아의 플로레스라는 고립된 섬에서 살았다. 현생 인류는 완신세의 유일한 호미닌이지만 나머지 호미닌들도 우리처럼 600만~700만 년 동안 다양한 시기에 탄생해서 번성했다. 그 기간 동안 호미닌 계열이 호미니드 계열에서 갈라져 나와 오늘날 나무를 기어오르고 관절로 걷는 침팬지와 긴팔원숭이로 이어졌다. 이 두 종은 다른 호미노이드들과 함께 짧은 거리를 갈 때 가끔씩 우발적으로 두 발 보행을 한다.

미국 자연사박물관의 라에톨리 디오라마를 구성하는 요소들 중에서 고유의 마법을 뿜어내는 또 다른 것에 대해 몇 마디 해야겠다. 그것은 바로 평원을 지나가면서 남긴 발자국들로, 세월이 갈수록 더 큰 영향력으로 우리의 마음을 끄는 것 같다. 이는 인간의 발자국에만 그치지 않고 동물들이 이동한 뒤 남은 온갖 종류의 흔적들, 그들이 밟아서 난 길들이 전부 그렇다.

'깊은 지금'을 여는 것과 같이, 발자국들을 바라보거나 때로는 그저 발자국 사진들만 보아도 시간의 문 같은 것이 작동한다. 하지만 이것은 더 큰 자각이 다른 모습으로 나타나는 것이다. 발자국들은 그들 고유의 한층 광대한 시간의 범위를 넘어 우리와 우연히 만날 능력이 있는 듯 갑작스러운 면이 있다. 발자국들은 과거 시대를 우리 시대에 연결하기 위해 한 번에 길게 현재를 연장하기보다는, 시간의 흐름에 대한 우리의 감각을 짧게 끊고 녹여버리다시피 해서 시간을 융합시킬 수 있다. 내 생각에는 발자국들이 이런 극도의 빠른 연결을 하는 것 같다. 헨리 워즈워스 롱펠로Henry Wadsworth Longfellow가 불멸의 자취를 만드는 방법에 대해 자신 있게 설파한 것과는 반대로("위인들의 생애가 모두 말해 주노니/우리도 장엄한 인생을 이룰 수 있고/이 세상 떠날 때는 시간의 모래 위에/발자국은 남길 수 있음을." 「인생 찬가A Psalm of Life」 중에서), 발자국들과 밟아서 난 길들은 너무도 일시적이어서 우리는 무의식적으로 그것을 수증기나 구름, 안개, 연기와 함께 모호한 것, 도깨비불 같은 것, 즉시 쇠퇴하고 빠르게 지워지는 '반감기'의 영역에 포함시키기 때문이다.

그러므로 어느 시대의 것이든 잘 보존된 발자국을 보면 우리는 반사적으로 바로 조금 전에 땅에 나타난 것 같은 느낌을 받는다. 또한 놀라움 비슷한 감정으로 그곳에 우리만 존재하는 것이 아니라는 사실을 깨닫는다. 우리 앞에 있는 발자국이 새로 새겨진 것처럼 보이고 실물 같을 때, 우리는 나머지 감각들도 깨어나기를 기대하면서 이 길을 걸어온 존재의 기미를 포착하거나 들으려고 노력한다. 나아가 그 발자국들이 가까운 곳을 금방 지나간 뭔가가 남긴 것 같다고 정리하게 된다.

우리가 보통 현재라고 받아들이는 것의 지속 기간과 범위에 대해 앞서 윌리엄 제임스가 한 말이 맞는다면, 다시 말해 현재가 기껏 1분 정도에 지나지 않는 시간의 단위이며 "배의 머리 쪽인 이물과 뒤쪽인 고물, 전방과 후방을 볼 수 있는 끝부분이 있는" 작은 배 모양이고 그 핵심은 "방금 지나간 10초 전후"라면, 금방 찍힌 것 같은 발자국은 작은 배가 지나가면서 세차게 밀어낸 자취처럼 우리의 바로 뒤에 있는 새로운 것이다. 5억 년 전 동물들이 육지에 나타나서 이동하고 밟아 길이 생기자마자 흔적이 남기 시작했다. 캐나다 온타리오의 어느 채석장에는 2~3cm 정도에 여덟 쌍의 다리가 있는 곤충 같은 딱딱한 껍질을 한 생물이 기어간 흔적이 보존되어 있다.

다른 발자국이나 지나간 자취들도 옛날의 순간을 일별하게 해준다. 그 순간은 우리의 자각이 생생하고 기이한 사건들로 향하도록 그 범위를 넓혀, 이를테면 타조만 한 크기에 헤엄을 치는 미지의 공룡이 물속에서 뛰어올랐다가 사라지는 모습 등을 볼 수 있다. 그 미지의 공룡이 남긴 발자국은 공룡이 1억 6500만 년 전 와이오밍과 콜로라도를 뒤덮었다가 사라진 얕은 선댄스 해(당시 북극해에서 현재의 캐나다 서부를 거쳐 미국 중서부로 흘러든 바다. 고지대가 서쪽으로 융기하면서 사라졌다-옮긴이)의 모래 해안을 발로 밀어내며 출발했음을 알려 준다(그 공룡이 일렬로 남긴 발자국을 보면 처음에는 발가락이 셋인 전체 발자국이 있고, 다음에는 발의 앞쪽 반만, 그다음에는 발가락들만 보이다가 마지막에는 이내 물속으로 들어간 듯 발톱 자국만 남아 있다).

남아프리카공화국 케이프타운 대학교의 고고학자 데이비드 브라운 David Braun은 두 번째로 오래된 호미닌의 발자국을 발견하는 데 한몫했다. 그는 케냐 동북부의 투르카나 호수 근처에서 150만 년 전의 호모 에렉투스(직립 원인)가 지나간 짧은 자국 네 개를 발견했을 때 그런 느낌을 받았다. "이 발자국들을 발굴하는 것을 보고 있는 동안 불현듯 내가 20분 전에 밟아 만든 자국을 보는 듯한 느낌이 들어 오싹했다."

분명 매리 리키도 이 특별한 느낌을 받았을 것이다. 그녀는 라에톨리 평원의 발자국에 대해 몇 년 동안 말하고 글을 쓰면서, 발자국이 끝나 가는 지점에 체구가 작은 호미닌이 잠시 걸음을 멈춘 듯한 발자국 모습을 주목하며 몇 번이고 설명했다. "마치 그녀가 자기 왼쪽에서 무엇을 보았거나 듣고는 몸을 돌려 자세히 들여다보는 듯했다. … 이 동작은 너무도 강렬하게 인간적이며 시간을 초월한다. 그 옛날의 조상이 나나 당신처럼 뭔가 의심스러운 순간을 경험했던 것이다."

그러나 라에톨리의 발자국들에는 그와 겹쳐지는 또 다른 공명 대상이 있다. 1978년 세상에 발표된 라에톨리의 발자국보다 9년 앞서 역사

상 가장 유명한 발자국, 인간이 만든 33cm 길이의 우주 부츠 자국이 달 표면의 가루 같은 회색 먼지에 찍혀 텔레비전 생중계로 방송되었다. 이 장면은 큰 감동을 주었다. 인류 최초로 달에 발을 디딘 닐 암스트롱은 "이것은 한 인간의 작은 걸음에 불과하지만, 인류를 위한 거대한 도약이다"라는 말로 그 발자국들에게 불후의 명성을 안겨 주었다. 달에는 바람도 불지 않고 비도 내리지 않기 때문에 그 발자국들은 아직 그대로다. 또한 그 발자국은 라에톨리의 발자국과 거리로는 약 4억 km, 햇수로는 360만 년 떨어져 있다. 라에톨리의 발자국이 발견되면서 달에 찍힌 발자국은 지구 표면을 디딘 첫걸음에서 지구 밖을 디딘 첫걸음까지의 인류의 이야기를 함께 묶어 주는 듯했다.

처음 라에톨리 디오라마를 보았을 때 내 눈앞에 떠오르는 듯했던 것이 바로 이 전체적인 여정이었다. 추측건대 그곳 어딘가에서 발걸음이 이어지면서 우리의 더 큰 자각의 빛이 더욱 밝고 강렬하게 타올랐을 것이다. 비록 디오라마가 이 양쪽 끝을 단정하게 받치기에는 더 이상 맞지 않았지만 말이다. 2003년 NASA에서는 바퀴 여섯 개가 달린 탐사로봇 스피릿 호와 오퍼튜니티 호를 화성에 보냈다. 이 탐사로봇들은 수천만 km가 떨어진 화성의 표면에서 느리고 꼼꼼하게 탐험을 하면서 불그레한 타이어 자국들을 남겨 가며 지구에 고해상도의 총천연색 사진을 전송했다. 첫 5년 동안 각각 화성의 반대편에 착륙한 탐사로봇들은 한 대가 모래에 박혀 움직이지 못할 때까지 20km를 이동하며 모든 이야기를 전해 주었다. 이들은 움직일 때는 최고 속도로 시속 180m를 갈 수 있지만 10초마다 멈춰 서서 20초간 진전 사항을 평가해야 했다.

인류는 아직 화성에서 걷지는 못했지만 양안시兩眼視(양쪽 안구의 협력

작용에 의해 두 눈으로 동일한 점을 주시하여 하나의 물체로 보는 것–옮긴이) 기능을 비롯해 몇 가지 '자각을 공급하고 깊은 여행을 유도하는' 인간 역량의 산물을 보냈다. 스피릿 호와 오퍼튜니티 호의 화상 프로그램을 이끈 코넬 대학교의 천문학자 짐 벨Jim Bell은 이 양안시 기능이야말로 "외계로 내보낸 최고의 눈"이라고 표현했다. 벨이 2008년 펴낸 『3D로 본 화성: 탐사로봇의 눈으로 본 붉은 행성Mars 3-D: A Rover's Eye View of the Red Planet』에는 붉은색과 푸른색의 3D 안경이 부착되어 있었다. 덕분에 나는 내 집 거실에 앉아서 3km 정도의 낮은 모래언덕이 화성의 적도 남쪽에 있는 거대한 메리디아니 평원을 가로질러 뻗어 가다가 회색을 띤 오렌지색 하늘 아래 지평선 너머로 사라지는 모습을 볼 수 있었다. 또 수백 km 너비의 분화구 안에서 둥글고 낮으며 아무것도 없는 언덕 꼭대기로 다가가는 타이어 자국도 볼 수 있었다. 탐사로봇 하나는 그곳에서 겨울을 보냈다. "해가 겨울에는 너무도 낮게 뜨기 때문에 평소처럼 움직일 동력이 부족했던 탐사로봇은 언덕 비탈에서 생명을 유지하기 위해 미약한 겨울 햇빛 쪽으로 태양 전지판을 기울인 채 멈춰 있어야 했다."

탐사로봇들이 보내온 사진들은 인류가 전에는 접해 본 적 없는 새로운 차원의 고립된 장소를 보여 주었으며, 친숙한 것과는 너무도 멀리 떨어진 세계로 들어가는 느낌을 맛보게 해 주었다. 그것은 너무도 멀어서 알렉산더 킹레이크가 한쪽에는 기독교 국가들인 유럽을, 다른 쪽에는 이슬람 국가인 베오그라드가 있던 사바 강을 쓰라린 마음으로 건넜던 일은 방 저쪽에 있는 다른 의자에 앉으려고 방을 가로질러 가는 것처럼 여겨질 정도다. 이 경우는 워낙 과거에서 비롯된 것이고 유사한 점, 참고할 점이 없어서 양쪽 행성에서 경험할 수 있는 것 사이에 연속성을 부여할 수 없다. 단지 지질학과 천문학만이 모래, 언덕, 하늘, 밤, 중력, 바람 등 공통적인 언어를 제공한다. 이런 남아 있는 행성 간의 상수常數들조차도 일부는 다시 조정해야 한다. 화성의 하늘에서는 태양이 더 작게 보이고 화성의 하루인 솔sol은 지구의 시계로 쟀을 때 약 24시간 40분간 지속되기 때문이다.

'가상의 깊은 여행'에 관한 한 벨의 책은 100년 전 러시아의 황제를 위해 프로쿠딘-고르스키가 준비했던 슬라이드 쇼만큼이나 경이로움을 전달해 준다. 벨의 책에 있는 사진들은 덜 꼼꼼하게 구성되었고, 색채도 덜 현란하며 전해 줄 인간의 감정도 없지만 훨씬 가지고 다니기 쉽고 어디서나 구할 수 있다.

인간의 표정. 그것이 내가 거듭거듭 박물관의 라에톨리 디오라마를 되뇌는 이유다. 라에톨리 평원에서 남겨진 호미닌의 발자국 두 줄을 그럴싸하게 해석해 보면, 남자와 여자 두 호미닌이 나란히 걸어갔다는 것이다. 한쪽 발자국은 둘 중 더 큰 발의 것이고 다른 쪽 발자국은 작지만 걸음 폭이 그때그때 일치하기 때문이다. 또한 그 발자국들은 두 호미닌이 서로의 몸이 닿을 정도로 가까이 걸어갔다는 것도 보여 준다.

미국 자연사박물관 인류학국의 큐레이터 이언 태터솔Ian Tattersall은 인류생물관과 이를 이어받은 인류기원관을 정리하는 일을 도왔으며 호미닌과 영장목에 대한 책을 몇 권 펴냈다. 그의 설명에 따르면 평원에 남은 발자국은 키 110cm의 여자 호미닌과 135cm의 남자 호미닌이 같이 걸어간 흔적이며, 남자 호미닌이 여자 호미닌의 오른쪽에 서서 왼팔을 여자의 어깨에 둘렀다는 것이다(전쟁 후 혼란한 상태에서 언급한 것이긴 해도 박물관 직원은 어쩔 수 없이 그 두 호미닌을 루시와 데시라고 이름을 붙였다. 디오라마는 루시의 원래 종인 오스트랄로피테쿠스 아파렌시스가 이 자취를 남겼다고 가정하지만, 어쩌면 나중에 발견된 더 오래된 호미닌인 오스트랄로피테쿠스 아나멘시스Anamensis가 남긴 것인지도 모른다. 진실은 저 너머에).

디오라마에 전시된 두 호미닌은 갈색 피부에 일부가 털로 덮여 있다. 발은 인간의 것과 같고 머리는 호미노이드에 가까워 납작한 코에 주둥이가 튀어나왔고 눈썹 뼈가 융기되어 있다. 눈은 크고 촉촉하며 갈색이다. 여자는 왼쪽을 보고 있고 남자는 오른쪽을 보고 있다. 둘 다 입을 벌리고 눈을 둥그렇게 뜨고 있으며 눈썹은 치켜세우고 있어서 강한 감정을 담은 표정을 보여 준다. 그리고 매리 리키가 말했던 것처럼 '강렬한 인간적인' 표정이다.

그런데 이 표정은 정확히 무슨 감정을 전하는 것일까? 아마 그들은 리키가 그들의 발자국에서 추측했듯이 '의심의 순간'을 나타내는 것인지도 모른다. 이언 태터솔은 영국인 조각가와 디오라마에 전시할 두 조각상을 만드는 데 긴밀히 협력했는데, 두 호미닌이 '걱정스러워' 보였고, 그 둘이 놓인 정황을 고려하면 가장 적절한 반응이었다고 생각한다. 그는 저서 『인간 되기: 진화와 인간의 특이성Becoming Human: Evolution and Human Uniqueness』에서 "이들처럼 작은 체구에 비교적 천천히 움직이는 생물이 숲에서 멀리 떨어진 곳에서 살아가는 것은 위험한 일이었으리라"고 말한다. 두 호미닌은 더 마음에 맞는 주거지를 떠나 위험한 초원

지대를 지나는 중이었다. 그들이 거주했던 곳은 예기치 않게도 화산재에 덮여서 더 당황스럽고 알기 힘든 곳이 되어버렸기 때문이다.

마지막으로 그 발자국을 실제로 본 네빌 애그뉴Neville Agnew와 마사 디머스Martha Demas도 태터솔의 해석에 공감한다. 애그뉴와 디머스는 로스앤젤레스의 게티 보존처리연구소의 팀을 이끌고 있는데 1990년대에 오래 묻혀 있던 발자국들을 침식이나 나무뿌리에서 보호하려면 조심스럽게 다시 묻는 방법밖에 없다고 결정했다. 그래서 현재는 디오라마에 전시된 것과 사진에서만 그 호미닌들을 볼 수 있다. 애그뉴와 디머스는 "라에톨리에 있는 수많은 동물들의 자취를 보면 그 지역에서는 그 두 호미닌을 그리 자주 만날 수 없었으리라는 인상이 든다. 그들이 남긴 자취를 거의 보기 힘들다"면서 이렇게 결론 내렸다. "이들은 분명 별로 대단치 않은 종족이었을 것이다. 그래서 동경하는 듯한 그들의 자취는 겸손하면서도 분주하다."

내가 루시와 데시를 보려고 디오라마 앞에 서 있을 때, 우연히 내 곁에 서서 구경하던 한 여학생이 이렇게 말했다. "이 두 사람은 사랑하는 사이 같아요. 옛날 모습인데도 그런 느낌을 주네요." 나도 맞장구를 쳤다. 애정과 서로 의지하는 마음, 그리고 두려움이 디오라마 안에 있었다. 그 세 가지 모두 영장류에 깊이 뿌리 내린 감정이며 호미닌의 특성이기도 하다. 그러나 나는 루시와 직접 눈을 마주칠 수 있는 자리에 서서 다른 실마리도 얻었다. 냉정하게 말하면, 아마도 나는 가까이에 있는 더 넓은 자각의 신호들에 반응했는지도 모른다. 모든 디오라마가 내뿜는 깊은 지금의 유혹, 모퉁이만 돌면 있을 듯한 일반적인 발자국들, 최초로 알려진 호미닌의 발자국을 보면서 느낀 특별한 감동, 나아가 널

암스트롱이 우주에 내디딘 첫발자국에 남은 여운, 혹은 디오라마의 모형을 조각한 존 홈스John Holmes가 호미닌이 재로 덮인 질척한 땅을 직립한 채 걸었다는 사실에서 느낀 감정을 전달하기 위해 생각보다 더 깊이 자신의 내부로 다가가야 했던 것 등……. 내가 볼 때, 어리둥절하고 당황한 것처럼 보이는 데시와는 달리 루시의 얼굴에서는 두려움에 더해 놀라움, 기막힘, 점점 더 커져 가는 경이로움이라는 넓은 범위의 반응이 나타난 듯했다. 아마도 보이는 광경과 들리는 소리에 더 큰 자각이 일깨워질 때만 마음에 온전히 떠오르는 감정일 것이다.

다른 말로 하면, 더 큰 자각을 불러일으키기 위해 설계된 전시물이, 경이로움의 탄생과 먼 옛날의 깊은 여행의 기원에 대해 단서를 숨겨 놓은 것처럼 보였다. 분명 이런 생각은 너무 왜곡되거나 아니면 다른 것으로 이어지는 것일 터였다. 그러나 그냥 평범하던 꽃들이 자외선 등 아래에서 보면 굶주린 벌을 꾀는 네온사인처럼 보이듯이, 나는 우리의 더 큰 자각이 보통 때는 보이지 않는 패턴을 보여 줄 수 있다고 생각한다. 이 경우 내가 보았던 것은 여전히 하나의 제안이거나 지시봉의 희미한 윤곽일 뿐이지만, 관대한 전문가들의 도움으로 내가 자세히 보고 있었으며 이제 당신이 자신의 내부를 보도록 안내해 줄 수 있는 표지가 되었다.

어떤 연구를 하기 위한 출발점으로는 이례적인 지점이라는 사실은 인정한다. 하지만 나는 디오라마 앞에 서서 인간의 기원에 대해 최근 발견된 것들이 인류의 깊은 여행 자각의 '출발 날짜'를 찾아내는 정확한 지침이 될 수 있다고 예감했다. 그러면서 과거로 향한 여행길에 올랐다. 또, 이 연구가 초기 인류의 '걷는' 행위와 긴밀히 연결되어 있으리라는 생각도 들었다. 지금까지는 무슨 결론을 낸다 해도 시험적인 것이겠지만, 우리는 신체적인 것과 정신적인 것, 이 두 가지 인간의 능력이 많은 부분 다른 상황의 연속에서 나온 결과일지라도 어쨌든 함께 시작하고 비슷한 속도로 힘을 늘려 온 이란성 쌍둥이와 같다고 곧 말할 수 있을 것이다.

10장

방랑하는 유인원의 기원

자연인류학(혹은 형질인류학. 인종의 분류와 발생 원인을 연구하는 학문―옮긴이)에서 호미닌 같은 단어가 필수적이고 쓸모 있으며 의미를 분명하게 해 주는 용어가 된 것은 수많은 과학 탐험가들 중에서도 특히 매리 리키의 탐사단이 기여한 바가 크다. '중추적이고 핵심적인 집단'으로 불린 리키의 탐사단은 1930년대 초부터 3세대에 걸쳐 인류의 조상을 찾아 동아프리카를 탐사하는 데 헌신했다.

그들은 인간의 기원에 대한 탐구에 과학을 도입했다는 말을 많이 듣는다. 1984년 《뉴욕 타임스》는 '리키 탐사단, 명성을 높이다The Leakeys: A Towering Reputation'라는 제목으로 찬사를 보냈다. 기사는 1959년 매리 리키가 180만 년 전의 직립 보행하는 턱이 큰 호미닌(파란트로푸스 보이세이Paranthropus Boisei, 단단한 아래턱 때문에 '호두까기 인간'이라는 별명도 있다)을 발견한 후 탐험의 속도가 빨라졌고, 더욱 꼼꼼하게 발굴하고 목록을 만드는 등 작업이 더욱 과학적으로 진행됐다는 사실에 주목했다. 그 결과의 하나로 고인류학에 현대적이며 다양한 전문 분야가 협력하는 방식이 부상했고, 이제 고인류학은 단순히 '유골 수집가'가 아니라 해부학자, 지질학자, 생물학자, 기후 연구가 등을 환영하는 공동의 분야가 되었다.

그러나 더욱 중요한 것은 리키 탐사단과 그들이 현장에 데리고 온 사람들, 그리고 그들의 후임들이 최근 수십 년 동안 일을 계속해 오면서, 우리의 인간다움이 유래한 장소와 때를 논할 때 '제2의 변형'으로 생각될 수 있는 것을 제기한 사람들이 생겼다는 점이다. 첫 번째이자 전통적인, 혹은 다윈의 진화론이 나오기 이전의 인간다움, 즉 우리의 지력과 역량에 대한 이야기는 우리가 이 세상에 출현할 때부터 우리와 함께 나타나고 우리에게 붙어 있는 형질들의 집합이었고, 창조 혹은 창조자의 선물이었다(그때부터 우리가 시초에 우리의 자질을 가지고 한 일은 두 번째 이야기로 전해졌다. 이 이야기는 어떤 문화에서 그 서두를 만들고 인간다움의 감소를 어떻게 설명했느냐에 따라 다양하게 전해지는데, 황금기가 끝나면서, 원죄에 의해 인류가 타락했을 때, 에덴동산에서 쫓겨났을 때 등으로 시작된다. 그 결과는 여전히 진행 중이며 각 시대마다 우리가 분투하고 좌절하고 성과를 내는 등의 상황을 만든다).

현대에 이르러, 다윈의 진화론이 나온 후이고 리키의 발견이 있기 전, 그리고 제2차 세계대전이 발발하기 전에 번성했던 두 번째 이야기에서는 '인류 출현 이전의 이야기', 즉 인류 이전의 종種이 인간의 특성을 갖추는 과정으로 초점이 이동한다. 과학에서 정보를 제공받은 그 이야기는 변화, 성장, 진화의 연대기가 되었다. 거의 1세기가 지난 지금에 돌아보면 그 이야기는 실험복에 싸인 기이한 잡종 경전처럼 보인다. 창조주는 자연에게 자리를 내주었다. 오스트레일리아에서 태어난 영국의 외과 의사이자 당대 으뜸가는 신경해부학자였던 그래프턴 엘리어트 스미스 경Sir Grafton Elliot Smith은 1924년 펴낸 『인간의 진화The Evolution of Man』에서 "아프리카와 아시아의 광대한 대륙은 엄청난 세월 동안 야만적인 유인원의 기본 바탕을 인간이라는 신성한 형태로 변이變移 시키는 자연의 거대한 실험실 역할을 했다"고 썼다. 이는 손수 조립하는 DIY 식의 이야기로 해피엔딩을 맞이한다. 인류는 스스로 만들어졌으며, 인간의 특성은 처음에는 힐긋 보기만 했다가 곧 얻으려고 애쓰고 마침내는 획득하게 된 목표라는 것이다.

당시에는 아무도 알아차리지 못했지만 우리가 현재 인간다움 혹은 인간의 특성이라고 부르는 것에 대한 설명은, 하버드 의과대학교의 고인류학자이자 과학저술가인 미샤 랜도Misia Landau가 1991년 펴낸 『인류의 진화에 대한 이야기들Narratives of Human Evolution』을 참고할 만하다. 랜도는 인간의 특성에 대한 설명이 과학자들보다는 소설가와 다른 이야기꾼들에게 더 익숙한 형태로 나타났다고 하면서 그 이야기들에 영웅 신화 같은 우여곡절, 반향, 점층 구조, 플롯이 있다고 지적했다. 내용은 몰라도 구조는 민간 설화와 민담이며 특히 탐구에 대한 이야기이자 여행담이라는 것이다. 그녀의 말처럼, 그 이야기들은 "영웅 안에 있는 인간을 끄집어내기 위해" 고안된 유랑이라는 주제, 새로운 영역에서 겪는 역경이라는 주제, 일련의 시험을 맞닥뜨리고 통과해서 마침내 "영웅적인 최후의 승리"를 이뤄내는 주제들을 담고 있다.

아이러니하게도 창조에 대한 이 수정된 상상력은 오랫동안 신봉했던 이야기들의 자리를 빼앗으면서도 그 이야기들의 모티브인 에덴동산과 추방당한 이야기 모두를 계속 간직하고 있다(에덴동산은 이제 영장류들이 이전에 살았던 환경인 '비교적 안전하고 풍파가 없는 곳'으로 설명된다. 즉, '보통' 숲이며 인류가 추방당했다는 것은 숲에서 내려온다는 것이다). 그러나 그 설명들이 수정되면서 에덴동산에서 추방당한 것은 인류가 나타나기 이전의 일이 되었고, 그 과정에서 쓰라린 고통과 창피함은 사라지고 대신 반가운 자극제이자 정신을 차리게 해 준 신호로서 기억되었다. 그래프턴 엘리어트 스미스에 따르면, 그래서 '때가 온' 것이다.

마침내 인류의 조상이 될 유인원 집단에서 수천 년 동안, 심지어는 수백만 년 동안 영장류 특유의 성장 과정과 뇌의 분화 과정이 진행되었다. 어느 단계에서, 그들이 살던 거주지가 먹이를 구하기 힘들어졌거나 그들이 살아온 숲 너머에 있는 미지의 세계에 있는 가능성들에 대해 많이 알게 되면서, 집단에서 모험심이 강한 구성원들이 호기심에 고무되어 숲에서 나갔을 것이다. 그들은 언덕이나 평원에서 새로운 먹이 공급처와 새로운 환경을 찾게 되었다.

그러는 동안 다른 두 유인원 집단, 즉 '진취적이지 못한 인류의 친척들'은 이런 가능성에 무심한 채 있었다.

그 이유는 아마도 그 두 유인원 집단은 우연히 더 살기 좋은 장소에 있었거나 주위 환경에 적응되어 있었기 때문일 것이다. 풍요로운 땅에서 살면서 게으른 습관이 굳어버리고 노력과 성장은 정체되었으며 추방당한 사람들처럼 불안하지도 않았기에 유인원인 채로 남아 있게 되었다. … 인간이 역경과 싸우면서 진화하는 동안 고릴라와 침팬지의 조상들은 주위 환경에 만족했기에 정신적 우위를 차지하려는 투쟁을 포기했다.

스스로 미신에서 벗어났다고 생각했던 세대의 구성원들이나 스미스 같은 훈련된 과학자들이 인간다움에 대한 이야기를 하는 데 영웅담을 이용한 이유는 무엇일까? 미샤 랜도는 아마도 그들이 달리 선택할 것이 없었으리라고 말한다. 문학 학자들은 "우리를 인간으로 만들어 주는 것은 '이야기하기'이며 과학자들은 이야기하기에 생물학적 근거가 있을 수 있다는 점을 인정해야 한다"고 주장한다. 인류의 진화를 모험담으로 묘사한 이유는 분명 그 형태가 고난의 극복을 기록하는 청사진 같은 것이었기 때문이다. 그러나 나는 이 주목할 만한 분석에서 한 걸음 더 나아가고, 고려되는 대상의 변수에 한 차원을 더하면 그 원인의 또 다른 부분을 볼 수 있다고 생각한다.

우리가 앞서 본 것처럼, 민간 설화는 자각의 다른 상태들 사이에 끼어들어 부분적으로 우리가 주목하지 못하는 '자각의 이야기'로 만들면서, 드러나지 않는 방식으로 교묘하게 더 큰 자각을 이야기하는 수단이 될 수 있다. 특히 스미스가 "식별력의 엄청난 확장"이라고 부르는 두뇌의 부단한 발전은 다윈주의자 첫 세대가 만들어낸 '유인원에서 인간으로 변이'하는 이야기들에 숨은 영웅으로서 활동한다. 이는 심지어 이야기꾼들이 언제 무슨 일이 일어났는지 완전히 동의하지 않는 경우에도 들어맞는다(스코틀랜드의 해부학자이자 스미스의 라이벌이었던 아서 키스 경Sir

Arthur Keith은 직립한 자세와 걷는 것이 두뇌가 더 커진 이후에 오는 것이 아니라 선행한다는 입장을 유지했다).

그러나 나는 당시 대학교들이 자랑스럽게 배출한 이 초기 진화학자들이 전해 줄 만한, '학계에 근거한' 또 다른 이론이 있었다고 생각한다. 따라서 랜도의 견해대로, 스미스의 『인간의 진화』나 키스의 『고대인The Antiquity of Man』 같은 책들을 근대에 추가된 옛날이야기 하기 장르로 받아들이는 것은 타당하다. 그렇다면 이 학구적인 책들은 비록 뇌와 신경계의 물질적 변화를 표면상 주제로 삼고 있기는 하지만 역사와 영웅담뿐만 아니라 마음에 대한 단서를 전달해 주는, 묘하면서도 속삭이는 듯한 메타 대화metadialogue(대화가 무엇인지 대화하는 것-옮긴이)로서도 읽힐 수 있다. 이런 식으로 보면 이 책들은 더 큰 자각에 대한 해석과, 19세기에 널리 유포되었던 『신데렐라』, 『헨젤과 그레텔』 등에서 나타나는 일종의 현대적 반反신화, 교훈적인 '자각 이야기(더 큰 자각은 에누리해서 받아들이고 신중하게 다뤄야 한다고 경고하는 이야기)'를 투영한다. 새로운 시각으로 볼 때 오랫동안 전해진 이야기들은 낡고 시시하며 시대에 뒤져서 이제는 치워버려야 하는 옷과도 같다는 것이다.

이런 반신화에서 진화의 승리자는 오늘날의 인간과 그들의 뇌도 아니며 인간의 총체적인 지성도 아니다. 오히려 진정한 영웅이자 안내자로서 전면에 나서는 것은 현시대의 마음이 자유롭게 사용할 수 있는, 한곳에 초점을 모은 집중력이다. 이 능력은 어디에서 온 것일까? 그 책들은 확실히 말하고 있지는 않지만, 랜도가 주목했듯이 추방 이후의 어느 시점에 그 능력이 마음의 '전쟁터'로 가는 길을 찾았고 거기서 시험받고 힘을 얻으며 주도권을 잡게 되었다. 그리고 특이하게도 그 능력이 질서, 통제, 조화를 부여하여 인간이 승리하는 데 근본적인 역할을 했다는 것이다. 하지만 그 책들이 불길한 어투로 지적하듯이, 이야기는 아직 끝나지 않았으므로 계속해서 경계할 필요가 있다. 현재의 세대는 자신의 집중력을 개선하려는 노력을 끝까지 해서 자기 역할을 다 해야만 한다.

그 반신화가 마치 이복 자매의 복수와도 같다고 독자들은 말할지도 모르겠다. 한 예로 랜도가 요약한, '이성'에 대한 키스의 찬가를 소개한다. 진화의 고요하고도 위대한 성취로서 제시된 이 이성은 과학의 빛에 둘러싸여 유일하게 믿을 수 있는 인간다움의 보호 수단으로서 소중히 간직된 것으로 나타난다.

> 이성이 나타나면서 인간다움의 변화가 일어난다. 인간의 조상들은 직립을 하고 부족을 이루었어도 이성을 가지기 전에는 유인원과 같이 "본능과 감각, 감정의 노예들이었으며, 그들의 저열한 정신 상태 내부의 동굴을 차지하는 것은 늑대와 자칼이었다. 뇌의 잠재의식의 동굴에 서식하는 야만인을 길들일 이성은 아직 나타나지 않았다." … 이성은, 영웅이 인간이 되기 위해 싸울 때 쓰인 훌륭한 도구였다. "인간이 승리를 거두고 있는 전쟁터에서 대해서는 아무런 의심도 없었을 것이다. 전투는 그의 내부에서 치러지고 있다. 이성은 인간 의식의 장에서 권력을 잡기 위해 투쟁하고 있었다."

따라서 인간다움의 이야기를 최초로 '과학적으로 이야기'한 것에서

는 깊은 여행이나 더 큰 자각의 판단이 설 자리는 없었다. 그러면 지금은 어떨까? 미국 자연사박물관의 척추동물 고생물학부에서 일하는 영국의 고인류학자 윌리엄 하코트-스미스William Harcourt-Smith는 "입증될 수만 있다면 그럴 여지가 충분히 있다"고 말한다. 그는 몇 년 전 이 문제를 나와 토론하는 데 응했고 내 비공식적인 연구에 참여하여 검토해 주기로 했다. 내가 이 주제를 처음으로 꺼내자 그는 이렇게 말했다.

"지금까지는 그 점이 고려되지 않았습니다. 그동안 우리가 다른 증거를 보느라 너무 바빴던 탓이죠. 하지만 그 관점은 근거가 되기에 충분하기 때문에, 먼저 알려진 것이나 적어도 의미 있는 방법으로 추측되는 것부터 시작하여 우리가 얼마나 얻을 수 있는지 알아보죠. 우리는 1930년대부터 우리의 이론적 설명을 근본적으로 바꿨습니다. 오래된 형태는 영웅 모험담, 서사시로서 과학에서 유래된 것은 아니지만 똑같이 실험실에서 성공한 듯한 이야기에 약간의 우쭐함을 가미한 것으로, 고대 로마의 시인인 베르길리우스가 사용했으며 그전에 수메르 인들이 길가메시 이야기에 적용한 방법입니다. 길가메시 이야기는 수메르 인들이 '심연을 본 자'라고 불렀던 왕의 매력적인 전설로서 평화로이 살던 왕이 여행을 떠난 후 불후의 명성을 얻었다는 이야기입니다. 대단히 훌륭한 이야기이며 낭만적이고 매혹적이지만, 유감스럽게도 그 역시 말이 안 되는 이야기입니다. 단언컨대 과학은 아닙니다. 물론 그때나 지금이나 독자들은 이야기가 어떻게 될지 미리 알지요. 결국 우리는 여기 있고, 이야기의 끝은 우리입니다. 따라서 그 이야기에 참여한 호미닌들은 순간순간 살아남는다는 목표 외에는 어떤 목표도 없었다는 점을 기억하면서, 미리 앞서 가지 말고 이야기해야 합니다. 이야기의 끝은 따라야 할 목표나 성배가 아닙니다. 도중의 각 지점에서 '미리 읽는다'거나 다음에 무슨 일이 일어날지 아는 경우는 전혀 없었기 때문입니다."

인류의 이야기를 새롭게 이야기하기, 즉 우리 자신의 이야기와 우리가 어디서 왔는지를 이야기하는 '제2의 변형'은 완성되려면 아직 멀었지만 영웅담들이 하지 못했던 도전을 이미 시작했다. 먼저 훨씬 많은 정보를 편입하려는 노력이 시도되고 있다. 매리 리키를 비롯한 많은 사람들 덕분에 20여 종의 호미닌들이 지난 600만~700만 년 동안의 어느 시점에 존재했다는 것이 알려졌기 때문이다(스미스와 키스는 당시 알려졌던 겨우 몇 종의 원시 인류에만 근거한 이야기를 엮어냈다). 하코트-스미스는 이렇게 말한다. "이것이 그 이야기를 여러 장소에서 자라난 '수풀bushy' 같은 것으로 만든다. 그것은 우리가 쓰기 좋아하는 단어다. 우리의 조상을 더 이상 단순히 한 그루 큰 나무의 줄기와 가지를 본떠 만든 '계통수系統樹'로 생각할 수 없다는 말이다. 이들 종의 일부는 앞뒤 순서대로 배열된 것이 아니라 분명 서로 공존했다. '그들'에게서 '우리'로 이어지는 일직선으로 된 과거의 배열은 지워졌다. 우리는 '누가 누구를 낳고' 같은 서술에서 벗어나야 한다."

그렇게 보는 것이 이제는 훨씬 더 사리에 맞기 때문에 고인류학자들은 하코트-스미스의 지적대로, "덜 이론적인 자세로, 그래프턴 엘리어트 스미스가 활동했던 옛날에는 존재하지도 않았던 많은 학문 분야를 끌어들이는" 방법으로 힘을 배가하면서 수중의 증거를 검토하는 새로운 방법을 받아들이고 있다. 과거 고인류학자들이 이른바 '돌과 뼈'를 찾으면서 시작된 것은 이제는 돌과 뼈뿐만 아니라 염색체에 대한 관심으로 이어졌다. 오늘날 분자생물학자들은 서로 다른 종들의 이동 흔적과 그 종들의 상호 관계를 DNA 내의 유전적 돌연변이를 밝히고 연대를 추정하여 추적하고 있다. 심지어 현재는 돌과 뼈, 염색체뿐만 아니라 억양, 추이대推移帶(종류가 다른 식생대植生帶나 생태계가 경계를 접하면서 점차 양자의 요소가 서로 섞인 지대—옮긴이) 등에 대한 연구도 가세하고 있다. 고인류학이 성장을 거듭하면서 진화심리학자, 발달심리학자, 영장류 동물학자, 동물학자, 운동의 역학에 관심 있는 생리학자들은 물론 언어의 기원을 연구하는 심리언어학자와 고기후 연구자들까지 이 분야에 뛰어들었다.

초기 진화론자들이 내세운 것들이 이야기에서 전부 다 사라진 것은 아니다. 그래프턴 엘리어트 스미스가 인류 출현 이전 이야기의 전 단계에 대해 그린 윤곽은 여전히 일반적으로 받아들여지고 있다. 즉, 마침내 나무에서 내려온 유인원의 조상은 몸집이 왜소한 뒤쥐 크기의 생물이었는데 8000만 년 전 땅을 벗어나 숲에 있는 나무의 가지를 따라 정착했다는 것이다. 요즘에도 그렇게 여겨지지만, 아마도 꽃을 피우는 식물에서 과일, 견과류, 꽃의 꿀과 꽃에 수분하는 곤충들 등 먹이를 구하기가 유리해서였을 것이다. 이 원시 영장류들이 수천만 년 동안의 지상 생활에 변화를 준 것이 결국 원숭이들에게 전해졌고 그다음 유인원들에게 이어졌다.

처음 변화한 것들 중 하나는 새로운 먹이 공급처와 관계가 있었다. 곤충을 잡기가 늘 쉬운 것은 아니었기에 후각 대신 시각이 더 중요한 감각으로 자리를 차지했고, 앞발은 물건을 움켜쥐기가 더 용이하도록 진화했다. 미국의 보전생물학자(보전생물학은 생물의 다양성 유지를 위해 체계화된 학문이다—옮긴이) 파울 R. 에를리히Paul R. Ehrlich는 『인간의 본성: 유전자, 문화, 그리고 인간의 전망Human Natures: Genes, Cultures, and the Human Prospect』에서 인류의 조상이 나무에서 내려오기 전의 이야기를 이렇게 요약한다. "우리의 조상들이 나무 위로 옮겨 간 것은 매우 중요하다. 우리는 양안시 기능과 능숙한 손놀림 덕분에 나무 위에서 살며 곤충을 잡는 습관을 갖게 됐다. 그러나 조상들이 나무에서 떠났던 것 역시 매우 중요하다. 나무 위에 사는 다람쥐와 원숭이의 문명이 오늘날 별로 두드러지지 못한 것을 생각해 보라."

또한 직립하는 것이 도구의 사용이나 더 커진 두뇌보다 앞선다고 한 아서 키스의 통찰력 있는 생각도 매리 리키의 표현처럼 '확증'되었다. 360만 년 묵은 라에톨리 평원의 발자국들이 그 문제에 마무리를 지었다. 돌연장 사용이 가장 일찍 기록된 것은 250만 년 전이며 우리가 속한 사람 속屬이 출현한 때와 일치한다. 그러므로 19세기 연구자들이 대중화했던 옛 용어를 쓰자면 '석기 시대'는 그때까지는 시작되지 못했다. 비슷하게 호모 하빌리스Homo Habilis('솜씨 좋은 인간' 혹은 '숙련된 인간'이라는 뜻으로 최초로 도구를 만든 직립 원인으로 추정되는 약 170만 년 전의 화석 인류—옮긴이)의 두뇌는 우리 두뇌 크기의 반밖에 안 되지만 오스트랄로피테쿠스류의 두 배다. 1979년 매리 리키가 《네이처》에 발표한 글에서처럼 라에톨리의 발자국은 "두 발 보행이 두뇌 크기가 커진 것보다 앞선다는 점을 시사한다." 혹은 하코트-스미스가 말한 것처럼 "그때부터 100만 년은 보기보다 별로 많은 일이 벌어지지 않은 채 흘러갔다."

우리는 이제 "우리가 모르는 어떤 것에 의해 발바닥 전체를 땅에 대고 걷는 척행성蹠行性 전진법에 적응하게 되었다"고만 말했던 키스보다 훨씬 더 정확한 이유를 알고 있으며 그 전진법이 약 200만~300만 년 전에 나타났으리라는 것도 안다. 인간이 왜 직립하게 되었는지에 대해서는 아직 분명한 답이 나오지 않았지만, 언제 직립하게 되었는지에 대해서는 전반적인 합의에 가까운 것이 있다. 또한 직립이 단계별로 변형되는 것이기에 그 자체에 복잡함이 있다고 인식되면서, 그 과정이 대략 200만 년 정도인 별개의 기간들로 각각 나뉠 수 있으며 그 시기마다 나름대로의 걷기에 대한 접근법이 있었다는 데도 전반적인 동의가 이뤄져 있다.

예를 들어 600만~700만 년 전 침팬지 조상에서 갈라져 나온 첫 기간에 번성한 호미닌 종은 부정기적으로 두 발 보행했던 것으로 생각된다. 침팬지들보다는 똑바로 서기가 쉬웠지만 가까운 거리를 갈 때만 일시적으로 직립했는데, 아마도 그들에게는 걷기가 신체의 균형이 깨지는 동작이어서 아직 좀 불편했던 듯하다. 그래도 이 호미닌들은 분명하게 눈에 보이는, '걷는 편에 가까운' 동작을 형성했다. 그것은 현대 영장류들이 이따금씩 더 힘들게 걷는 동작이나, 거의 걷지 않고 비상시에만 걷는 '두 발 보행이 드문' 몇몇 종들, 이를테면 곰이나 최근 인도네시아에서 발견된 열대 문어의 동작과는 구별된다. 인도네시아에서 발견된 문어 두 종은 발 여섯 개를 몸 위로 올리고 남은 두 발로 미끄러지듯 뒤로 물러나면서 포식자를 피하는데, 일부 생물학자들은 그 모습을 '문워킹'이라고 표현한다.

부정기적인 두 발 보행이 시작된 시기는 새로운 발견이 이어지면서 계속 더 이전으로 밀려나고 있다. 2000년 케냐에서 프랑스 팀이 발견한 침팬지 크기의 오로린 투게넨시스Orrorin Tugenensis는 610만 년 전의 것으로 여겨진다. 2001년 프랑스와 캐나다 합동 연구팀이 차드에서 발견한 사헬란트로푸스 차덴시스Sahelanthropus Tchadensis는 '생명의 희망'이라는 뜻의 '투마이Toumai'라는 차드어 별명이 붙었는데, 아마도 700만 년 전의 것일 가능성이 크다.

라에톨리 평원에 발자국을 남겼던 집단으로 '상습적인 두 발 보행'을 했던 두 번째 호미닌 종이 나타난 것은 약 400만 년 전으로 거슬러 올라간다. 이즈음에는 걷기가 흔한 동작이 되었고 또 상당한 거리를 걸을 수 있었지만 그 역시 선택에 따른 것일 뿐 전면적인 것은 아니었다. 라에톨리의 발자국들은 이들이 걷는 데 숙달되어 있었으며, 때로는 이리저리 떠돌거나 한 방향을 향해 의도적으로 걸을 수 있었다는 것을 보여준다. 그러나 이전 시기의 부정기적인 두 발 보행자들처럼 이들도 밤에는 나무 위로 올라갔다. 이는 지상의 환경이 여전히 근거지와 피난처로 선호되었다는 의미다. 따라서 그들에게는 매일 밤 돌아갈 최후의 목적지, 밤을 보낼 삶의 중심이 되는 장소가 있었을 것이다. 설사 그 위치는 매일 밤 바뀌었다 하더라도 말이다. 증거들은 그럴 가능성을 시사할 뿐 아직 확증된 것은 아니다.

서던캘리포니아 대학교의 제인 구달Jane Goodall 연구소(제인 구달은 영국의 동물학자이자 환경운동가로 침팬지의 행동 연구에서 세계 최고 권위자다-옮긴이)의 공동 책임자인 크레이그 스탠퍼드Craig Stanford가 『직립: 인간이 되기 위한 진화의 관문Upright: The Evolutionary Key to Becoming Human』에서 지적했듯이, 침팬지는 보통 매일 밤 새로운 둥지를 만들지만 잠잘 때 좋아하는 장소가 있고 때로는 같은 나무나 작은 숲에 거듭해서 보금자리를 만든다. 스탠퍼드는 전체 자연경관에서 이들이 보금자리로 선택하는 곳은 호모 하빌리스가 도구들을 숨겨 두고 떠난 장소들의 위치와 놀랄 만큼 비슷하다고 지적한다(이는 인디애나 대학교의 고고학자 진 셉트Jeanne Sept가 처음 알아낸 것이다). 호모 하빌리스는 도구를 사용했고 과학적으로 명명된 인간의 이름을 가지고 있었으며, 상습적인 두 발 보행을 한 것으로 추측된다. 진 셉트는 그들이 이동하면서 멈춘 지점과 잠을 잤던 곳을 알려 주는 표지로서 도구를 숨겨 놓았을 것이라고 했다. 그러므로 매일 '여행을 갔다가 돌아오는' 형태는 두 발 보행보다 앞섰을 것이며 그 후에 병행하게 되었을 것이고, 나중에 상습적인 두 발 보행자들의 효율적인 자세와 동작이 그 습관을 방해하거나 대체했을 것이다.

그들이 음식을 구하기 위해 매일 다녔을 여행의 실제 범위를 보면, 상습적인 두 발 보행자는 다리가 짧아서 시속 3km보다 더 빨리 걷기는 힘들었을 것이다. 따라서 그들은 하루에 20km 정도 걸을 수 있었을 것이다. 스탠퍼드는 이 거리가 관절 걷기를 하는 침팬지가 멀리 여행하는 날에 걷는 거리를 넘어서지 못한다고 말한다. 한편 현대의 침팬지들은 400만 년 전의 상습적인 두 발 보행자들이나 현대인들보다 더 잘 걸을 수 있다.

상습적인 두 발 보행의 시대에 대해 더 알아볼 만한 것은, 현재 알려진 바로는 그것의 '가변성'이다. 이제는 인류의 계통이 이어져 있거나 큰 나무 같다기보다는 '여러 장소에서 자라난 수풀' 같다고 생각되고 있고, 더 오래된 종들이 나중에 나타난 모든 종을 낳은 것이 아니라는 사실이 알려져 있다. 여기서 우리는 이 기간 동안 후속적인 '두 발 보행의 물결'이 있었으리라 생각할 수 있다. 상습적인 두 발 보행 성향은 꼭 물려받아야 하는 것이 아니었고 새로운 종이 자동적으로 수행할 수 있었기에, 개별적으로 습득했거나 적어도 몇 번은 부정기적인 두 발 보행을 기초로 개발했을 수도 있다는 뜻이다. 윌리엄 하코트-스미스는 "만일 이것이 있을 법하지 않은 일이라면, 큰박쥐flying fox(얼굴이 여우와 비슷하다-옮긴이)와 날치를 떠올려 보라. 그 두 종은 서로 아무 관계도 없지만, 둘 다 공중에서 움직일 수 있다."

약 200만 년 전, 한 가지 종을 일컫는 두 가지 이름인 호모 에르가스테르Homo Ergaster(일하는 사람)와 호모 에렉투스Homo Erectus(직립한 사람)가 나타났다. 그 후 현대인이 워낙 능숙해서 독립된 행동이라고 생각지 못하는 일상적인 걸음걸이와 거의 비슷하게, 매끄럽게 물 흐르듯 걷는 동작이 처음으로 인류의 조상이 매일 겪는 삶의 일부가 되었다. 그들은 키가 크고 날씬하며 우아했다. 몸집이 가늘고 다리가 길어서 더 큰 보폭으로 걸을 수 있었고, 덕분에 걷는 속도를 두 배로 늘렸으며 뛰어오르거나 겅중거리거나 달리거나 전력 질주를 할 수 있었다. 그리고 먼 거리를 걸어가거나 달려갈 수도 있었다. 그들이 달릴 때 적어도 일부는 현대의 올림픽 마라톤 선수만큼 빨랐던 것으로 추정된다.

우리는 이 모든 것을 여러 호모 에렉투스의 유적에서 광범위하게 발견된 것들 덕분에 알게 되었다. 또, 거의 완전한 형태로 화석화된 청소년의 유골이 복구된 덕분이기도 하다. '투르카나 소년'이라는 별명이 붙은 이 주목할 만한 유골은 리키 탐사단이 1984년 케냐의 투르카나 호수 부근에서 발견했다. 탐사단은 전부 108개의 뼈를 수습해 꼼꼼하게 다시 조립했다(인간의 몸은 206개의 뼈로 되어 있다). 기본적으로 없어진 뼈는 소년의 양손과 양발의 뼈뿐이었다. 투르카나 소년은 150만 년 전 열두 살 나이로 사망했다. 성인이 되었다면 키가 180cm가량 되었을 것이다. 얼굴은 그 이전 시기의 상습적 두 발 보행자들보다 다소 납작했으며 치아는 더 작았다. 하지만 소년은 상습적 두 발 보행자들처럼 커다란 눈썹 뼈가 있었고 이마가 기울어졌으며 턱이 없었다. 하코트-스미스는 탐사단 내부자에게서 이런 말을 듣기도 했다. "하지만 우리는 그 소년이 목 아래부터는 인간이라고 늘 농담했다."

새로이 걷거나 달리게 된 사람들은 이 모든 이동 방법을 익히기 위해 뭔가를 포기해야 했다. 즉, 밤에 높은 곳으로 피난하는 능력을 잃었다. 그들의 발은 이제 나무를 움켜쥘 수 없었다. 하지만 그 대신 우아한 모양에 땅에서 앞으로 튀어나갈 수 있도록 여러 방향의 곡선으로 된 추진력 있는 발사대가 되었다. 그러나 땅에서만 그랬다. 성인들은 두 발로 나무 둥치를 그러잡을 수 없었고 아기들은 더 이상 어머니의 등에 발로 매달릴 수 없었다. 하코트-스미스는 이렇게 설명한다. "이는 호미닌의 두 발 보행에서 두 번째이자 더 근본적인 변화다. 진화는 역행하는 경우도 더러 있지만, 이들이 다시는 나무 위로 돌아가지 않은 것은 분명하다. 일단 땅으로 내려오면, 땅에서 사는 것을 고수하게 된다. 머리 위 차양 역할을 하는 크고 작은 나뭇가지들과 떨어져서 보다 2차원적으로 펼쳐진 '평평한 땅'의 세계가 새로운 현실이 된다. 그것이 우리가 이 호미닌들을 '의무적인 두 발 보행자'라고 부르는 이유다. 걷기와 직립한 자세는 더 이상 예전같이 가끔 재미있으려고 실험해 보거나 오랫동안 친숙해서 흔히 해 보던 것이 아니다. 단지 남은 것은 그것뿐이며 한곳에서 다른 곳으로 가는 데 유일하게 쓸 수 있는 방법이었다."

'의무적'이라는 단어는 후회나 가책의 기미와 함께 강제한다는 의미를 품고 있다. 그러므로 '헌신적'이거나 '참여한' 두 발 보행자, 혹은 '열성적인 두 발 보행자'라는 표현이 이 변화에 대한 느낌을 더 잘 전달할 것 같다. 그들은 구속에서 풀려난 듯했고 세상을 충분히 누릴 정도로 자유로워졌다는 듯이 행동했다. 호모 에렉투스는 민첩한 발과 다리 외에도 호모 하빌리스보다 더 큰 두뇌 등 다른 유리한 점들이 있었다. 그리고 시간이 흐르면서 그들은 좌우 대칭 모양의 돌도끼를 개발했다. 이 도구는 사용하기가 더 쉬웠고 이전 시기의 종들이 만들었던 거친 모양의 돌도끼와 깎는 도구보다 날이 더 날카로웠다. 그러나 그들이 지구 끝까지 갈 수 있었던 것은 두 발 덕분이었다.

이때가 호미닌들이 장거리 여행을 시작한 때였다. 그들은 아프리카 전역에 퍼졌다. 180만 년 전쯤에는 여러 무리가 고향 땅을 떠나 수천 년에 걸쳐서 넓디넓은 남아시아를 가로지르고 1600km 가까이 떨어진 캅카스 산맥(러시아 남부, 카스피 해와 흑해 사이에 있는 산계–옮긴이)까지 도달했다. 그 후에는 약 10만 년 정도에 걸쳐 중국과 자바 지역에 도달했다. 그들은 높은 산들과 북극 지방의 겨울을 피해 베이징과 마드리드, 필라델피아 등이 자리 잡은 위도 40° 선 아래에서 대부분 머물렀다.

이렇게 넓은 지역을 돌아다니고 이리저리 방랑하는 것이 다음 200만 년 동안 그들과 그들을 뒤따르는 종들의 전형적인 행동 양식이 되었다 (호모 사피엔스가 최초로 아프리카를 떠나 지금의 이스라엘로 향한 때는 9만~

12만 년 전이다). 그러면서 매일 더 긴 시간 동안 여행을 하게 되었고 세대마다 더욱 점진적인 이동을 보였다. '열성적인 혹은 의무적인 두 발 보행자'들은 이전에 가 보지 못한 땅으로 진출했다. 호모 에렉투스는 태평양 연안으로 갔고, 나중에 호모 사피엔스는 스칸디나비아와 시베리아를 포함한 유라시아 대륙의 구석구석과 오스트레일리아 및 북아메리카와 남아메리카로 이동해서 진정한 세계적인 종이 되었다. 정착이 끊임없는 이동의 실용적인 대안이 된 것은 겨우 약 1만 년 전, 혹은 이 시기의 마지막 1%에서도 절반 정도의 시간밖에 되지 않는다.

제2차 세계대전 이후, 그리고 인류 기원을 영웅담으로 설명하기를 폐기한 후 몇십 년 동안 인류는 스스로에게 전례 없이 겸손한 별명들을 붙여 왔다. 그 별명들은 그저 추측으로 인간의 독특함을 주장하기보다는 더욱 넓게, 마치 단체 사진을 찍는 식으로 접근하여 우리가 독특한 존재이며 때때로 영장류나 호미노이드의 매우 색다른 구성원임을 나타낸다. 인류를 새롭게 정의한 용어들 중 가장 유명하고 가장 오랫동안 불린 것은 '벌거벗은 유인원The Naked Ape'이다. 데즈먼드 모리스가 1967년 펴낸 베스트셀러의 제목으로도 인기를 끈 용어다(국내에는 『털 없는 원숭이』로 번역, 출판되었다-옮긴이). 이 책은 출판 후 40년 동안 23개국 언어로 번역되었다. 모리스는 그 책에서 '사냥하는 유인원', '살인자 유인원'을 포함해서 몇 가지 용어를 더 소개했다. 이에 몇몇 저술가들은 일부는 칭찬하는 의미에서, 일부는 반박하는 의미에서 '도덕적인 유인원', '공감하는 유인원', '텃세 부리는 유인원' 등으로 되받아쳤다(심지어 어떤 작가는 거꾸로 뒤집어서, 일부 새들이 높은 지능을 가진 것에 찬사를 보내면서 그 새들을 '깃털 달린 유인원'이라고 불렀다).

한편 우리의 본질에서 어떤 부분은 아직 포착되지 않았고 새롭고 기발한 문구로 만들어지지 않았는데, 그 본질은 매우 독특하여 호미노이드의 성과로 인정받을 만한 자격이 있다. 그러니 그것에 이름을 붙여 주기로 하자. 우리는 200만 년 전 유일한 '방랑하는 유인원'으로 출현했다. 이는 우리가 특이하게도 '여행하는 유인원'이 되게 해 준 변화다.

그래프턴 엘리어트 스미스가 발표하기는 했지만 완전히 줄거리를 세우지 못한 견해, 즉 인류의 조상은 나무 위에서 내려와야 했기에 하는 수 없이 내려왔다는 생각과, 그들이 살던 지역에서 습관적으로 먹던 먹이를 구할 수 없었기에 나무에서 내려오도록 자극받았을 것이라는 생각은 이제는 선견지명으로 보인다. 또한 그는 인류 조상의 내부로 시선을 옮겨 땅으로 내려온 것이 위기가 닥쳐서가 아니라 자발적인 깨달음 혹은 저항할 수 없는 유혹에 대한 내부의 조율, 부추김, 반응이라고 상상했다. 끌린 것이지 떼밀린 것이 아니라는 이야기다. 스미스는 장차 인간이 될 존재들은 "아마도 그들이 살아온 숲 너머에 있는 미지의 세계의 가능성들에 대해 더 많은 것을 알게 되면서 커진 호기심에 고무되었을 것"이라고 추측했다. 그런데 그 두 가지 생각이 글을 쓰는 과정에서 서로 얽히고 생략되었다. 그의 생각의 '내적' 부분과 '외적' 부분은 나란히 놓여 있었지만 결코 적절하게 합쳐지지 못했다.

유타 대학교의 로이한Royhan과 나히드 가니Nahid Gani는 방글라데시에서 대학을 다니던 중 만나 결혼한 부부 지질학자다. 이들은 현재 여러 연구팀이 이루어낸 성과를 발판으로 인류의 이야기 이전은 사실 약 4500만 년 전 아프리카의 땅 밑, 나무뿌리 밑 약 2400km 남짓 되는 곳에서 시작된 '깊은 시간'의 이야기라는 의견을 제시했다. 그때는 달의 5분의 1 정도 되는 커다란 땅속 바위 맨틀에 있는 뜨거운 '슈퍼플룸superplume(플룸은 차갑거나 뜨거운 마그마 상승류로서 슈퍼플룸은 매우 규모가 큰 플룸을 뜻한다—옮긴이)'이 연간 5~10cm 정도로 천천히 솟는 분수처럼 지구 표면을 향해 솟아오르기 시작했다. 이 슈퍼플룸은 몇억 년마다 대륙이 한데 엉기어 뭉치거나 떨어져 나가는 현상을 일으키는 메커니즘으로 알려져 있다(우리 시대에는 두 개만 지구 내부에 있다. 다른 하나는 태평양 아래에 있다).

약 3000만 년 전 아프리카의 슈퍼플룸이 아프리카와 아라비아가 놓인 지각 구조판 사이를 쐐기를 박듯 갈라놓으면서 홍해를 만들어 아프리카 대륙을 유라시아 대륙에서 분리했다. 동시에 아프리카 대륙 내에서는 대륙의 동쪽으로 길게 뻗은 동아프리카 지구대Great Rift Valley(서남아시아의 시리아에서 아프리카 동남부 모잠비크로 이어지는 세계 최대의 지구대地溝帶. 평행한 두 단층 사이의 땅이 꺼져서 생겼는데 아프리카 쪽의 총 길이는 5000km에 이른다—옮긴이)가 생겼다. 가니 부부는 현장 조사에서 실시한 측량과 우주왕복선에서 찍은 영상들을 이용해 계산한 결과, 200만~700만 년 전 사이에 슈퍼플룸의 지속된 압력이 아프리카의 지형을 더욱 급격히 변화시키기 시작했다는 것을 알아냈다.

화산들과 고지대들이 약 6000km에 걸쳐 북에서 남으로 연결되어 동아프리카 지구대 옆에서 동아프리카를 양분하는 이른바 '아프리카의 벽Wall of Africa(아프리카 북동부 수단에서 남아프리카공화국까지 이어지는 암석 구조의 고원 지형. 대부분은 지하에서 지각을 위로 밀어 올리는 마그마 용승 작용으로 이런 지형이 생기게 되었다-옮긴이)'은 몇 번의 융기를 거쳐서 현재 높이인 해발 3~5km까지 치솟았다. 아프리카의 벽은 아프리카의 지붕이라고 불리는 에티오피아 고원지대에서 시작되며, 아프리카에서 가장 높은 봉우리인 탄자니아의 킬리만자로 산과 지금은 화산활동을 그친 라에톨리 근처의 사디만 화산도 포함한다. 땅이 융기하면서 벽이 모양을 잡자 끝없이 이어졌던 열대우림, 혹은 가니 부부의 표현대로 '거의 평탄했던 삼림지'는 변형되어 거의 알아볼 수 없게 되었다가 폐쇄적인 삼림지대에서 불모의 초원지대까지 여러 종류의 식생植生(어느 지역에 생육하는 식물의 집단 전체를 가리킬 때 쓰는 말-옮긴이)으로 이루어진 다양한 지형으로 다시 모습을 드러냈다.

북아메리카의 로키 산맥처럼 아프리카의 벽도 대륙에 비 그늘(산으로 바람이 가로막혀 강수량이 적어지는 현상-옮긴이)을 드리운다. 두 산맥 모두 매우 높아서 해양 기후로 산에 끼는 구름이 내륙으로 이동하는 것을 방해하고 가로막는다는 뜻이다. 태평양에서 동쪽인 미국으로 이동하는 구름과 인도양에서 서쪽인 아프리카로 다가오는 구름들이 저지된다. 가니 부부가 재구성한 바에 따르면, 300만~600만 년 전에 중요한 시기가 도래했다. 바로 에티오피아 고원지대가 1km 높아졌을 때로, 그 높이는 비가 내리는 것을 막을 수 있는 정확한 높이에 가깝다. 2008년 미국 지질학 연구소에서 펴낸 《지오타임스Geotimes》에는 가니 부부가 그들의 작업을 요약한 기사가 실렸는데, '인류 진화의 지각 변동 가설Tectonic Hypotheses of Human Evolution'이라는 제목의 기사는 다음과 같이 쓰고 있다. "오늘날 동아프리카의 지형이 1km 낮아진 덕분에 습기를 품은 대기가 그 지역에서 순환하면서 비를 많이 내리게 됐다. 현재의 건조하고 초목으로 뒤덮인 자연경관은 앞으로 나무들이 주를 이루는 식생으로 바뀔 것이다."

그래프턴 엘리어트 스미스가 이 가설을 정리하려면 당시의 그로서는 결코 구할 수 없었던 상당량의 지식이 필요했다. 지질학자들은 맨틀의 플룸에 대한 이론은 1971년에, 슈퍼플룸에 대한 이론은 1991년에 제시했다. 그리고 최초의 우주왕복선은 1981년에 발사되었다. 이렇게 하나로 수렴되는 정보들은, 특히 서서히 열대우림이 사라지고 초목이 두드러지게 자리 잡는 환경으로 대체되는 경우처럼 동아프리카의 자연경관에 장기간 식물이 재배치되는 시간표와 호미닌들이 오랜 기간에 걸쳐 부정기적 두 발 보행에서 상습적인 두 발 보행으로, 또 의무적인 두 발 보행으로 변이하는 시간표 사이에 인과 관계가 있다는 사실을 암시한다.

스미스 이후 85년 동안, 인류의 조상이 나무에서 내려온 이유가 '살던 곳에서 습관적으로 먹던 식량을 구할 수 없었기 때문'이라는 생각은 상당한 정련 과정을 거쳤다. 우선 호미닌이 나무를 떠났다기보다는 나무가 밀집해서 끝없이 서 있던 상태에서 흩어지고 이동하면서 그들에게서 떨어져 나갔다는 것이다. 따라서 당시에는 주로 나무에 열린 열매였을 식량이 사라졌거나 구할 수 없었던 게 아니라, 재분포되고 재배치되었던 것이다. 그래서 호미닌들은 계속 먹고살려면 매일 아주 먼 거리를 돌아다녀야 했다. 먹기 위해서 여행을 했던 것이다.

그러나 식량이 분산되었다는 것이 호미닌들이 처음으로 직립해서 걷는 습관을 가졌다가 나중에는 그것이 필수가 된 정확한 이유일까? 글쎄, 그렇지는 않다. 아니, 적어도 아직은 그렇지 않다. 걷기가 시작된 시기와 방법에 대해서는 지금은 어느 정도 정확하게 설명할 수 있다고 해도, 그 이유에 대해서는 인류의 기원을 공부하는 사람들이 아직은 동의하지 못하고 있다. 이 때문에 인류의 이야기를 새롭게 말하는 것은 아직 어렵다. 그것은 부분적으로는 관련된 두 '시기', 즉 자연경관의 변화와 인간의 이동 능력의 변화가 이루어진 시기가 이 시점에서는 서로 관련 있는 일련의 추이로 보이지 않기 때문이다. 가니 부부가 인정하듯이 "그것은 모두 적정한 시간 내에 일어났다. 이제 우리는 확정해야 한다."

하코트-스미스는 "그러나 변화의 일반적인 윤곽은 이미 명료하며 대충 유사하다. 부정기적인 두 발 보행자들은 단절된 곳이 없는 숲에서 살았다. 상습적 두 발 보행자들이 나타났을 무렵에는 동아프리카의 모습이 더 분열되어 있었다. 군데군데 숲이 있고 나무가 덤불처럼 빽빽하게 우거져 있었다. 강들을 따라 좁고 길게 숲들이 늘어서 있었지만 깊숙하고 끝없이 이어지는 열대우림은 과거의 일이 되어버렸다. 의무적인 두 발 보행자의 출현이라는 두 번째 큰 변이가 일어났을 무렵에는 우리가 오늘날 알고 있는 것처럼 나무가 없거나 점점이 흩어져 있는 광대한 사바나가 펼쳐졌다"고 말한다.

인류가 걷게 된 이유에 대해 최근 몇십 년 동안 여남은 해석들이 제시되었다. 그중 몇 가지 해석은 기후 변화에는 별로 관심을 두지 않았다. 실제로는 호미닌들이 맞서 싸워야 했던 기후 변화의 이유에 대해서는 아직도 논란이 있다. 가니 부부가 인정했듯이 그것은 지구의 기후에 대한 요란한 주장들을 아프리카의 슈퍼플룸이 일으킨 "지각 변동으로 인한 지역 기후의 흔들림"에서 분리하느냐의 문제다. 세르비아(구 유고슬라비아)의 수학자 밀루틴 밀란코비치Milutin Milanković(수리기상학자. 지구의 빙하기와 간빙기 등 기후 변화를 수리적으로 분석하여 일정한 규칙을 예상한 밀란코비치 주기를 만들었다-옮긴이)는 20세기 초, 지구 공전 궤도의 변화가 주기적으로 발생해서(4만 1000년마다 반복되었다) 지구가 목성의 인력 때문에 약 10만 년 주기로 거의 원형인 궤도에서 약간 타원형 궤도 사이를 오가며 변화한다는 사실을 알아냈다. 태양을 도는 공전 궤도의 변화가 지구 표면의 환경에 매우 큰 영향력을 미쳐서, 최근의 예를 들면 1500만 년 주기로 간빙기와 빙하기가 반복되고 있으며 특히 지난 100만 년 동안 완신세 바로 앞의 빙하기를 비롯해 일련의 강력한 빙하기가 닥쳤다는 것이다.

그렇다면 동아프리카에서 숲들이 서서히 사라지는 현상은 지구 깊은 곳에서 일어나는 사건이면서 어떤 면에서는 천체에서 일어나는 일과도 상관이 있다는 걸까? 가니 부부는 지구의 다른 지역보다 나중에 숲의 변화가 일어난 동아프리카의 변화 시기가 변화의 결정적 원인으로 아프리카의 슈퍼플룸을 가리키고 있다고 말한다. 그러나 신중한 과학자답게 "우리는 전 세계에서 일어나는 잡음 같은 온갖 신호에서 지역적인 기후의 신호를 풀어내는 데 아직 예비 단계에 있다"고 지적한다.

미국의 평론가 레베카 솔닛Rebecca Solnit이 쓴 『방랑벽: 걷기의 역사Wanderlust: A History of Walking』에는 시카고 대학교 인류학과 교수이며 '관절 걷기'라는 용어를 만들어낸 고인류학자 러셀 터틀Russel Tuttle이 '걷기가 탄생한 이유'에 대한 현재의 이론들을 명료하게 요약한 부분이 있다(터틀은 1991년 열린 '두 발 보행의 기원'에 대한 파리 회의에서 여러 광범위한 이론들을 총괄적으로 훑어보고 '걷기가 탄생한 이유'라고 그 주제를 명명했다). 터틀은 자연경관의 가변성은 '나르기 가설(음식을 나르거나 아기를 데리고 가기 위해 두 손이 자유로워질 필요가 있어 걷기가 나타났다는 의견으로 사실은 다윈이 먼저 주장했다)' 또는 '트렌치코트 가설(좀 더 눈에 잘 띄어 여성들의 시선을 끌기 위해 걷기가 나타났다는 가설)' 또는 '흠뻑 젖기 가설(강을 걸어서 건너고 헤엄치는 것이 가능하도록 걷기가 타나났다는 가설)'과는 관계없다고 보았다. 한편 다른 몇 가지 이론들은 이 경우 두 가지 시기가 하나의 이유로 합쳐진다고 강력히 제안한다. 또한 이 이론들은 솔깃하게도 그 이유에 다른 요소를 추가한다. 즉, 상황을 거의 똑같이 유지하기 위해 되도록 바뀌는 것이 적게 하려는 노력에 의해 변화가 결정되었다는 의견이다.

특히 터틀이 '두 발이 네 발보다 더 낫다는 가설'이라고 표현한 이론은 호미닌들이 좋아하는 열매가 달리는 익숙한 나무에서 같은 양을 매일 먹기 위해 상습적인 걷기가 나타났다고 설명한다. 또한 그 열매가 손 닿는 곳에 있지 않아도 두 발로 걸어서 접근하는 행위에 점점 더 의지하면서, 네 발로 짧은 거리를 기어갈 때보다 에너지를 덜 쓰면서도 더 먼 거리를 다닐 수 있게 되었다. 이 가설의 또 다른 이름인 '효율적으로 걷는 자 이론'은 어딘가에 도착하기 위해 이동한 것이 아니라 같은 곳처럼 느껴지는 장소에 머물기 위해 여행을 했다고 제시하면서 걷기의 주안점을 다시 구성했다. 캘리포니아 대학교의 데이비스 인류학자인 피터 로드먼Peter Rodman과 헨리 맥헨리Henry McHenry 등 이 이론을 지지하는 학자들의 말처럼, 상습적인 걷기는 "유인원이 살 수 없는 곳에서 사는 유인원들의 생활 방식"이었다. 그것은 변화를 피하기 위한 변화였으며, 숲에서 성공적으로 살아갈 수 있도록 잠재력을 발전시킨 변화였다.

비슷한 방식으로 터틀이 이름 붙인 '네 발로 달리기에는 더웠다'는 가설은 의무적인 걷기를 '보수적 쇄신'으로 설명한다. 이는 이전에 숲에서 살던 생물들이 식량이 있는 장소가 더욱 널리 분산되자 보다 시원한 상태로 이동하면서 걷기 시작했다는 것이다. 열매를 구할 수 있는 남아 있는 잡목 숲들 사이에는 아마도 500m에서 몇 km에 이르는 햇빛에 달궈진 초원이 있었을 것이다. 하코트-스미스는 이렇게 말했다. "사바나에 있으면 정말 덥다. 그리고 초목들 사이에 있으면 후텁지근해진다. 그러나 똑바로 서면 몸의 60%가 햇빛에 덜 노출된다. 그러면 열로 인한 손실을 줄일 수 있고, 그늘에 있을 때 몸을 지탱하기 위한 것과 같은 양의 물과 음식으로 견뎌낼 수 있다."

우리가 직립한 이유에 대해 하코트-스미스는 다음과 같이 생각한다.

사물은 되도록 단순하게 보아야 한다. 한 가지 변화가 유지되기 위해서는, 생물이 즉시 긴급한 욕구를 충족시킬 수 있도록 '적응할 만한 중요성'이 그 변화에 있어야만 한다. 즉, 진화에 이득을 주는 것이어야 한다. 그리고 더 이전의 시기를 생각할 때는 더욱 엄밀하게 생물학적으로 생각해야 하기 때문에, 이 경우 그들의 마음속에 있는 욕구는 식량을 구하는 것과 강력하게 관련되어 있다고 봐야 한다. 그러므로 지치지 않으면서 늘 먹던 것과 같은 먹이를 먹기 위해 이미 할 수 있었던 것, 즉 걷기를 더 많이 했다는 것이 호미닌의 '현재 순간'과 일상적인 환경에서 벗어나지 않는 간결하고 호소력이 큰 설명이다. 그리고 똑바로 서서 걸을 때 생기는 냉각 효과는 또 다른 강력한 논거다. 고기를 찾아 사바나를 돌아다녔던 다음 세대의 호미닌들도 햇빛을 피하는 데 서서 걷기가 도움이 되었기 때문이다.

여러 이론들을 평가할 때 우리는 원인과 결과를 혼동하지 않도록 노력해야 한다. 예를 들어 우리가 '나르기 가설'처럼 두 손을 자유롭게 쓰기 위해 직립했다면, 갑작스럽게 두 손으로 물건을 나르고 다룬 결과로 도구 사용과 더 커진 뇌가 나타나리라 예상할 것이다. 훨씬 나중이 아닌 곧바로 말이다. 이런 이유로 그 가설은 이제 결과가 이야기를 움직이는 원동력이 되는, 러디어드 키플링Rudyard Kipling의 어린이를 위한 동물 이야기 『왜?라고 묻는 딸을 위해 쓴 키플링의 바로 그 이야기들』과 비슷하게 들린다. 그렇게 따지면 표범은 숲 속에서 사냥감들이 잘 보지 못하도록 황갈색 가죽에 점들을 추가했고, 코끼리 새끼는 악어와 줄다리기를 하려고 긴 코를 갖게 된 것이다. 우리는 계속 이것을 곱씹어야 한다. 때때로 어떤 일은 누가 원했다고 일어나는 것이 아니라 그저 무슨 일인가가 먼저 일어났기 때문에 일어나는 것이다. 그것도 서로 관계없는 이유들로 말이다.

그러나 하코트-스미스가 미국 자연사박물관에서 일한다는 자체가 최근 인류의 이야기를 다시 이야기하는 '제2의 변형'에 다양한 증거와 전문적 지식들이 얼마나 중요해졌는지를 시사한다. 그는 원래 의사가 되려고 했기 때문에 다른 시대였다면 인류의 기원에 대해 연구하지 않았을지도 모른다. 그래서인지 그는 인간의 몸이 기능하는 방법에 대해 다른 사고방식을 찾아냈다. 그는 주로 호미닌과 인간의 발을 연구하는데, 아직 그 분야에는 연구자들이 별로 많지 않다. 역사적으로 이 분야는 '두개골 중심'이었다. 이는 단단하고 쉽사리 부패되지 않는 치아 때문이기도 하다. 화석 자료들 중에는 가느다란 어깨뼈나 골반뼈보다 치아가 훨씬 많이 남아 있다. 그러나 수백만 년 전 아프리카에 살았고 지금도 살고 있는 하이에나는 뼈를 씹어 먹는 동물로서 발뼈들을 갉아먹고 질질 끌고 다니고 흩어버리기를 좋아한다. 하코트-스미스는 다음과 같이 말한다.

> 그것에 더해, 버려야 할 문화적 방해물이 아직도 있다. 빅토리아 시대 사람들은 '아아, 불쌍한 요릭(이 대사는 〈햄릿〉 제5막 제1장의 무덤 장면에 등장한다. 오필리아의 무덤에서 햄릿이 선왕의 어릿광대였던 요릭의 해골을 주워 들고 호레이쇼에게 "아, 불쌍한 요릭. 나도 그를 안다네, 호레이쇼"라고 말하는 장면이다-옮긴이)' 하는 식으로 두개골에 집착했다. 두개골에 그렇게 직접 관련된 느낌을 받기 때문에 다른 뼈들은 막연하게 여기는 것이다. 오늘날에도 이런 생각은 여전해서 학교에서 교사들은 학생들에게 "몸이 존재하는 목적은 머리를 운반하는 데 있다"고 말하곤 한다. 그러나 직립해서 걷는 것이 가장 빨리 나타난 인류의 형질로 여겨지면서, 이제 이런 분위기는 변하고 있다. 발뼈가 발견되면 여기서 우리가 알 수 있는 것은 너무도 많다. 유인원의 손과 인류의 손은 아주 비슷하다. 단지 우리가 손을 사용하는 방법이 변화했을 뿐이다. 반면 발은 해부학적으로나 기능 면에서나 급격히 변화했다. 거의 '뒤에 달린 또 다른 손'처럼 시작됐다가 지금처럼 정말 우아한 디자인에 추진력 있는 독특한 발사대가 되었다. 그리고 일단 중요한 변화에 관한 한, 일단 발이 '머리보다 먼저' 변화했다고 생각하면 인류의 이야기에서 고유의 부분을 맡았던 다른 변화들에 대해서도 마음을 열고 검토하게 된다.

11장

인류가 얻은 최초의 선물

새롭게 개조된 인류의 발은 머리를 재구성하는 것을 도울 수 있었을까? 만일 그랬다면 어떻게 도왔을까? 원인과 결과를 구분해야 한다는 윌리엄 하코트-스미스의 말을 듣고 나는 호미닌의 인지에 대한 흥미로운 구절이 떠올랐다. 가능성 있는 통로나 메커니즘을 제안한다고 하코트-스미스가 권한 책에 있는 구절이었다. 그것은 상습적인 걷기의 전과 후를 상세하게 묘사한 것으로, 영국 옥스퍼드 대학교의 동물학자 조너선 킹던Jonathan Kingdon이 『미천한 근본: 우리의 조상은 어디서 언제 왜 똑바로 섰는가Lowly Origin: Where, When, and Why Our Ancestors First Stood Up』라는 책에서 호미닌이 세상에 접근하는 방식을 체계화한 '집중적인 경계 태세의 범위'를 자세히 설명한 부분이다. 킹던은 호미닌이 걷기 전에는 팔을 뻗으면 닿을 만큼 좁은 범위 안에 있는 것들에 주의를 집중했다고 본다. 이는 반경 1m를 넘지 않는 범위다. 그의 말에 따르면 "전형적으로 가까운 곳에서 집중적으로 식량을 수집하는 호미닌들은 그들의 팔이 닿는 범위로 좁혀진 인지 영역 내에서 식량을 모으고 처리했을 것"이다.

후각과 촉각을 제일 중요한 감각으로 사용하며 집중적으로 경험을 쌓은 이 작은 영역을 둘러싸고 있는 것은 두 번째 범위다. 이는 부정기적인 보행자들의 '더 큰 여기'라고 말할 수 있는 것으로 즉각 행동을 취하는 더 넓은 영역인데, 대략 7~9m 거리로 시각과 청각이 지배한다. 더 넓게 펼쳐진 땅에서 일어나는 일은 눈으로 보거나 귀로 들을 수 있는 범위에서 판단해야 하기 때문이다. 이는 내부에 있는 '팔'이 닿는 거리의 반경이 확장된 것과 같다.

집중적인 경계 태세의 범위와 이를 둘러싼 두 번째 범위는 이른바 '지력知力이 미치는 범위' 안에서 섞여 어우러진다. 그리고 호미닌들은 두 번째 영역의 일반적인 배치를 잘 알며 그 영역 안에서 일어나는 짐승들이나 동료 호미닌의 움직임을 계속 점검할 수 있다. 이 두 번째 범위는 호미닌들의 사회생활의 주 무대가 되며 그 반경과 형태는 모든 동물학자에게 친숙한 분야다. 킹던은 그것이 "툭 트인 지대에 있는 포유동물과 조류들이 훨씬 많은 시간을 보내는 활동 영역"이라고 말한다.

이 두 가지 반경에 이어, 상습적인 보행과 의무적인 보행을 하면서 세 번째 확장된 경계 태세의 반경이 추가되었다. 킹던은 이를 '먼 활동 영역'이라고 부르는데, 거의 구체적인 경계가 없는 범위로 정의된다. 즉각적 행동의 반경을 넘어 지평선까지 확장되기 때문이다.

모든 감각 중에서도 시각과 청각, 그리고 매우 큰 소리를 듣고 내지르는 것만이 멀리 떨어진 공간을 인지하고 이용하는 데 의미가 있었을 것이다. 천

등과 비 냄새도 초기의 사람 과科 동물이 행동하도록 자극할 수 있었다. … 먼 곳을 살피는 일은 멀리 있는 같은 종이나 적, 먹이의 움직임을 인지하고 매력적인 식생의 유형, 불, 비구름, 태양의 주기 등이 만들어내는 패턴을 인지하는 것과 주로 관련되었을 것이다. 그것들의 방향과 상대적인 거리를 평가하고, 비가 내리고 그치는 것, 연기, 먼지, 석양 같은 자연의 변화를 인식하면서 판단을 내렸을 것이다. 멀리 떨어진 곳을 살피는 행동은 비교적 느리고 소극적이었으며, 또 즉각적인 행동을 할 필요가 없었기 때문에 충분히 생각해 보고 계획을 짤 여지가 있었을 것이다.

눈에 보이는 풍경, 소리, 냄새를 주목하는 것과 땅과 하늘에 숨어 있는 패턴을 탐지하는 능력이 결합된, '멀리 떨어진 곳 살피기'를 강조하는 것에서 우리의 더 큰 자각의 도착 순간에 대한 묘사가 떠오른다. 또한 새로운 방식으로 이동할 때의 반응으로 나타나는 것, 똑바로 섰을 때 나타나는 것과도 분명 비슷하다. 두 발과 두 다리가 정신에 직접적으로 영향을 미치며 재정리한다는 말이다.

킹던의 말에 따르면, 우리의 더 넓은 자각은 그리스 여신 아테네처럼 이미 완전히 성장한 채 탄생했다. 걸어 다니는 호미닌들로서는 더욱 넓게 노출된 환경으로 이동해갈 때 거의 즉시 그것을 이용할 수 있었기에 운이 좋은 상황이었다. "영장류의 진화에는 그런 다차원적인 도전이 있는 환경에서 살기 위해 대비할 것이 아무것도 없다"고 킹던은 강조한다. 더 큰 자각에 이르지 않고는 연약하고 시야가 좁은 영장류는 수렵과 채집을 할 때 좁은 시야에 제한받았을 것이다. 심지어 그 시야 자체의 도움도 제한되었을 것이다.

> 이 '수평적 확장'에 전적응前適應(생물이 현재 처해 있는 환경과는 다른 환경에 처하거나 생활양식을 바꿀 필요가 있을 때 이미 그것에 적합한 형질을 가지고 있어 적응과 같은 효과를 나타내는 현상–옮긴이)이 결여된 것은 … 그들이 안전하게 숲이 우거진 강둑에서 떨어진 곳에서 동물들을 맞닥뜨릴 때 상당히 불리한 처지가 되게 한다. 이들 종은 포식자, 잠재적인 먹이, 혹은 경쟁자일 수도 있지만 특히 툭 트인 지대에서 오랜 세대에 걸쳐 살아온 동물을 위시해서 다수의 동물이 매우 많은 면에서 호미닌보다 월등한 능력을 가졌을 것이다.

이런 사건들의 순서를 반복해서 강조하고 좀 더 확대해 보자. 걷기는 앞서 말했듯이 지각 변동의 결과에 따라 차차 나타난 결과로서, 먹이가 여기저기 흩어져버린 것이 원인이었다. 그러나 호미닌들이 걸어 다니게 되면서 원래 목적이었던 식량 모으기도 이전 수준으로 회복되었다. 그리고 청하지도 않았던 것, 즉 사물의 인상을 모으는 내부의 강화된 장치이자 이전에는 미개발 상태였던 다감각을 응용하는 넓은 각도의 자각에 접근할 수 있었다.

이처럼 걷기는 다양한 결과를 불러온 심오한 변화였다. 그중 하나는 과일을 이전처럼 계속 먹기 위한 의도적인 변화였다. 당분간 아무 변화가 없도록 '변화'한 것이며, 유인원이 살 수 없는 곳에서 살기 위한 생활방식이었다. 또한 주변의 자연에서 활동하기 위한 지속적이고 새롭고 독특한 능력이 부수적으로 따라왔는데 이 점은 화석 자료에는 아무 흔적도 남기지 못했다. 하지만 걷기라는 원래의 제한적인 목적보다 오래 살아남은 재능이었으며, '더 이상 유인원이 아니기 위한 유인원의 방식'이라 할 수 있는 것이었다.

이동의 역사에서 볼 때 걷기와 더 큰 자각, 하나는 눈에 보이며 다른 하나는 느낄 수만 있는 이 두 가지 능력은 인간 최초의 '이동 수단'과 '수송 체계'라고도 할 수 있다. 더 이상 동물의 발이라 할 수 없는 두 발로 직립해서 걷는 것은 이동에 걸리는 시간을 줄여서 호미닌이 드문드문 흩어져 있는 숲을 오가는 문제를 해결해 주었다. 그러면서 더 이상 가까이 있지 않은 먹이를 찾아 새로운 일터와 근거지 사이를 매일 오가는 일상적인 행동 양식이 나타났다. 갑작스레 넓어진 자각은 직립한 호미닌들이 훨씬 더 넓은 세계를 깨닫고, 받아들이고, 그 속을 헤쳐 나갈 믿을 만한 길을 찾는 데 도움을 주었다. 그 세계는 먼 지평선까지 뻗어 있었는데, 그 바깥 경계는 50km 정도로 떨어져 있었다.

이와 같이 인류가 물려받은 여행의 쌍둥이 능력이 발달했다. 이 두 능력은 여전히 우리의 마음과 몸의 분리할 수 없는 연속체다. 그것은 가속과 감속을 오가며 편안하고 안전하게 움직이는 신체의 활동이자, 동시에 그 신체의 움직임이 우리에게 가져다주는 정보와 인상들을 평가하고 식별하고 흡수하는 데 무한한 관심을 기울이며 조정하는, 끊임없이 갱신되는 내면의 처리 과정이기도 하다.

생물학적으로 일어나는 변화는 대개 단시간에 정교해지지도 않고 출발부터 그렇게 두드러진 역할을 하지도 않는다. 따라서 우리의 더 넓은 자각은 원래 환경적 요인으로 나타난 것으로서 효과이지 원인이 아

니다. 비록 '결과'라는 말이 일어난 일을 정확하게 설명해 주지만, 이 경우에는 너무도 한정된 용어인 것 같다. 나는 그것이 우리의 지능적 발전을 포함하는 인간다움을 규정하기 위한 도약대가 되었고, 우리의 본질에서 필수적인 부분으로 남아 있기 때문에 그것을 '인간이 얻은 최초의 선물'로 생각하는 편이 더 마음에 든다. 싸워서 쟁취하거나 문제를 풀어 배우거나 경쟁을 해서 얻은 것이라기보다는, 삶이 우리에게 증여하고 베푼 것이라는 이야기다. 그것은 선물이지 상이 아니다.

논리적으로 보면, 더 넓은 자각은 이미 호미닌의 마음에 존재하는 이전 단계의 구성 요소들에서 정리한 것이어야 하지만 전에는 결코 그것이 지속되는 조합으로 활동한 적이 없었다. 그래서 의문이 많다. 개별적인 구성 요소들을 확인할 방법이 있는가? 그것들이 서로를 얼마나 잘 지지하고, 서로 쉽게 영구적인 것으로 굳어지거나 묶이는지 평가할 방법은 있는가? 결과적으로 만들어진 구조는 호미닌들이 강변 숲에 있는 주거지에서 멀리 떨어져서 일할 때 겪는 다차원적인 도전에 유용한 안내자가 될 만한 힘과 융통성을 가지고 있었는가?

킹던은 그다음 단계에서 자기들을 꿰뚫어 볼 수 있는 새로운 자각 이상의 것이 호미닌들에게 필요했다고 생각한다. 그리고 그들의 생존을 보증한 비약적 발전이 더욱 체계적이고 정기적인 도구의 사용을 발전시켰다고 본다. 킹던의 책을 읽으면서 나는 바로 이 부분에서 킹던이 표적을 빗맞혔으며 자기가 찾고 있던 표지를 지나쳐 갔다고 생각한다. 나는 진정한 '비약적 발전'은 무심코, 그러면서도 필연적으로 습득했던 새로운 정신적 도구, 이미 자리 잡고 있었던 확장된 자각이었다고 생각한다. 그러나 내가 내놓을 수 있는 증거는 무엇일까?

나는 독일인들이 '사고실험思考實驗(독일어로 'Gedankenexperiment'-옮긴이)'이라고 부르는 것을 통해 증거를 도출할 수 있겠다는 생각이 들었다. 현재라는 시점에서 두 발 보행을 하면서 초래된 인지 변화를 되도록 비슷하게 재현해 본다는 게 내 생각이었다. 아마 약간 우스꽝스러울지도 모르겠지만 시간이 많이 걸리지 않을 것이고 집에는 나밖에 없는데다, 내가 시도하는 것은 수백만 년 전에 실제로 일어났던 일을 그대로 따라 하는 것이라 어려울 게 없었다.

나는 거실에 있는 책상 가까이에서 네 발로 보행하는 자세를 흉내 내려고 두 손과 두 발로 바닥을 짚은 채 똑바로 앞을 바라보았다. 그러고는 다시 일어나 내가 바라보던 벽의 점을 자로 재 보자 겨우 바닥에서 63cm 정도밖에 되지 않았다. 다시 두 손과 두 발로 엎드리고는 이번에는 관절 걷기 하는 동물의 자세를 따라 하려고 두 손을 오므려 관절로 바닥을 짚어 보았다. 그 자세를 하자 내 눈높이는 10여 cm 정도 높아졌다. 내 키는 178cm인데 일어서서 보자 눈높이가 168cm 정도 되었다. 즉, 호미닌은 똑바로 선 자세에서는 관절 걷기를 하는 동물보다 약 2.25배 높은 눈높이에서 세상을 바라보았으며, 네 발로 보행하는 동물에 비해서는 2와 3분의 1배 높은 눈높이에서 바라보았으리라는 것이다.

윌리엄 하코트-스미스가 말했듯이 아프리카 사바나의 초목들은 200만 년 전에 나타나서 90~120cm로 자랐고 지금도 그렇게 자라고 있다. 내가 대충 줄자로 계산해 본 것은 의무적인 두 발 보행자들이 매일 경험하던 '멀리 떨어진 범위'의 지평선을 보여 줄 것이다. 혹은 적어도 청소년과 성인들은 그랬을 것이다. 어쨌든 열두 살 먹은 투르카나 소년의 키는 이미 157cm 정도였으니까. 같은 과정으로 추론해 볼 때, 아프리카가 사바나로 변하기 전에 살았고 키가 더 작아서 루시만 했던 상습적인 두 발 보행자들은 숲이 점점 띄엄띄엄 흩어지면서 간간히 생겨난 공터에서 더 키가 작고 덜 무성했을 초목들 위로 먼 곳을 내다볼 수 있었을 것이다. 그것은 킹던의 기본적인 논점 중 하나를 확인해 준다. 즉, 지구상에서 자연경관이 광범위하게 바뀐 후 똑바로 서는 행동이 호미닌들의 '현실'이 되었다는 것이다. 그들이 매일 혹은 며칠마다 갔다가 돌아오는 장소들은 크기나 모양이 바뀌지 않았지만 주위 환경과의 관계는 완전히 새로워졌다.

우리가 앞서 봤듯이, 상습적인 두 발 보행자들의 생존에 필요했던 물리적 공간은 숲에 근거지를 두고 근처에서 식량을 구할 수 있었던 이전의 부정기적 두 발 보행자들에게 필요했던 공간보다 훨씬 넓어졌다. 그러나 직립하고, 또 직립한 상태에서 이동하는 것을 최초로 대단한 일로 만들었던 주체는 (호미닌의 기준에서) 그들의 감각이 늘 미칠 수 있는 조그만 세상이었다. 폐쇄적인 환경에서 우리가 눈과 귀로 알 수 있는 것은 서로 비슷하다. 그리고 아마 귀는 음향을 입체적으로 듣고 우리가 볼 수 없는 뒤쪽에서 나는 소리의 위치를 정확히 알 수 있기 때문에 좀 더 위력이 있다. 그러나 영장류 정도의 밝은 시력을 가진 생물이 직립하면서, 이전에는 시야를 커튼처럼 가리고 있던 초목들보다 눈높이가 더 올라가면서 눈은 다른 감각들에 비해 거의 망원경과도 같은 위력을 지니게 되었다.

이 모든 것 역시 킹던의 또 다른 주장을 지지한다. 호미닌들이 네 발로 기다가 두 발로 일어서자마자 '먼 곳을 살피는' 기회와 더 큰 자각의 다른 면들이 나타난다는 것이다. 그러나 그들은 그 기회를 그들의 생각과 이해력을 자극하는 기회로 이용할 수 있었을까? 아니면 킹던이 추정했듯이 다른 일이 먼저 일어났어야 했을까?

나는 혹시 먼젓번에 '몸으로 생각하는' 실험을 했을 때 놓친 단서가 있는지 보려고 다시 그 실험을 해 보기로 했다. 내 집의 거실에는 사바나의 초목은 없지만 바닥에서 약 178cm 높이에 창턱이 있고 그 너머로 지붕들과 하늘이 보인다. 그리고 방 바깥의 정원에는 야생 능금나무 몇 그루가 있고 에어컨 옆 선반에 산비둘기 둥지가 하나 있다. 또한 내가 하는 일이라고는 뉴욕의 내 집이라는 안전한 장소에서 네 발로 기는 자세를 하다가 천천히 일어서는 것뿐이었다. 게다가 나는 꼼꼼하게 복원해 만든 루시와 데시의 눈을 미국 자연사박물관의 디오라마에서 본 적이 있다. 그런데도 나는 대단한 일이 일어나리라 기대하지 않았고 일어날 수 있다고 생각하지도 않았다. 그래서 실제로 일어난 일에 대해 대비가 되어 있지 않았다. 하지만 네 발로 기는 자세에서 일어서자마자, 나는 감정이 급격히 고조되었다!

더 구체적으로 말하면 몇 가지 강렬한 느낌이 급격히 떠올랐다. 시야가 불현듯 넓어지고 깊어지며 '채워지는' 느낌이었다. 물론 그저 낯익은 뒤뜰을 바라보았을 뿐이었지만 바닥에 엎드리고 있을 때 벽과 라디에이터만 보였던 것과는 확실히 대비되었다. 창으로부터 쏟아져 들어오는 것 같은 숱한 정보들은 킹던의 말처럼 더 살펴보고 나아가 탐험해 보도록 유혹하는 듯했다. 눈에 보이는 모든 것이 더 가까이 다가가면 발견할 것이 많다고 말하는 듯했다. 세상이 나를 손짓해 불렀다. 이 분출하는 느낌은 기대와 열망이었는데, 내가 불러온 것이 아니라 스스로 나타났다.

그러나 일어서는 행동과 함께 묶여나 있는 듯, 예고 없이 찾아온 느낌은 그것만이 아니었다. 다른 감각도 똑같이 자동적으로 떠올랐다. 전에는 내가 의식하지 않았던 희미하면서도 널리 스며드는 조심성이 느껴졌다. 그것은 볼 수 있는 것이 아니었지만 내가 사물을 보는 방식에 영향을 미쳤다. 특히 내가 두 발을 딛고 일어서서 몸을 폈을 때 더 강렬해지는 듯했다. 그것은 우리의 운동감각에서 오는 정보에 대한 반응이었다. 때때로 이는 신체적 지능이라고 불리는데, 다른 지능들 중에서도 우리가 선천적으로 타고나서 계속 유지하는 것으로 자기의 몸이 공간 어디에 있는지를 아는 감각이다.

나는 네 발 보행자가 자리에서 일어서면 키만 두 배가 되는 것이 아니라는 점을 깨달았다. 우선 몸의 너비가 급격히 줄어든다. 이전에 네 발로 보행하는 상태에서는 키가 겨우 팔 길이만 했다. 어깨에서 손목까지의 길이에 어깨 앞에서 둥글게 휘어져 쳐들린 머리와 목까지, 몇 cm를 더한 높이다. 반면 두 발 보행자인 우리의 키는 엉덩이에서 발까지(그 자체가 팔 길이보다 길다)에, 엉덩이에서 어깨까지를 더하고 여기에 똑바로 선 목과 머리의 전체 길이를 더한 것이다. 이렇게 일어섬으로써 공간에서 몸이 재배열되는 동안 우리 몸의 너비는 이전의 약 3분의 1 정도가 된다. 네 발 보행자의 너비는 어깨에서 엉덩이까지와 목과 머리를 합친 것인 반면, 인간 혹은 똑바로 선 호미닌의 너비는 겨우 가슴에서 등까지의 거리밖에 안 된다.

또한 직립은 우리가 몸을 펴지 않은 상태에서 다른 척추동물과 공유했던, 꼼꼼하게 배열된 해부적 구조에도 변화를 일으킨다. 파충류가 지구상에 나타난 고생대 말기의 석탄기인 3억 1000만 년에서 3억 2000만 년 동안, 육상 동물의 두드러진 체제體制(동물의 몸의 기본 형식–옮긴이)는 가로로 된 척주脊柱였다. 마치 2인용 소형 천막같이 머리 쪽에서 엉덩이 쪽으로 뻗어 있고 양쪽 끝에 두 다리씩 있으며, 소화관과 다른 내부 장기들은 기둥 아래쪽에 매달려 있고 그것들을 고리처럼 휜 뼈들과 흉곽이 둘러싸 지탱하고 있다. 흉곽은 척추에서 갈라져 나온 유연성 있는 뼈들로 척주를 둘러싸고 있다. 이 연결된 뼈들은 위나 옆에서 위협해 오는 것들로부터 보호해 주며, 아래쪽에서 공격을 받을 위험은 별로 없기 때문에 전체적인 내부 조직들은 비교적 아래쪽에 매달려 있다.

따라서 전형적인 육상 생물을 대략 움직이는 직육면체 상자라고 생각한다면, 우연이든 의도적이든 쉽사리 상처받는 부드러운 아랫배는 선천적인 몸의 구조와 입체적인 형태의 자세 덕분에 비교적 잘 보호받는다. 그리고 일상적인 행동도 이 점을 강화한다. 파충류와 포유류는 방어가 덜 되는 아랫부분을 잘 드러내지 않으면서 이동한다(개나 고양이가 발랑 드러누워 배를 드러내 주인이 어루만지도록 하는 것은 신뢰와 느긋함을 느낀다는 신호다).

그러나 우리가 뒷다리로 일어서면서 모든 변화가 일어났다. 이제 우리는 지표면과 평행을 이루는 대신 수직을 이루고 있으며, 우리의 신체에서 가장 취약한 부분인 복부가 땅에서 끌어 올려져 아무런 보호 수단 없이 세상을 마주보게 되었다. 그렇다. 우리는 이전보다 더 멀리 볼 수 있지만 이 새로운 능력과 더불어 조심하고 경계하는 능력을 긴급히 강화해야 했다. 그래서 우리의 눈앞에 펼쳐진 것은 우리가 보통 말하는 '전경全景'이나 '경치' 같은 단어들이 나타내는 것보다 훨씬 더 그늘지고 미묘한 차이를 지니며, 전달하는 의미가 여러 겹이고 양면성을 갖는다.

이미 우리의 주목을 끈 '우리 앞에 있는 이 엄청나게 확장된 자연경관에서 우리는 이제 무엇을 할 수 있을까?'라는 질문과 함께 '그것이 우리에게 무엇을 할 수 있을까?'라는 질문이 떠오른다. 다른 말로 하면, 더 커진 '경계 태세의 반경'에는 우리가 처음 살펴보았을 때부터 일종의 '각성의 여과 장치'가 씌워져 있다는 것이다. 혹은 두 발로 일어섬으로써 우리에게 주어진 장거리의 자각 렌즈에 '각성의 여과 장치'가 녹아들었다고 말하는 편이 더 정확할 것이다. 우리는 이제 더 이상 스스로를 공간에서 움직이거나 행동을 함으로써 공간을 재배치하는 주체가 아니다. 우리는 우리를 행동하게 만드는 공간의 힘, 새로 확장된 지평선 너머까지 확대된 광활한 공간 안의 조그만 사물이다.

이것이 내 사소한 실험에서 발견한 가장 놀라운 사실이다. 내가 처음 걸음마를 시작했을 때부터 65년이 지났고, 호미닌에게 걷기가 상습적인 행동이 된 이후로 약 400만 년이 지났으며, 초기 인류가 이동할 때 걷기가 유일한 방법이 된 이후로 약 200만 년이 지난 후였다. 그저 어느 날 엎드렸다가 일어서 본 것뿐인데 그렇게도 강한 감정이 다시 활성화되고 내부적인 긴장마저 불러일으켰다. 물론 내 몸이 땅의 어디에 있는지에 대한 운동감각이 내 생각 전체를 물들이고 내 눈이 내게 보여 주는 것만큼이나 강렬한 효과를 준다는 사실을 깨달은 것도 예기치 못했지만 말이다. 그 운동감각은 내가 늘 유용하거나 쓸모없는 정보의 높낮

이를 측정하는 일종의 고도계 같은 것, 판단의 기준이나 판독기로 여겼던 것이었다.

왜 나는 전에는 이것을 알아차리지 못했을까? 아마도 열망과 경계라는 두 감정이 너무도 완벽하게 균형을 이루고 잘 어우러져 숨어 있었기 때문에 이 둘의 연합을 탐지하거나 그중 하나를 골라낼 수 없었는지도 모른다. 하지만 그것을 찾지 않고도 앞에서 다룬 '경이로움을 느끼는 방법', '바르샤바 유도법'과 같으면서 더 큰 자각에 접근할 수 있는 또 다른 방법이 있다. 그것은 직접성, 시간을 늦추고 확장하는 것, 매 순간 얼마나 많은 일이 일어나는지에 대한 민감성을 증가시키는 것, 그것의 가치와 무게가 주위의 가장 익숙한 광경에서 빛나게 하는 것과 같은 마음 상태를 유도하는 빠르고도 쉬운 방법이다. 그러나 예전에 나는 이 맛이 한 가지 재료 이상으로 만들어진 달콤한 음식이라고 생각해 본 적이 없다. 나는 우리의 더 큰 자각의 구조나 성분, 그리고 내 생각이 맞는다면 그것이 우리 내부에 처음 생긴 순간을 마침내 정확히 나타낸 것에 대해 배우는 중이었다(따라서 이 경우 어떤 것의 '시기'를 찾는 것이, 그것이 무엇인지에 대해 상당히 많은 것을 배울 수 있음이 입증되었다).

우리가 똑바로 서고 두 발에 몸무게를 다시 분배하면서 우리의 지각도 다시 바뀌었다. 그리고 그 지각은 앞서 말한 두 가지 느낌을 활동에 편입시키고, 그 두 느낌 사이에서 우리를 고무하고, 우리의 힘이 미치는 거리를 넓혀서 이제까지 숨어 있던 '큰 호기심의 문턱'을 우리가 넘도록 부추긴다. 이 새로운 '이중으로 고양된' 상태는, 우리가 이른바 '두 발 보행의 지각 발판'이라는 새로운 메커니즘을 마음에 부여하는 과정에서 처음으로 강한 감정이 관련된 예비 단계의 맥락을 만들어낸다.

미국 아인슈타인 의과대학교의 명예교수이자 정서의 기원과 기능을 다룬 이론가인 로버트 플럿칙Robert Plutchik(2001년 《아메리칸 사이언티스트》에 발표한 「정서의 본질The Nature of Emotions」이란 글에서 그의 생각을 요약해 놓은 것을 볼 수 있다)에 따르면, 감정은 인류보다 수백만 년은 먼저 나타난 오래된 현상이다. 다윈도 "곤충들조차도 마찰음을 내서 분노, 공포, 질투, 애정을 표현한다"고 인정했다. 플럿칙이 40여 년에 걸쳐 발전시킨 심리발달 이론에 따르면, 정서는 유기체가 위기를 해결하기 위해 취할 수 있는 행동을 이끄는 내부적인 자극 같은 것으로 나타난다. "정서는 생존의 문제가 제기될 때 활성화된다. … 정서의 기능은 개체가 예기치 못했거나 이례적인 일 때문에 불안정해질 때 균형을 되찾는 데 있다."

플럿칙의 모델에서 어떤 정서에 반응하고 문제를 해결하기 위해 뭔가를 하는 것은 그것이 사회적인 것이든, 음식에 관련된 것이든, 위험에서 벗어나기 위한 것이든 예전 마음의 상대적인 평정 상태로 돌아가게 만들 것이다. 그러나 플럿칙은 호미닌이 발의 해부학적 변화를 거쳐 일단 의무적인 두 발 보행자가 되었을 때처럼 원래의 평정 상태, 즉 네 발 보행으로 돌아갈 길의 흔적이 완전히 사라졌을 가능성에 대해서는 언급하지 않았다. 『헨젤과 그레텔』 식으로 말하자면, 빵 부스러기가 사라져버린 상황이다. 일단 예전의 상태로 돌아갈 길이 없어졌다면, 유일하게 취할 수 있는 해결책은 '균형'을 재정립하여 다시는 무너지지 않도록 정서의 힘과 나란히 엮이게 해서 같은 무게를 갖게 하는 것이다. 또한 경계와 열망의 조합이 무엇인지 알아내고, 양안시 기능과 두 발 보행으로 이동하면서 두 가지 자각을 지니게 된 생물의 기회와 취약성의 문제를 향해 앞으로 나아가는 것이다.

플럿칙의 이론에서는 인간의 모든 정서는 8가지 기본 정서들의 파생물과 조합이다. 플럿칙은 8등분하고 색깔로 표시한 원반을 이용해 각각 대조적인 정서들을 짝을 이루어 보여 준다. 이들 정서 중 세 가지 쌍은 경험에 흔히 따르는 것으로 금방 알아볼 수 있다. 즉, 격노/분노 대 공포/두려움, 황홀감/기쁨 대 비통함/슬픔, 그리고 사교적 만남을 평가하는 방식으로서 존경/신뢰 대 증오/역겨움의 쌍이다. 인간의 발달에서 더 큰 자각이 최초로 나타난 것은 플럿칙의 네 번째 정서 쌍을 돋보이게 하는지도 모른다. 우리가 매일 살아가면서 아직도 종잡을 수 없고 덜 중요하다고 생각하는 것으로, 경계/예상/관심 대 기막힘/놀라움/산만함의 쌍이다.

나는 두 발 보행이라는 지각 발판의 유리함과 용도에 대해 생각해 보다가 언젠가 우연히 들었던 말이 떠올랐다. 20세기의 지질학자이자 고생물학자이며 고해양학의 아버지로 기억되는 체사레 에밀리아니Cesare Emiliani가 별로 준비 없이 던진 말이었다(고해양학이란 과거의 해양 환경이 어떻게 생겨났는지, 그 속에서 살았던 생물은 어땠는지에 대한 정보를 얻기 위해 해저 퇴적물을 연구하는 학문이다). “수직으로 선 자세에는 엄청난 불리함이 따랐다. 그 자세에서는 몸에서 가장 연약한 부분을 공격과 부상에 노출시키기 때문이다. 그 때문에 그 불리함을 덮을 수 있는 더욱더 엄청난 유리함이 있어야 했다.” 나는 이 말을 이언 태터솔이 한때 호모 에렉투스에 대해 "전형적으로 만족을 모르는 인류의 방랑벽"을 보여 주는 종이라고 논평했던 것과 함께 마음속에 담아 두었다.

모든 종에게는 두려움/탐험의 균형 같은 것이 필요하다. 두려움은 먹이가 되는 동물에게 많으며, 더 많은 것을 찾아내려는 탐험은 포식 동물에게서 두드러진다. 그러나 아마도 독특하게 공평한 호기심, 즉 금방 만족하는 아기 코끼리의 호기심 같은 것이 아니라 좀 더 신중하며 완화된 충동이면서도 억누를 수 없는 호기심이 두 발 보행의 지각 발판이 갖는 특징일 것이다. 똑바로 선다는 것은 오래된 세계관에 특징적인 인간의 흔적과 작업을 추가하는 수단이었을 것이다. 특히 우리가 이미 앞에서 다뤘던 것도 추가되었을 것이다. SMR, 즉 포유류의 감각운동 작용으로서 이미 고도로 발달된 지 오래이며 고양이들의 사냥에서 보였던 것 말이다.

무엇보다 변화한 것으로 고려해야 하는 것은 '여기'의 크기만이 아니다. 진정으로 변형의 영향이 있는 것은 이 새로운 상황이 부여하는 다른 '지금'의 감각이다. 의무적인 두 발 보행자가 되는 것은 연속되는 일이며 전적으로 매달려야 하는 일이기 때문이다. 나무 위같이 틀어박히기에 안전한 장소는 더 이상 없으므로 더는 완전한 자각에서 '타임아웃'을 선언할 수 없다. 이 호기심은 기회와 불운 모두가 어디서나 언제나 일어날 수 있다는 깨달음을 받아들이는 데 근거한다. 이 상황에서 호미닌들이 '주위 상황에 침착하게 대응할 태세를 갖춰야' 한다는 자각 자체는 가장 중요한 준비 태세와 보호책이 되었다. 그것은 그들의 인지 안에 있는 본거지이며, 한 집단이 잠을 자기 위해 자리에 누웠을 때라도 어느 정도까지는 유지해야 하는 경계 태세다.

호미닌들이 일단 이렇게 규모가 커진 삶의 환경에서 오는 복잡함과 불확실성 속으로 들어가게 되면, '방랑벽'이란 여행에 대한 갈망이라기보다는 계속 이동해야 한다는 필요성이었을 것이다. 방랑벽은 환경의 변화로 편히 쉴 안식처가 없어진 후 오랜 세월 동안 여행하게 된 호미닌의 정처 없는 삶을 표현했을 것이다. 이런 해석에서, 그들의 멈춤은 일시적인 중단이 아니라 또다시 옮겨 가야 하는 연속의 한 시점이었다. 물론 안전한 장소를 뜻하는 에덴동산은 우리 뒤에 있었다. 그러나 그것은 더 이상 필요하지 않았으리라.

최근에 서던캘리포니아 대학교의 신경과학자 어빙 비더만Irving Biederman과 뉴욕 대학교의 에드워드 A. 베슬Edward A. Vessel은 뇌가 시각 정보를 처리하는 방법에 대해 연구한 내용을 발표했다. 그들은 우리의 더 큰 자각이 언제 어떻게 나타났느냐는 질문은 다루지 않았지만, 일단 그것이 우리의 일부가 되었을 때 어떻게 지속되는지에 대해서는 상세히 설명했다. 식욕이나 생식 욕구와 같이 우리의 더 큰 자각 역시 본질적으로 쾌락적이며 보람이 있다. 비더만과 베슬은 인간이 '정보를 먹고사는 동물infovore'이라고 설명한다. 우리가 정보를 갈구한다는 뜻이다. 따라서 데즈먼드 모리스 식으로 말하면 '정보통인 유인원'이라 할 수 있겠다. 2006년 《뉴 사이언티스트》는 그들의 연구에 대해 다음과 같이 보도했다. "그들은 우리가 세상에 대해 배우는 통로인 신경 경로가 헤로인 같은 마약으로 활성화되는 것과 같은 뇌의 쾌락 신경망을 활용한다고 주장한다. 굶주림, 위험 회피, 짝을 찾는 욕구 같은 기본적인 충동만이 이런 정보에 대한 갈망에서 우리를 떼어 놓을 수 있다고 한다."

여기에는 몇 가지 놀라운 점이 있다. 예를 들어 운동을 한 후 뇌가 고유의 오피오이드(아편 비슷한 작용을 하는 진통 마취제-옮긴이) 혹은 엔도르핀이라고 불리는 물질을 생성한다는 것은 한동안 널리 알려졌지만, 뇌의 시각 영역 또한 고유의 '오피오이드 수용기'를 갖추고 있다는 생각은 새로운 것이다. 더욱 놀라운 것은 2006년 비더만과 베슬이 《아메리칸 사이언티스트》에 '인지적 쾌락과 뇌Perceptual Pleasure and the Brain'라는 제목의 기사에서 발표한 발견 성과다. 그들은 이 오피오이드 수용기들이, "이미지들이 국소적인 윤곽, 색채, 질감 부분으로 처리되는 배 쪽(신경계의 방향을 묘사할 때 사용되는 용어로 등과 멀리 떨어진 위장 쪽-옮긴이)의 시각적 경로의 초기 단계에서는 밀도가 희박하지만 다음 단계로 갈수록 점점 밀도가 높아진다"고 한다. 특히 표면, 물체, 장소, 사람을 탐지하는 '중간 영역'에 더 많은 수용기들이 존재하며, 시각 정보가 우리의 기억과 관계를 맺는 뇌 부분에서는 더욱 두텁게 무리를 이룬다고 주장한다.

비더만과 베슬은 이렇게 요약한다. "그러므로 우리의 가설은 엔도르핀이 나오는 비율이 … 새롭고도 해석 가능성이 풍부한 인간의 경험에 대한 선호를 적어도 부분적으로는 결정한다고 제안한다(그런 패턴은 먼저 밀도 높은 오피오이드 수용기를 보이는 뇌의 영역에서 풍부한 연계를 활성화시키기 때문이다)." 이 분석에 따르면 어떤 자각의 상태라도 보상을 얻게 된다. 눈을 뜨고 있으면 언제나 어느 정도의 시각 정보를 처리하기 때문이다. 그러나 가장 넓은 자각만이 가장 큰 쾌락을 가져다줄 것이다. 비더만과 베슬이 "새롭고 해석 가능성이 풍부"하다고 표현한, 복잡하고 예기치 못한 광경에서 드러나는 새로운 의미에 경계 태세를 취하는 것이 자각의 특별한 기능이기 때문이다.

2009년 7월《뉴욕 타임스》가 보도한 바에 따르면 "전 세계의 바다가 외계와 같다고 해도, 표면에서 2km 정도 아래의 깊은 바다에서만 신비가 도사리고 있는 것은 아니다. 바다 표면에서도 불가사의한 일이 시작된다. 과학자들은 바다 표면에서 0.12cm 정도 깊이까지 마치 젤리 판 같은 것으로 덮여 있다는 사실을 발견했다. 사람의 머리카락보다 얇은 이 기묘한 거주 환경은 희귀한 미생물들의 서식지다." 사실 바다는 인류가 배출한 온실가스의 상당 부분을 저장한다. 젤리 판 같은 바다의 표면정체막(바닷물 표면의 정체된 얇은 층으로, 용질과 입자를 많이 지니고 있다-옮긴이)은 바로 이 온실가스를 흡수한다. 한 해양생물학자는 "바다는 피부를 통해 호흡한다. 이 피부는 이산화탄소를 빨아들여 아래쪽 수중의 물기둥으로 보낸다"고 말했다.

나는 이 표면정체막에 깊은 인상을 받았다. 나는 자각이 인간의 마음 표면에 머리카락보다 얇게 펼쳐져 있는 표면정체막이라고 생각하는 것이 도움이 된다고 깨달았다. 엄청나게 발전해 왔음에도 마음의 많은 부분은 대체로 분석되지 않고 면밀한 조사를 거치지 않았다. 제프 워렌은『심리 탐색』이라는 책을 쓰기 위해 2년 동안 뇌와 의식을 연구하는 학자들을 인터뷰한 후, 그런 상황이 변화하려는 것을 느꼈다고 한다. 그는 2008년에 한 인터뷰에서 이렇게 말했다. "과장되게 들리겠지만 나는 정말 우리가 과학적 탐구의 새 시대가 막을 여는 시기에 있다고 믿는다. 외부 세계의 지도는 다 만들어졌다. 이제 탐험가들은 내부로 눈을 돌리고 있다. 거대하고 불가사의한 대륙으로 다가서고 있는 것이다. 그들이 처음 도착한 사람은 아니다. 이미 숲 속에는 길이 나 있으며 주술사들과 승려들이 전초 기지를 만들어 놓고 내륙 탐험을 시작했다. 손에 땀을 쥐게 하는 이야기이며, 사람들이 만들어내는 충격적인 서사시인데도 그런 일이 일어나고 있다는 것을 거의 아무도 모르고 있다."

워렌은 최근에도 그 주제에 대해 이렇게 말했다. "그것은 위험으로 가득 차 있다. 철학, 신경학, 심리학, 현상학의 렌즈 등 너무도 많은 렌즈를 통해 마음을 들여다볼 수 있기 때문이다. 모든 것이 이 분야로 밀어닥친다. 애매한 실험, 마음을 뒤흔드는 일화, 사실과 거리가 있는 추측, 감정적인 자존심 싸움, 새로운 이론, 낡은 증거, 새로운 증거, 옛 이론, 그리고 두려운 '패러다임'들의 등장으로 소란스러운 난투극이 벌어지고 있다."

자각을 연구하는 일은 그 고유의 어려움이 있다. 또한 바다 표면의 표면정체막처럼 끊임없이 오르락내리락하기 때문에 마땅히 받아야 할 관심을 받지 못했는지도 모른다. 그러나 역시 그 표면정체막처럼 자각은 세계와 마음의 나머지 부분을 잇는 하나의 접점으로서 분명히 중요하다.

몇 년 전 뉴욕의 심리 요법가이자 메트로폴리탄 정신분석 심리치료 연수원장인 진 옐린Gene Yellin은 사람들이 내 이야기를 오르막길 오르기에 대한 것이라고 생각할지 모른다고 지적했다. 그는 마음이 작동하는 방식에 대한 지배적인 패러다임에 따르면 그런 연구 조사는 시작부터 불리함을 안고 있다고 말했다. "우리가 학교에서 배운 기본 원리 하나는 생존하려는 목적을 위한 주의 집중이 유아기 때부터 대개가 외부를 향하고 있다는 것이지. 자네가 찾는 것이 무엇이든 자네는 그것을 찾아낼 것일세. 하지만 우리의 마음 상태를 관찰하는 것에 민감한 사람은 우리 중에 아무도 없다네."

분명 마음을 다스리는 법칙을 발견하기 위한 왕도로서 '자기 성찰'이라는 개념은 20세기 초에 이미 관찰의 오류를 범한다는 오명을 얻었다. 그리고 이 단어에는 '생각에 잠긴', '자신에게만 몰두하는'이라는 뜻이 추가되었다. 그러나 내부를 성찰하는 일은 다른 이름 아래 살아남았으며 1990년대에 신경현상학(현상학과 과학, 특히 신경과학을 접목시킨 학문—옮긴이)으로 재등장했다.

마음을 탐구하는 이 혼합형 연구 방법은 신경과학(혹은 신경현상학자들이 전통적인 실험실 작업을 일컫는 '3인칭 과학')을 개인적인 경험(현재 잠재적 증거로 여겨지며, '1인칭 과학'이라고 일컬어진다)과 결합한다. 워렌이 인용한 『인지과학의 철학적 이해』는 1991년 칠레의 생물학자 프란시스코 바렐라Francisco Varela, 토론토 대학교의 철학과 교수 에반 톰슨Evan Thompson, 캘리포니아 대학교의 심리학 교수 엘리노어 로시Eleanor Rosch가 공동 저술한 책으로, 지식에 대한 이 두 가지 접근 방법을 종합하는 근거를 피력했다.

> 우리 자신을 과학적으로 연구할 때 경험의 진실을 부정하는 것은 단순히 불만족에 그치지 않는다. 우리 자신에 대한 과학적 연구에서 주제가 사라진 상태가 된다. 그러나 과학이 우리의 경험을 이해하는 데 기여할 수 없다고 생각하는 것은 현대적 맥락 안에서 자기 이해라는 임무를 포기하는 것이다. 경험과 과학적 이해는 두 다리와도 같아서 하나라도 없으면 우리는 걷지 못한다.

제프 워렌은 그 문제를 약간 다르게 표현한다. 그는 2008년 한 인터뷰에서 이렇게 말했다. "당신의 주제가 마음이라면, 그리고 단순히 행동에 관한 것이나 뇌의 활동이 아니라면 당신은 1인칭 기록에 의존해야만 한다. 다른 방법은 없다. 문제는 그것을 얼마나 철저하게 하느냐다."

전통적인 과학적 방법을 말하는 3인칭 과학의 초석은 바로 '반복 가능성'이다. 실험을 되풀이했을 때 똑같은 결과가 나오면 그 발견을 더욱 신뢰할 수 있다는 것이다. 이 책의 전제 중 하나는 '2인칭 과학'이다. 이미 말했지만 우리가 논의했던 더 큰 자각은 우리 조상들에 의해 우리에게 맡겨진 장치의 필수적인 부분이다. 그리고 내가 쓰는 것과 매우 비슷한 자각 경험들은, 설사 그것들이 알려지지 않은 채 지나간다 하더라도 이미 모든 이가 깨어 있는 동안 겪는 일이다. 게다가 이 오래된 자각의 형태와 접촉하는 것은, 우연이 아닌 선택으로 그것을 더 이용하고자 하는 사람이면 누구든 가능한 일이며 실제로 마음대로 할 수 있는 일이다.

이런 방식으로 책을 읽는 독자들은 책이 표현하는 개념들을 확인해 주는 과정에 참여한다. 독자들은 이 책에 나오는 모든 경험과 설명을 자신의 마음속에 있는 실험실에서 현장 실험을 할 수 있다. 이 책에 실린 나의 경험은 모든 사람이 자유롭게 할 수 있는 경험에 비해 더 뛰어나지 않다. 그러나 나의 이야기나 친구들의 이야기, 책과 옛이야기들이 기록하고 전달한 깊은 여행의 순간들이 독자들이 간직한 깊은 여행의 기억들과 관련해서 정말처럼 들린다면 이미 우리에게는 공통점이 있는 것이다. 또한 나는 독자들이 그저 천천히 일어서 보거나, '바르샤바'라고 혼잣말을 해 보거나, 우리가 앞에서 본 다른 깊은 여행으로의 문 안으로 들어가 봄으로써 자기 내부에 있는 '감정의 중심축'을 알아차릴 수 있다고 생각한다. 깊은 여행에 범위와 긴급함을 부여하는 구조의 토대, 두 발 보행의 지각 발판을 형성하는 것처럼 보이는 열망과 경계의 균형을 말이다.

내가 생각해 본 확인 과정의 또 다른 부분은 더 큰 자각이 우리가 두 발 보행에 편안히 적응한 결과 우리 내부의 힘과 역량으로 발전되었는지, 혹은 인간의 유래에 대한 21세기의 '이야기하기'에 더욱 명료성을 추가할 것인지 살펴보는 것이다. 이런 유의 확증은 그런 가설들이 아직 개략적이기는 하지만 인류의 기원을 전문적으로 다루는 3인칭 과학자들에게서 예비적 단계의 방법으로라도 환영받을지 여부에 달려 있다.

나는 이 비공식적인 발견에 대해 윌리엄 하코트-스미스의 의견을 들어 보기로 했다. 그전에 나는 진화생물학자 리처드 르원틴이 최근 발표한 경고를 머릿속에 담아 두고 있었다. 그는 1972년에 인디애나 주를 버스로 여행했는데 그 여행은 피부색이 다른 사람들 사이에 중요한 유전적 차이가 있다는 주장이 틀렸음을 입증하는 데 도움이 되었다. 그는 인종 간의 유전적 다양성보다 특정 인종 내의 유전적 다양성이 더 크다는 연구 결과를 발표했다. 현재 하버드 대학교 교수로 있는 르원틴이 2008년 미국 과학진흥회의 연례회의에 참석했을 때의 일에 대해 《사이언스》는 이렇게 보도했다. "그가 과학자들은 인간이 어떻게 영리해졌는지에 대해 거의 모르는 것이나 다름없다는 말로 '도구 제작자'라는 제목의 회의를 시작했을 때 청중들은 열광했다. 르원틴은 '우리에게는 화석으로 남겨진 인간의 인지란 것은 없다. 그러니 우리가 이야기를 만들어야 한다'고 말했다."

그것은 결과가 이야기를 움직이는 원동력으로 작용하는 『왜?라고 묻는 딸을 위해 쓴 키플링의 바로 그 이야기들』 같은 변종이다. 이런 조건은 이미 우리가 부분적으로 접해 본 것으로 생각되는데, 더 커진 자각이 두 발 보행의 파생물, 파생 효과, 청하지 않았던 결과물, 말하자면 걷기가 '남긴' 것으로 보이는 탓이다. 만일 이런 순서로 일이 일어났다는 뜻이라면, 우리는 더 넓은 자각을 이용할 때마다 200만 년 된 '지금'에 다가가게 된다. 원치도 않았는데, 전시된 발자국보다 훨씬 더 직접적이고 보존이 잘된 우리의 과거 일부에 직접 접근한다는 뜻이다. 그 재능이 그때로부터 본질적으로 변하지 않은 채 우리 안에 존재하기 때문이다.

그것이 우리에게 해 주는 일은 우리의 조상에게도 해 주었던 것이다. 그 재능을 습득하고 마음을 활짝 열면 이전에는 불가능했던 비율로 정보가 물밀듯이 밀려든다. 실제로 이를 통해 일상적인 행동의 인지적 내용과 '느끼는' 내용이 바뀌었으며 결과적으로 배우는 내용도 바뀌었다. 내디디는 걸음마다 변화하는 행동이었으며, 돌아오지 못하는 루비콘강을 끊임없이 새롭게 뛰어넘는 것이었다. 시간이 지나면서 그 재능의 효과가 축적되어 마음을 더 키우고 뇌를 형성하는 데 필수적인 자극제임이 증명되었으며, 나아가 도구를 더 잘 만들도록 이끌어 '기술 지능(노하우)'이라고 불리는 것과 '자연사 지능(자연경관에 반응하고 이해하는 능력)' 등 현대인의 사회적 지능에 필적하는 여러 가지 지능들을 매우 점진적인 방식으로 강화하고 있다.

여기서 자연사 지능이란 무엇을 뜻하는 것일까? 나는 우연히 『마음의 역사』를 읽다가 아주 좋은 설명을 발견했다. 이 책은 앞서 『빙하기 이후』의 저자이자 영국의 고고학자이며 초기 선사시대 연구가인 스티븐 미슨이 쓴 것이다. 미슨은 『마음의 역사』에서 자연사 지능을 다음과 같이 정의한다.

> 적어도 사고의 세 개 하위 영역을 모두 섞어 놓은 것이다. 즉, 동물에 대한 영역, 식물에 대한 영역, 그리고 수원水源과 동굴의 분포 같은 자연경관의 지리에 대한 영역을 말한다. 전체적으로 그것은 자연경관의 지리, 계절의 변화, 사냥감이 될 만한 것들의 습관을 이해하는 능력이다. 미래를 예측하기 위해 현재의 자연을 관찰한 것을 이용하고, 구름의 모양, 동물의 발자국, 봄과 가을에 새들이 오고 가는 것의 의미를 아는 능력이다.

조너선 킹던이 말한 경계 태세의 세 번째 범위에서 일어나는 일과 매우 비슷하게 들린다. 즉, "매력적인 식생의 유형, 불, 비구름, 태양의 주기 등이 만들어내는 패턴"과 "비가 내리고 그치는 것, 연기, 먼지, 석양 같은 자연의 변화"를 인식하는 것이다.

뇌와 지능은 수십만 세대를 거치면서 매우 느리게 성장한다. 하지만 일단 더 넓은 자각의 광범위하고 포괄적인 여과 장치가 영구적으로 이용 가능해지면, 오늘날 우리는 세상이 제공하는 충격과 영양소가 마음에 어떻게 도달하는지 관찰하기 위해 상응하는 자각을 활성화하고 이용할 수 있을 것이다. 이런 방법으로 더 넓은 자각은 마음의 완벽하게 발전한 도구가 될 수 있는 동시에, 약 1만 년 전 정착 생활로 흐려지기 전까지 지난 200만 년의 99.5%의 기간 동안 무시할 수 없는 정신적 요소가 되었다.

이런 종류의 1인칭 과학이 유익하다고 입증되고 과거 우리 내부의 가능성들을 꼼꼼하게 검토한다면, 돌과 뼈, 염색체에서 알 수 있었던 것이 우리가 방랑을 시작한 결과 나타난 자각에서 배울 수 있는 것으로 대체되면서 인간의 기원을 연구하는 또 다른 도구를 얻을 것이다.

두 발 보행을 하게 된 이후 빠르게 더 넓은 자각이 나타난 것을 뒷받침할 만한 3인칭 과학이 더 있을까? 비록 정황에 따른 것이긴 하지만 있다. 두 발 보행 이후 호미닌들이 맞이한 상황에 초점을 맞추고, 직립한 후에 호미닌의 '알고자 하는 욕구'가 어떻게 변화했는지를 뒷받침하는 논거를 만들어 볼 수 있을 것이다. 즉, 호미닌들이 계속 생존하려면 그들에게 없어서는 안 될 정보가 무엇이었느냐 하는 질문을 탐구하는 것이다. 캘리포니아 대학교의 인류학자 린 이즈벨Lynne Isbell은 2006년 호미닌 이전의 영장류에 대한 질문을 던지면서, 6000만 년 전 독사毒蛇가 지구상에 나타난 것이 '진화상의 군비 경쟁'으로 이어졌다는 의견을 내놓았다.

다수의 포유류는 뱀에 물려도 일정 수준의 면역을 갖도록 진화했다. 한편 영장류의 한 집단인 협비류狹鼻類 원숭이, 즉 구세계 원숭이(사람을 제외한 영장류는 하등원숭이로 불리는 원원류와 고등원숭이로 불리는 진원류로 나뉘며, 진원류는 광비류廣鼻類와 협비류로 나뉜다. 광비류는 중남미 대륙에 주로 서식하여 '신세계 원숭이'라고도 부르는 반면 협비류는 아시아, 아프리카 등에 서식하여 '구세계 원숭이'라고 부른다–옮긴이)는 양안시 기능과 총천연색 시야를 발전시켜 뱀들을 더 잘 보는 것으로 그 도전에 응했다. 나중에 유인원으로 이어지고 훨씬 후 호미닌으로 이어지는 이 협비류 원숭이는 또한 낮 동안의 생활을 받아들여서(야행성에 대비되는 주행성) 뱀이 깨어 있을 때 역시 깨어 있을 수 있었다. 그리고 주로 과일을 먹으면서 당분이 풍부한 식습관을 가지면서 뇌가 더 빠르게 작동하도록 했다.

또한 마음속에 있는 '두려움 기능의 모듈' 혹은 조기 경보망과의 연결을 강화해서 대응했다. 그 조기 경보망은 4억 년 전 그들의 조상이 왕뱀을 미리 알아볼 수 있도록 발전시켜서 후손들에게 물려준 것이었다. 왕뱀류는 독사로 진화하기 전에 동물을 물기보다는 칭칭 감아 으스러뜨려 죽였던 뱀이었다.

미주리 대학교의 고인류학자 도나 L. 하트Donna L. Hart와 워싱턴 대학교의 로버트 W. 서스먼Robert W. Sussman이 2008년 쓴『사냥되는 인간: 영장류, 포식자, 그리고 인류의 진화Man the Hunted: Primates, Predators, and the Human Evolution』에 따르면, 오스트랄로피테쿠스 아파렌시스 같은 상습적인 두 발 보행자들이 살았던 400만 년 전의 아프리카에는 뱀과 다른 파충류들도 살았지만 직립한 호미닌들은 또한 더욱더 겁나는 종들까지 피해 다녀야만 했다. 날개를 펼친 길이가 2m에 달하는 아프리카왕관독수리, 지금은 멸종한 곰만 한 크기의 하이에나 등 민첩함과 크기, 개체 수에서 압도하는 동물들이 그들을 노렸기 때문이다(당시의 대형 포식자들은 현재 아프리카에 서식하는 육식동물보다 크기도 엄청났거니와 수도 10배는 더 많았다. 날개를 편 길이가 3m인 하스트독수리 같은 종은 겨우 500년 전까지도 뉴질랜드에 서식했다. 호랑이 발톱만 한 갈고리 발톱이 있었으며 마오리 족 전설에는 '하늘까지 누가 먼저 날아가는지 매와 경주한' 새로 기억되고 있다).

대조적으로 오스트랄로피테쿠스는 몸집도 작았고 도구나 불을 사용하지도 않았다. 서스먼은 그들이 남긴 유물을 연구하면서 그 시기의 호미닌 유골의 6~10%에서 동물의 이빨이나 새의 갈고리 발톱 자국을 발견했다. 사바나에 서식하는 영양과 땅에서 사는 원숭이같이 오늘날 아프리카에서 먹이가 되는 종들 가운데서 보이는 포식 비율과 거의 똑같다. 그래서 '사냥되는 인간'인 것이다. 서스먼은 책이 출판되었을 때 한 인터뷰에서 "인간은 사냥하고 있는 것이 아니었다. 인간은 자기를 잡아먹을 동물들을 목숨을 걸고 피해 다녔다"고 말했다.

서스먼과 하트에 따르면, 인간이 서로 협동하고 집단생활을 하는 것은 포식자들에 대응하는 유용한 방어책이었다. 내 생각에는 확장된 자각의 여과 장치를 통해 (이즈벨이 제안한 영장류의 '두려움 기능 모듈'을 계승한) 경계 태세를 기회 및 예측과 비교했을 것이다. 영국의 작가 브루스 채트윈Bruce Chatwin은 오스트레일리아 원주민의 창조 신화를 담은 『노래 길The Songlines』(오스트레일리아 원주민의 창세기 신화인 '드림 타임Dream Time'과 연결되는 제목이다—옮긴이)에서 디노펠리스를 '그 짐승'이라고 부르면서 실감나게 묘사했다. 디노펠리스는 '끔찍한 고양이'라는 뜻으로 재규어만 한 몸집에 검劍 모양의 날카로운 송곳니가 있는 고양잇과 동물이다. 120만 년 전까지 숲에서 주로 살았으므로 의무적인 두 발 보행자들과 그 조상들을 사냥했을 것이다. 아마도 디노펠리스는 매서운 눈으로 그들을 찾아다녔을지도 모른다. 채트윈은 24만 개 이상의 화석을 발굴해낸 남아프리카공화국의 고생물학자 C. K. 브레인C. K. Brain의 『사냥꾼인가, 사냥감인가?The Hunters or the Hunted?』를 다음과 같이 인용했다.

> 브레인은 묻는다. 디노펠리스는 영장류를 전문으로 하는 포식자였을까? 그는 이렇게 썼다. "디노펠리스는 튼튼한 턱과 잘 발달된 송곳니 등이 있어 영장류의 뼈를 두개골만 빼고 전부 다 먹어 치울 수 있었다. 디노펠리스가 영장류를 전문적으로 죽이는 동물이었다는 가설이 널리 퍼져 있다."
>
> •
>
> 디노펠리스는 우리의 포식자였을까? 모든 지옥의 화신들에게서 따로 뽑아낸 그 짐승이었을까? 남몰래, 교활하게 우리가 가는 곳마다 집요하게 쫓아다녔던 최고의 적수였을까? 하지만, 결국에는, 우리가 이겨냈던 그 짐승이었을까?

일부 고생물학자들은 디노펠리스가 사라진 것이 아프리카의 숲이 대대적으로 줄어든 탓이라고 보지만 채트윈은 호미닌들에게 공을 돌린다. "이 승리에 비하면 인간이 성취해낸 나머지 것들은 주렁주렁 매달린 장식품으로 보일 수도 있다. 우리는 휴가 중인 종이라고 말할 수 있다."

휴가 중이라……. 나는 그 구절은 정착 생활이 자리 잡은 이후 인류의 삶을 표현하기 위해 아껴 두고 싶다. 정착한 삶이란 대체로 경계를 취하는 데서 안전하다는 느낌을 갖는 생활이 아니다. 일반적인 경계를 벗어버리고 한 가지 목표에 주의를 집중하는 데 더 많은 시간을 들이면서 시간의 흐름에 대한 감각을 지워버리는 것에서 안전하다는 느낌을 갖는 생활이다.

12장

짧은 역사를 위한 메모

우리는 걷기와 더 넓은 자각이 서로 연계된 한 쌍이라는 생각에 좀 더 초점을 맞출 필요가 있다. 여기에 도움이 될 제3인칭 과학 자료들은 대개 흥미롭기는 하지만 아직 여기저기 흩어져 있다. 내가 계속 구하고 있고 애타게 읽고 싶어 하는 '자각의 짧은 역사'가 아직 쓰이지 않았기 때문이다. 아니, 스티븐 미슨의 『마음의 역사』와 자매 격이자 보완하는 설명이라는 점을 확실히 하기 위해 '자각의 역사'라고 불러야 할 책일지도 모르겠다. 그 책이 나올 시점이면 마음의 입구로서의 자각과 집중을 다룬 '영리함의 프런트 엔드'와 마음이 흡수한 것들을 소화하고 체계화하는 다양한 지능을 다룬 '영리함의 백 엔드' 같은 책들이 이미 시중에 나와 있을 테니 말이다(컴퓨터 용어로서 프런트 엔드는 맨 앞부분이라는 뜻이며 사용자가 직접 이용하는 장치나 프로그램을 말한다. 백 엔드는 맨 뒷부분이라는 뜻이며 사용자가 아니라 프로그램이 장치나 프로그램을 이용하며 프런트 엔드 서비스를 간접적으로 지원한다—옮긴이).

현재로서 우리가 최대한 바랄 수 있는 것은 미슨의 『마음의 역사』의 맛보기 정도다. 그렇지만 생각보다 더 많은 정보들이 이미 존재한다. 앞서 수많은 여행 서적들을 '비스듬하게' 읽어 보면 깊은 여행의 설명이 중심이 된다는 것을 확인했던 것처럼, 다양한 분야의 학문에서도 자각에 대한 관심이 부분적으로나마 나타나고 있으며 최근 들어 더 늘어나는 추세다. 비록 과학과 학문 영역에서 정식으로 다루지 않고, 또 '자각 전공' 교수도 아직 나타나지 않았지만 말이다. 이런 사실은 특별히 내가 생물학(혹은 고생물학), 생리학, 영장류 동물학, 자연사, 심리학(생태심리학, 환경·사회·실험심리학, 수면 연구, 시각 체계 분석 등을 포함해) 등 주요 학문들의 책을 정리하면서 발견한 것이다.

자각에 대한 개설서는 되도록 먼 과거에서부터 시작해야 할 것이다. 예를 들어 앞에서 소개했던 에드워드 리드 같은 생태심리학자가 내린 정의에 따르면, 적어도 기초적인 자각은 동물들의 생존을 위해 필수적이기 때문에 아주 오래된 현상이다. 리드는 저서 『세상과 조우하다』에서 "생태심리학에서 행동은 '단순한 행동'이 아니다. 행동은 자각과 분리할 수 없다"고 지적한다. 이 개념에서 보면 동물들은 주변 환경에서 사용하거나 피해야 할 것들, 즉 자원이나 행동 유도성을 적극적으로 찾아 나선다. 그리고 성공적인 탐색에는 그 행동 유도성에 대한 어느 정도의 자각이 필요하며 그 대상의 사용 방법이나 위험에 대한 정보가 필요하다.

5억 3000만 년 전, 고생대의 초기인 캄브리아기에 동물들이 전 세계로 퍼진 '캄브리아기의 폭발(화석 기록에서 대부분의 동물 몸체들이 캄브리아기에 갑자기 출현하는 것을 가리킨다–옮긴이)' 이후 우리는 간단하지만 쓸

만한 자각이 탄생한 시기를 조심스럽게 점쳐 볼 수 있다. 그리고 단세포 동물들의 자각에 대한 질문은 나중으로 미뤄 두자. 비록 리드는 "어떤 동물이 자각을 하거나 지능을 갖게 되는 마법 같은 경계선은 없다. 심지어 자각이나 지능을 잴 수 있는 비탈길 같은 것도 존재하지 않는다"라고 말했긴 하지만 말이다.

이미 줄인 숫자이긴 하지만, 만일 누적된 자각의 나이가 5억 년이라고 하는 것이 말도 안 되는 과장처럼 들린다면 '자각의 짧은 역사'를 쓸 미래의 저자는 보수적인 태도로 이 핵심 역량의 역사를 더 짧게 추측할지도 모른다. 이를테면 2억 5000만 년 이하 정도로 말이다. 이 낮은 수치는 찰스 다윈이 말년에 진행한 연구들, 특히 그중에서도 약 2억 2500만 년 전의 중생대에 지구상에 등장했다고 알려졌으며 그가 '하찮은' 지렁이라고 표현한 생물을 특징짓는 차별적인 힘에 대한 연구를 설명하기에 알맞았을 것이다. 다윈은 사망하기 1년 전인 1881년, 『종의 기원』이 나온 지 22년 후에 출판된 마지막 저서 『지렁이의 작용에 의한 옥토沃土의 형성The Formation of Vegetable Mould Through the Action of Worms, with Observations on Their Habits』에서 지렁이들이 정신적인 능력과 그저 맹목적인 본능적 충동 대신에 어느 정도의 지능을 보인다는 놀라운 사실을 보고했다.

다윈은 런던 근교에 있는 자택인 다운 하우스의 뜰에서 지렁이 실험을 한 후, 해충으로 알려졌던 지렁이가 토양을 뒤엎고 더 비옥하게 하며 그 과정에서 10년마다 약 5cm 정도의 새로운 토양을 만들어낸다는 결론을 내렸다. 다윈은 지렁이 굴의 배치가 제멋대로이거나 자동적이고 반복적인 패턴이 아니라고 했는데, 여기에 뿌리를 둔 '자각의 의미'는 나중에 서서히 알려졌고 훗날 리드가 재발견했다. 지렁이들은 지렁이 굴 지표면 가까이에 더 넓고 바구니처럼 생긴 입구의 벽을 만들기 위한 재료를 찾아 주변을 돌아다니는데, 다윈은 일부러 길고 한쪽 끝이 뾰족한 유럽 소나무 잎을 근처 땅에 뿌려 놓았다. 영국 남부에서 자라지 않아 그 지렁이들이 한 번도 접해 보지 못한 솔잎이었다. 지렁이들은 그 솔잎을 사용했는데, 모두 뭉툭한 부분을 끌고 들어왔다가는 거꾸로 돌려서 작업이 끝날 무렵에는 "솔잎의 뾰족한 부분은 지렁이 굴의 벽에 눌러 박혀" 있었다. 다윈은 다음과 같이 말했다.

> 이 작업이 효과적으로 이루어지지 않았더라면 솔잎의 뾰족한 부분이 지렁이 굴로 돌아 들어오는 지렁이들을 막았을 것이다. 이 구조는 뾰족한 철사들로 무장되어 동물이 들어오는 것은 쉽지만 나가는 것은 불가능하게 하는 덫과 비슷했을 것이다. 지렁이들의 기술은 가히 눈여겨볼 만하다.

리드는 여기서 교훈 하나를 얻을 수 있다고 말한다. 우리 인간은 동물들이 그 환경에서 벌이는 다양한 행동에 대해 잘 모르기 때문에, 행동이 순전히 본능적이거나 어떤 자극에 의해 자동적으로 유발되는 것이라고 잘못 알게 되기가 쉽다는 것이다. 대부분의 과학자들은 지렁이들의 행동을 어떤 기계적인 본능에 의한 것이라고 해석했을 것이다.

더 나아가, 전에는 관찰되지 않았던 레타르구스Lethargus('무감각', '잠잠함'이라는 뜻의 라틴어-옮긴이)라는, 활동이 중단된 상태 혹은 잠자는 것 같은 상태는 1mm 정도의 아주 작은 선충이며 지렁이처럼 흙 속의 박테리아를 먹고 사는 '예쁜 꼬마선충'에게서 발견되었다. 어류, 양서류, 파충류, 포유류와 초파리가 잠을 잔다는 사실은 알려져 있지만, 땅속에 사는 벌레가 잠을 잔다는 생각은 아무도 하지 않았다. 펜실베이니아 의과대학교 수면의료 분과의 신경학자들은 《네이처》에 "잠자는 상태는 진화적으로 아주 오래된 현상"이라고 썼다. 아마도 자각과, 잠이 대표하는 자각의 방해는 둘 다 아주 예전부터 동물에게 존재했을 것이다.

리드가 주장하듯이, 만일 자각이 있어 가능해진 탐구 행동과 정보 모으기가 '자각과 동등한 것'이라면 아마도 자각은 지렁이나 선충이 지상에 나타나기 직전에 동물에게서 커다란 역할을 하기 시작했을지 모른다. 2억 5000만 년 전 페름기-트라이아스기의 대멸종으로 모든 해양생물 종의 90%가 죽어 나갔다. 이 시기는 고생대와 중생대를 가르는 시기로도 여겨진다. 대멸종의 직접적인 원인은 현재의 시베리아 지역에서 화산 활동으로 용암 빙하가 분출된 때문인 것으로 보인다. 용암 빙하의 전문적 명칭은 '범람 현무암 퇴적'인데, 당시에는 용암이 2km 가까운 높이로 흐르면서 650만 km^2 이상의 땅을 뒤덮어버렸다.

이 엄청난 재앙은 해양의 왕성한 탐구 활동을 촉발시켰기 때문에 이후 '거대한 시발점'이 되었다. 고생물학자인 스콧 리드가드Scott Lidgard, 피터 J. 와그너Peter J. Wagner, 매튜 A. 코즈닉Mattew A. Kosnik이 최근 《자연사Natural History》에 '대량 멸종의 증거를 찾아서The Search for Evidence of Mass Extinction'라는 제목으로 쓴 글에서 설명하듯이, 멸종한 고생대 생명 형태의 다수는 "여과섭이濾過攝餌(입 속에 있는 여과 장치를 이용하여 다량의 먹이생물을 한꺼번에 포식하는 형태의 섭식-옮긴이)를 하며 한곳에 머무는 성질을 가지고 해양의 바닥에 사는 동물들"이었다. 반면 대멸종 후 중생대에 그 동물들을 대체한 것들은 다음과 같았다.

기동성이 뛰어나고 껍질을 깨거나 먹어 치우는 포식자들로서 급격한 방사선을 쬔 동물들이었다. 그 동물들의 후손들에는 갯가재와 게 같은 절지동물들, 갯고둥과 같은 신新복족류, 해양 파충류, 그리고 조기어류(부챗살 지느러미를 가진 물고기-옮긴이) 등이 포함된다. 동시에 다른 먹이동물들은 뼈대를 키워 방어력을 키우는 식으로 진화했다. 그런 진화상 무기 경쟁의 산물은 '중생대 해양 혁명'으로 널리 알려져 있다.

아니면 우리는 중생대가 일련의 급격한 '자각의 방사선' 같은 것을 쬔 시기로 생각할 수도 있다. 그 결과 이전에 지배적이었던 고착성 생명체가 그동안 붙어 있던 곳에서 대규모로 떨어져 나와 먼저 바다에서, 그런 후 육지에서 자유롭고 활발하게 움직이는 운동성 동물들로 계승되었다. 운동성 동물들의 자각은 확장되어서 먹이가 될 것과 피해야 될 것들에 대한 자각뿐 아니라 그들의 존재와 주위 환경을 다루는 믿을 만한 감각에 대한 자각까지 포함하기에 이르렀다.

리드가드, 와그너, 코즈닉은 페름기-트라이아스기 대멸종이 새로운 자원들을 개척하는 유기체들의 번성을 이끌었기 때문에 이를 '기존 생태계의 판도를 바꾸는 혁신적인 사건'이라고 부른다. 이들 새로운 생명 형태가 발전하기까지는 수백만 년이 걸렸다. 하지만 중생대에 해양에서 운동성과 자각이 연결된 것과, 훨씬 이후의 걷기와 두 발 보행의 지각 발판이 밀접하게 연결된 것 사이에 판도를 바꾸는 유사점이 있다고 생각하는 것이 상상만은 아닐지도 모른다.

이 생각 때문에 우리는 다시 고생대로 눈길을 돌려 다른 요소를 알아보게 된다(또한 자각이 시작된 더 이른 시기도 알아보게 된다. 분명 자각의 역사에는 조정하고 조화시켜야 할 다른 시간대가 아직 있다). 최근 콜로라도 대학교의 생물학자 마크 베코프Marc Bekoff가 펴낸 『동물의 감정: 동물의 마음과 생각 엿보기』에 따르면 퀘벡 라발 대학교의 생리학 교수인 미첼 카바낙Michel Cabanac은 1990년대에 행한 연구에서 "양서류 시대와 파충류 시대 사이에 감정적인 생활을 하는 능력이 나타났다"는 것을 발견했다. 이는 매우 어림잡은 시기로 6000만 년 전에서 약 3억 1500만~3억 7500만 년 전 사이의 일이다. 카바낙이 발견한 것은 현대의 "이구아나 같은 파충류는 감각기관의 쾌감을 극대화한다"는 것이었다. 파충류들이 먹이를 구하러 위험을 무릅쓰고 차가운 곳으로 나가기보다는 따뜻한 곳에 있는 편을 더 좋아한다는 뜻이다. "반면 개구리 같은 양서류들은 그런 행동을 보이지 않는다. 어류도 그렇지 않다."

더 구체적으로 말하면, 카바낙은 이구아나가 '감정적 열기(체온의 상승)'와 심계항진을 경험하는데 이는 인간을 비롯한 척추동물들이 쾌감을 느낄 때 동반되는 생리적 반응들이라는 것을 주목했다. 그는 "의식에 떠오른 최초의 정신적 사건은 쾌감과 불쾌감을 경험하는 개체의 능력"이라고 결론지었다. 의식consciousness은 단순해 보이는 역사를 가진 단어다. 과학science, 양심conscience, 좋은nice 같은 단어처럼, 의식도 '알다'라는 뜻의 라틴어에서 파생되었다. 하지만 구별하다, 분리하다, 쪼개다 같은 뜻이 함축되어 있어 미묘한 차이를 지닌다. 그러므로 감정이 자각에 합류하면서, 그 결과 어떤 대상과 행동이 추구할 가치가 있는지, 그리고 어떤 순서로 추구해야 하는지에 대해 더 분명한 감각을 갖게 되었다.

자각과 마음에 대해 우리가 실제로 아는 것이 무엇인지 이해하는 문제에 대해서라면 우리는 어떤 것을 공부하는 초기 단계에서 흔히 나타나는, 이도 저도 아닌 순간에 처하게 된다. 예를 들면 웃음 같은 특성에 대해서는 정보가 엄청나게 많다. 미국 AP 통신의 과학 기고자 맬컴 리터Malcolm Ritter가 2009년에 보도한 내용에 따르면, 영국 포츠머스 대학교의 영장류 동물학자들은 "사람과 고릴라, 침팬지, 오랑우탄 등 대형 유인원은 1000만 년 전에 살았던 같은 조상에게서 웃음을 물려받았기" 때문에 웃음이 호미노이드의 형질이라고 설명했다.

그들의 실험 방법은 어떤 것이었을까? 그들은 사람 아기 세 명과 오랑우탄, 고릴라, 침팬지, 난쟁이 침팬지 등 21마리에게 간지럼을 태우고 그들이 내는 소리를 800건 이상 녹음했다. 이렇게 여러 종을 섞어 놓고 사람들이 그 웃음소리를 들어 본 결과 별로 유사한 점이 없었다. "유인원의 웃음소리는 사람의 웃음과는 다르게 들렸다"고 리터는 설명한다. "숨을 빠르게 헐떡이거나 숨을 요란하게 쉬거나, 짧게 몇 번 끙끙거리는 것 같았다."

그러나 그래프로 표시했을 때, 소리들이 보여 주는 다양한 단편들에는 뚜렷한 유사성이 있었다. 리터는 "아마도 조상의 형질에서 나타났을 법한 독특한 형태였다"고 했다. 오랑우탄의 웃음은 비록 적지만 이런 특징들을 공유했고, 또 오랑우탄이 1400만 년 전 다른 호미노이드에서 갈라져 나온 첫 대형 유인원이었기 때문에 우리는 이 점에서 웃음의 기원에 대한 잠정적인 시기를 짐작할 수 있다.

이 시기는 네덜란드 출신의 영장류 동물학자인 프란스 드 발이 일리가 있다고 생각한 시기이기도 했다. 《타임》이 뽑은 세계에서 가장 영향력 있는 인물 100명 중 한 명이자 애틀랜타 에이모리 대학교 의과대학의 여키스 국립영장류연구센터 소장이기도 한 드 발은 『공감의 시대: 더 친절한 사회를 위한 자연의 교훈The Age of Empathy: Nature's Lessons for a Kinder Society』에서 같은 네덜란드 인인 위트레흐트 대학교의 얀 판 호프Jan van Hoof가 발견한 사실을 소개했다. 호프는 호미노이드의 더 넓은 성취의 맥락에서, 그리고 대형 유인원이 이미 "장난스런 태도"를 개발했다는 사실(그리고 나중에 우리가 물려받았다)에서 유인원의 웃음을 설명할 수 있다고 생각한다. 그러므로 유인원의 웃음은 드 발이 설명하듯이 "흔히 놀라움이나 부조화에 대한 반응이다. 작은 아기 침팬지가 집단의 우두머리 수컷을 쫓아다니면 그 수컷은 겁먹고 달아나면서 내내 웃어대는 경우와 같다. 놀라움과의 관련은 어린아이들과 까꿍 놀이를 하거나, 끝부분에서 결정적인 말을 해서 예기치 못한 반전을 주는 농담 같은 예에서 여전히 볼 수 있다."

그러나 웃음에 대한 연구에도 역시 모호한 부분이 남아 있다. 에스토니아 출신이자 워싱턴 주립대학교 심리학자인 자크 팽크셉Jaak Panksepp은 동물의 뇌에서 정서가 어떻게 움직이는지 연구하는 '정서신경과학'을 전공하는데, 인간이 듣지 못하는 쥐의 찍찍거리는 극초단파를 소리로 변형하는 통역기를 도입해서 실험실에서 쥐의 소리를 듣는 법을 배웠다. 그는 어린 쥐를 간질이면 이런 소리가 나는 것을 알아차렸다. "잠깐 간질이기를 멈추면, 쥐들은 더 간질여 달라고 손으로 달려왔다"고 2006년 《사이콜로지 투데이》는 보도했다. 팽크셉은 그 기사에서 "우리는 그 소리가 웃음소리일 수도 있다는 것을 이해하지 못한 채 약 2년 동안 그 소리를 연구했다"고 말했다. 그것이 웃음소리라면, 웃음은 호미노이드에게 나타난 그 어느 것보다 더 오래된 포유류의 형질이었을 것이다. 인류와 쥐, 생쥐의 마지막 공통 조상은 8000만 년 전에 살았기 때문이다. 팽크셉에 따르면 "인간이 나머지 동물 왕국에 다시 합류할 시간"이다.

그러나 이 시점에서, 우리의 '자각에 대한 자각'이 얼마나 감질나게 불완전한지, 그리고 밝혀지는 정보마다 우리의 지식과 배워야 할 것들 사이에 간극이 얼마나 큰지를 다시 깨닫는다. 우선 우리가 아는 한 가지는 우리가 켜거나 끌 수 없는 자각의 부분들이 있다는 점이다. 그것들은 단순히 '거기 있는' 것이다. 캐나다 온타리오 킹스턴의 퀸즈 대학교에 있는 바이오모션biomotion(살아 있는 유기체의 운동—옮긴이) 실험실 소장이자 심리학자인 니코 트로예Niko Troje가 발견한 정신 추적 시스템을 살펴보자. 그는 걸어갈 때보다 자전거를 타고 갈 때 집 근처의 토끼에게 더 가까이 다가갈 수 있는 이유가 무엇이냐는 딸의 질문을 받고 사람들과 토끼에게서 '생명 감지기'를 발견했다. 2006년 한 인터뷰에서 그는 "그때는 딸에게 대답을 해 주지 못했다. 지금은 해답을 찾은 것 같다"고 말했다.

그 해답이란 사람들, 동물들, 새들에게 위아래로 움직이는 것, 특히 지표면 가까운 곳에서 점점 가까이 다가오는 움직임에 대한 선천적인 동작 탐지기가 있다는 것이다. 이 자동적인 '시각적 여과 장치'는 포식자든 먹이동물이든 다가오는 동물의 발, 더 정확히 말하면 중력 아래에서 발이 앞으로 움직이면서 공간에 만들어내는 흐르는 듯한 패턴을 주목하면서 신호를 보낸다. 이 신호는 주변 시야로도 감지할 수 있다. 토끼들은 트로예의 딸이 걸어서 가까이 다가가면 도망치지만 자전거를 타고 지나가면 그대로 있었다. 움직이는 바퀴가 늘 같은 수직면에 머무르기 때문에 토끼들은 구르는 자전거 바퀴를 위험 신호로 해석하지 않았던 것이다.

여러 종에 이 조기 경보 시스템이 계속 존재한다는 것은 "차를 타거나 카누를 타고 야생동물에게 다가가는 것, 혹은 두 발이 아닌 다른 탈 것을 타고 다가가는 것이 상대적으로 쉬운 이유"를 설명해 준다고 트로예는 말한다. 또한 그는 먹이 사냥 중인 고양이가 살금살금 움직이는 것처럼 동물이 달리 취하는 행동들이 발이 움직이고 있다는 사실을 속이면서 생명 감지기를 억제하고 해소하는 역할을 하기 위해 근래에 개발되었으리라 생각한다. 이는 영장류의 자각과 뱀의 공동 진화에 대한 린 이즈벨의 생각과 연결되는 지점이 있을지도 모른다. 트로예가 말했듯이 생명 감지기가 그리는 패턴에 맞지 않는 동물들에 대해 불합리하게 보이는 공포증이 지속되기 때문이다. 일반적으로 동물들은 뱀, 곤충, 거미, 새들을 대할 때는 '정상적인' 동물들에게 보이는 반응에서는 관찰되지 않는 병적인 반응을 일으킨다.

자각 혹은 자각의 결핍은 다른 내재된 충동들에는 영향을 미치지 않는다. 그 충동들은 그저 저절로 일어난다. 『나는 내가 낯설다』의 저자이자 버지니아 대학교의 심리학자 티모시 D. 윌슨Timothy D. Wilson, 그리고 『생각의 지도』 저자이자 미시건 대학교의 사회심리학자 리처드 니스벳Richard Nisbett은 《뉴 사이언티스트》 기사에 나온 "사람들은 다른 선택의 기준이 없다면 무의식적으로 맨 오른쪽에 있는 물체를 더 좋아하는 경향이 있다"는 사실을 토대로 몇 가지 실험을 설계했다. 먼저 실험 참가자들 앞에 옷 다섯 벌을 임의대로 한 줄로 늘어놓자 다섯 명 중 네 명은 정말 오른쪽에 있는 옷을 골랐다. "아무도 그 이유를 설명하지는 못했다. 직물의 짜임새가 좋다든지, 색깔이 선명하다든지, 고급 옷감이라는 말만 했다."

몸의 각 부분들이 어디서 유래했는지, 그리고 언제 어떻게 시간을 지나면서 개선되었는지에 대해 알고 말하는 것은 비교적 쉽다. 고생물학자이며 시카고 자연사박물관 관장인 닐 슈빈Neil Shubin은 2004년에 반은 물고기요, 반은 네 발 동물이라는 뜻인 '네 발 물고기fishopod'인 틱타알릭Tiktaalik의 화석을 공동으로 발견했다. 이 화석은 발견되자마자 가장 극적인 과도기 화석, 즉 '진화의 잃어버린 고리'로 각광을 받으면서 1861년 최초로 발굴된 시조새 화석과 어깨를 나란히 할 정도로 많은 관심을 모았다. 다음은 2008년 슈빈이 펴낸『내 안의 물고기: 물고기에서 인간까지, 35억 년 진화의 비밀』에서 인용한 것이다.

> 수십억 년에 걸친 변화를 거슬러 올라가 보면서 우리는 생명의 역사에서 혁신적인 것들 또는 일견 독특한 것은 사실 잘 알려진 것들이 재활용되거나, 다른 용도에 맞게 혹은 새로운 용도로 쓰이기 위해 바뀐 것이라는 점을 알고 있다. 인간의 손은 포유류의 발이 바뀐 것이고 포유류의 발은 결국 물고기의 지느러미가 바뀐 것이다. 우리의 귀에 있는 뼈들은 원래 고대의 상어들이나 파충류가 먹이를 씹는 데 도움을 주었던 것이다. 이 구조의 모든 것을 조정하는 유전자는 원래 고대의 벌레, 파리, 물고기들의 몸을 만드는 데 쓰였던 것이다. 우리의 모든 부분이 각각 그 역사를 말한다. 우

리의 감각기관, 머리, 심지어 우리 몸 전체의 기본 형식까지도 말이다.

또 개리 F. 마커스Gary F. Marcus가 2008년 펴낸『클루지: 생각의 역사를 뒤집는 기막힌 발견』에 대한《뉴 사이언티스트》의 서평도 소개한다. 심리학자인 마커스는 뉴욕 대학교의 유아언어 센터를 맡고 있다. 클루지란 엔지니어들 사이에 자주 쓰이는 말로, 주변에서 구할 수 있는 것이면 무엇이든 가져다가 대충 끼워 맞춘다는 뜻이다. 즉, 어떤 문제에 대한 서툴거나 세련되지 않은 해결책을 뜻한다.

> 마커스는 원시적이고 파충류적인 뇌에 이성적인 부분이 접목된 인간의 뇌를 언젠가 방문했던 발전소에 비유한다. 이곳은 첨단과학 컴퓨터의 겉치장 아래에서 구식 진공관이 진짜 일을 하는 곳이다.
> 발전소와 마찬가지로 진화도 '작동을 중지하고' 더 좋은 뇌를 설치할 기회를 결코 갖지 못했다. 따라서 이전 세대의 불완전한 설계를 채택하는 수밖에 없었다.

내가 읽고 싶은 '자각의 짧은 역사'라는 책이 마침내 출판된다면 중요한 장章 하나는 아마도 제2차 세계대전 이후의 현장 연구에 근거한 정보를 기반으로 쓰여 있을 것이다. 이미 시대에서 시대로, 종에서 종으로 이어지는 신체적 변화가 그 정보를 바탕으로 꼼꼼히 추적된 것처럼 말이다. 그 장의 주제는 개코원숭이 집단과 침팬지 집단의 '자각 구조'의 뚜렷한 차이일 것이다. 이 차이로 인해 침팬지에게서 장난스런 태도가 관찰될 것이라고 예상되었지만, 그것뿐만 아니라 우리의 확장된 자각이 두 발 보행의 '최초의 의도하지 않은 결과'가 되는 상황이 도래한 것에 대해서도 설명할 것이다.

영장류의 주의집중 구조 연구자들 중에서 가장 유명한 학자는 영국 버밍엄 대학교 영장류 동물학자인 마이클 R. A. 챈스Michael R. A. Chance다. 그는 1967년 왕립인류학연구소에서 펴내는 《인간Man》에 「영장류의 위계질서 기준으로서의 주의 집중 구조Attention Structure as the Basis for Primate Rank Orders」라는 글로 연구 결과를 발표하기 시작했다. 그가 발견한 주요한 사실은 '두 가지 기능the two modes'이라는 별명이 붙었는데, 영장류의 주의 집중이 어떻게 이용될 수 있는가에 대한 과거의 엄격했던 제약을 변화시킨 것이었다. 이를테면 주의력은 일단 '풀려나고 흩어지면' 더 이상 사회 통제를 강화하는 역할을 하지 못했다. 그 변화는 1600만 년에서 2200만 년 전에 일어났던 것으로 보이며, 이로써 영장류의 집단 관계에서 두려움과 탐구의 균형이 다시 맞춰졌다.

챈스가 감지했던 두 가지 기능에 쓰이는 용어들은 '갈등agonic' 모드와 '쾌락적hedonic' 모드다. agonic이라는 단어는 '치열한 전투와 갈등, 불화'를 뜻하는 그리스어에서 왔으며 '고통agony'이라는 단어로 발전했다. 갈등 모드는 챈스가 관찰하던 원숭이 집단 중에서도 주로 히말라야원숭이Rhesus Macaque(붉은털원숭이)와 개코원숭이들의 서열을 특징지었던 것이다. 한편 hedonic이라는 단어는 '쾌락적인' 또는 '달콤한'이라는 뜻의 그리스어에서 나온 단어다. 이 추가적인 행동은 오랑우탄을 비롯한 모든 대형 유인원 종에서 볼 수 있지만 침팬지에게서 가장 고도로 발달된 것으로 보인다.

그러면 갈등 모드와 쾌락적 모드의 상호 작용은 어떤 특성을 보일까? 챈스가 1996년 펴낸 『인간 조상의 고고학The Archaeology of Human Ancestry』에서 두 가지 기능에 대해 쓴 부분을 인용한다.

> 갈등 모드에서 개체들은 늘 한 집단에 있으면서도 더 우세한 축에서 거리를 유지하며 분산되어 있다. 그들은 우세한 개체들을 끊임없이 주시하면서[적어도 30초에 한 번씩 힐긋거린다고 챈스는 다른 책에서 썼다] … 순종적이거나 달래는 몸짓을 다양하게 하며 … [자주 힐금거리면서 계속해서] 사지의 모든 근육을 부분적으로 긴장시키며 … 벌이 내려질 경우 즉시 피할 대비를 한다.

침팬지에서 보이는 쾌락적 모드는 "사냥하거나, 물건을 던지거나 기어 올라갈 때 신나 하는 것을 제외하면 나른하고 느긋하며 느린 동작을 하는" 특징이 있다. 이 쾌락적 모드의 주요 특징은 융통성이다.

> 개체들 사이의 관계에서 벌을 받는 데 대한 두려움이 없을 뿐 아니라, 한 개체의 주의 집중이 그들과 나머지 집단 사이의 사회적 유대의 중개자나 통로가 될 필요도 없다. 주의 집중이 더 이상 유대를 맺는 요소로 활약하지 않기에, 그것은 물리적 환경에서 세부적인 조사를 하고 대상을 다룰 때 자유롭게 사용할 수 있었고 따라서 지능의 발달과 확장이 용이해졌다.

나는 쾌락적 모드가 처음으로 등장한 시기를 추정해 보았다. 개코원숭이는 2000만 년 전 나타났던 히말라야원숭이와는 달리 호모 에렉투스와 거의 같은 시기에 진화한 비교적 현대적인 종이며 아프리카에서 볼 수 있는 것과 비슷한 종류다. 그러나 개코원숭이는 히말라야원숭이처럼 유인원이 아닌 구세대 원숭이다. 또, 유인원과 원숭이가 2200만~2500만 년 전에 갈라졌으므로, 비록 비교적 근래에 발달되었다 하더라도 개코원숭이의 행동은 호미니드 이전 단계에서 유래하는지도 모른다. 반면 오랑우탄은 쾌락적 모드의 장난스러움을 보여 줄 뿐 아니라, 다른 대형 유인원에서 갈라져 나온 시기가 1400만~1600만 년 전이므로 두려움과 주의 집중의 분리, 복종과 아첨에 늘 과도한 주의를 기울이는 행동에서 분리될 기회가 600만~1100만 년 정도 있었다고 할 수 있다.

갈등 모드에 얽매인 종들이 생존하지 못했다는 이야기는 아니다. 어쨌든 호모 에렉투스와 개코원숭이는 같은 사바나를 돌아다녔고, 개코원숭이는 지금도 그곳에서 50마리 이상씩 무리를 이루며 잘살고 있다. 또한 현대 인류의 상황이 고통스러운 갈등의 측면이 없다고 부정하는 것도 아니다(우리는 모두 그런 상황을 만났다). 그러나 항상 긴장해야 하고 자기 집단 내에서 위협이 반복되는 상황은 차치하고라도, 협소한 초점과 자각에 수많은 제약이 있는 갈등 모드만 알고 있는 종들 사이에서 우리의 더 큰 자각의 여러 면들이 어느 정도로 활성화될지는 상상하기 어렵다.

우리는 두 발 보행을 하면서 인간의 역량이 놀랍게 변화했다는 점을 알고 있다. 러트거스 대학교의 인류학 교수 로빈 폭스Robin Fox가 에세이집인 『추측과 대립Conjectures and Confrontations』에서 표현했듯이 "유인원들에게도 집중과 지속성은 있었지만, 인류가 등장하기 위해서는 그

성향이 체계적으로, 넓은 범위의 행동에 적용되어야 했다." 폭스는 "주의의 지속 기간은 더 길어졌으며, 음식과 섹스만이 아닌 다른 것에 초점을 맞추게 되었다"고 설명한다. 그러면 호미닌이 '두 발 보행의 지각 발판'에 접근하는 과정은 직립으로 얻은 새로운 느낌들과 인지의 새로운 배열을 어느 정도로 보조하고 촉진시켰을까?

윌리엄 하코트-스미스는 최근 내게 "이 더 큰 자각이 의무적인 두 발 보행이 나타난 시점에서 실제로 효과가 나타났다고 생각하는 것이 제일 말이 된다고 생각하고 싶다"고 말했다. 다음은 그가 한 말을 정리한 것이다.

> 우리는 호모 에렉투스나 다른 비슷한 호모 종이 나타난 것을 대략 200만 년 전으로 생각한다. 물론 더 넓은 범위로 250만~180만 년 전 사이에 나타났다고 말하는 것이 더 정확하겠지만 말이다. 정확한 시기가 언제로 밝혀지든, 그것은 호미닌의 삶에 커다란 전환점이었다. 아니, 410만~390만 년 전 루시의 선행 종인 오스트랄로피테쿠스 아나멘시스가 나타나면서 부정기적 두 발 보행에서 상습적인 두 발 보행으로 전환한 후 두 번째로 맞는 큰 전환일 것이다.
>
> 우리는 의무적인 두 발 보행이 초원이 펼쳐지고 도구가 등장하고 뇌가 커졌으며 매일 음식을 구하러 다른 포식자들을 피해 더 먼 거리를 여행하게 된 현상과 동시에 일어났다는 점을 안다. 그러므로 이는 진정 중요한 시기

다. 호미닌들은 그저 영양분을 섭취하고 안전을 도모하고 필요한 것을 얻기 위해 더 넓은 범위의 자극에 주의를 기울여야 했다. 그리고 그 시기는 호미닌이 마침내 다른 전략을 사용할 수 없게 된 때였다. 발이 예전 같은 기능을 하지 못하기에 더 이상 나무를 기어오를 수 없었다. 동시에 작은 영양처럼 달리지도 못했다. 호미닌의 발과 다리가 그렇게 달리기에는 적합하지 못했던 탓이다. 그러므로 호미닌은 그나마 가진 지능을 이용할 수밖에 없었다. 나는 늘 순응적으로 생각하며, 진화의 목적에 맞는 행동에 대해 생각한다. 우리가 이야기하는 그런 상황에서, 주위 환경에 대한 더 크고 집중적인 자각이 하루 종일 유지되고 한 세대에서 다음 세대로 그 명맥이 이어지도록, 그 자각을 이용하는 능력에 대한 강한 선택압selection pressure(진화의 목적을 위해 유전자가 특정한 방향으로 진화하기 위해 선택하는 과정-옮긴이)이 있었을 것이다.

첫 번째 단계, 즉 상습적인 두 발 보행의 단계가 자연경관에 대한 더 강렬한 자각과 훨씬 더 큰 감정의 개입을 위해 분위기를 조성했을 수 있다. 그런 후 의무적인 두 발 보행이 시작된 것이다. 중요한 것은 시간의 비율이다. 마침내 호미닌이 의무적인 두 발 보행자가 되고, 하루의 80~90% 동안 전체를 아우르는 풍경을 보게 되었을 때, 아마 그때가 탐구심에 불이 붙고 호기심이 커지는 시기이었을 것이다. 그러므로 필요한 것은 이미 알고 있는 풍경만이 아니다. 새로운 맥락을 부여하는 것은 그 풍경을 현재, 그리고 아마도 기억 속에서도 '그곳에 머물게' 하는 것이다. 새로운 환경과 도구와 음식을 만들 재료를 구하러 몇 km씩 여행해야 하는 시대에는 계속 노출되는 것이 중요했을 것이라는 의미다.

호미닌은 갑작스럽게 자연경관을 이용하는 것에 흥미를 느끼게 되었다.

호미닌들은 색채와 냄새와 전체적인 느낌 등 여러 면에서 변화한 환경에서 활동하며, 또한 두 발로 섰으므로 당연히 다른 높이에서 움직인다. 그리고 매초 자연경관의 많은 것을 받아들인다. 나는 대부분의 사람들이, 공상(우리에게 매우 익숙한 자각의 형태인)에 빠지고 한곳에 주의를 집중하는 일이 진화의 목적에 부합한다는 데 동의할 것이라고 생각한다. 그것들을 보완하는 향상되고 강화된 자각도 마찬가지다. 이 시기는 또한 호미닌들이 최초로 아프리카 대륙을 벗어난 때이며 진정한 여행이 시작된 시기이기도 해서, 자연경관에 대한 우리의 더 크고 완벽한 자각이 출현했고 우리가 마음속에 '여행 칩'이라 할 수 있는 것을 얻어 전 세계로 퍼져 나갈 때 이를 지니고 가게 된 시기라 말할 수 있다.

또는 더 길어진 다리 덕분에 더욱 탐구적인 태도를 취할 수 있는 새로운 신체적 능력이, 더욱 탐구적일 수 있는 새로운 정신적 능력, 고조된 흥분과 더 날카로운 지각이 불러오는 조금 더 돌아다니고자 하는 욕망과 겹쳐졌다고 할 수 있다. 약간 겁나기도 하지만 기분은 좋다. 이들이 미국 북서부를 탐험했던 루이스와 클라크 같은 업적을 남긴 것은 아니지만, 이제 여행은 진화의 이점을 부여했고, 실제로 그런 면에서 활동 중인 진화의 부분이 되었다. 우리는 의무적인 두 발 보행이 뇌의 성장에 앞섰다고 할 수는 없지만 동시에 발생하기는 했다고 할 수는 있다. 그러므로 확실히 두 발 보행이 우리가 영리해지는 것을 도왔다고 할 수 있다. 이런 식으로 말하는 사람이 그리 많지는 않다고 생각한다. 다리가 있어서 사바나에 가지만 새로운 지각의 발판이 있어서 더욱 확장된 영역으로 다가갈 수 있다. 그리고 영리함의 원형이며 인지 발전의 근간인 새로운 정보로 다가갈 수 있다. 내딛기 시작하는 걸음은 지능으로 향하는 첫걸음이 되었다. 그 길은 현대 인류가 12만~9만 년 전 아프리카를 벗어나도록 이끌었고, 훨씬 나중인 4만 년 전에는 유럽에서 '상징적 행동'과 예술을 폭발적으로 생산하게 만들었다.

그러나 하코트-스미스에게도 그만의 의문이 있었다. 확장된 자각 혹은 그의 표현대로 '여행 칩'이 200만 년 전쯤에 우리 마음속에 영구히 자리 잡을 정도로 유용한 것이었다면, 그것을 물려받은 오늘날의 사람들이 종종 그것과 동떨어진 느낌을 받는 이유는 무엇일까? 그리고 그것이 존재한다는 사실을 인정하거나 설명하거나 접촉하기 어렵거나 용도를 이해하기 힘든 이유는 무엇일까? 내가 대답할 수 있는 것은 그것이 나도 자주 생각해 보는 질문이라는 것뿐이었다. 그렇게도 많은 즐거움과 통찰을 주는 것에서 단절된다는 것이 정말 이상하게 여겨지기 때문이다. 나는 지금까지 몇 가지 이론을 생각해 보았다고 말했다. 정착 생활과 그 영향력이 그 몇 가지 생각에 공통적으로 흐르는 주제였다.

예를 들어 나는 더 큰 자각이 고조된 감정의 독특한 혼합물이며 경계와 기대가 섞인 호기심으로 특징지어진다고 말했다. 그러나 정착 생활의 첫 성취 중 하나는 위험한 야생동물을 차단하거나 적어도 그 동물들의 침입을 최소화하는 반경을 정하는 것이었으며, 따라서 의무적인 두 발 보행 이전의 상태를 다시 만드는 것이었다. 다만 당시처럼 매일 밤 나무 위에서 안전하게 쉬는 대신, 이제는 날씨와 다른 사람들의 행동 등 다뤄야 할 문제가 남아 있기는 하지만 경계 태세의 일부를 완화할 수 있는 영구적인 거주 구역이 있다는 것만 다르다.

이런 경계하는 환경은 두려움/기회의 균형을 재조정하며, 그래서 변함없는 마음 상태로서 더 큰 자각이 덜 필요해졌고, 시간이 지나가는 데 대한 감각은 물론 주위에 대한 의식이 사라지는 집중된 주의력과 백일몽 같은 다른 형태의 자각에 대해 새로운 여지를 주었다. 캘리포니아 공과대학교의 생물학자이자 인류학자인 존 올먼John Allman은 2000년 펴낸 『진화하는 뇌Evolving Brains』에서 뇌의 발달에 대해 더욱 구체적으로 기술했지만, 이와 비슷한 생각을 하는 것 같다. 올먼은 지난 3만 5000년 동안 인간의 뇌가 작아진 현상을 주목하면서 "식물과 동물을 식량과 의복의 재료로 쓰려고 사육하고 재배하는 것은 환경 변동에 대한 주된 완충 작용을 했다. 인간은 생존의 위험을 줄이기 위해 농업과 다른 문화적 수단을 발명해내면서 아마도 스스로를 길들였는지도 모른다."

정착 생활이 시작되면서 우리는 느긋한 상태를 누리리라 기대하는 장소인 '여기'와 '거기' 혹은 다른 곳을 구별하게 되었다. 먼저, 사람들은 일단 정착하면 별로 많이 돌아다니지 않았는데도 '여기'는 별로 큰 입지를 차지하지 않았다. 그러나 서서히 인류의 수가 늘고 널리 확산되면서 '거기'는 규모가 줄어들었고, 그러면서 남아 있는 '거기들'의 야생 지수도 여러 차례 감소하고 희석되고 길들여졌다. 한 예로, 우리가 도시에서 얼마나 멀리 떨어져 있든 오늘날 우리가 여행하는 북아메리카는 빙하가 물러났을 때 다시 나타난 정착 이전의 형태와는 몹시 다르다. 400년 이상 북아메리카 대륙에 살던 45kg 이상의 대형 포유류 3분의 2가 1만 3000년 전 사라졌다. 또한 우리는 '여기'를 가지고 돌아다닐 수 있는 휴대용 물품으로 바꿀 수 있게 되었다. 그리고 우리가 출발 전에 머릿속을 점령한 생각에 몰두할 때 '결코 떠나지 않은' 느낌, '아직 여기 있는' 느낌을 가짐으로써, 또는 도착했을 때 거기서 우리가 무엇을 하고 있을지 예상하면서 '이미 거기 가 있는' 느낌을 가짐으로써 여행의 초점을 변경할 수 있다는 사실도 달라진 점이다.

지구의 지표면이 인간의 활동에 얼마나 영향을 받느냐에 대한 추정치는 50~83%에 걸쳐 있다. 농작물을 심기 위해 숲을 갈아 평평하게 만드는 것 같은 전 세계적인 변화로 매년 약 14만 종의 식물, 동물, 미생물이 전멸되고 있다. 1990년대 중반 수많은 환경보존주의자들은 인간이 사용하는 땅의 정확한 비율이 실제로 어느 정도든, 현재의 생태계에 진행 중인 변화는 이미 우리가 '여섯 번째 멸종'의 한가운데에 있다고 할 정도라고 결론지었다. 보전생물학자 파울 R. 에를리히는 2000년 3월 미국국립과학아카데미 학회에서 "호모 사피엔스는 여섯 번째 생물 멸종을 초래할 뿐 아니라 미래에 수백만 년에 이르는 진화의 방향을 변경하고 있다"고 말했다. 현재의 자연경관에 가해지는 대규모의 변형이 '진화적 재생의 비율'과 '대체물의 본질' 모두에 전례 없는 제약을 가함으로써 아무도 의도하지 않았지만 사실상 진화의 흐름을 바꾸고 있다는 것이다.

자연스러운 과정을 방해하는 것들에 대한 '자각의 암시'라고 부를 수 있는 것과 관련해, 에를리히는 미래의 수만 세대들은 지구가 현재 우리 주위에 있는 자연경관보다 훨씬 덜 다양하며 단순화된 환경만을 겨우 지탱할 수 있는 탓에 여행을 해도 빈곤해진 환경을 벗어날 수 없을 것이라고 말했다. 미국의 훌륭한 자연사와 자연생태 저술가들은 그 주제를 더 직접적으로 다루었다. 나비 전문가이며 미국 북서부의 변화에 대한 연대기들을 펴낸 로버트 마이클 파일Robert Michael Pyle은 그의 성장기인 1950년대에는 작은 도시였던 고향 콜로라도 주 오로라에서 보낸 시절을 기억한다. 지금은 대도시 덴버의 교외 지역인 그곳에서 그는 공터에서 빈둥거리거나 습지에 그물을 쳐서 곤충, 가재, 올챙이를 잡으면서 놀았다. 그는 『번개 나무: 도시 속의 황무지The Thunder Tree: Lessons from an Urban Wildland』('번개 나무'는 저자가 어린 시절 폭풍을 피해 숨었던, 속이 비고 오래된 미루나무를 가리킨다—옮긴이)에서 "호기심 많은 어린아이에게 공터와 황무지보다 더 재미있고 신기한 곳이 어디 있을까?"라고 묻는다.

그러나 습지는 메워졌고 루터 교회 뒤쪽의 공터는 포장되었으며 다른 공터들도 건축 현장이 되었다. "좋아하는 곳에서 자연에 몰두하면서 나는 흔들리지 않는 굳건한 믿음을 갖게 되었지만 그것 역시 우연에 달린 일이었다. 그곳에서 내가 만들어졌다. [공터가 아니었다면] 내가 생물학자가 되었을지 자신이 없다. 아마 변호사가 되었을지도 모른다."

세상에 대해 그런 창을 가지고 자란 사람이 얼마나 될까? 파일은 그런 공간이 점점 더 줄고 있어 걱정스럽다고 말한 후 "우리가 땅과 새로운 연결 고리를 만들고자 한다면 반드시 경험이 소멸하는 상황에 저항해야 한다"고 결론지었다. 자연생태 저술가이자 《샌디에이고 유니온-트리뷴》에 칼럼을 쓰고 있는 리처드 루브Richard Louv는 2005년 『자연에서 멀어진 아이들』에서 어린 시절 자유롭게 자연에 접촉하지 못하면 '자연 결핍 장애'에 걸린다는 인상적인 표현을 썼다. 그의 말에 따르면 이 장애는 주의력 결핍 및 과잉 행동 장애ADHD가 미치는 영향과 대등하다. 한편 자연환경에 다시 새롭게 몰두하면 "더 날렵한 몸, 더 관대한 마음, 더 날카로운 감각"이 발달한다고 그는 말한다.

비슷하게, 몬태나 주 남부의 보즈먼에 살면서 지엽적이고 구체적인 사실과 모험담이 가득한 과학서와 여행서를 쓰는 데이비드 쾀멘David Quammen은 『신의 괴물』에서 또 다른 '내부의 멸종'으로 지구에 남아 있는 '알파 포식자들'이 사라지거나 동물원이나 수족관에서만 살아갈지도 모른다고 말했다. 알파 포식자란 쾀멘이 만든 용어로, 사자나 호랑이 등 큰 고양잇과 동물과 곰, 상어, 뱀, 인도네시아의 코모도왕도마뱀 등 식인 동물을 일컫는다. 쾀멘은 브루스 채트윈이 디노펠리스를 회상한 것처럼 "동물의 살을 먹는 몸집이 크고 끔찍한 짐승들은 늘 인간과 함께 자연 속에서 살아왔다"고 말한다.

그는 인간이 더 이상 디노펠리스에게 쫓기지 않게 된 후 오랜 세월이 지난 지금까지도 결코 긴장을 풀어서는 안 된다고 생각한다. "우리 호모 사피엔스가 지혜를 가진 이후로, 알파 포식자들이 있기에 우리가 자연계 안에 있는 존재라는 것을 늘 뼈저리게 자각하게 된다." 자연계에는 사냥을 하고 목숨 걸고 경쟁해야 하며, 대담하고 신중하고 눈에 잘 띄지 않고 기회주의적이고 운이 좋은 적수들이 늘 도사리고 있다. 그 결과 "인류의 자각의 초기 형태 중에는 자신이 포식자에게 먹히는 고기라는 자각이 있었다."

쾀멘은 이런 포식자들이 사라진다고 해서 우리의 삶이 더 안전해진다고 생각하지 않는다. 포식자들이 사라지면 우리는 선천적이거나 환경에 의한, 혹은 상황에 따른 겸손함이라 생각할 수 있는 것의 마지막 조각까지 제거함으로써 내적인 위험에 노출될 것이기 때문이다. 쾀멘은 인터넷 신문인 《시애틀 포스트-인텔리전서Seattle Post-Intelligencer》 인터뷰에서 이렇게 말했다. "포식자들이 없으면 우리는 자연계와 먹이사슬 안에서 우리의 위치를 상기시키는 존재로부터 자유로워질 것이다. 그러면 우리의 오만함과 남용은 지금의 수준을 넘어 매우 좋지 않은 결과를 가져올 것이다."

멸종은 그것을 이겨낸 동물들의 자각에도 영향을 미친다. 1920년대에 옐로스톤 국립공원은 늑대 떼를 근절시켰다가 1955년과 1996년에 다시 도입했다. 2004년 오리건 주립대학교의 산림과학자 두 명이 다시 도입된 늑대들의 존재가 어떤 영향을 미쳤는지 과거로 거슬러 올라가 연구한 결과, 80년 전 늑대가 근절된 이후 생태계의 영양 단계Trophic Cascade(한 유기체가 먹이사슬에서 차지하는 위치. 생태계 내 한 종에 가해지는 영향이 먹이사슬 위아래로 어떤 결과를 초래하는지를 설명하는 개념이다-옮긴이)에 발생한 변화를 발견했다. 그들은 대체되고 균형이 깨진 먹이 섭취 습관의 도미노 효과를 설명했다. 이 경우에는 늑대가 없어지자 엘크사슴이 개울둑에 더 오래 머물면서 싹을 뜯어먹는 바람에 버드나무, 사시나무, 미루나무 등이 잘 자라지 못하게 되었고, 이 나무들이 숲을 이루고 무성한 상태여야 생존할 수 있는 비버와 명금류, 물고기 등이 감소했다.

그 연구에 참여했던 윌리엄 J. 리플William J. Ripple은 한 기자에게 "우리는 전체 생태계에 영향을 미치는 먹이사슬의 꼭대기에 있는 포식 동물의 중요성을 이해하는 데 겨우 초창기에 있을 뿐"이라고 말했다. 이 새로운 이해에 중심이 되는 것은 생태계 조절 장치로서의 두려움에 새로이 초점을 맞추는 일이다. 역시 그 연구에 참여했던 로버트 L. 베스타Robert L. Beschta는 "늑대를 제거하면 엘크사슴이 아무 방해도 받지 않고 마음대로 돌아다니며 양껏 풀을 뜯어먹을 수 있다. 하지만 늑대들이 돌아오자 두려움의 생태학이 다시 작동되었다"고 말했다.

앞서 여행과 인간의 기원에 대해 이야기했을 때 살펴본 것처럼, 여행에 마음을 열면 처음 보이는 것보다 더 많은 자각 자료를 사용할 수 있다. 또한 '자각의 해법'은 너무나 많아서, 생물 다양성 위기에 전 세계적 접근의 일부가 될 수 있다고 제안하고도 남는다고 말하고 싶다. 먼저, 지역적인 수준에서 우리는 '경험의 멸종'과 공존하는 '자각의 멸종'을 구별할 필요가 있다. 경험의 멸종이란 로버트 마이클 파일이 언급한 것으로, 도시와 근교 지역에서 그나마 남아 있는 황무지를 불도저로 밀어버린 탓에 사람들이 자연과 맞대면할 기회를 잃은 것을 일컫는다. 파일은 그것을 '내가 물려받은 거주지', '그냥 쓰고 버리는 자연경관', '신데렐라 현장' 등으로 부른다. 이제 우리의 더 넓은 자각이 우리가 야외로 나간다고 해서 자동적으로 나타나지 않는다는 것은 분명하다. 자연경관이 이미 사라졌으며, 남아 있는 자연경관 대부분도 인간의 용도에 맞게 길들였기 때문이다. 그러나 '자각 억압'과 '자각 재배치'는 결코 자각의 소멸과 같은 것이 아니다. 역량은 온전히 남아 있다. 내부에서 태도를 바꾸는 것은 이제 대부분이 우리에게 달려 있다. 우리는 그것이 우리가 할 수 있는 일임을 알아야 한다. 그리고 무의식적인 유도에 기대지 말고 마땅히 해야만 한다. 그러나 그것이 유일한 근본적인 차이이다.

잃어버린 자연경관을 한탄하는 대신, 우리는 우리의 확장된 자각을 이용해 자연경관을 재건할 수 있으며, 그 일을 하는 동안 우리 자신을 그 그림 속에 끼워 넣을 수 있다. 더 깊은 자각 내의 '확산 요소' 혹은 '보편화 요소', 즉 우리를 더 큰 여기와 더 긴 지금에 연결시킬 수 있는 능력 덕분이다. 그래서 나무 한 그루가 있는 풍경을 보더라도 우리는 내가 뉴욕의 H_2O 지형에 대해 쓸 때 '제2의 주소'라고 부른 것, 즉 빙하가 물러간 이후 모든 세대가 알아볼 수 있는 주변의 '거기'를 떠올릴 수 있다. 이 제2의 주소가 21세기에도 통하려면 고유한 물리적 기반이 필요할지도 모른다. E. O. 윌슨은 지구의 50%는 더 개발하지 못하도록 제한한다면 거주지의 영속성이 보장될 것이라고 말했다. 고속도로, 건물, 울타리 등 장애물로 가로막힌 야생 동식물의 이동 통로를 다시 만들어 연결시킴으로써 모든 대륙의 광활한 땅을 안정시키기 위한 전체적인 계획이 이미 진행 중이다.

그런 계획 중 하나로 '유콘에서 옐로스톤까지Y2Y'는 매년 200만 달러가 들어가는 프로젝트다. 옐로스톤 국립공원 바로 남쪽에서 시작해서 미국의 다섯 개 주와 캐나다의 네 개 주를 가로지르고, 알래스카 국경까지 뻗어 있는 약 3700km에 달하는 통로와 약 120만 km^2에 달하는 지역을 관장한다. 그 지역에는 늑대들과 회색곰, 큰뿔야생양 같은 완신세의 대형 동물들이 여전히 많이 살고 있다. 아시아에서는 부탄에서 미얀마에 이르는 8000km의 '유전자 통로'가 있는데 부탄, 인도, 타이, 말레이시아, 미얀마의 5개국을 가로지르는 이 자연 속에서 호랑이들이 자유롭게 돌아다닐 것이다.

자각의 관점에서 보면 '전원의 생물지리학', '거대 통로', '거대 동물원', '야생 지역으로 돌려보내기' 등으로 불리는 이런 목표들은 우리의 제2의 주소를 완전한 한 덩어리처럼 느껴지게 할 것이다. 우리를 둘러싼 지역의 자연경관과 그것들을 연결하는 대륙의 통로가 '더 큰 여기'의 부분들, 촘촘하게 서로 연결된 육지와 해양 지역의 전 세계적 네트워크의 일부라는 점을 분명하게 하는 것이 관건이다.

이 세계적 목표를 성취하는 데 가장 유망한 계획은 2009년 3월 《뉴욕 타임스》의 한 기명 논평으로 먼저 선보였다. 논평을 쓴 사람은 해양 관리 전문가 스콧 보거슨Scott Borgerson과 케이틀린 앤트림Caitlyn Antrim이었는데, 그들은 북극 지방에 대형 공원이나 평화 지대 같은 장소를 만들어 지구 온난화를 유리하게 바꾸는 문제에 대한 의견을 피력했다. 그들의 말에 따르면 그런 장소는 지구의 남극권과 북극권 중 반을 차지하면서 북반구와 남반구 전체로 보호 작업을 연결시키고 야생을 보호하는 영구적인 방어물로 작용하는 힘의 장이 될 수 있다.

> 2013년이면 북극 지방 전체가 여름에는 빙하가 없는 지역이 될 수 있으며, 이 지역으로 해상운송, 어업, 관광의 물결이 밀어닥칠 가능성이 있다. 러시아는 2년 전 자국의 영토임을 주장하기 위해 북극의 해저에 깃발을 꽂았으며 다른 북부의 나라들도 거대한 해저 지역에 대한 소유권을 주장하라는 압력을 거세게 받고 있다. 토지 점유가 더 심해지기 전에 관련 국가들은 북극 지방의 최북단에 있는 지역을 거대한 공원으로 만드는 데 관심을 기울여야 한다. 즉, 북극의 환경을 보호하고 평화로운 국제적 과학 연구를 위한 기지 역할을 할 해양보호구역을 만들어야 한다는 이야기다.
>
> 미국과 북극 지방에 관련된 국제기구들이 북위 88° 위의 반경 120해리의 원 안에 있는 모든 것을 해양 공원으로 지정하는 것이 한 가지 접근 방법

이 될 수 있다. 이는 1987년 당시 소련의 미하일 고르바초프가 북극 지방의 '평화 지대'를 만들자고 제안한 것과도 맥락을 같이한다. 또한 1959년의 조약으로 남극 대륙에 국제적인 과학 연구 기지가 세워져 현재까지 너무도 잘 관리되고 있는 선례도 있다.

위험은 사라진 지 오래지만, 나는 우리의 정착 생활 유산 어딘가에 더 넓은 자각의 수치심과 두려움과 불신이 있지 않을까 자주 의심해 보곤 한다. 이런 식으로 주의를 집중하는 것은, 적어도 현대적인 전쟁이 출현하기 전 정착성 공동체들이 늘 싸워야 했던 최대의 적들이 가진 마음가짐이 그랬기 때문이다. 약 3000년 동안 농부들과 마을 주민들은 무리를 지어, 때로는 군대를 결성해 불시에 습격하거나 주기적으로 전면적인 침입을 해 오는 유목민들과 방랑자들을 견뎌야 했다. 유목민과 방랑자들은 마을들이 도시로 바뀐 후에도 한곳에 정착하지 않고 떠돌아다니면서, 정착해서 사는 사람들과 그 관습에 가차 없이 모욕적인 언사를 퍼붓던 사람들이었다. 그들의 속담에는 '습격하는 것이 우리의 농사다'라는 말도 있었다.

인류학자들은 이들을 '유목하는 목축민들'로 알고 있다. 그들이 매년 같은 토지에서 곡식을 돌보며 재배하기보다는 길들인 동물들을 몰고 1년 내내 이곳에서 저곳으로 다니며 키우기 때문이다. 몽고와 중앙아시아에서는 말, 남서아시아에서는 양과 염소 혹은 낙타, 동아프리카에서는 소, 스칸디나비아 북부에서는 순록을 몰았다. 19세기의 이론가들은 목축민들을 수렵과 농경 사이의 과도기적 상태에서 살고 있는 다소 원시적인 형태로 일축하는 경향이 있지만, 근래의 인류학자들은 그 상태를 정착 생활에 대한 다양한 대안의 하나로 본다. 목축은 동물들이 풀을 뜯어 먹고는 옮겨 간다는 데 근거한 수준 높은 방식이었다는 것이다. 이 때문에 사람들은 러시아와 중앙아시아의 스텝지대(러시아와 아시아의 중위도 부근에 위치한 초원지대—옮긴이)같이 널따랗게 펼쳐지고 강우량이 적으며 증발이 심한 반건조성 지역을 따라 '잠깐씩 거주하는' 것이 가능해졌다. 그런 곳에는 보다 영구적인 숙영지를 차릴 만큼 비가 충분히 내리지 않았다.

정착주의 학자들은 식물을 재배하지도 않고 목축을 하지도 않았던 수렵민들의 능력을 폄하했지만, 1960년대의 인류학자들은 새로운 시각으로 바라보았다. 인류학자들은 수렵민들이 현대의 사무실 근무자들보다 더 많은 여가 시간을 가졌다는 점을 깨달으면서 그들의 생활을 '독창적이고 풍요로운 사회'라고 표현했다. 오늘날 전 세계 인구의 1%도 안 되는 유목민들의 장점과 성과를 재발견하는 데는 오랜 시간이 걸렸다. 그러나 워싱턴 대학교의 인류학 교수인 에릭 올던 스미스Eric Alden Smith는 최근 목축민들의 지성과 자각에 대해 감동적인 글을 썼다. 그는 "목축민들이 의사 결정을 할 때는 풍부한 지식이 사용됐다"고 하면서, 그것이 식물의 성장이나 기후 변화를 예측하기가 힘든 상황에서 가축들을 계속 몰고 다니는 데 필요한 '집중적인 정보 수집'의 산물이라고 평한다. 그 과정에 관여된 그들의 복잡한 사고는 "영리한 질문을 하기에는 아는 게 별로 없었던 연구자의 무지" 때문에 주목받지 못했다는 것이다.

앞서 소개한 『아프가니스탄에서의 모험』의 저자 루이스 팔머는 1980년대에 산에 사는 사람이라는 뜻인 코치Kochi들, 아프가니스탄의 유목민들, 기마 민족들과 낙타 대상 안내원들을 보고 깊은 인상을 받았다. 당시 그는 그들과 시간을 보낸 얼마 안 되는 서구인이었다. 코치들은 그를 파키스탄의 서쪽 변두리에 있는 해발 고도 1686m인 도시 퀘타에서 북쪽으로 이틀 거리인 그들의 고향으로 데리고 갔다.

> 마치 달 표면 같은 황량한 지역과 비옥한 고지대 등 다채로운 경치가 펼쳐졌다. 1000명도 넘는 사람들이 필요한 물건들을 모두 가지고 다니며 야영하고 이동하면서도 음식을 만든 재를 빼고는 아무런 흔적도 남기지 않으며 살아간다는 것은 불가사의에 가까웠다. 나는 코치들이 야영하고 떠난 곳에서 버려진 깡통이나 종잇조각 하나도 보지 못했다.
> 이 사람들은 자연에 매우 밀착되어 살면서도 묘하게 영원이라 부를 수밖에 없는 것에 가깝게 살아가는 듯했다. 내가 한 코치에게 대상 행렬이 지나간 곳에 흔적이 거의 없다는 점을 지적하자 그는 즉시 자기에게는 대상 행렬이 인간의 생명과도 같다고 대답했다. 단 한 번의 호흡이면 생명을 영원에서 분리시킨다고 했다.
> "대상 행렬은 정말 그저 그 호흡일 뿐이다"라고 그는 말했다. 서구에서라면 그는 '문화적으로 무지한' 사람 또는 '문맹자'로 취급되었을 것이다. 그러나 그는 시인의 마음과 표정을 가졌다. 게다가 숙련된 대장장이가 될 만한 실용성도 겸비했다. "우리는 태어났고 살았으며, 그러고는 사라진다. 우리는 땅에서 사는 사람, 우리 코치들은 걸어간다……."

우리가 내부의 확장된 자각과 멀어진 것에 대한 또 다른 설명은 현대과학의 아버지인 위대한 갈릴레오 갈릴레이와 관련이 있다. 400년도 더 전에 갈릴레오는 운동에 관한 연구를 하면서 우연히도 많은 문제들을 해결했던 듯하다. 전해지는 이야기처럼, 갈릴레오가 운동에 대한 실험을 하던 중 피사의 사탑 꼭대기에서 서로 무게가 다른 물건들을 떨어뜨린 적이 실제로 있는지는 밝혀지지 않았는데, 아마도 단지 사고실험이었을 가능성이 있다. 하지만 운동에 관한 그의 주요한 통찰은 태양계 내에서 3차원적인 물체들이 운동할 때 어떤 반응이 나타나느냐 하는 문제에 대한 결정적인 해석으로 받아들여지고 있다.

갈릴레오는 스스로 개량한 망원경을 통해 최초로 다른 행성, 즉 목성에도 위성이 있다는 것을 발견했다. 그는 지구가 태양의 주위를 돈다는 주장으로 로마 가톨릭 교회에 의해 투옥되기도 했지만 결국 그 덕분에 오늘날까지도 명성을 떨치고 있다. 1590년대에 그의 지동설은 열띤 논쟁의 주제였다. 많은 사람들이 그의 주장을 회의적으로 받아들였고, 그의 주장에 이의를 제기하는 주요한 의견들도 신학적인 것이 아니라 실용적인 면에서였으며 운동과 관계된 것이었다.

당시 상식적인 관점에서는 지구가 자체의 축을 중심으로 회전한다면 (그래서 태양이 하늘을 빠르게 지나가는 것처럼 보인다면) 지구에 딱 붙어 있지 않은 것들도 움직이게 된다. 따라서 영국의 물리학자이며 과학철학에 대한 저서를 쓴 헨리 보토프트Henry Bortoft가 지적한 대로 "여행자가 서쪽으로 여행을 가고 싶다면 그저 제자리에서 뛰뛰기를 하다 보면 결국에는 그가 가려는 서쪽이 발밑에 올" 것이다.

보토프트는 『자연의 완전함The Wholeness of Nature』에서 갈릴레오가 "가장 중요한 것은 지구가 움직여도 행성에 사는 모든 것에 별다른 불편을 끼치지 않는다"고 말함으로써 사실상 앞에서 말한 문제를 거꾸로 뒤집었다고 설명한다. 지구 위의 사람이 지구의 움직임을 느끼지 못하는 것은 더 이상 문제가 아니라 운동을 보는 새로운 방식이 된다는 의미다. 갈릴레오가 보기에 사람이 지구의 움직임을 느끼지 못한다는 것은 운동에 대한 새로운 과학의 근본적인 가정이었다. 즉, 지구가 떠받치고 있는 모든 물체는 기본적으로 지구와 보조를 맞춰 움직이고 있다는 의미였다. 보토프트가 지적했다시피, 공이 피사의 사탑에서 낙하할 때도 한쪽으로 쏠리지 않는다면 이는 "한 물체가 여러 움직임을 동시에 취해도 각 움직임이 다른 움직임을 방해하지 않는다"는 사실을 입증하는 셈이었다. 이 운동들은 하나로 합쳐져 합성 운동이 된다.

그러나 물체의 움직임이 서로를 방해하지 않는다는 것만이 문제가 아니었다. 이를테면 물체 자체가 움직임 전부나 일부와 '분리될' 수도 있었다. 보토프트는 이렇게 설명한다.

> 물체 스스로는 움직임을 느끼지 못한다는 것을 이해하기 위해, 갈릴레오는 운동 자체를 보는 방식을 더 근본적으로 바꾸기에 이르렀다. 그는 물체의 움직임과 물체 자체의 기본적 성질을 분리했다. 다시 말해 물체의 운동은 물체에 내재된 성질이 아닌 순수한 외적 작용이라고 보았다. 갈릴레오 이전에는 운동에 움직이는 물체의 본질이 수반된다고 여겨졌다. 운동 자체는 변화의 특수한 사안이었으며, 물체가 변화하는 것은 그 물체 자체가 더 완전해지는 과정이라는 것이 변화를 보는 시각이었다. 따라서 식물을 기르거나 아이를 교육하는 것이나 물체가 땅으로 떨어지는 것 모두 뭔가가 더 완전하게 변화하는 것으로서, 운동(장소의 변화)은 움직이는 물체에 꼭 필요한 내적 특징이었다고 생각되었다. 그러나 갈릴레오는 (그리고 훗날

의 현대물리학은) 물체의 운동과 물체의 본질적인 특성이 반드시 연관되지는 않는다고 생각했다.

이 새로운 공식에서 물체의 운동은 논리적으로는 더 이상 물체의 필수적인 부분도 아니고 기본적인 특징도 아니기 때문에 물체는 자신의 운동 상태를 완전히 느끼지 못하거나 아무런 영향을 받지 않는다. 여전히 물체는 변화할 능력이 있으며 더 완전하게 바뀔 능력이 있다고 여겨지지만, 운동은 그 과정과는 더 이상 상관이 없다. 보토프트의 설명을 빌리면 갈릴레오 이전에는 운동이 "한 상태에서 다른 상태로의 변화"라고 여겨졌지만 "이제 운동은 단지 물체가 취하게 되는 어느 한 상태일 뿐"이었다. "운동이 물체의 어느 한 상태에 불과하고 물체에 내재된 본질과는 상관이 없다면, 물체는 자신이 취하고 있는 운동 상태를 느끼지 못할 것이 분명하기" 때문이다.

갈릴레오는 원래 의도한 목표는 아니었지만, 운동으로 무엇이 가능해지는지에 대한 우리의 기본 생각을 바꿨다. 갈릴레오의 말에 따르면 그 무엇이란 인간의 특성과는 관계없는 힘으로서 우리 인격체에는 주목할 만한 영향을 전혀 미치지 않는다. 그가 뜻한 바는 아니었을지라도 이런 접근법으로 인해 깊은 여행이 여행에 개입할 소지는 "완전히 사라져버린다."

13장

자각의 유산

Transport, motorways and tramlines
Starting and then stopping
Taking off and landing
The emptiest of feelings
Disappointed people clinging on to bottles
And when it comes it's so so disappointing

Let down and hanging around
Crushed like a bug in the ground
Let down and hanging around

교통수단, 고속도로와 전차 노선
출발하고 멈추고

이륙하고 착륙하고

지극히 공허한 감정

실망한 사람들은 술병에 매달리네

그리고 때가 오더라도 너무도 실망스러울 뿐

낙심하여 배회하네

벌레처럼 땅에 짓뭉개지고

낙심하여 배회하네

_라디오헤드의 「렛 다운Let Down」에서

Dar harakat, barakat.

움직이는 속에 축복이 있다.

_아프가니스탄 코치들의 속담

한 걸음 뒤로 물러서서 인간의 자각의 스펙트럼이 지닌 모든 다양한 형태를 둘러볼 때, 우리는 한 가지 두드러진 것을 보게 된다. 바로 깨어 있는 시간 동안 우리에게 맡겨진 자각의 구조들은 잡종이자 혼합물, 완벽하게 맞지 않는 옷이라는 점이다. 이런 구조들은 매일 누구에게나 존재한다. 백일몽이나 몽상, 집중된 주의력이나 오차 없이 정확한 자각, 그리고 내가 깊은 여행과 두 발 보행의 지각 발판이라고 불렀던 더 넓고 확장되고 포괄적인 자각들이 그것이다. 그리고 '몰입' 같은 다른 형태의 자각도 있다. 몰입이란 운동선수들이 현재의 동작과 곧 이어질 동작을 맞춰 가며 수월하게 움직일 때의 감각이다. 그러나 그런 상태들은 가끔씩 찾아오므로 이 예비적인 조사에서는 생략했다.

지금까지 우리가 추적해 온 여러 상태들 혹은 렌즈들과 경향들 사이에서 태도를 바꾸는 것은 곤란할 수도 있다. 처음 두 가지는 내부를 보는 것이고 세 번째는 대개 외부를 보는 것이기 때문이다. 그리고 우리가 그런 태도를 취할 때, 시간이 흐르거나 느려지는 데 대한 감각이 급격히 나타났다가 사라지기 때문이다. 그것들을 함께 얽어매거나, 다른 것이 나타날 때 다른 하나를 마음속에 간직하는 것조차 어려울 수 있다. 그러면 진행 중인 활동은 어떨까? 이는 우리가 이 시점부터 우리의 특별한 자각의 유산으로 무엇을 하느냐에 달려 있다. 지금은 그것들이 '무엇에 좋은지'라는 근본적인 의문이 해결되지 않아서 여전히 씨름해야 하기 때문이다.

더욱이 해결책을 찾아 고심하는 것도 충분치 않다는 듯이, 추가적인 문제가 하나 더 불거진다. 그것은 생물학적이기보다는 문화적인 문제다. 오늘날 매일 이 모든 자각에 노출되면서도 많은 사람들은 자신이 사용하는 자각의 3중적인 성격을 알아보는 데 어려움을 겪고 있다. 우리가 '고전적인 문명'으로 숭상하는 집단을 포함해서 정착 생활 이후의 여러 집단들이 '작은 것에 안주'하는 태도를 계승했기 때문이다. 그러므로 바로 지금도 우리는 여전히 축소된 기반 위에서 느릿느릿 나아가고 있으며, 결코 전속력으로 달리지 않는 경주마처럼 해낼 수 있는 것보다 훨씬 작은 것에 우리 자신을 가두고 있다.

움직이는 문제에 관해서라면, 우리는 여행하는 방법이 여러 가지가 있다는 사실에 익숙해져 있다. 갈릴레오의 떨어지는 물체처럼 우리는 운동을 느끼지 못하며 무시할 수 있다. 우리는 '운동에 구애받지 않을'

수 있다. 게다가 기술의 발달로 우리는 이런 상태를 유지하는 것이 용이해졌다. 아이팟은 몽상을 촉진하고, 휴대전화는 좁게 초점을 맞춰 주의를 기울일 수 있게 한다. 그런 일들은 운전을 할 때처럼 생생하게 깨어 있기 위해 더 넓은 자각이 필요한 상황에서 우리를 곤란하게 만들기도 한다. 오바마 행정부의 교통부 장관인 레이 라후드Ray LaHood가 2009년 9월 워싱턴에서 회의를 소집해 산만한 운전이 "사회에 대한 위협"이라고 말한 것도 그런 이유에서다. 그 회의를 보도한 《자동차와 운전자Car and Driver》의 기사에서는 "운전하면서 문자를 보내는 일은 음주운전보다 더 위험하다"는 사실을 알렸다.

혹은 물체와는 달리 우리 인간은 움직임에 의해 이동하고 변화하고 심지어 변형될 수도 있다. 움직이는 것은 '더욱 온전한 우리 자신이 되는 것'의 일부가 될 수 있다.

이제 우리에게 필요한 것은 여행과 교통수단에 대한 '갈릴레오 이후'적인 접근 방식이다. 살아 있는 화물과 무생물을 확실히 구별하는 교통수단, 그리고 온갖 차원의 교통수단에 수용하기 위해 사람들을 이동시키는 기술을 다시 결합하는 교통수단에 대한 접근 방식이다. 우리는 여행자나 탈것들, 그리고 도로, 철로 등 모든 통행로 때문에 깊은 여행의 활동에 방해를 받으면 낙담하곤 한다. 지구는 곧 인구가 7억에 달할 것이고 이내 8억이 될 것이며 21세기 중반이면 9억이 넘을 것이다. 인구가 엄청나게 많아지면 이런 편법을 쓰기도 힘들다.

이는 '여행을 한 경험'과는 다른 문제다. 여행과 여행을 뒷받침하도록 지어진 기반 구조는 이전에는 고립되어 있거나 여행을 별로 하지 않았던 사람들과 자연경관에 영향을 미친다. 그것은 또 다른 문제인 '여행이 뒤에 남긴 것'과도 구별되어야 한다. 어떤 형태든 여행을 하면 재활용되지 않는 쓰레기들이 생기고 그 쓰레기들은 시간을 두고 축적된다. 또한 쓰레기 대부분은 캘리포니아와 하와이 사이 태평양 동부의 거대한 쓰레기 지대처럼 일반적으로 눈에 띄지 않는 곳에 모인다. 현재 그 쓰레기 지대는 텍사스 주의 두 배에 이른다. 매년 2600만 톤의 플라스틱이 바다로 떠내려 오며, 조류가 이 쓰레기들을 천천히 '쓰레기 소용돌이'로 휩쓸어 간다. 2009년 2월 10일에는 지상 약 800km 위에서 '대참사'가 일어나기도 했다. 대참사라는 말은 NASA에서 퇴직한 제임스 오버그James Oberg의 표현이다. 기능이 소멸된 러시아 군사위성과 작동 중인 미국의 상업 위성이 빠르게 충돌하면서 우주 쓰레기 수만 조각이 떨어져 나왔던 것이다. "그 조각들은 앞으로 1만 년 동안 지구를 돌면서 다른 위성들을 위협할 수 있다"는 보도도 있었다.

깊은 여행의 자각은 정상적인 사건의 진행에서는 여러 경로를 통해 자연스럽게 나타난다. 때로는 마음이 '허락해서' 돌아올 수도 있는데, 근처에 위협될 만한 것이 없다는 지각, 일종의 '파라다이스 효과' 같은 것 때문이다. 또는 다른 수단을 통해 우리가 얻은 정보가 당면한 상황을 설명하기에 부적절해 보이기 때문에 의도적으로 호출되거나 요청될 수도 있다.

그러나 우리가 받은 양육이나 훈련의 많은 부분이 이렇게 자각과 접촉하거나 자각을 주목하거나 즐기거나 찾는 데서 멀어지게 하기 때문에, 나는 자각을 사용하는 방법을 재정리하는 가장 좋은 접근은 '시작하기 이전'의 어딘가로 돌아가서 다시 출발하는 것이라고 생각한다. 그래서 마치 21세기로 들어가기 위해 19세기와 20세기 초의 기술로 속성 재교육을 받듯이, 책의 전반에서 보충 단계와 따라잡는 단계를 거쳐 왔다. 크랭크를 돌려야 차의 시동이 걸리던 시대, 펌프로 물을 푸려면 마중물을 넣어야 하던 때로 돌아가듯이 말이다. 이 책 전체에 '마중물을 붓는' 내용이 곳곳에 흩어져 있는 것도 이런 이유에서다. 우리가 더 넓은 자각을 자주 불러내면 낼수록, 자각은 더욱 쉽게 나타나며 우리는 더욱더 간절히 그것을 되찾고 싶어진다. 더 넓은 자각은 우리가 세상을 더 잘 알도록 길을 터주지만, 그에 앞서 우리가 마음을 열고 받아들여야 한다. 비록 그 자각이 그렇게도 오랫동안 이미 우리의 것이었다고 해도 말이다.

카누 타기에 대한 이야기부터 시작하자. 제프 워렌은 온타리오 북부에서 2주 정도 카누를 타러 갈 것이며 그곳에서 느긋하고 조용한 시간을 보내면서 탁 트인 경치를 볼 것이라고 어느 날 내게 말한 적이 있다. 그 여행에 대한 그의 글을 소개한다.

> 그것을 '의식의 흐름에서 노를 젓기'라고 부르자. 다음은 윌리엄 제임스의 『심리학의 원리』에 있는 글이다.
>
> > 우리가 멋진 의식의 흐름에 대한 일반적인 관점을 택하면서 우선 놀란 것은 그 흐름이 부분별로 속도가 다르다는 점이다. 새가 살아가는 것처럼 의식의 흐름도 날기와 횃대에 앉기가 교대로 이루어지는 듯하다. 언

어의 리듬이 이것을 표현한다. 모든 생각은 한 문장으로 표현되고 각 문장은 마침표로 마무리된다. 쉬는 장소는 보통 감각적 상상 같은 것이 차지하고 있으며, 그 상상은 기이하게도 무한한 시간 동안 마음의 전면에 유지될 수 있고 변함없이 응시될 수 있다. 날기가 차지하는 장소들은 정적이거나 동적인 관계에 대한 생각들로 가득 차 있다. 그 생각들은 대부분 상대적인 휴식 기간에 심사숙고하던 일들 사이에서 얻은 것이다.

내가 카누를 타는 동안의 마음 상태는 제임스가 말한 '날기'의 정수다. 여행을 시작할 즈음에는 마음이 생각으로 가득 차 있다. 이는 제임스가 말한 '횃대에 앉기' 상태로서, 머릿속으로 할 일을 점검하고 느긋하게 백일몽을 꾸며 새로이 보는 자연경관도 감각적으로 받아들인다. 그러나 시간이 흘러가자 뭔가 이상한 일이 일어났다. 노가 오르락내리락하는 움직임에 따라 생각들이…… 희미해진다. 잔잔한 물 위를 카누가 미끄러져 가듯이 마음도 미끄러져 가며 생각에서 생각으로 이어 나갈 때, 긴 과도기를 거치면서 날기의 상태와 더 가까워진다. 곧 그 날기의 상태도 내적인 침묵이 길게, 더 길게 뻗어 가며 느려진다. 이것은 반복적인 움직임에서 오는 몰입 상태 같은 자동화(지속적인 연습이나 교육을 통해 인간의 사고 행동이나 운동 동작 등이 의도적인 사고 에너지의 투여 없이 자동적으로 이루어지는 현상-옮긴이) 이상의 것이다. 기존 문명의 층이 개입되지 않은 자연 속에 있는 데서 오는 무엇이 있다. 더 깊은 패턴이 발휘된다. 땅에서 솟아올라 숲 속과 물과 몸 안으로 퍼져 가는 잡아당기는 듯한 지하의 힘이다. 그 힘은 당신을 그 강력한 리듬에 가두면서도 동시에 분산시키고 축소시키고 흡수한다.

물 위에 있다는 점이 이 효과를 실제보다 더욱 크게 만든다. 이른 아침, 호수 표면에는 안개가 끼고 모든 것이 조용하고 잠잠하며, 카누가 지나간 자취는 금방 메워져서 지나간 것을 알 증거가 없다. 당신은 마치 유령이 된 기분이다. 안개가 걷히고 해가 하늘 높이 떠올라도 이 느낌은 실체가 없이 머문다. 당신은 물에 너무도 가까이 있어서 그저 수평선의 일부에 지나지 않는 듯하고, 실제적인 활동은 전부 호숫가의 숲으로 된 극장에서 벌어진다. 거대하면서도 겸허하고 경탄할 만한 규모인 이 숲의 극장은 천천히 이동한다.

제프 워렌의 이런 소감을 듣고 나는 만일 여행하는 동안 가지고 다니면서 깊은 여행이 오가는 것을 메모할 수 있는 도표나 간단한 서식 혹은 작은 수첩이 있으면 도움이 되지 않을까 하는 생각이 들었다. 아마 악보를 적는 오선지처럼 보일지도 모르겠다. 다만 보표가 다섯 줄이 아니라 석 줄인 것이 다르다.

오른쪽 그림은 하루를 기록하는 서식과 여러 날을 기록하는 서식이다(www.howwetravel.org에서 그림을 다운로드할 수 있다). 뒤쪽에 있는 견본은 내가 경험했던 깊은 여행의 순간을 기록해 본 것이다. 그러니까 맨 앞에서 소개했던 것처럼 맨해튼의 어느 아파트에 있는 화재 대피용 비상계단에서 송골매를 본 날의 일이다.

도표에 있는 가로로 된 선은 백일몽, 주의 집중, 깊은 여행을 나타낸다. 전체 보표 위에 둥글게 그려진 원호圓弧는 여행의 호를 나타낸다. 나는 장면들이 펼쳐지는 것을 나타내기 위해 음표들을 선으로 이어서 표시했다. 견본에 내가 표시한 것을 해석하면, 나는 막연히 공상을 하다

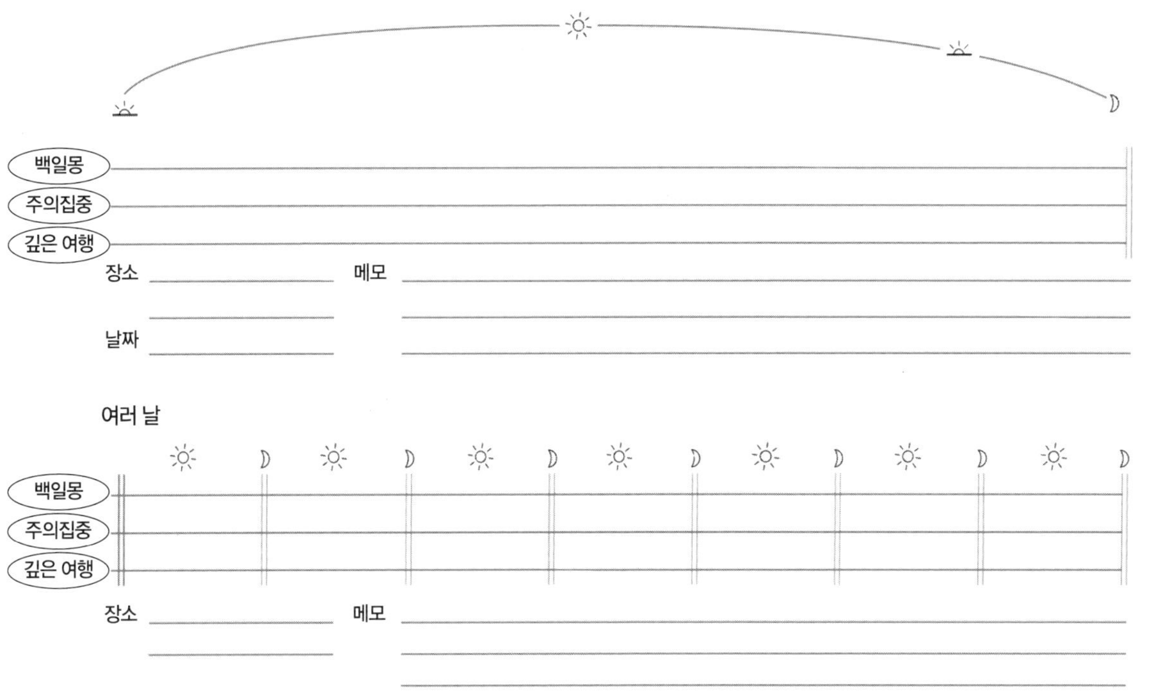

백일몽
주의집중
깊은 여행
장소
메모
날짜
여러 날
백일몽
주의집중
깊은 여행
장소
메모

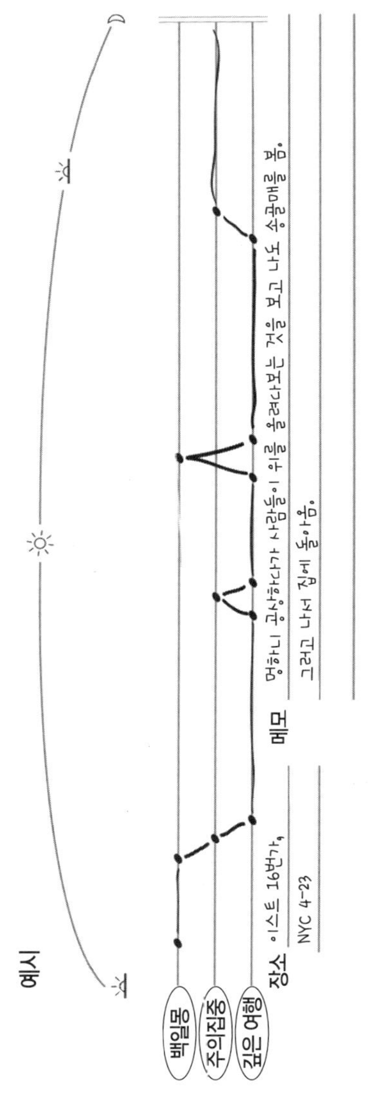
예시
백일몽
주의집중
깊은 여행
장소 이스트 16번가,
NYC 4-23
메모
멍하니 공상하다가 사람들이 위를 올려다보는 것을 보고 나도 송골매를 봄.
그리고 나서 집에 돌아옴.

가 사람들이 모여서 위를 올려다보는 곳에 이르렀고 거기서 예기치 못했던 깊은 여행으로 빠져들었다. 그 느낌은 거리의 모퉁이 몇 곳을 돌 때를 빼고는 집에 올 때까지 지속되었다. 송골매를 보고 집으로 돌아오기까지 걸린 시간은 20분 정도밖에 안 되지만 전체 도표를 다 사용했다.

더 장기적인 여행인 경우는 멈출 때나 긴 호흡을 할 때나 속도를 바꿀 때마다, 즉 '횃대에 앉을 때'마다 악보에서 마디를 나타내는 세로줄을 보표에 그려 특정한 개수의 박자가 완료되었다는 것을 표시하면 될 것이다. 이 도표에서 세로줄들은 식사를 하기 위해 멈췄다든가, 교통수단이 바뀌었다든가, 공항에서 기다린다든가, 중요한 지형지물이나 도로가 푯말을 지나칠 때를 나타낼 수 있다. 또는 어느 산의 정상에 올랐거나 바다가 처음 보이는 지점에 이르렀다거나 갑자기 폭풍우가 몰려왔다거나, 해가 느리게 지면서 도로에는 어둠이 깔리는데 언덕 꼭대기는 아직도 햇빛이 밝게 비친다거나, 밤이 되어 마침내 어둠이 짙게 깔리는 때를 나타낼 수도 있다.

하루 이상 지속되는 여행이라면 하루가 지날 때마다 겹세로줄로 하는 것이 좋을 것 같다. 겹세로줄은 악보에서는 악곡의 한 단락이 끝났음을 알리는 표시인데, 여기서는 잠을 잤다가 다시 일어나는 것을 나타낼 수 있다. 인상 깊었던 것이라면 무엇이든 이 도표에 적어 넣을 수 있다. 이를테면 여행의 음악에 대한 언어로 된 메모다. 깊은 여행을 한 시간은 실제로 얼마나 되는가? 깊은 여행이 스스로 찾아왔는가, 아니면 당신이 그리로 가기로 했던 것인가? 그런 식으로 옮겨 가는 데 어려움이 있었는가? 깊은 여행에서 떨어져 나온 이유는 무엇인가?

다음 단계는 정책적 함의가 있기에 더욱 까다롭다. 즉, 여행뿐 아니라 교통수단, 건물, 교통로 등 여행의 물리적 요소에도 관심을 갖고 그것들이 갈릴레오 이후 시대에 기여할 수 있도록 갱신하는 방향으로 재검토하는 단계다. 그 요소들은 반드시 계속 안전하고 편안한 상태를 제공해야 하며, 작동 중인 교통 시스템이라면 계속 신뢰할 수 있고 때에 맞게 운행해야 할 것이다. 그러나 인간은 혼성체이므로 그 요소들은 또 다른 임무가 있다. 여행의 각 요소는 어떤 여행이든 미지의 것이나 아직 알려지지 않은 것을 탐구할 수 있는 기회와, 그 여행에 기울인 시간이 우리가 더 완전한 자신이 되도록 돕는 데 유익하게 쓰일 기회에 기여해야 한다.

이는 새로운 아이디어는 아니다. 2200여 년 전, 인도의 아쇼카 황제(인도의 마우리아 제국의 황제로 기원전 273~232년에 재위했다. 인도를 최초로 통일했으며 인도 역사상 가장 걸출한 군주로 꼽힌다-옮긴이)는 무력 분쟁으로도 유명하지만, 나라의 길과 공공 도로를 아름답게 꾸민 것으로도 유명하다. 황제가 내렸던 한 칙령을 소개한다.

> 나는 동물과 사람들이 그늘에서 쉴 수 있도록 길을 따라 보리수를 심게 했고 망고나무 숲도 만들게 했다. 그리고 8크로사krosa(고대 인도에서 쓰던 길이의 단위로 1크로사는 대략 1km와 같거나 조금 모자라는 길이다-옮긴이)씩 간격을 두고 우물을 만들고 휴게소를 지었으며 여러 곳에 물을 마실 곳을 만들어 동물과 사람들이 이용하게 했다. 그러나 이는 대단한 일이 아니다.

백성들을 행복하게 하는 것은 이전의 왕들도 했던 일이다. 나는 사람들이 달마를 실천하게 하려는 목적으로 이런 일들을 했다.

아쇼카는 달마Dharma, Dhamma(불교 용어로 진리, 법 등의 의미가 있다-옮긴이)라는 말을 자비, 잔인한 행위의 자제, 비폭력, 관용 등의 의미로 사용했다. 무화과나무나 뽕나무와 가까운 종류인 보리수는 30m로 자랄 수 있으며 가지가 좌우로 뻗어 가는데, 가지에서 내린 뿌리가 흙에 닿을 때까지 길게 자라면서 나뭇가지를 받친다. 엄청나게 큰 어떤 보리수 그늘에는 2만 명 정도가 앉아서 쉴 수 있었다고 한다.

1860년대에 뉴욕 센트럴 파크를 설계했던 조경 전문가 프레더릭 로 옴스테드Frederick Law Olmsted가 조성했던 현대의 공원 도로들에는 그런 생각이 반영되어 있다. 즉, 도로도 시끄럽지 않도록 만들고 조경을 한다면 그가 설계한 공원들이 유도하는 '마음의 고요함과 휴식'을 줄 수 있다는 것이다. 그런 식으로 생각한다면 도로는, 아니 그 어떤 형태든 길은 '영원한 여행자들의 행렬'이다.

길은 여행자들의 행렬처럼 안내를 받을 수 있는 목적지이고, 따라서 여러 가지 면에서 미리 선택된 경로를 따라 사전에 정해진 형태의 경험이다. 다만 고정되고 포장된 고속도로는 행렬의 안내자인 고속도로 기술자들이 오래전에 사라져 이제는 왼쪽, 오른쪽으로 굽은 도로를 이용해 여행자를 이끈다. 길을 가는 이는 자기 혼자 가는 것이라고 생각하겠지만 그렇지 않다.

1880년대에 옴스테드와 보스턴의 건축가인 H. H. 리처드슨H. H. Richardson은 '아름다운 철도' 운동을 출범시켜 보스턴 앤드 알배니 철도를 위해 30개의 통근용 역사를 설계하고 조경하면서 '철도 공원 조성' 프로그램을 시작했다. 옴스테드는 리버풀 근처 작은 영국 시골의 기차역에서 보낸 몇 년을 늘 마음에 간직하고 있었다. 그는 당시 그곳을 "푸르고, 멋지고, 반짝이는" 곳이라고 기록했다. 1920년대 나온 《철도 시대Railway Age》의 한 기사는 뉴저지의 래커워너 철도가 생겨 그와 같은 관례가 이어져서 통근 역사들마다 "진정한 공원들"이 만들어졌고 철도를 따라 있는 "모든 마을의 자랑"이 됐다고 보도했다.

그리고 우리가 이용하는 탈것의 문제가 있다. 우리가 바깥에 나갈 때 제2의 피부인 의복의 바깥 껍질로 삼는 '제3의 피부' 문제다. 우리의 몇 가지 자각은 대개가 금속, 플라스틱, 유리로 되어 있는 이 제3의 피부인 차량을 통해 어느 정도까지 '숨을 쉴' 수 있을까? 그 자각들은 어느 정도까지 숨이 막히거나 무시되는 것일까?

《시카고 선-타임스》의 출판 담당 편집자로 30년 가까이 일했던 헨리 카이저Henry Kisor는 『제퍼: 꿈을 찾아 미국을 가로지르다Zephyr: Tracking a Dream Across America』에서 한 유명한 여객 기차에 애정 어린 찬사를 보냈다. "1949년 3월 20일 운행을 개시한 캘리포니아 제퍼California Zephyr(미국 일리노이 주 시카고에서 캘리포니아 주 에머리빌까지 운행되는 장거리 기차다. 제퍼는 서풍이란 뜻이다-옮긴이)는 즉시 이 나라의 상상력을 사로잡았다." 시카고와 오클랜드, 캘리포니아 사이를 오가는 오버랜드 기차보다 캘리포니아 제퍼가 10시간이나 느리게 가는데도 그랬다. 그의 찬사는 다음과 같이 이어진다.

차이점은 기차들 고유의 속도가 아니라 어떤 식으로 목적지에 도착하느냐에 있었다. 장관을 이루는 콜로라도 로키 산맥과 캘리포니아 시에라 산맥 노선은 매력을 끄는 요소의 일부일 뿐이다. 제퍼의 객차는 미끈하고 은빛이며 에어컨이 있고 세로로 홈이 나 있는 스테인리스 스틸로 되어 있다. 제퍼의 객차 총 10량 중 다섯 량은 천장 일부까지 유리로 되어 있어 승객들은 어안렌즈로 보듯 180° 각도로 풍경을 전망할 수 있다. 이 전망 열차 칸은 GM의 임원인 사이러스 오스번Cyrus Osborn이 생각해낸 것이었다. 1944년 리오그란데 기차를 탄 오스번은 기관실에 앉아 콜로라도 로키 산맥에 있는 숨 막힐 정도로 경치가 멋진 글렌우드 캐니언을 지나가는 중이었다(일설에는 둥근 지붕이 있는 승무원실에 있었다고도 한다). 그때 멋진 아이디어가 떠올랐다. 이곳과 비슷하게 전망 좋은 위치에서 객차의 천장을 유리로 만들 수 있다면 얼마나 멋진 광경을 볼 수 있을까! 그리하여 탄생한 전망 열차 칸은 제퍼에서 가장 큰 인기를 끌었다.

오스번은 사람들이 기차에서는 좌석 양쪽의 창으로만 내다볼 수 있고 앞쪽으로는 다음 객차로 이어지는 문만 보인다는 데 착안했다. 애팔래치아 자연 산책로(미국 마인 주 중부에서 조지아 주 북부까지의 애팔래치아 산맥 3300km에 걸쳐 뻗어 있는 하이킹용의 좁은 길-옮긴이)처럼 긴 산간 도로에서 등산객들이 구경하는 것과 똑같은 경치를 볼 수 있는 철도 노선이 많다. 그러나 보통은 기관사를 포함한 철도 기술자들만이 그 광경을 볼 수 있다. 또, 오늘날 미국에 전망 칸을 갖춘 기차는 극소수다. 그랜드캐니언 철도와 나파 밸리(미국 샌프란시스코 북부의 대표적 와인 생산지-옮긴이) 와인 기차 같은 단거리 관광 열차 몇 가지뿐이다.

우리는 앞으로 50년 동안 인간의 정착 패턴이 어떤 물리적 윤곽을 취할 것인지에 대해 꽤 많이 알고 있다. 그때쯤이면 인구가 90억이 넘어갈 세계에서 대다수의 인구가 엄청난 규모의 대도시에서 살 것이다. 그 대도시들은 현재의 도시들과 교외 지역들이 서로 먹고 먹히면서 확장된 것이다. 미국의 예를 들면, 우리는 로스앤젤레스와 샌디에이고가 섞인 '로스디에이고' 같은 장소들이 생길 것으로 기대할 수 있다. 또는 밀워키에서 시카고를 거쳐 인디애나 주의 사우스벤드에 이르는, 미시건 호수 주변의 도시화되지 않은 기다란 곡선 지역은 '밀워고벤드'라고 불리고, 볼티모어 일부와 워싱턴 DC 일부가 합쳐진 수도 지역은 '볼팅턴'이라고 불리지 않을까.

아마도 당연한 것이겠지만, 얼마나 더 오래 석유를 연료로 사용할 수 있을까에 대한 문제가 현재 열띠게 토론되고 있는데도, 우리는 그때쯤에도 사람들이 자동차, 트럭, 버스, 기차, 비행기를 타고 다니리라 생각한다. 그러나 누가 어떤 교통수단을 이용할 것인가를 의미하는 '교통수단 분담' 형태는, 자동차와 비행기가 50~60년 전만 해도 '미래의 물결'로 치부되었던 것을 생각하면 앞으로도 유동적일 것이다. 50년 후의 수십억에 이르는 여행자들이 할 수 있을 경험이 어떤 것일지에 대해 우리는 아직 별로 생각해 보지 않았기에 아는 것도 거의 없다.

우리는 디자인 과정에 더 많은 전문가들을 불러들여야 한다. 움직이는 상태의 마음이 지닌 더 큰 가능성에 대해 민감한 사람들을 말이다. 몇 년 전 미국인 설치미술가인 로버트 어윈Robert Irwin은 마이애미 국제

공항을 확장하기 위한 상세한 아이디어를 내놓았다. 예술 비평가들은 그것을 어윈의 '걸작'이라고 불렀지만 전문적인 공항 설계자들은 상상 속에서나 가능하다고 일축했다. 철학자이자 예술비평가인 아서 C. 단토Arthur C. Danto의 에세이 「대응하는 예술Art-in-Response」은 공항에 대한 어윈의 생각을 칭찬하며 다음과 같이 설명했다.

> 그의 프로젝트에서는 여행자가 경험하는 한 도시의 처음이자 마지막인 공항이, 건축학적으로 어디에서나 볼 수 있는 몰개성하고 인간미 없는 변두리 시설의 기능보다는 그 도시를 상징적으로 나타내야 한다고 생각한다. 이런 생각에서 그는 공항에 접근하는 도로와 주차 시설, 렌터카 회수 지역, 도심으로 돌아가는 도로들을 설계하기에 이르렀다. 마이애미를 상징하는 것은 물이 풍부하다는 점이다. … 공항에서 도시로 갔다가 다시 돌아오는 데 이용하는 도로는 마이애미의 데이드 카운티 특유의 팔메토(미국 동남부 산 작은 야자나무—옮긴이)와 갈대들이 심겨진 물이 있는 경치 속을 횡단해야만 한다. … 어윈은 여행자가 지나가는 시원한 회랑을 설계해서 운전자가 빛과 그림자가 번갈아가며 나타나는 패턴을 경험하게 했다. 또한 여행자, 환송객과 환영객들에게 필요한 영혼의 회복을 도울 편의 시설로서 식물과 조류들로 가득한 멋진 '중앙 공원'을 설계했다. … 결과적으로 공항 전체가 예술이 될 것이고, 공항을 이용하는 사람들은 그들이 통과하는 통로에 멋진 도로 예술이 이용되었다는 것을 염두에 두지 않을 것이다. 바로 그런 프로젝트에 있는 예술의 목표 하나는 일종의 업무 흐름 안에서 '자각을 고양시키는' 것이라고 어윈은 말한다. 예술로서의 예술에 대한 자각을 고양시키기 위함이 아니라, 예술이 보이지 않는 채 있으면서

증진시키는 최고의 힘까지 고양시키는 생활의 특징과 차원으로서 자각을 불러일으키는 것이다.

깊은 여행의 자각들은 우리가 내면적인 두려움과 탐험의 균형을 잡는 곳이다. 그래서 2001년의 9·11 테러처럼 끔찍한 사건들은 우리의 마음에도 도달할 뿐 아니라 나머지 우리의 존재 자체에도 도달하며 우리의 '두려움과 슬픔과 상처의 생태'를 개편한다. 그것은 우리를 겁주려고 행해진 일이었고, 그 목적을 달성했다. 나는 폭격이 있은 다음 며칠간 맨해튼 남부 주위를 걸어 다녔던 기억이 난다. 나는 월드트레이드센터 자리에서 북쪽으로 3km 정도 떨어진 곳에 사는데, 그곳을 걸어 다니면서 내가 일생 동안 알고 있었던 고층 건물들이 한낱 천막처럼 덧없는 것이라는 사실을 깨달았다. 그것은 포식자에게 먹히는 '고기'로서 느끼는 위험에 대한 갱신된 자각이 아니었다. 그보다 더 허무한 것이었다. 그날 건물들이 무너졌을 때 사망한 사람들은 어떤 포식자가 계속 살아가도록 먹이로 먹힌 것조차도 아니었기 때문이다.

그러므로 깊은 여행은 때로 당신이 아무도 보지 않았으면 하는 것들을 보여 준다. 그러나 그것은 우리의 것이며, 그것을 보는 것은 위험에 용감하게 맞서는 방법이기도 하다. 그것은 영국의 지리학자 존 애덤스John Adams가 "욕구의 끊임없는 내면적인 무게 달기"로 정의한 것이기도 하다. 그는 그 주제를 다룬 『위험Risk』에서 "어린아이들은 호기심과 재미를 느끼기 위해 어떤 행동을 하려다가 위험하다는 느낌 때문에 삼가는 경우가 있다. 이런 측면은 이 어린 위험 전문가들이 균형 잡는 행동을 하고 있다는 것을 시사한다. 몇몇 경우에 그것은 신체적 균형을 잡는 행동으로 나타난다. 걷기나 자전거 타기는 한 번쯤 넘어지지 않고는 익힐 수 없다."

헨리 모턴 스탠리 경은 모든 여행자에게 이런 인간 특유의 방식으로 전진하라고 조언했다. 그는 자서전의 '수첩에서 건진 생각들'이라는 장에서 그와 같은 신념을 제시했다. "문명화된 도시의 어리석음과 허영에 기꺼이 작별을 고하고, 신뢰하는 사람들과 나아가라. … 주위의 허다한 하찮은 신호들 때문에, 그 어떤 천국의 보호가 우리에게 허락되었더라도 우리가 주의를 기울이고 경계하고 현명하지 않으면 그 보호도 곧 무가치하고 공허해질 뿐이라는 것을 인지하라."

감사의 말

이 책을 쓰면서 중요한 시기마다 연구비 및 출판 보조금을 받을 수 있어서 매우 다행이었다. 록펠러 형제 기금, 제럴딘 R. 다지 재단, 서드나 재단Surdna Foundation(1917년 존 에모리 앤드루스John Emory Andrus가 세운 자선 단체), 네이선 커밍스 재단에 감사드린다. 그리고 콜린 캠벨, 데이비드 그랜트, 에드워드 스클룻, 찰스 핼펀 등 이 단체들의 이사장들이 보여 준 관대함과 후원에도 감사의 말을 전한다. J. M. 캐플런 재단의 퍼더모어 프로그램과 조앤 K. 데이비슨 이사장, 그리고 미 국립예술기금의 디자인 예술 프로그램에도 감사를 표한다.

1994년부터 객원 연구원으로서 내 저술 작업의 지적 기반을 마련해 주고 연구 시설을 계속 사용할 수 있게 해 준 뉴욕 대학교의 로버트 F. 와그너 스쿨에도 감사의 말을 전한다. 특별히 엘렌 스콜 대학원장과 로건 커시 부원장에게 감사드리고, 전임원장인 조 아이비 부퍼드와 밥 번, 일찍이 이 책에 관심을 보여 준 미첼 L. 모스 교수에게도 감사드린다.

또한 뉴욕 시립대학교의 전 총장인 로버트 E. 파스웰에게도 감사를 전하지 않을 수 없다. 그가 나를 뉴욕 시립대학교 도시 시스템 연구소의 연구원으로 지명해 준 덕분에 나는 교통 문제에 대한 이해를 넓힐 수 있었다.

오랜 친구들인 빈 치폴라 지역예술협회 회장과 로버트 야로 지역계획협회 회장 역시 아낌없는 후원과 사려 깊은 조언을 해 주었다. 캘리포니아 대학교의 도시 지역 계획과 조경학과의 피터 C. 보셀만 교수는 몇 년 전 나를 초청해서 강연을 부탁했는데, 그의 동료와 학생들이 내 책에 대해 의견을 말하고 피드백을 준 것이 큰 도움이 되었다.

좋은 친구들과 박식한 학자들이 통찰력과 전문 지식을 나누어 주고, 여러 의견과 제안들을 내놓고, 수정이 필요한 곳을 일러 주어서 이 책이 더욱 깊이를 더할 수 있었다. 그중에서도 미국 자연사박물관의 윌리엄 하코트-스미스는 내가 깊은 여행을 호미닌의 뿌리까지 추적하려고 시도했을 때 현명한 멘토이자 협력자가 되어 주었다. 이 너그러운 사람들의 이름과 그 공로는 책에서 이미 언급했지만, 크게 감사하는 마음으로 이 자리에서 좀 더 완벽한 명단을 소개한다. 힐러리 브라운, 마틴 핸론, 토니 프란츠, 존 나체즈, 타히르 샤, 벤 해밀턴-베일리, 셸던 바트, 고故 에드워드 S. 리드, 윌리엄 M. 메이스, 크리스토퍼 마이어, 크리스 앤드리책, 데이나 라파엘, 고故 레지널드 골리지, 제프 워렌, 이언 태터솔, 켄 모브레이, 매리언 C. 다이아몬드, 고故 빌 스텀프, 존 애덤스.

한편 브렌트 오펜하이머, 앤서니 펄, 앤서니 C. 우드 등 초기 원고 상태로 이 책을 상세히 읽은 사람들의 의견 역시 큰 도움이 되었다. 또한 나는 여행과 교통수단, 공원, 개방된 공간 보호, 설계와 디자인 등 여러 분야에 종사하는 실력자들과 대화 및 서신을 나누는 귀중한 경험을 했다. 여기 알파벳 순으로 특별히 빚을 진 사람들을 일부 소개한다. 제럴드 W. 아델만, J. 윈스럽 올드리치, 엘리 앨트먼, 칩 앵글, 캐럴 애시, 켄트 바워, 주디스 배탤리언, 에이드리언 베네프, 스콧 번스타인, R. 클리퍼드 블랙 4세, 스티브 블랙머, 후퍼 브룩스, 크리스토퍼 N. 브라운, 케빈 브루베이커, 어맨다 버든, 댄 버든, 데이비드 버웰, 피터 캘소프, 새라 C. 캠벨, 론 캐프, 데이비드 캐럴, 마리샤 챔벌레인, 체스터 에릭 첼먼, 돈 첸, 앤디 D. 클라크, 조엘 E. 코언, 카터 크래프트, 데이비드 크롬비, 윌리엄 J. 크로넌, 그레이스 크러니건, 카비르 댄도나, 릭 다크, 로버트 데이비스, 웨인 E. 데이비스, 리즈 델 투포, 행크 디트머, 해리 도슨, 조앤 돌런, 폴 돌런, 토머스 M. 다운스, 안드레스 두아니, 프랜시스 F. 던웰, 조 에드미스턴, T. 로버슨 에드워즈, 크리스토퍼 J. 엘리먼, 월터 R. 에른스트, 웬디 퓨어, 찰스 A. 플링크, 벤저민 포지, 매리앤 파울러, 캐럴 프랭클린, 얀 겔, 리처드 길버트, 토드 골드먼, 피터 골드마크, 로베르타 그라츠, 켄 그린버그, 고故 릭 구텐베르그, 로널드 J. 하트먼, 데니스 헤이즈, 브루스 허드, J. 스콧 헤르칙, 랜디 헤스터, 마이클 허시필드, 진 호커, 마이크 하우크, 마크 헐리, 고故 제인 제이콥스.

카미유 캄가, 대니얼 케미스, 로저 G. 케네디, 프레드 켄트, 짐 켄트, 제프 켄워시, 로이 키에니츠, 리처드 킬링스워스, 빌 클레인, 조지프 P. 코시, 찰스 코마노프, 월터 쿨래시, 바버라 W. 로렌스, 하워드 A. 러너, 데이비드 러너, 제이미 러너, 로버트 리버티, 데이비드 릴라드, 에이미 린든, 제레미 류, 지아니 롱고, 마셔 로, 앤 러스크, 조슈아 루츠, 조슈아 맥, 클레어 쿠퍼 마커스, L. 리처드 마리아니, 바버라 맥캔, 지니 R. 맥클로스키, 에드 맥마혼, 매리 민스, 크리스토퍼 G. 밀러, 리처드 모,

대럴 모리슨, 패트릭 F. 누난, 마이클 노스럽, 존 G. 노키스트, 더그 오블레츠, 고故 피터 오블레츠, 제프 올슨, 윌리엄 D. 오닐, 로버트 온스타인, 라이먼 오튼, 엔리크 페날로자, 하워드 퍼멋, 주리 필, 크리스 포머, 워리 프라이스, 리처드 파일, 조너스 라비노비치, 조지 래니 2세, 비키 래니, 리사 라포포트, 리처드 레지스터, 잭 M. 레일리, 제임스 P. 리패스, 마이클 A. 리플로글, 마틴 E. 로빈스, 베시 발로 로저스, 월 로저스, 조너선 F. P. 로즈, 브라이언 로젠월드, 벤 루빈, 재닛 사디크-칸, 스콧 러셀 샌더스, 로스 샌들러, 사스키아 사센, 스튜어트 슈워츠, 로렌스 A. 셀처, 론 쉬프먼, 아델 사이먼스, 유진 스코로포스키, 리처드 스탠거, 페터 E. 슈탄글, 피터 스타인, 로버트 설리번, 터퍼 W. 토머스, 해리엇 트레거닝, 매리 트레메인, 라몬 트리아스, 로저 울리히, 체사레 베르가라, 캐런 보타바, A. 엘리자벳 왓슨, 밥 와인버그, 빌 윌킨슨, 스티브 윙켈먼, 마이클 와이예세션.

이 책을 출판한 크노프 출판사에는 소니 메타를 비롯해 둘도 없는 친구이자 편집자인 앤 클로즈 등 뛰어난 편집자들이 나를 도와주었고, 뛰어난 재능이 있는 외주 작업자들과 친구들까지도 여기에 가세했다. 교열 담당자인 캐롤라인 잔칸과 보니 톰슨도 원고를 상당히 매끄럽게 개선해 주었다. 아이리스 와인스타인은 책을 우아하게 디자인했고 제프 퍼조코(지역계획협회의 광고 제작 기술 감독이다)는 멋진 깊은 여행 도표를 만드는 데 기여했다. 빼어난 표지는 캐럴 디바인 카슨의 조언과 앨리슨 구티의 표지 사진, 마이클 라이언스타가 찍은 저자 사진의 협조를 받아 제이슨 부어가 만든 작품이다. 크노프 출판사의 패트 존슨, 리나 키드리츠카야, 스테파니 클로스, 니콜라스 라티머, 앨리슨 마이어스, 빅토리아 피어슨에게도 감사 드린다. 뛰어난 색인을 만들어 준 찰스 뉴먼에게도 감사하고, 표지에 도움을 준 친구 릭 피피노에게도 매우 고마운 마음을 전한다. 출판계 최고의 에이전트인 ICM의 어맨다 어번과 그녀의 동료인 리즈 패럴, 앨리슨 슈워츠, 클레이 에젤과 함께 일하게 되어 행운이었다. 로버트 윌슨, 앨런 프리먼, 샌드라 코스티치는 책에서 솜씨 좋게 발췌문을 만들었는데 《아메리칸 스칼라American Scholar》에 그 발췌문이 실렸다.

마지막으로 아내 로이스와 아들 제이콥에게 마음 깊이 고마움을 전한다. 이 책은 그 두 사람에게 바치는 것이다.

찾아보기

123

ABC

ㄱ

ㄹ

ㅁ

ㅂ

ㅅ

ㅇ

ㅈ

ㅊ

ㅋ

ㅌ

ㅍ

ㅎ

KI신서 4198

깊은 여행

1판 1쇄 인쇄 2012년 9월 20일
1판 1쇄 발행 2012년 9월 27일

지은이 토니 히스 **옮긴이** 김양희
펴낸이 김영곤 **펴낸곳** (주)북이십일 21세기북스
부사장 임병주
MC기획1실장 김성수 **해외기획팀** 김준수 조민정
출판개발실장 주명석 **책임편집** 최혜령 **디자인 표지** 씨디자인 **본문** 네오북
마케팅영업본부장 최창규 **마케팅** 김현섭 강서영 **영업** 이경희 정병철
출판등록 2000년 5월 6일 제10-1965호
주소 (우413-120) 경기도 파주시 회동길 201(문발동)
대표전화 031-955-2100 **팩스** 031-955-2151
이메일 book21@book21.co.kr **홈페이지** www.book21.com
21세기북스 트위터 @21cbook **블로그** b.book21.com

ISBN 978-89-509-3955-7 03840
책값은 뒤표지에 있습니다.